中国文化精品译丛

Obras selectas de Lu Xun

孟继成 选译
Meng Jicheng

西译鲁迅作品选
（汉西对照）
下卷

上海外语教育出版社
SHANGHAI FOREIGN LANGUAGE EDUCATION PRESS

目 录
ÍNDICE

革命时代的文学 / 513
Literatura de la era revolucionaria / 519

读书杂谈 / 530
Charla sobre la lectura / 536

通信 / 547
Comunicación / 554

小杂感 / 564
Breves ideas aleatorias / 569

再谈香港 / 575
Más sobre Hong Kong / 581

文学和出汗 / 591
Literatura y sudoración / 593

"醉眼"中的朦胧 / 596
Lo nebuloso en "los ojos borrachos" / 604

扁 / 615
La placa / 616

《近代世界短篇小说集》小引 / 618
Breve introducción a la *Colección de novelas cortas del mundo moderno* / 620

现今的新文学的概观 / 623
Visión general de la nueva literatura de hoy / 628

对于左翼作家联盟的意见 / 636
Opiniones para la Liga de Escritores de Izquierda / 642

中国无产阶级革命文学和前驱的血 / 651
La literatura revolucionaria proletaria de China y la sangre de los predecesores / 653

黑暗中国的文艺界的现状 / 656
La situación de los círculos literarios y artísticos en la oscura China / 661

上海文艺之一瞥 / 668
Un vistazo a la literatura y el arte en Shanghai / 682

"民族主义文学"的任务和运命 / 704
Tarea y destino de la "literatura nacionalista" / 714

沉滓的泛起 / 728
Reflotación de sedimentos / 732

《夏娃日记》小引 / 738
Breve introducción al *Diario de Eva* / 741

中华民国的新"堂·吉诃德"们 / 744
Los nuevos "Don Quijotes" de la República de China / 748

"智识劳动者"万岁 / 752
¡Vivan "los trabajadores intelectuales"! / 754

"友邦惊诧"论 / 756
La versión del "asombro de los países amigos" / 759

答北斗杂志社问——创作要怎样才会好？ / 763
Respuesta a la revista *Osa Mayor*: ¿Cuál es la mejor manera de crear? / 765

观斗 / 767
Observación de peleas / 769

逃的辩护 / 772
En defensa del escape / 775

从讽刺到幽默 / 778
De la sátira al humor / 780

文学上的折扣 / 783
Descuento en la literatura / 786

言论自由的界限 / 790
Los límites de la libertad de expresión / 793

文章与题目 / 797
Artículos y temas / 800

辱骂和恐吓决不是战斗 / 804
Insulto e intimidación no son combate en absoluto / 807

《自选集》自序 / 812
Prefacio a la *Antología propia* / 815

《两地书》序言 / 820
Prefacio a *Cartas entre dos sitios* / 824

关于女人 / 830
Sobre la mujer / 832

上海的少女 / 835
Las chicas de Shanghai / 837

世故三昧 / 840
Samadhi del trato mundano / 843

智识过剩 / 848
Exceso del intelecto-conocimiento / 850

爬和撞 / 853
Escalar y chocar / 856

新秋杂识（一）/ 859
Conocimientos misceláneos del nuevo otoño (I) / 861

新秋杂识（二）/ 864
Conocimientos misceláneos del nuevo otoño (II) / 867

打听印象 / 871
Preguntando sobre impresiones / 873

"京派"与"海派" / 876
La "Escuela de Beijing" y la "Escuela de Shanghai" / 879

北人与南人 / 883
Norteños y sureños / 886

读几本书 / 890
Hay que leer unos libros / 893

偶感 / 896
Sensación ocasional / 898

谁在没落？/ 901
¿Quién está en declive? / 903

《且介亭杂文》序言 / 906
Prefacio a *Los escritos misceláneos en el altillo de la semiconcesión* / 908

中国人失掉自信力了吗 / 911
¿Hemos perdido la autoconfianza los chinos? / 913

说"面子" / 916
Sobre la "cara" / 919

运命 / 924
El destino / 927

拿破仑与隋那 / 931
Napoleón y Jenner / 933

非有复译不可 / 935
Hay que haber la retradución / 938

在现代中国的孔夫子 / 942
Maestro Confucio en la China moderna / 949

论现在我们的文学运动 / 960
Sobre nuestro movimiento literario actual / 962

致许广平书信集 / 965
Colección de cartas a Xu Guangping / 969

渡河与引路 / 975
Cruzar el río y guiar el camino / 978

文艺与政治的歧途 / 982
Vía bifurcada de la literatura y la política / 989

自嘲 / 1001
Autoburla / 1002

中山先生逝世后一周年 / 1003
Primer aniversario del fallecimiento del Sr. Sun Yat-sen / 1005

老调子已经唱完 / 1008
Las melodías viejas se han terminado de cantar / 1015

今春的两种感想 / 1026
Dos reflexiones en esta primavera / 1030

革命时代的文学[1]

——四月八日在黄埔军官学校[2]讲

今天要讲几句的话是就将这"革命时代的文学"算作题目。这学校是邀过我好几次了,我总是推宕着没有来。为什么呢?因为我想,诸君的所以来邀我,大约是因为我曾经做过几篇小说,是文学家,要从我这里听文学。其实我并不是的,并不懂什么。我首先正经学习的是开矿,叫我讲掘煤,也许比讲文学要好一些。自然,因为自己的嗜好,文学书是也时常看看的,不过并无心得,能说出于诸君有用的东西来。加以这几年,自己在北京所得的经验,对于一向所知道的前人所讲的文学的议论,都渐渐的怀疑起来。那是开枪打杀学生[3]的时候罢,文禁也严厉了,我想:文学文学,是最不中用的,没有力量的人讲的;有实力的人并不开口,就杀人,被压迫的人讲几句话,写几个字,就要被杀;即使幸而不被杀,但天天呐喊,叫苦,鸣不平,而有实力的人仍然压迫,虐待,杀戮,没有方法对付他们,这文学于人们又有什么益处呢?

在自然界里也这样,鹰的捕雀,不声不响的是鹰,吱吱叫喊的是雀;猫的捕鼠,不声不响的是猫,吱吱叫喊的是老鼠;结果,还是只会开口的被不开口的吃掉。文学家弄得好,做几篇文章,也许能够称誉于当时,或者得到多少年的虚名罢,——譬如一个烈士的追悼会开过之后,烈士的事情早已不提了,大家倒传诵着谁的挽联做得好:这实在是一件很稳当的买卖。

但在这革命地方的文学家,恐怕总喜欢说文学和革命是大有关系的,例如可以用这来宣传,鼓吹,煽动,促进革命和完成革命。不过我想,这样的文章是无力的,因为好的文艺作品,向来多是不受别人命令,不顾利害,自然而然地从心中流露的东西;如果先挂起一个题目，做起文章来，那又何异于八股[4]，在文学中并无价值，更说不到能否感动人了。为革命起见，要有"革命人"，"革命文学"倒无须急急，革命人做出东西来，才是革命文学。所以，我想：革命，倒是与文章有关系的。革命时代的文学和平时的文学不同，革命来了，文学就变换色彩。但大革命可以变换文学的色彩，小革命却不，因为不算什么革命，所以不能变换文学的色彩。在此地是听惯了"革命"了，江苏、浙江谈到革命二字，听的人都很害怕，讲的人也很危险。其实"革命"是并不稀奇的，惟其有了它，社会才会改革，人类才会进步，能从原虫到人类，从野蛮到文明，就因为没有一刻不在革命。生物学家告诉我们："人类和猴子是没有大两样的，人类和猴子是表兄弟。"但为什么人类成了人，猴子终于是猴子呢？这就因为猴子不肯变化——它爱用四只脚走路。也许曾有一个猴子站起来，试用两脚走路的罢，但许多猴子就说："我们底祖先一向是爬的，不许你站！"咬死了。它们不但不肯站起来，并且不肯讲话，因为它守旧。人类就不然，他终于站起，讲话，结果是他胜利了。现在也还没有完。所以革命是并不稀奇的，凡是至今还未灭亡的民族，还都天天在努力革命，虽然往往不过是小革命。

大革命与文学有什么影响呢？大约可以分开三个时候来说：

（一）大革命之前，所有的文学，大抵是对于种种社会状态，觉得不平，觉得痛苦，就叫苦，鸣不平，在世界文学中关于这类的文学颇不少。但这些叫苦鸣不平的文学对于革命没有什么影响，因为叫苦鸣不平，并无力量，压迫你们的人仍然不理，老鼠虽然吱吱地叫，尽管叫出很好的文学，而猫儿吃起它来，还是不客气，所以仅仅有叫苦鸣不平的文学时，这个民族还没有希望，因为止于叫苦和鸣不平。例如人们打官司，失败的方面到了分发冤单的时候，对手就知道他没有力量再打官司，事情已经了结了；所以叫苦鸣不平的文学等于喊冤，压迫者对此倒觉得放心。有些民族因为叫苦无用，连苦也不叫了，他们便成为沉默的民族，渐渐更加衰颓下去，埃及，阿拉伯，波斯，印度就都没有什么声音了！至于富有反抗性，蕴有力量的民族，因为叫苦没用，他便觉悟起来，由哀音而变为怒吼。怒吼的文学一出现，反抗就快到了；他们已经很愤怒，所以与革命爆发时代接近的文学每每带有愤怒之音；他要反抗，他要复仇。苏俄革命将起时，即有些这类的文学。但也有例外，如波兰，虽然早有复仇的文学[5]，然而他的恢复，是靠着欧洲大战的。

（二）到了大革命的时代，文学没有了，没有声音了，因为大家受革命潮流的鼓荡，大家由呼喊而转入行动，大家忙着革命，没有闲空谈文学了。还有一层，是那时民生凋敝，一心寻面包吃尚且来不及，那里有心思谈文学呢？守旧的人因为受革命潮流的打击，气得发昏，也不能再唱所谓他们底文学了。有人说："文学是穷苦的时候做的"，其实未必，穷苦的时候必定没有文学作品的，我在北京时，一穷，就到处借钱，不写一个字，到薪俸发放时，才坐下来做文章。忙的时候也必定没有文学作品，挑担的人必要把担子放下，才能做文章；拉车的人也必要把车子放下，才能做文章。大革命时代忙得很，同时又穷得很，这一部分人和那一部分人斗争，非先行变换现代社会底状态不可，没有时间也没有心思做文章；所以大革命时代的文学便只好暂归沉寂了。

（三）等到大革命成功后，社会底状态缓和了，大家底生活有余裕了，这时候就又产生文学。这时候底文学有二：一种文学是赞扬革命，称颂革命，——讴歌革命，因为进步的文学家想到社会改变，社会向前走，对于旧社会的破坏和新社会的建设，都觉得有意义，一方面对于旧制度的崩坏很高兴，一方面对于新的建设来讴歌。另有一种文学是吊旧社会的灭亡——挽歌——也是革命后会有的文学。有些的人以为这是"反革命的文学"，我想，倒也无须加以这么大的罪名。革命虽然进行，但社会上旧人物还很多，决不能一时变成新人物，他们的脑中满藏着旧思想旧东西；环境渐变，影响到他们自身的一切，于是回想旧时的舒服，便对于旧社会眷念不已，恋恋不舍，因而讲出很古的话，陈旧的话，形成这样的文学。这种文学都是悲哀的调子，表示他心里不舒服，一方面看见新的建设胜利了，一方面看见旧的制度灭亡了，所以唱起挽歌来。但是怀旧，唱挽歌，就表示已经革命了，如果没有革命，旧人物正得势，是不会唱挽歌的。

不过中国没有这两种文学——对旧制度挽歌，对新制度讴歌；因为中国革命还没有成功，正是青黄不接，忙于革命的时候。不过旧文学仍然很多，报纸上的文章，几乎全是旧式。我想，这足见中国革命对于社会没有多大的改变，对于守旧的人没有多大的影响，所以旧人仍能超然物外。广东报纸所讲的文学，都是旧的，新的很少，也可以证明广东社会没有受革命影响；没有对新的讴歌，也没有对旧的挽歌，广东仍然是十年前底广东。不但如此，并且也没有叫苦，没有鸣不平；止看见工会参加游行，但这是政府允许的，不是因压迫而反抗的，也不过是奉旨革命。中国社会没有改变，所以没有怀旧的哀词，也没有崭新的进行曲，只在苏俄却已产生了这两种文学。他们的旧文学家逃亡外国，所作的文学，多是吊亡挽旧的哀词，新文学则正在努力向前走，伟大的作品虽然还没有，但是新作品已不少，他们已经离开怒吼时期而过渡到讴歌的时期了。赞美建设是革命进行以后的影响，再往后去的情形怎样，现在不得而知，但推想起来，大约是平民文学罢，因为平民的世界，是革命的结果。

现在中国自然没有平民文学，世界上也还没有平民文学，所有的文学，歌呀，诗呀，大抵是给上等人看的；他们吃饱了，睡在躺椅上，捧着看。一个才子出门遇见一个佳人，两个人很要好，有一个不才子从中捣乱，生出差迟来，但终于团圆了。这样地看看，多么舒服。或者讲上等人怎样有趣和快乐，下等人怎样可笑。前几年《新青年》载过几篇小说，描写罪人在寒地里的生活，大学教授[6]看了就不高兴，因为他们不喜欢看这样的下流人。如果诗歌描写车夫，就是下流诗歌；一出戏里，有犯罪的事情，就是下流戏。他们的戏里的脚色，止有才子佳人，才子中状元，佳人封一品夫人，在才子佳人本身很欢喜，他们看了也很欢喜，下等人没奈何，也只好替他们一同欢喜欢喜。在现在，有人以平民——工人农民——为材料，做小说做诗，我们也称之为平民文学，其实这不是平民文学，因为平民还没有开口。这是另外的人从旁看见平民的生活，假托平民底口吻而说的。眼前的文人有些虽然穷，但总比工人农民富足些，这才能有钱去读书，才能有文章；一看好象是平民所说的，其实不是；这不是真的平民小说。平民所唱的山歌野曲，现在也有人写下来，以为是平民之音了，因为是老百姓所唱。但他们间接受古书的影响很大，他们对于乡下的绅士有田三千亩[7]，佩服得不了，每每拿绅士的思想，做自己的思想，绅士们惯吟五言诗，七言诗，因此他们所唱的山歌野曲，大半也是五言或七言。这是就格律而言，还有构思取意，也是很陈腐的，不能称是真正的平民文学。现在中国底小说和诗实在比不上别国，无可奈何，只好称之曰文学；谈不到革命时代的文学，更谈不到平民文学。现在的文学家都是读书人，如果工人农民不解放，工人农民的思想，仍然是读书人的思想，必待工人农民得到真正的解放，然后才有真正的平民文学。有些人说："中国已有平民文学"，其实这是不对的。

诸君是实际的战争者，是革命的战士，我以为现在还是不要佩服文学的好。学文学对于战争，没有益处，最好不过作一篇战歌，或者写得美的，便可于战余休憩时看看，倒也有趣。要讲得堂皇点，则譬如种柳树，待到柳树长大，浓阴蔽日，农夫耕作到正午，或者可以坐在柳树底下吃饭，休息休息。中国现在的社会情状，止有实地的革命战争，一首诗吓不走孙传芳，一炮就把孙传芳轰走了。自然也有人以为文学于革命是有伟力的，但我个人总觉得怀疑，文学总是一种余裕的产物，可以表示一民族的文化，倒是真的。

人大概是不满于自己目前所做的事的，我一向只会做几篇文章，自己也做得厌了，而捏枪的诸君，却又要听讲文学。我呢，自然倒愿意听听大炮的声音，仿佛觉得大炮的声音或者比文学的声音要好听得多似的。我的演说只有这样多，感谢诸君听完的厚意！

注 释

[1] 本篇记录稿最初发表于1927年6月2日广州黄埔军官学校出版的《黄埔生活》周刊第四期。

[2] "黄埔军官学校"：孙中山在国民党改组后创立的陆军军官学校，校址在广州黄埔。1924年6月正式开学，由蒋介石任校长。众多

的毕业生后来成为中国现代战争中的名将,在中国现代史上起过重要作用。

[3] 指"三一八"惨案。

[4] "八股":明清科举考试制度所规定的一种公式化文体。它的题目取自四书五经,每篇由破题、承题、起讲、入手、起股、中股、后股、束股八个部分构成。其中,后四部分是主体,每一部分有两股相比偶的文字,合共八股,所以叫八股文。

[5] "复仇的文学":指十九世纪上半期波兰爱国诗人密茨凯维支、斯沃瓦茨基等人的作品。当时波兰处于俄、奥、普三国瓜分之下,后来于第一次世界大战后1918年11月恢复独立。

[6] "大学教授":指东南大学教授吴宓。作者在《二心集·上海文艺之一瞥》中说:"那时吴宓先生就曾经发表过文章,说是真不懂为什么有些人竟喜欢描写下流社会。"

[7] "亩":中国的表面积单位,相当于666.666平方米,即1公顷相当于15亩。

Literatura de la era revolucionaria[1]

Discurso en la Academia Militar de Huangpu el 8 de abril[2]

Si pronuncio algunas palabras hoy, tomaré "Literatura de la era revolucionaria" como el tema. Esta escuela me ha invitado varias veces, pero siempre la he aplazado y no he venido hasta hoy. ¿Por qué? Porque creo que la invitación que me hicieron ustedes probablemente se debiera a que he escrito varias novelas y soy literato, y quieren escuchar la literatura de mí. Pero en realidad no lo soy y no entiendo nada. Lo primero que aprendí en serio fue la minería. Si me dejan explicar la excavación de carbón, tal vez lo pueda hacer mejor que hablar de la literatura. Naturalmente, debido a mi propia afición, también leo libros de literatura a menudo, pero sin ninguna adquisición mental para poder ofrecer cosas útiles a ustedes. Además, en estos últimos años, la experiencia individual acumulada en Beijing me va volviendo cada vez más dudoso sobre los comentarios literarios de los predecesores. Debió ser cuando abrieron fuego a matar a los estudiantes[3], cuando a la escritura también se le impuso una severa prohibición, entonces pensé:

---

[1] Este registro del discurso fue publicado originalmente en el número 4 de la revista semanal *Huangpu Life* publicada por la Academia Militar de Huangpu el 2 de junio de 1927.

[2] La Academia Militar de Huangpu fue ura academia militar del ejército fundada por Sun Yat-sen después de la reorganización del Kuomintang en el distrito Huangpu, ciudad de Guangzhou. Inauguró los cursos oficialmente en junio de 1922. Chiang Kai-shek fue el director. Más tarde, muchos graduados se hicieron famosos generales y desempeñaron un papel muy importante en la historia moderna de China.

[3] Aquí se refiere a la tragedia del 18 de marzo, 1926.

la literatura, que es la cosa más inútil, es hablada por los que no tienen fuerza; y la gente con poder no abre la boca, y solo mata. Cuando las personas oprimidas dicen algunas palabras, escriben algunos caracteres, serán asesinadas; y aunque por fortuna no hayan sido matadas, todos los días solo gritan, se quejan del sufrimiento y exclaman por la injusticia, mientras que la gente poderosa las continúa oprimiendo, maltratando y matando a ellas, pero estas no tienen medidas para enfrentarlo, entonces, ¿qué utilidad tendrá la literatura para ellas?

Ocurre lo mismo en la naturaleza. Cuando el águila atrapa a las aves, el que calla es el águila, mientras que los que gritan a chillidos son los pájaros. El gato cazador de ratones se queda en silencio y los ratones lanzan chirridos. Resulta que finalmente los que hablan son comidos por los que callan. Si un escritor está haciendo bien, habrá podido redactar varios artículos, y tal vez puedan ser aclamado por un momento, o disfrutar por cuántos años de vana reputación. Por ejemplo, después de realizarse el servicio conmemorativo de un mártir, la gente ya deja de mencionar sus hazañas, pero aprecia de boca en boca quién es el mejor autor de los pareados elegíacos, lo que constituiría realmente un negocio muy seguro.

Sin embargo, a los literatos en este lugar revolucionario a lo mejor les gustan decir que la literatura tiene mucho que ver con la revolución, por ejemplo, se puede utilizar para propagar, predicar, incitar, promover la revolución y completarla. Pero, creo que tales artículos no son potentes, porque las buenas obras literarias y artísticas en su mayoría nunca han sido sometidas a las órdenes de los demás. Sin preocuparse de favores ni daños, uno puede traslucir naturalmente lo que piensa y siente desde el corazón; si se coloca un tema ante todo, que sirva para el desarrollo de un escrito, ¿qué diferencia tendrá del artículo al estilo estereotipado[4]? Este no tiene valor en la literatura, ni mucho menos decir si puede conmover a los lectores. Para hacer la revolución, se requieren los "revolucionarios", mientras que la "literatura revolucionaria" no necesita urgir tanto, solo la cosa creada por el revolucionario sé contará como literatura revolucionaria. Por lo tanto, creo que la revolución sí tiene algo que ver con los escritos inversamente. La literatura en la era de la revolución es diferente de la literatura en tiempos de paz, y cuando la revolución viene, la literatura se cambia de color. Pero solo una revolución en escala mayor puede cambiar el color de la literatura, mientras que una revolución menor no, porque no cuenta como ninguna revolución, y no puede cambiar el color de la literatura. En este lugar la gente se ha acostumbrado a escuchar la "revolución", pero en Jiangsu y Zhejiang, al mencionarse esta palabra, los que escuchan sienten mucho miedo, y los que dicen también se enfrentan al peligro. En realidad, la "revolución" no es cosa rara, porque solo con ella, la sociedad puede reformarse y la humanidad puede progresar, y en el curso de evolucionarse del protozoo al hombre, de la barbarie a la civilización, no ha habido ningún momento sin estar revolucionando. Los biólogos nos dicen: "El hombre y el mono no son muy diferentes. Son primos". Pero, ¿por qué los humanos se han convertido en el hombre mientras que los monos siguen siendo monos hasta hoy día? La razón reside en que los monos no se disponen a cambiarse y les gusta caminar con cuatro patas. Tal vez algún mono se hubiera puesto erguido tratando de andar con dos patas, pero

---

[4] "Estilo estereotipado": Se refiere al estilo prescrito por el sistema de examen de las dinastías Ming y Qing. El tema de los artículos deriva de los *Cuatro libros* y los *Cinco clásicos*. Cada artículo consta de ocho partes: sinopsis, explicación del tema, esquema del texto, comienzo, sección inicial, sección media, sección posterior y sección conclusiva. Las últimas cuatro secciones forman el cuerpo principal del artículo. Además, cada sección tiene dos partes pareadas, y así en total son ochos partes, por eso los artículos con este formato también se conocen como Ensayo en Ocho Partes.

muchos monos le dirían: "Nuestros antepasados se han arrastrado desde siempre, ¡no te pongas erguido!", y lo mataron de mordedura. Ellos no estuvieron dispuestos a erguirse, ni tampoco a hablar, porque han sido conservadores con las cosas viejas. No ocurrió así con los seres humanos, que finalmente han logrado erguirse y hablar, han salido triunfadores. Este curso no ha terminado hasta el presente, por eso la revolución no es cosa rara. Toda nación que todavía no se ha extinguido se esfuerza por revolucionarse, a pesar de que solo se trata de revoluciones menores a menudo.

¿Qué impacto tienen las revoluciones mayores en la literatura? Se puede dividir en tres periodos de tiempo para relatar:

(1) Antes de una revolución grande, generalmente toda la literatura siente la injusticia y el dolor provocados por los diversos estados sociales y en ella se quejan de los sufrimientos y exclaman contra la falta de equidad. No son pocas las obras de este tipo en la literatura mundial. Pero estas literaturas de quejas no tienen ninguna influencia en la revolución, porque las quejas de la injusticia no tienen fuerza, y no le hacen caso los opresores, tal como el ratón grita a chirridos, e incluso aunque puedan componer buena literatura, el gato aún se lo come sin la menor simpatía. Por lo tanto, si solo cuenta con la literatura de quejas y gritos, esta nación todavía no tiene esperanza, sino que se limita a quejarse del sufrimiento y gritar contra la injusticia. Por ejemplo en un pleito, cuando la parte perdida emite volantes por la sentencia injusta recibida, el lado opuesto ya sabe que ella no tiene fuerza para armar el pleito de nuevo, y el asunto da por concluso; así que la literatura de quejas y de gritos equivalen al reclamo por la injusticia, por lo cual los opresores, en cambio, se sentirán despreocupados. Algunas naciones, debido a lo inútil de las quejas, hasta las dejan de lado y se convierten en pueblos silenciados, y de esta manera van decayendo aún más. ¡Egipto,

革命时代的文学 .*523*.

Arabia, Persia e India ya quedan sin ningún sonido! En cuanto a las naciones que cuentan con un espíritu resistente y poseen la fuerza potencial, justamente por lo inútil que son las quejas, ellas se vuelven conscientes y convierten el sonido triste en rugido. Al surgir la literatura rugiente, la resistencia llegará pronto. Ya están muy indignados en este momento, por lo tanto, la literatura cercana a la época del estallido de la revolución siempre lleva la voz airada. Es que quieren resistir, y quieren vengarse. Cuando iba a comenzar la revolución ruso-soviética, había algunas literaturas de este tipo. Pero también hay excepciones: por ejemplo, en Polonia, aunque hubiera literatura de venganza⑤, su recuperación fue basada en la Guerra de Europa.

(2) Al entrar en la era de la gran revolución, no se ve la literatura, y no suenan las voces, porque todos están agitados e impulsados por la corriente revolucionaria. Han dejado los gritos y participado en acciones, todos ocupados con la revolución, y no tienen tiempo ocioso para hablar de la literatura en hueco. Hay otro factor, que es, en aquel entonces a las masas que viven en la indigencia no les quedan suficientes oportunidades para buscar pan a comer, ¿cómo podrán tener idea para hablar de la literatura? Y los conservadores, golpeados por la corriente de la revolución, se desmayan de la ira, así que tampoco pueden cantar la llamada literatura suya. Alguna gente dice: "La literatura es creada en medio de la pobreza". De hecho, no lo es así necesariamente. Cuando uno en la pobreza, definitivamente no produce obras literarias. Cuando yo vivía en Beijing, siempre que estaba pobre, iba a pedir dinero prestado por todas partes, sin

---

⑤ "Literatura de venganza": Se refiere a las obras de los poetas patrióticos polacos como Adam Mickiewicz, Juliusz Slowacki y otros en la primera mitad del siglo XIX. En ese momento, Polonia estaba dividida por Rusia, Austria y Prusia. Después de la Primera Guerra Mundial, reanudó su independencia en noviembre de 1918.

escribir ninguna palabra, y volvía a sentarme a escribir artículos solo cuando recibía el salario. Cuando uno está ocupado, tampoco produce obra literaria, porque el que lleva una carga al hombro debe dejarla para poder escribir artículos, el que tira de un coche también tiene que pararlo primero y luego escribe el artículo. En la era de una gran revolución, todos están muy ocupados, y al mismo tiempo son muy pobres. Esta parte de gente lucha contra otra parte de gente, luchando primero por cambiar el estado de la sociedad sin otra opción, y no tienen tiempo ni idea para hacer ningún artículo. Por lo tanto, la literatura de la época en la gran revolución solo puede reducirse a estar temporalmente en calma y silencio.

(3) Después del triunfo de la gran revolución, el estado de la sociedad se ha apaciguado y todos tienen una vida más solvente, y en este momento, se vuelve a producir la literatura. Durante este tiempo, existen dos tipos de literatura. Una literatura se dedica a alabar y ensalzar la revolución, es decir, cantar en elogio de la revolución, porque los escritores progresistas piensan que todos los aspectos tienen su significado, tal como el cambio social, el avance de la sociedad, la destrucción de la sociedad vieja y la construcción de una nueva. Por un lado, se sienten muy contentos con el colapso del sistema viejo, y por el otro, quieren elogiar la construcción nueva. El otro tipo de literatura consiste en condolerse por la eliminación de la vieja sociedad, o sea, cantar la elegía, literatura que podrá surgir también después de la revolución. Algunos creen que esta es la "literatura contrarrevolucionaria", pero yo pienso que no hace falta imponerle un pecado tan grave. La revolución continúa llevándose a cabo, pero los personajes viejos en la sociedad, que son muchos, no pueden convertirse de un momento en personajes nuevos, porque su mente aún está llena de los viejos pensamientos y las cosas

pasadas. El cambio de las circunstancias tiene impacto en todos los aspectos de su propia vida, entonces recuerdan la comodidad de los tiempos pasados, añorando la vieja sociedad con cariño incesante y teniendo un gran apego sin poder abandonarla, así que dicen unas palabras muy antiguas y vetustas y con estas se forma la literatura tal. Este tipo de literatura lleva generalmente un tono triste, reflejando que se sienten incómodos en su corazón, porque por un lado, ven la victoria de la nueva construcción, y por el otro, observan la muerte del viejo sistema. Así que cantan la elegía. No obstante, el hecho de sentir nostalgia y cantar la elegía demuestra que han admitido la revolución, porque si no triunfara la revolución, los viejos personajes todavía estarían en el poder y no cantarían la elegía.

Sin embargo, China no cuenta con estos dos tipos de literatura, ni la elegía por el sistema viejo ni el canto al sistema nuevo, porque la revolución de China todavía no ha triunfado, encontrándose justamente en el intervalo entre plántulas verdes y maduros granos amarillos, periodo en que todos están ocupados con la revolución. Pero todavía existen muchas obras de literatura vieja y los artículos en los periódicos casi todos son de estilo viejo. Pienso que esto demuestra plenamente que la revolución de China no ha contribuido mucho al cambio de la sociedad, ni ha tenido mucho impacto en las personas conservadoras, por lo que estas pueden seguir manteniéndose libres y alejadas del mundo real. Respecto de las piezas literarias en la prensa de Guangdong, son todas viejas, y las nuevas son muy escasas, lo que también demuestra que la sociedad de Guangdong no ha sido influenciada por la revolución. No hay cantos a lo nuevo, tampoco elegías por lo viejo, lo que supone que Guangdong sigue siendo la Guangdong de hace diez años. Además de esto, tampoco hay quejas de sufrimientos ni gritos por la injusticia; solo se ven manifestaciones con la participación de los sindicatos, pero estas, permitidas por el gobierno, no son resistencia contra la opresión, sino nada más que la revolución por orden del decreto. La sociedad china no ha cambiado, por eso no hay palabras tristes de lamento nostálgico, tampoco hay canción de marcha completamente nueva. Solo en la Rusia soviética se han producido estos dos tipos de literatura. Sus viejos escritores huyeron al extranjero, cuya literatura abarca en su mayoría las palabras de luto por la extinción y elegías por el pasado, mientras que la literatura nueva está avanzando hacia adelante con esfuerzo. Aunque aún no han surgido grandes obras, ya no son pocas las nuevas. Ellos han salido del período de la literatura rugiente y entrado al período del canto de alabanza. El elogio a la construcción es la influencia posterior al triunfo de la revolución, y ¿qué sucederá más adelante? Ahora no se sabe, pero supongo que probablemente deberá ser la literatura civil, porque el mundo de los civiles debe ser el resultado de la revolución.

Ahora en China no hay, desde luego, la literatura para los civiles, e incluso en todo el mundo aún no existe. Toda la literatura, canción y poesía, por lo general es para la gente de la clase alta. Después de la comida, cuando ellos están llenos, acostados en un sillón extensible, sostienen algo en la mano para leer. Un guapo superdotado sale de casa, se encuentra con una bella dama, y los dos se hacen muy cercanos. Otro nada guapo ni superdotado trastorna el proceso para causar muchos malentendidos, pero los dos finalmente logran una unión feliz. Leyendo cuentos de este tipo, ¿qué cómodos están? U otros cuentos que hablan de qué interesantes y alegres son los de la clase alta y qué ridículos son los de la clase baja. Unos años antes, la *Nueva Juventud* publicó varias novelas que representan la vida de los pecadores en el frío, las cuales hicieron descontentos a los profesores universitarios⑥ porque no les gusta leer sobre las personas inferiores como esas. Si la poesía describe a un conductor de richshaw, será un poema de clase baja; si en una obra teatral hay crimen, será un drama rastrero. Los personajes de sus dramas no son más que guapos superdotados y bellas damas, el guapo que sale Campeón en el examen imperial, y la bella que consigue el título de Dama de clase primera. El guapo y la bella están muy felices por sí mismos, y los públicos también están muy felices de verlos, pero para los de abajo no les queda otro medio que ponerse contentos y contentas junto con ellos y por ellos. En la actualidad, algunos escriben novelas y poemas basados en materiales de la gente común, es decir, los obreros y campesinos. A pesar de que también la llamamos la literatura del pueblo común, de hecho esta no la es, porque el pueblo común no han hablado todavía. Esta es la vida del pueblo común que otra gente ha observado de un lado, y está narrada en un tono prestado de ellos putativamente. A pesar de que algunos de los intelectuales son pobres ahora, pero de todo modo son un poco más solventes que los obreros y campesinos, pues pueden tener el dinero para estudiar y son capaces de escribir artículos. A primera vista, parecen ser palabras que dicen los plebeyos llanos, pero de hecho no las son; esta no es la novela del pueblo común verdadera. Las canciones montañosas y melodías campestres cantadas por los civiles ahora también han sido transcritas por algunas personas, quienes creen que estas ya son la voz de los civiles, porque son cantadas por los plebeyos. Pero ellas han recibido indirectamente grandes influencias de las obras clásica y, como admiran extremadamente a los hidalgos del campo

---

⑥ "Profesores universitarios": Insinúan a Wu Mi, profesor de la Universidad de Sudeste. El autor dijo en el artículo "Un vistazo a la literatura y el arte de Shanghai" en la *Colección de disidencia*: "En ese momento, el Sr. Wu Mi había publicado un artículo diciendo que realmente no entendía por qué a algunas personas les gustaba describir la sociedad inferior".

que poseen tres mil mu⑦ de tierra, toman a menudo los pensamientos de ellos como los propios suyos. Además, los hidalgos suelen recitar poemas rítmicos con cinco caracteres en una línea o poemas con siete, de allí, las canciones montañosas y melodías campestres que ellos componen y cantan también son de cinco o siete caracteres en una línea. Aparte de esto, que solo menciona el patrón tonal y esquema de rima, las ideas concebidas en la creación y la selección de significado son también muy anticuados, así que no merecen ser la verdadera literatura civil. Actualmente, las novelas y poemas de China son prácticamente inferiores a los de otros países. No hay otra manera, y solo podemos llamarlos literatura, porque no llegan a ser la literatura de la era revolucionaria, ni mucho menos la literatura civil. Ahora los literatos son todos intelectuales, y por ello, antes de que los obreros y campesinos estén liberados, sus pensamientos presentados en las obras seguirán siendo los pensamientos de los intelectuales. Solo cuando ellos logren la verdadera liberación, entonces podrán producirse la literatura civil. Algunas personas dicen: "China ya tiene la literatura civil". Eso es incorrecto en realidad.

Ustedes son verdaderos luchadores de guerra y combatientes revolucionarios. Opino que ahora es mejor que no tomen la literatura como algo de admiración. Aprender la literatura no tiene ningún beneficio para la guerra. Al máximo podrán hacer un canto de batalla; o si pueden escribirlo muy bonito, entonces lo leerán durante el descanso entre las batallas, lo que sí será interesante también. Si hablamos en una forma metafórica, esto es como plantar un sauce. Cuando crece alto, ya tiene sombra gruesa que abriga el sol, y cuando el agricultor trabaja hasta el mediodía, tal vez pueda sentarse bajo

---

⑦ "Mu": Unidad de superficie de China, que equivale a 666,666 metros cuadrados, o sea, una hectárea equivale a 15 mu.

el sauce y tomar su comida, teniendo un buen rato de descanso. En la actual situación de la sociedad china solo hay una guerra revolucionaria en su curso. Un poema no puede ahuyentar a Sun Chuanfang, pero un cañonazo ya logró expulsarlo. Naturalmente, algunas personas creen que la literatura tiene un gran poder en la revolución, pero lo dudo siempre, porque la literatura es, después de todo, un producto de cierta sobra de comodidad, y en cambio, es cierto que puede representar la cultura de una nación.

Probablemente las personas no se sienten satisfechas con lo que están haciendo por el momento. Solo sé escribir varios artículos desde siempre, y ahora también estoy cansado de mí mismo, y ustedes, con el fusil en mano, en cambio, quieren escuchar la literatura. En cuanto a mí, por supuesto, prefiero escuchar los cañonazos. Me parece que posiblemente los cañonazos sonarán mucho mejores que el sonido de la literatura. Hasta aquí es todo lo que quiero decir para este discurso, y ¡muchas gracias por su amabilidad de haberlo escuchado todo!

读书杂谈[1]

——七月十六日在广州知用中学讲[2]

因为知用中学的先生们希望我来演讲一回,所以今天到这里和诸君相见。不过我也没有什么东西可讲。忽而想到学校是读书的所在,就随便谈谈读书。是我个人的意见,姑且供诸君的参考,其实也算不得什么演讲。

说到读书,似乎是很明白的事,只要拿书来读就是了,但是并不这样简单。至少,就有两种:一是职业的读书,一是嗜好的读书。所谓职业的读书者,譬如学生因为升学,教员因为要讲功课,不翻翻书,就有些危险的就是。我想在坐的诸君之中一定有些这样的经验,有的不喜欢算学,有的不喜欢博物[3],然而不得不学,否则,不能毕业,不能升学,和将来的生计便有妨碍了。我自己也这样,因为做教员,有时即非看不喜欢看的书不可,要不这样,怕不久便会于饭碗有妨。我们习惯了,一说起读书,就觉得是高尚的事情,其实这样的读书,和木匠的磨斧头,裁缝的理针线并没有什么分别,并不见得高尚,有时还很苦痛,很可怜。你爱做的事,偏不给你做,你不爱做的,倒非做不可。这是由于职业和嗜好不能合一而来的。倘能够大家去做爱做的事,而仍然各有饭吃,那是多么幸福。但现在的社会上还做不到,所以读书的人们的最大部分,大概是勉勉强强的,带着苦痛的为职业的读书。

现在再讲嗜好的读书罢。那是出于自愿,全不勉强,离开了利害关系的。——我想,嗜好的读书,该如爱打牌的一样,天天打,夜夜打,连续的去打,有时被公安局捉去了,放出来之后还是打。诸君要知道真打牌的人的目的并不在赢钱,而在有趣。牌有怎样的有趣呢,我是外行,不大明白。但听得爱赌的人说,它妙在一张一张的摸起来,永远变化无穷。我想,凡嗜好的读书,能够手不释卷的原因也就是这样。他在每一叶每一叶里,都得着深厚的趣味。自然,也可以扩大精神,增加智识的,但这些倒都不计及,一计及,便等于意在赢钱的博徒了,这在博徒之中,也算是下品。

不过我的意思,并非说诸君应该都退了学,去看自己喜欢看的书去,这样的时候还没有到来;也许终于不会到,至多,将来可以设法使人们对于非做不可的事发生较多的兴味罢了。我现在是说,爱看书的青年,大可以看看本分以外的书,即课外的书,不要只将课内的书抱住。但请不要误解,我并非说,譬如在国文讲堂上,应该在抽屉里暗看《红楼梦》[4]之类;乃是说,应做的功课已完而有余暇,大可以看看各样的书,即使和本业毫不相干的,也要泛览。譬如学理科的,偏看看文学书,学文学的,偏看看科学书,看看别个在那里研究的,究竟是怎么一回事。这样子,对于别人,别事,可以有更深的了解。现在中国有一个大毛病,就是人们大概以为自己所学的一门是最好,最妙,最要紧的学问,而别的都无用,都不足道的,弄这些不足道的东西的人,将来该当饿死。其实是,世界还没有如此简单,学问都各有用处,要定什么是头等还很难。也幸而有各式各样的人,假如世界上全是文学家,到处所讲的不是"文学的分类"便是"诗之构造",那倒反而无聊得很了。

不过以上所说的,是附带而得的效果,嗜好的读书,本人自然并不计及那些,就如游公园似的,随随便便去,因为随随便便,所以不吃力,因为不吃力,所以会觉得有趣。如果一本书拿到手,就满心想道,"我在读书了!""我在用功了!"那就容易疲劳,因而减掉兴味,或者变成苦事了。

我看现在的青年,为兴味的读书的是有的,我也常常遇到各样的询问。此刻就将我所想到的说一点,但是只限于文学方面,因为我不明白其他的。

第一,是往往分不清文学和文章。甚至于已经来动手做批评文章的,也免不了这毛病。其实粗粗的说,这是容易分别的。研究文章的历史或理论的,是文学家,是学者;做做诗,或戏曲小说的,是做文章的人,就是古时候所谓文人,此刻所谓创作家。创作家不妨毫不理会文学史或理论,文学家也不妨做不出一句诗。然而中国社会上还很误解,你做几篇小说，便以为你一定懂得小说概论，做几句新诗，就要你讲诗之原理。我也尝见想做小说的青年，先买小说法程和文学史来看。据我看来，是即使将这些书看烂了，和创作也没有什么关系的。

事实上，现在有几个做文章的人，有时也确去做教授。但这是因为中国创作不值钱，养不活自己的缘故。听说美国小名家的一篇中篇小说，时价是二千美金；中国呢，别人我不知道，我自己的短篇寄给大书铺，每篇卖过二十元。当然要寻别的事，例如教书，讲文学。研究是要用理智，要冷静的，而创作须情感，至少总得发点热，于是忽冷忽热，弄得头昏，——这也是职业和嗜好不能合一的苦处。苦倒也罢了，结果还是什么都弄不好。那证据，是试翻世界文学史，那里面的人，几乎没有兼做教授的。

还有一种坏处，是一做教员，未免有顾忌；教授有教授的架子，不能畅所欲言。这或者有人要反驳：那么，你畅所欲言就是了，何必如此小心。然而这是事前的风凉话，一到有事，不知不觉地他也要从众来攻击的。而教授自身，纵使自以为怎样放达，下意识里总不免有架子在。所以在外国，称为"教授小说"的东西倒并不少，但是不大有人说好，至少，是总难免有令大发烦的炫学的地方。

所以我想，研究文学是一件事，做文章又是一件事。

第二，我常被询问：要弄文学，应该看什么书？这实在是一个极难回答的问题。先前也曾有几位先生给青年开过一大篇书目[5]。但从我看来，这是没有什么用处的，因为我觉得那都是开书目的先生自己想要看或者未必想要看的书目。我以为倘要弄旧的呢，倒不如姑且靠着张之洞的《书目答问》[6]去摸门径去。倘是新的，研究文学，则自己先看看各种的小本子，如本间久雄的《新文学概论》[7]，厨川白村的《苦闷的象征》[8]，瓦浪斯基们的《苏俄的文艺论战》[9]之类，然后自己再想想，再博览下去。因为文学的理论不像算学，二二一定得四，所以议论很纷歧。如第三种，便是俄国的两派的争论，——我附带说一句，近来听说连俄国的小说也不大有人看了，似乎一看见"俄"字就吃惊，其实苏俄的新创作何尝有人介绍，此刻译出的几本，都是革命前的作品，作者在那边都已经被看作反革命的了。倘要看看文艺作品呢，则先看几种名家的选本，从中觉得谁的作品自己最爱看，然后再看这一个作者的专集,然后再从文学史上看看他在史上的位置;倘要知道得更详细,就看一两本这人的传记,那便可以大略了解了。如果专是请教别人,则各人的嗜好不同,总是格不相入的。

第三,说几句关于批评的事。现在因为出版物太多了,——其实有什么呢,而读者因为不胜其纷纭,便渴望批评,于是批评家也便应运而起。批评这东西,对于读者,至少对于和这批评家趣旨相近的读者,是有用的。但中国现在,似乎应该暂作别论。往往有人误以为批评家对于创作是操生杀之权,占文坛的最高位的,就忽而变成批评家;他的灵魂上挂了刀。但是怕自己的立论不周密,便主张主观,有时怕自己的观察别人不看重,又主张客观;有时说自己的作文的根柢全是同情,有时将校对者骂得一文不值。凡中国的批评文字,我总是越看越胡涂,如果当真,就要无路可走。印度人是早知道的,有一个很普通的比喻。他们说:一个老翁和一个孩子用一匹驴子驮着货物去出卖,货卖去了,孩子骑驴回来,老翁跟着走。但路人责备他了,说是不晓事,叫老年人徒步。他们便换了一个地位,而旁人又说老人忍心;老人忙将孩子抱到鞍鞒上,后来看见的人却说他们残酷;于是都下来,走了不久,可又有人笑他们了,说他们是呆子,空着现成的驴子却不骑。于是老人对孩子叹息道,我们只剩了一个办法了,是我们两人抬着驴子走[10]。无论读,无论做,倘若旁征博访,结果是往往会弄到抬驴子走的。

不过我并非要大家不看批评,不过说看了之后,仍要看看本书,自己思索,自己做主。看别的书也一样,仍要自己思索,自己观察。倘只看书,便变成书厨,即使自己觉得有趣,而那趣味其实是已在逐渐硬化,逐渐死去了。我先前反对青年躲进研究室[11],也就是这意思,至今有些学者,还将这话算作我的一条罪状哩。

听说英国的培那特萧(Bernard Shaw)[12],有过这样意思的话:世间最不行的是读书者。因为他只能看别人的思想艺术,不用自己。这也就是勖本华尔(Schopenhauer)[13]之所谓脑子里给别人跑马。较好的是思索者。因为能用自己的生活力了,但还不免是空想,所以更好的是观察者,他用自己的眼睛去读世间这一部活书。

这是的确的,实地经验总比看,听,空想确凿。我先前吃过干荔支，罐头荔支，陈年荔支，并且由这些推想过新鲜的好荔支。这回吃过了，和我所猜想的不同，非到广东来吃就永不会知道。但我对于萧的所说，还要加一点骑墙的议论。萧是爱尔兰人，立论也不免有些偏激的。我以为假如从广东乡下找一个没有历练的人，叫他从上海到北京或者什么地方，然后问他观察所得，我恐怕是很有限的，因为他没有练习过观察力。所以要观察，还是先要经过思索和读书。

总之，我的意思是很简单的：我们自动的读书，即嗜好的读书，请教别人是大抵无用，只好先行泛览，然后决择而入于自己所爱的较专的一门或几门；但专读书也有弊病，所以必须和实社会接触，使所读的书活起来。

注 释

[1] 本篇记录稿经作者校阅后最初发表于1927年8月18、19、22日广州《民国日报》副刊《现代青年》第一七九、一八〇、一八一期；后重刊于1927年9月16日《北新》周刊第四十七、四十八期合刊。

[2] "知用中学"：1924年由广州知用学社社友创办的一所学校，北伐战争期间具有进步倾向。1927年7月16日，鲁迅应邀到广州知用中学演讲，谈了谈他个人关于读书的意见。

[3] "博物"：旧时中学的一门课程，包括动物、植物、矿物等学科的内容。

[4] 《红楼梦》：中国古典长篇章回小说，多以一百二十回本流传于世。前八十回由清朝小说家曹雪芹创作，后人普遍认为高鹗和程伟元参与了后四十回的成书。经二人的修订补缀，小说于1791年和1792年印行一百二十回本。《红楼梦》被评为中国四大古典小说之一，中国古典章回小说的巅峰之作，思想价值和艺术价值极高，是20世纪中国最受重视的文学作品之一。因为其不完整，留下许多谜团引人探究，也构成了一门学问——红学。《红楼梦》反映了明清时期曹雪芹本人的家族的兴衰。该部小说涉及和描写了

400多个（一说700多个）品貌性格各异的人物，不仅因其丰富的人物角色和心理塑造而著称，而且因其对18世纪中国贵族生活和社会结构的精确且详尽的观察而成为后人考察历史的珍贵参考。

［5］这里说的"一大篇书目"，指胡适的《一个最低限度的国学书目》、梁启超的《国学入门书要目及其读法》和吴宓的《西洋文学入门必读书目》等。这些书目都开列于1923年。

［6］张之洞的《书目答问》，是指导学习过程的重要指南列表，共五卷，并带有两个附录，其中包括220多种类型的书籍。清朝同治十三年（1874年）张之洞在四川任学政期间撰写。

［7］本间久雄（1886—1981）：日本文艺理论家，曾任早稻田大学教授。《新文学概论》有章锡琛中译本，1925年8月商务印书馆出版。

［8］厨川白村（1880—1923）：日本文艺理论家，曾任京都帝国大学教授。《苦闷的象征》是他的文艺论文集。

［9］《苏俄的文艺论战》：任国桢辑译，内收1923年至1924年间苏联瓦浪斯基（1884—1937）等人所著的论文。

［10］"老人、小儿和驴"的故事出自伊索寓言。1888年（清光绪十四年）由张赤山翻译的伊索寓言《海国妙喻·丧驴》出版，其中包含这个故事。

［11］"躲进研究室"："五四"以后，胡适提出"进研究室""整理国故"的主张，鲁迅认为这将会诱导青年脱离现实斗争。1924年间，鲁迅曾多次写文章批驳过。

［12］培那特萧：乔治·伯纳德·肖（1856—1950），爱尔兰剧作家。他一生写作了60多部戏剧，擅长使用黑色幽默的形式来揭露社会问题。1925年获得诺贝尔文学奖。

［13］勖本华尔：叔本华（1788—1860），著名德国哲学家，唯意志论主义的开创者，其思想对近代的学术界、文化界影响极为深远。本篇提及的"脑子里给别人跑马"，指的可能是他的《读书和书籍》中的这段话："我们读着的时候，别人却替我们想。我们不过反复了这人的心的过程。……读书时，我们的脑已非自己的活动地。这是别人的思想的战场了。"

Charla sobre la lectura[1]

16 de julio en la Escuela Secundaria de Zhiyong de Guangzhou[2]

Como los señores de la Escuela Secundaria de Zhiyong querían que yo diera una charla, hoy he venido a reunirme con ustedes. Pero no tenía muchas cosas que decir. De repente se me ocurrió que la escuela es el lugar donde se dedica a leer, así que hablamos al azar de la lectura. Serán mis opiniones personales para que sirvan tentativamente de su referencia, que, de hecho, no cuentan como un discurso.

Al tratarse de la lectura, parece ser una cosa muy clara, nada más que tomar un libro y leerlo, pero esto no es tan simple. Por lo menos, hay dos tipos de lectura: una es la lectura para ocupación, otra es la lectura de afición. Los lectores por ocupación, tales como los estudiantes que la hacen con objeto de subir a un grado superior, y los maestros para dar la clase, de no hojear libros, podrán tener ciertos peligros. Creo que entre los caballeros presentes, unos seguramente tienen experiencias como tales. A unos no les gusta la matemática, a

---

[1] Esta transcripción, que había sido revisada por el escritor, Lu Xun, se publicó por primera vez en los números 179, 118 y 181 del Suplemento *Juventud Moderna* del *Diario de la República* de Guangzhou, de 18, 19 y 22 de agosto de 1927, y se volvió a publicar en los números 47 y 48 de la revista semanal *Beixin*, de 16 de septiembre de 1927.

[2] La Escuela Secundaria de Zhiyong: Es una escuela fundada por los miembros de la Sociedad de Conocimiento y Práctica (Zhiyong) de Guangzhou en 1924. Se veía en ella una tendencia progresista durante la Expedición al Norte del ejército revolucionario para derrotar a tropas de los caudillos militares feudalistas. El 16 de julio de 1927, Lu Xun fue invitado a dar un discurso en la Escuela Secundaria de Zhiyong.

otros no les gusta la naturaleza[3], pero tienen que estudiarlas, porque de lo contrario, no pueden graduarse, o no subir a un nivel más alto, lo que afectará la vida en el futuro. Esto también ocurre conmigo, como soy maestro, tengo que leer a veces los libros que no me gustan, si no lo hago, me temo que vaya a afectar mi empleo. Ya estamos acostumbrados de que, al hablar de la lectura, la sentimos como algo noble. Pero de hecho, tal lectura no se diferencia de la afiladura del hacha por un carpintero o del arreglo de hilo y aguja por un sastre, que no se estima necesariamente noble, pero a veces muy dolorosa y lastimera. Lo que te gusta hacer se insiste en no asignártelo a ti deliberadamente, pero lo que no te gusta, se te obliga a hacerlo sin discutir. Esto se debe a que las ocupaciones y las aficiones no están emparejadas. Si todos pudiéramos hacer lo que nos gustara mientras aún mantuviéramos la subsistencia, ¡qué cosa más feliz sería! Pero en la sociedad actual esto todavía no se puede realizar, por eso, la mayoría de los que leen probablemente tienen cierta leve renuencia y lo hace con amargura y para la profesión.

Bien, ahora vamos a hablar de la lectura por afición. Esta es voluntaria y no reacia en ningún sentido, ya que estaba separada de lo concerniente a beneficio y daño. Pienso que la afición de leer es como el hábito de jugar al mahjong, al que las personas juegan todos los días y todas las noches, continuamente, e incluso a veces resultan capturadas por la Oficina de Seguridad Pública por ello, pero una vez liberadas, seguirán jugando. Ustedes deberían saber que el objeto de los verdaderos jugadores no está en la ganancia de dinero, sino en la diversión. ¿Y por qué tan interesante es el mahjong? Yo soy un lego en esto, así que no lo tengo claro, pero oí decir a los aficionados al

---

[3] "La naturaleza", o sea, ciencias naturales, nombre de un curso en la escuela secundaria de aquel tiempo, que incluye el estudio de animales, plantas, minerales y otros contenidos.

juego que su maravilla reside en que cuando se recoge una por una, la composición de las cartas presenta infinitas variedades. Pienso que, por la misma razón, toda lectura por afición puede hacer a uno nunca apartarse de un libro a mano, porque puede conseguir gran interés y deleite en cada una de las páginas. Por supuesto, la lectura también puede ampliar la mente y aumentar el conocimiento, pero todo esto no entra en la cuenta, porque una vez contado, será igual a un jugador que se enfoca en la ganancia del dinero, quien, incluso entre los jugadores, pertenecería al grado bajo.

Sin embargo, esto no quiere significar que todos ustedes deban interrumpir los estudios y vayan a leer los libros que les gusten. Ese tipo de tiempo no ha llegado, y tal vez jamás llegue, A lo más, en el futuro se podrá intentar hacer a las personas interesarse más por lo que tengan que hacer. Lo que quiero decir ahora es que, los jóvenes aficionados a la lectura pueden leer en gran medida los libros fuera de su oficio, o sea, los libros extracurriculares, y no se limiten a agarrar los libros de las asignaturas. Pero no me malentiendan ustedes, no estoy diciendo que, por ejemplo, en la clase del idioma chino puedan leer a escondidas en el cajón los libros como *Sueño en el Pabellón Rojo*[4]; sino que en el tiempo de ocio cuando terminen de completar

---

[4] *Sueño en el pabellón rojo*: Es una novela clásica china con numerosos capítulos. El trabajo original sobreviviente de 80 capítulos fue creado por Cao Xueqin a mediados del siglo XVIII durante la dinastía Qing y en general se cree que Gao E y Cheng Weiyuan contribuyeron a los últimos cuarenta capítulos del libro. La versión de 120 capítulos se publicó en 1791 y 1792, y de allí en más de 100 años se ha distribuido entre los lectores chinos. La *Sueño en el pabellón rojo* fue calificada como una de las cuatro principales novelas clásicas chinas, y es la cúspide de las novelas narrativas en capítulos. En el siglo XX esta novela fue una de las obras literarias más valoradas en China. Debido a su carácter incompleto, dejó muchos puntos misteriosos e intrigantes, lo cual también constituye un área de estudio, o sea, "la Ciencia del Rojo". La *Sueño en el pabellón rojo* refleja el ascenso y la caída de la familia del autor Cao Xueqin y los diversos aspectos de la dinastía Qing. La novela describe e involucra a más de 400 (también se dice más de 700) personajes con diferentes personalidades. No solo por sus ricos roles y descripciones psicológicas, sino también por su estructura precisa y detallada de la vida y la estructura social de la nobleza china en el siglo XVIII, la obra se ha convertido en un tesoro para la observación de la historia.

las tareas, pueden leer con toda libertad diversos tipos de libros, incluidos los no relacionados en ningún sentido con la carrera, y también pueden hojearlos en forma extensiva. Por ejemplo, los que estudian ciencias leen libros de literatura intenciomadamente, y los que estudian literatura leen libros de ciencia deliberadamente, para ver qué es lo que otros están allí estudiando, y de esta manera, podrán comprender más a fondo a otra gente y otros asuntos. Ahora existe una gran deficiencia en China, es que la gente probablemente piensa que la materia que uno mismo aprende es la disciplina mejor, la más maravillosa y la más importante, mientras que las otras son inútiles y no merecen mencionarse, e incluso aquellos que aprendan esas cosas insignificantes deberían morir de hambre en el futuro. De hecho, el mundo no es tan simple y toda área de estudio es útil respectivamente. Aún es difícil determinar cuál es de primera clase. Y también por fortuna existen personas de toda clase: si el mundo estuviera lleno de meros literatos, y lo que se habla en todas partes, si no fuera la "clasificación de la literatura", sería la "estructura de la poesía", resultaría, en cambio, en una situación muy aburrida.

Sin embargo, lo que acabo de decir es el efecto traído consigo adjuntamente. Con la lectura de afición, el lector mismo no lo toma en cuenta desde luego, lo que es igual a visitar un parque, a que vamos de manera relajada y con toda tranquilidad, y precisamente por lo tranquilo y relajante que es, no cuesta trabajo, y por no costarnos trabajo, nos parece muy interesante. Si al tomar un libro en la mano, uno ya está lleno de pensamientos como: "¡Ya estoy leyendo!", o "¡Estoy estudiando duro!", entonces estará fácil de cansarse, y eso reducirá el interés o se convertirá en una carga amarga.

Ahora veo que entre los jóvenes, unos sí leen por su interés, y a menudo me encuentro con todo tipo de preguntas. En este momento, voy a hablar un poco de lo que yo pienso, pero solo limitado a la literatura, porque de otras cosas no me entero mucho.

Primero, a menudo no pueden distinguir entre la literatura y el artículo, e incluso algunos que ya han comenzado a escribir artículos de crítica tampoco pueden evitar este problema. Hablando a grandes rasgos, de hecho, son fáciles de distinguirse entre ambos. Los que estudian la historia o la teoría de artículos son literatos o estudiosos; los que hacen poemas, obras dramáticas o novelas son escritores, quienes eran llamados hombres de letras en la antigüedad, o creadores en la actualidad. No hay inconveniente que un creador ignore la historia o la teoría de la literatura, tampoco es inadecuado que un literato no sea capaz de hacer un poema. Sin embargo, existe todavía una comprensión equivocada en la sociedad china de que si has escrito varias novelas, pensarán que debes entender la introducción a la novela; y si has hecho algunos poemas nuevos, te pedirán contar los principios de la poesía. Me he encontrado con algunos jóvenes con la idea de ser creadores de novela, quienes compraron primero los libros en que se enseñan las destrezas de redacción de la novela y manuales de la historia de literatura para leer. Según mi opinión, incluso los leerán hasta muy desgastados, tampoco tendrán nada que ver con la creación.

De hecho, ahora algunos escritores de artículos a veces también van a hacerse profesor. Pero esto se debe a que la creación en China no vale nada y no pueden mantenerse a sí mismos dependiendo de ella. Oí decir que una novela de extensión mediana de un escritor estadounidense ligeramente famoso vale dos mil dólares por el momento; en cuanto a China, no sé el caso de otros, mis propios cuentos enviados a las grandes librerías se vendieron por veinte yuanes. Por supuesto, hay que buscar otro empleo que hacer, por ejemplo, enseñar y dar cursos de literatura. Hacer investigación necesita el raciocinio y la calma, pero la creación necesita la emoción y afectividad, por lo que el creador al menos tiene que estar un poco calentado. Entonces se alterna bruscamente el calor con el frío, lo que te hace mareado, y esto también es el amargo causado por no poder emparejarse la ocupación con la afición. Dejándose de lado tal amargo, pero resulta que ninguna de las dos se ha realizado bien. La evidencia es que, si revisas la historia de la literatura mundial, entre los escritores, casi no se puede encontrar a nadie que trabaje como profesor a tiempo parcial.

Otro punto negativo está en que una vez fuera profesor, tendría escrúpulos inevitablemente, porque un profesor tiene su propio aire y postura y no puede hablar libremente sin reservas. Esto puede ser refutado por alguna gente: entonces, que hables libremente y di lo que quieras, ¿por qué tienes tanto cuidado? Pero, estas son palabras previas irresponsables y sarcásticas, cuando suceda algo, ella se pondrá conforme a la multitud inconscientemente para atacarte. Y los profesores por sí mismos, sin importar cuán abiertos y desenvueltos se crean a sí mismos, siempre llevarán consigo cierto aire o postura en el subconsciente. Así que en el extranjero no son pocas las cosas llamadas "novelas de profesor", pero no mucha gente las considera buenas. Al menos, es inevitable encontrarse en ellas algunas partes de pedantería muy fastidiosa.

Así, creo que la investigación de literatura es una cosa, mientras la escritura de artículos es otra.

En segundo lugar, a menudo me preguntan: ¿Qué libros debo leer para dedicarme a la literatura? Esta es una pregunta realmente muy difícil de responder. Varios señores han recetado una gran bibliografía[5] para los jóvenes. Pero desde mi punto de vista, esto

---

[5] "Una gran bibliografía": Se refiere a la "Bibliografía mínima de los estudios chinos" de Hu Shi, la "Introducción a los estudios chinos y los métodos de lectura" de Liang Qichao y la "Introducción a las lecturas requeridas de la literatura occidental" de Wu Mi, entre otras. Estas bibliografías se publicaron en 1923.

no sirve mucho, porque creo que esa bibliografía contiene los libros que los señores mismos quieren leer o no lo quieren necesariamente. Pienso que si quieren una bibliografía vieja, es mejor buscar a tientas provisionalmente el sendero de acceso a la puerta confiando en las *Preguntas y respuestas de la bibliografía*[6] redactadas por Zhang Zhidong. En caso de necesitar una bibliografía nueva, para estudiar la literatura, pueden leer primero una variedad de libros pequeños, como la *Introducción a la nueva literatura* de Honma Hisao[7], el *Símbolo de la depresión* de Kuriyagawa Hakuson[8], el *Debate literario ruso soviético* de Aleksandr Voronsky[9] y otros, y luego pueden pensarlo nuevamente, y más adelante, continuar leyendo extensamente. Como la teoría de la literatura no es como la aritmética, dos por dos siendo cuatro, la discusión literaria es muy divergente. Por ejemplo, el último libro que mencioné es sobre la disputa entre las dos facciones en Rusia. Aquí quisiera añadir de paso unas palabras. Recientemente oí decir que incluso las novelas rusas no han sido leídas por muchas personas y parece que se asombran al ver la palabra "Rusia". De hecho, ¿acaso quién ha introducido alguna obra nueva de la Rusia soviética? Hasta el presente, las limitadas traducciones son todas las obras antes de la revolución, cuyos autores se han considerado ahora como contrarrevolucionarios por allá. Si desean leer obras literarias y artísticas, primero lean las selecciones de varios famosos expertos, de

---

[6] *Preguntas y respuestas de la bibliografía*: Una lista de pautas importantes para guiar el curso de estudio con cinco volúmenes y dos apéndices, incluidos más de 220 tipos de libros. Fue redactada por el alto funcionario Zhang Zhidong en el año 1874, durante su cargo de Administrador de Educación de la provincia de Sichuan.

[7] Honma Hisao (1886–1981): Fue teórico literario japonés y profesor de la Universidad de Waseda. La *Introducción a la Nueva Literatura* tiene una traducción al chino realizada por Zhang Xichen, publicada en agosto de 1925 por la editorial Commecial Press.

[8] Kuriyagawa Hakuson (1880–1923): Teórico literario japonés. Fue profesor de la Universidad Imperial de Kioto. *El símbolo de la depresión* es su colección de obras literarias.

[9] *Debate literario ruso soviético* fue redactado por A. Voronsky y otros de 1923 a 1924 y fue traducido al chino por Ren Guozhen.

los cuales escogen el autor cuyas obras les gusten más, y luego lean la colección especial de él o ella para conocer más tarde su posición en la historia de la literatura.

Si quieren saber más detalles, pueden leer una o dos biografías del autor, y de esa manera ya podrán tener el conocimiento a grandes rasgos. Si consultan a otras personas especialmente por esto, sus opiniones podrán ser incompatibles entre sí a causa de diferentes gustos.

El tercero, unas palabras sobre la crítica. Ahora, debido a haber demasiadas publicaciones—en realidad ¿qué problema debería haber?—los lectores están cansados de la diversidad y variedad, y ansiosos por críticas, entonces los críticos han surgido a la circunstancia afortunada. La crítica es una cosa como tal, que es útil para los lectores, al menos para los lectores que tienen intereses similares a cierto crítico. Sin embargo, ahora en China, parece que debería ser temporalmente caso aparte. A menudo alguna gente piensa equivocadamente que los críticos tienen el derecho a la vida y a la muerte de la obra, y los que ocupan la posición más alta en el círculo literario de repente se convierten en críticos; han colgado un cuchillo en su alma. Cuando temen que sus propios argumentos no sean bien circunspectos y meticulosos, sostienen la subjetividad; a veces temen que sus observaciones no sean valoradas por otros, giran a abogar por la objetividad; algunas veces dicen que sus propios artículos parten de la pura compasión, otras veces reprochan al corrector de pruebas como si no valiera ni un centavo. De los textos de crítica en China, cuanto más los leo, más confuso me vuelvo; y si los tomara en serio, no quedaría camino para seguir. Los hindúes lo habían sabido desde tempranos tiempos y tenían una metáfora muy común. Decían: un anciano y un niño usaban un burro para llevar los productos a la venta. Los productos se habían vendido, el niño regresaba en el burro y el viejo los seguía. Pero los transeúntes lo culparon al niño diciendo que era tan incomprensivo de las convenciones que dejaba al anciano ir a pie. Entonces, se intercambiaron sus posiciones, pero los otros volvieron a decir que el corazón del viejo era duro. Entonces, el viejo recogió apresuradamente al niño con los brazos a la montura para estar juntos, pero los que lo vieron más tarde dijeron que ellos son crueles, así que ambos se apearon del burro, pero antes de haber caminado mucho, otros hombres se rieron de ellos, comentando que eran idiotas porque dejaban al burro ocioso sin montar. Eventualmente, el anciano dio un suspiro diciendo al niño: Ahora no nos queda más de un solo medio, es decir, nosotros dos llevamos al burro a hombro.⑩ Ya sea leer o hacer, si siempre consultan extensamente y toman cantidad de materiales como referencia, resultará como caminar llevando el burro a hombro.

  Sin embargo, no les aconsejo a ustedes que no lean las críticas, Sino que después de leerlas todavía deben leer el propio libro, pensarlo y juzgarlo por sí mismos. Es lo mismo para leer otros libros, también deben pensarlo y observarlo por sí mismos. Si una persona solo se mete en la lectura, se convertirá en una estantería de libros, e incluso si lo encuentra interesante por sí, ese gusto se va endureciendo y muriendo gradualmente. Anteriormente mi oposición de que los jóvenes se escondieran en la sala de investigación⑪ significó lo mismo, y hasta el presente algunos académicos todavía la toman como uno de mis pecados.

---

⑩ El cuento de "El viejo, el niño y el burro" proviene de las *Fábulas de Esopo*. Ya en 1888, las *Fábulas de Esopo* fueron traducidas al chino con el título de *Fábulas maravillosas del ultramar*, por Zhang Chishan, en las que estaba incluido este cuento.

⑪ "Se escondieran en la sala de investigación": Después del Movimiento del 4 de Mayo, el señor Hu Shi propuso la idea de "entrar en la sala de investigación" y "reordenar la herencia de la cultura nacional", que, según Lu Xun, conduciría a los jóvenes a separarse de la realidad y las luchas prácticas. Por eso, en 1924, Lu Xun escribió muchos artículos para refutarlo repetidamente.

Escuché que Bernard Shaw[12], del Reino Unido, dijo algo en un sentido similar a esto: el más incompetente del mundo es el lector, porque solo puede leer los pensamientos y el arte de otras personas, y no actúa por sí mismo. Esto es lo llamado por Schopenhauer[13] de galopar los caballos ajenos en el cerebro de sí. El relativamente bueno es el pensador, porque puede usar su propia vitalidad, pero no evita ilusionarse, así que el mejor es el observador, que usa sus propios ojos para leer el libro viviente de este mundo.

Esto es cierto: la experiencia en el campo es siempre mejor que mirar, escuchar e imaginar. Yo había comido lichi seco, lichi enlatado, lichi añejo, y había imaginado como sería el lichi bien fresco. Y ahora cuando lo he probado, ya sé lo diferente de lo que había adivinado. Si no hubiera venido a Guangdong, nunca lo habría sabido. Pero, con respecto a lo que Bernard Shaw dijo, quiero añadir un comentario con evasivas, como hablar a horcajadas sobre un muro. Bernard Shaw es un irlandés, entonces inevitablemente su argumento puede ser un poco propenso al extremismo. Pienso que en caso de buscar a una persona del campo de Guangdong sin haber experimentado muchos sucesos, mandarlo ir de Shanghai a Beijing o algún otro lugar, y después le preguntan sobre lo que ha observado, me temo que eso va a ser muy limitado, porque no tiene la capacidad de observación. Por eso, para poder observar, primero uno debe practicar la reflexión y la lectura.

---

[12] George Bernard Shaw (1856–1950): dramaturgo irlandés y ganador del Premio Nobel de Literatura de 1925. Escribió más de 60 obras de teatro en su vida y usó mucho el humor negro para revelar problemas sociales. Su comedia *Pigmalión* fue adaptada por Alan Lerner al musical *My Fair Lady*, que más tarde se adaptó a una exitosa película de Hollywood del mismo título, gozando de mucha fama y popularidad.

[13] Arthur Schopenhauer (1788–1860): Famoso filósofo alemán, fundador del voluntarismo, cuyos pensamientos tienen una influencia de largo alcance en los círculos académicos y culturales modernos. La idea de "galopar los caballos ajenos en el cerebro de sí" mencionada en este artículo puede referirse al pasaje en su obra *Sobre la lectura y los libros*: "Si leemos, piensa otro por nosotros; solo repetimos su proceso mental. ... Pero durante la lectura es nuestra naturaleza realmente el campo de batalla de pensamientos extraños".

En resumen, lo que quiero decir es muy simple: para nuestra lectura voluntaria, o sea, la lectura por afición, generalmente es inútil consultar a otros, por lo que tenemos que hacer la lectura extensiva y luego elegir uno o unos de los temas más especializados que nos gusten para profundizarla. Sin embargo, también hay problemas al dedicarse solo a la lectura, así que es necesario contactar con la sociedad real para que sean vitalizados los libros que se leen.

通信[1]

小峰兄：

　　收到了几期《语丝》[2]，看见有《鲁迅在广东》[3]的一个广告，说是我的言论之类，都收集在内，后来的另一广告上，却变成"鲁迅著"了。我以为这不大好。

　　我到中山大学的本意，原不过是教书。然而有些青年大开其欢迎会，我知道不妙，所以首先第一回演说，就声明我不是什么"战士"，"革命家"。倘若是的，就应该在北京，厦门奋斗；但我躲到"革命后方"[4]的广州来了，这就是并非"战士"的证据。

　　不料主席的某先生[5]——他那时是委员——接着演说，说这是我太谦虚，就我过去的事实看来，确是一个战斗者，革命者。于是礼堂上劈劈拍拍一阵拍手，我的"战士"便做定了。拍手之后，大家都已走散，再向谁去推辞？我只好咬着牙关，背了"战士"的招牌走进房里去，想到敝同乡秋瑾[6]姑娘，就是被这种劈劈拍拍的拍手拍死的。我莫非也非"阵亡"不可么？

　　没有法子，姑且由它去罢。然而苦矣！访问的，研究的，谈文学的，侦探思想的，要做序，题签的，请演说的，闹得个不亦乐乎。我尤其怕的是演说，因为它有指定的时候，不听拖延。临时到来一班青年，连劝带逼，将你绑了出去。而所说的话是大概有一定的题目的。命题作文，我最不擅长。否则，我在清朝不早进了秀才了么？然而不得已，也只好起承转合，上台去说几句。但我自有定例：至多以十分钟为限。可是心里还是不舒服，事前事后，我常常对熟人叹息说：不料我竟到"革命的策源地"来做洋八股了。

　　还有一层，我凡有东西发表，无论讲义，演说，是必须自己看过的。但那时太忙，有时不但稿子没有看，连印出了之后也没有看。这回变成书了，我也今天才知道，而终于不明白究竟是怎么一回事，里面是怎样的东西。现在我也不想拿什么费话来捣乱，但以我们多年的交情，希望你最好允许我实行下列三样——

一，将书中的我的演说，文章等都删去。

二，将广告上的著者的署名改正。

三，将这信在《语丝》上发表。

这样一来，就只剩了别人所编的别人的文章，我当然心安理得，无话可说了。但是，还有一层，看了《鲁迅在广东》，是不足以很知道鲁迅之在广东的。我想，要后面再加上几十页白纸，才可以称为"鲁迅在广东"。

回想起我这一年的境遇来，有时实在觉得有味。在厦门，是到时静悄悄，后来大热闹；在广东，是到时大热闹，后来静悄悄。肚大两头尖，像一个橄榄。我如有作品，题这名目是最好的，可惜被郭沫若[7]先生占先用去了。但好在我也没有作品。

至于那时关于我的文字，大概是多的罢。我还记得每有一篇登出，某教授便魂不附体似的对我说道："又在恭维你了！看见了么？"我总点点头，说，"看见了。"谈下去，他照例说，"在西洋，文学是只有女人看的。"我也点点头，说，"大概是的罢。"心里却想：战士和革命者的虚衔，大约不久就要革掉了罢。

照那时的形势看来，实在也足令认明了我的"纸糊的假冠"[8]的才子们生气。但那形势是另有缘故的，以非急切，姑且不谈。现在所要说的，只是报上所表见的，乃是一时的情形；此刻早没有假冠了，可惜报上并不记载。但我在广东的鲁迅自己，是知道的，所以写一点出来，给憎恶我的先生们平平心——

一，"战斗"和"革命"，先前几乎有修改为"捣乱"的趋势，现在大约可以免了。但旧衔似乎已经革去。

二，要我做序的书，已经托故取回。期刊上的我的题签，已经撤换。

三，报上说我已经逃走；或者说我到汉口来了。写信去更正，就没收。

四，有一种报上，竭力不使它有"鲁迅"两字出现，这是由比较两种报上的同一记事而知道的。

五,一种报上[9],已给我另定了一种头衔,曰,杂感家。评论是"特长即在他的尖锐的笔调,此外别无可称。"然而他希望我们和《现代评论》[10]合作。为什么呢?他说:"因为我们细考两派文章思想。初无什么大别。"(此刻我才知道,这篇文章是转录上海的《学灯》[11]的。原来如此,无怪其然。写完之后,追注。)

六,一个学者[12],已经说是我的文字损害了他,要将我送官了,先给我一个命令道:"暂勿离粤,以俟开审!"

阿呀,仁兄,你看这怎么得了呀!逃掉了五色旗[13]下的"铁窗斧钺风味",而在青天白日[14]之下又有"缧绁之忧"[15]了。"孔子曰:'非其罪也。'以其子妻之。"怕未必有这样侥幸的事罢,唉唉,呜呼!

但那是其实没有什么的,以上云云,真是"小病呻吟"。我之所以要声明,不过希望大家不要误解,以为我是坐在高台上指挥"思想革命"而已。尤其是有几位青年,纳罕我为什么近来不开口。你看,再开口,岂不要永"勿离粤,以俟开审"了么?语有之曰:是非只为多开口,烦恼皆因强出头。此之谓也。

我所遇见的那些事,全是社会上的常情,我倒并不觉得怎样。我所感到悲哀的,是有几个同我来的学生,至今还找不到学校进,还在颠沛流离。我还要补足一句,是:他们都不是共产党,也不是亲共派。其吃苦的原因,就在和我认得。所以有一个,曾得到他的同乡的忠告道:"你以后不要再说你是鲁迅的学生了罢。"在某大学里,听说尤其严厉,看看《语丝》,就要被称为"语丝派";和我认识,就要被叫为"鲁迅派"的。

这样子,我想,已经够了,大足以平平正人君子之流的心了。但还要声明一句,这是一部分的人们对我的情形。此外,肯忘掉我,或者至今还和我来往,或要我写字或讲演的人,偶然也仍旧有的。

《语丝》我仍旧爱看,还是他能够破破我的岑寂。但据我看来,其中有些关于南边的议论,未免有一点隔膜。譬如,有一回,似乎颇以"正人君子"之南下为奇,殊不知《现代》在这里,一向是销行很广的。相距太远,也难怪。我在厦门,还只知道一个共产党的总名,到此以后,才知道其中有CP[16]和CY之分。一直到近来,才知道非共产党而称为什么Y什么Y[17]的,还不止一种。我又仿佛感到有一个团体,是自以为正统,而喜欢监督思想的。[18]我似乎也就在被监督之列,有时遇见盘问式的访问者,我往往疑心就是他们。但是否的确如此,也到底摸不清,即使真的,我也说不出名目,因为那些名目,多是我所没有听到过的。

以上算是牢骚。但我觉得正人君子这回是可以审问我了:"你知道苦了罢?你改悔不改悔?"大约也不但正人君子,凡对我有些好意的人,也要问的。我的仁兄,你也许即是其一。我可以即刻答复:"一点不苦,一点不悔。而且倒很有趣的。"

土耳其鸡[19]的鸡冠似的彩色的变换,在"以俟开审"之暇,随便看看,实在是有趣的。你知道没有?一群正人君子,连拜服"孤桐先生"[20]的陈源教授即西滢,都舍弃了公理正义的栈房的东吉祥胡同,到青天白日旗下来"服务"了。《民报》[21]的广告在我的名字上用了"权威"两个字,当时陈源教授多么挖苦呀。这回我看见《闲话》[22]出版的广告,道:"想认识这位文艺批评界的权威的,——尤其不可不读《闲话》!"这真使我觉得飘飘然,原来你不必"请君入瓮",自己也会爬进来!

但那广告上又举出一个曾经被称为"学棍"的鲁迅来,而这回偏尊之曰"先生",居然和这"文艺批评界的权威"并列,却确乎给了我一个不小的打击。我立刻自觉:阿呀,痛哉,又被钉在木板上替"文艺批评界的权威"做广告了。两个"权威",一个假的和一个真的,一个被"权威"挖苦的"权威"和一个挖苦"权威"的"权威"。呵呵!

祝你安好。我是好的。

(鲁迅。九,三。)

注 释

[1] 本篇是鲁迅先生杂文,最初发表于1927年10月1日《语丝》周刊

第一五一期，后收录于《而已集》。

[2]《语丝》：中国新文化运动时期的文学周刊。1924年11月17日，鲁迅、周作人、钱玄同、林语堂等人在北京创办同人周刊《语丝》，发表的作品多重文艺，文体包括杂文、小品、随笔等，文风泼辣而幽默，自成一派。《语丝》在北京发行至154期。1927年10月22日，奉系军阀张作霖查禁《语丝》。此后在上海发行至1930年停刊。此信是写给"小峰"，即李小峰，是北新书店的老板。

[3]《鲁迅在广东》：钟敬文编辑，内收鲁迅到广州后别人所作关于鲁迅的文字十二篇和鲁迅的讲演记录稿三篇、杂文一篇。1927年7月由上海北新书局出版。

[4] "革命后方"：1926年7月国民革命军自广东出师北伐，因而当时广东有"革命后方"之称。

[5] "主席的某先生"：指国民党政客朱家骅，他当时任中山大学委员会委员（实际主持校务）。1927年1月25日在中大学生欢迎鲁迅的大会上，他也借机发表演说。

[6] 秋瑾：生于1875年11月8日，是中国女权和女学思想的倡导者，近代民主革命志士。她作为第一批为推翻数千年封建统治而牺牲的革命先驱，为辛亥革命做出了巨大贡献。1904年留学日本，积极参加留日学生的革命活动，先后加入光复会、同盟会。1906年春回国。1907年在绍兴主持大通师范学堂，组织光复军，准备起义。失败后，她于1907年7月13日被清政府逮捕。7月15日凌晨，秋瑾从容就义于绍兴轩亭口，年仅32岁。

[7] 郭沫若（1892—1978）：四川乐山人，文学家、历史学家和社会活动家。早年从事革命文化活动，为著名的文学团体创造社主要发起人。1926年投身北伐战争，1927年参加八一南昌起义，失败后旅居日本，从事中国古代史和古文字学的研究。抗日战争爆发后回国，在中国共产党领导下，组织和团结国统区进步文化人士从事抗日和民主运动。他的著作丰富，对我国新文化运动作出了颇大贡献。

[8]"纸糊的假冠"：指狂飙社广告所加于鲁迅的"思想界先驱者"的称号，是高长虹嘲骂鲁迅的话。参见《所谓"思想界先驱者"鲁迅启事》一文。

[9]"一种报上"：指香港《循环日报》。引文见1927年6月10日、11日该报副刊《循环世界》所载徐丹甫《北京文艺界之分门别户》一文。

[10]《现代评论》：胡适与陈西滢、徐志摩等创办的《现代评论》周刊，于1924年12月13日创刊。其创办成员被称为现代评论派，多是欧美留学归国的自由主义知识分子，以《现代评论》为主要阵地。1927年7月，《现代评论》迁至上海，遂由原来依附于北洋政府转而投靠国民党政权。

[11]《学灯》：上海《时事新报》的副刊。1918年2月4日创刊，1947年2月24日停刊。《时事新报》是当时研究系的报纸。

[12]"一个学者"：指顾颉刚。1927年7月，顾颉刚从汉口《中央日报》副刊看到作者致孙伏园信，其中有"在厦门那么反对民党……的顾颉刚"等语，他即致函作者，说"诚恐此中是非，非笔墨口舌所可明了，拟于9月中旬回粤后，提起诉讼，听候法律解决"，并要作者"暂勿离粤，以俟开审"。

[13]"五色旗"：中华民国建国之初南京临时政府和北洋政府所采用的国旗，形式为红、黄、蓝、白、黑五色横条，于1912年1月10日至1928年12月29日期间使用。

[14]"青天白日"：中国国民党党徽及中华民国国徽的设计主题，也是中华民国国旗组成要素。

[15]"缧绁之忧"：指无辜获罪。见《论语·公冶长》："子谓公冶长，'可妻也，虽在缧绁之中，非其罪也。'以其子妻之。"公冶长为孔子弟子，七十二贤之一。自幼家贫，勤俭节约，聪颖好学。传说他通百禽之语，并因此无辜获罪，孔子对此表示痛惜。

[16]"CP"：英文Communist Party的缩写，即共产党。后文的"CY"是英文Communist Youth的缩写，即共产主义青年团。

[17]指国民党御用的反动青年组织。如L.Y.，即所谓"左派青年团"；

T.Y.，即"三民主义同志社"。

［18］指所谓"士的派"（又称"树的党"），国民党右派"孙文主义学会"所操纵的广州学生界的一个反动团体。按"士的"是英语 stick（手杖、棍子）的音译。

［19］"土耳其鸡"：俗称火鸡。头部有红色肉冠，喉下垂红色肉瓣；公鸡常扩翼展尾如扇状，同时肉冠及肉瓣便由红色变为蓝白色。

［20］"孤桐先生"：即章士钊。

［21］《民报》：1925年7月创刊于北京，不久即被奉系军阀张作霖查封。

［22］《闲话》：陈西滢发表在《现代评论》"闲话"专栏文章的结集，名为《西滢闲话》，1928年3月上海新月书店出版。

Comunicación[1]

Querido amigo Xiaofeng:

Recibí varios números de la revista *Hilo del Lenguaje*[2] y he encontrado un anuncio del libro titulado *Lu Xun en Guangdong*[3], diciendo que estaban mis palabras y discursos, etc., todos incluidos en este libro, pero se convirtió en "escritos por Lu Xun" en otro anuncio posteriormente, lo cual no creo que haya sido conveniente.

Mi intención original de venir a la Universidad Sun Yat-sen no fue nada más que para enseñar. Sin embargo, algunos jóvenes han celebrado las reuniones de bienvenida en gran escala y vi que no era buen indicio. Así que antes que nada, declaré en mi primer discurso que yo no era de cierto género "luchador" ni "revolucionario". Si lo hubiera sido, habría estado en Beijing y Xiamen para persistir en la lucha, pero ahora me estoy escondiendo en Guangzhou, la "retaguardia revolucionaria"[4], lo que es la evidencia de no ser

---

[1] Este artículo fue publicado originalmente en el número 151 del semanario *Hilo del Lenguaje* el 1 de octubre de 1927. Más tarde fue incluido en la *Colección Er Yi*.

[2] *Hilo del Lenguaje*: Es una revista literaria semanal durante el Movimiento de la Nueva Cultura China, fundada por Lu Xun, Zhou Zuoren, Qian Xuantong, Lin Yutang y otros en Beijing el 17 de noviembre de 1924. La publicación incluyó múltiples obras literarias, incluidos ensayos, artículos cortos, apuntes, etc., y el estilo es satírico y humorístico. Se emitió en Beijing 154 números de la revista. El 22 de octubre de 1927, Zhang Zuolin, un caudillo militar de la facción del noreste la vedó. Desde entonces, se movió y siguió en Shanghai hasta 1930. Esta carta está escrita para Xiaofeng, o sea, Li Xiaofeng, el dueño de la librería Beixin, y también amigo de Lu Xun.

[3] *Lu Xun en Guangdong*: Libro editado por Zhong Jingwen en que se colectaron 12 artículos sobre Lu Xun escritos por otros, y tres notas de discurso y un ensayo escritos por Lu Xun después de su llegada a Guangzhou. Fue publicado por la Librería Beixin de Shanghai en julio de 1927.

[4] "Retaguardia revolucionaria": En julio de 1926, el Ejército Revolucionario Nacional comenzó su Expedición al Norte en Guangdong. En ese momento, Guangdong era conocida como la "retaguardia revolucionaria".

"luchador".

Inesperadamente, el señor que presidió la reunión[5], quien en aquel momento era miembro del Comité de la Universidad, dio un discurso en seguida de mí, diciendo que yo era demasiado modesto con esto, y en lo que respecta a los hechos de mi pasado, era realmente un luchador y revolucionario. Entonces, "pi, pi, pa, pa" sonaron aplausos por un instante en el auditorio, y de tal modo mi identidad de "luchador" fue determinada. Pero después de los aplausos, todos se fueron, y ¿ante quién podría yo rehusarlo? Tuve que apretar los dientes cargando el letrero de "luchador" a caminar a mi habitación. Recordé a la chica Qiu Jin[6], paisana mía, quien fue aplastada a muerte justamente por los mismos "pi, pi, pa, pa" de aplausos. ¿Acaso también tendré que "morir en el frente" sin otra opción?

No hay manera, así que lo dejé ir como quiera. ¡Pero fue amargo! Unos venían por visita, se dedicaban a la investigación, unos hablaban de la literatura, otros espiaban mis pensamientos, más los que me pedían escribirles prefacios o inscribir etiquetas para la portada, así como me invitaban a dar discursos, en fin, toda actividad se alborotaba en una atmósfera extremadamente vívida y bulliciosa. Lo que yo temía especialmente era dar discursos, porque siempre había

---

[5] "El señor que presidió la reunión": Se refiere al politiquero del Kuomintang, Zhu Jiahua, que entonces era miembro del Comité de la Universidad Sun Yat-sen y presidía los asuntos escolares. El 25 de enero de 1927, en la reunión de estudiantes universitarios para dar la bienvenida a Lu Xun, también aprovechó la oportunidad para hacer un discurso.

[6] Qiu Jin: Nació el 8 de noviembre de 1875. Siendo defensora de los derechos de la mujer china y de la educación femenina y revolucionaria democrática moderna, se encontraba entre los primeros pioneros revolucionarios que se sacrificaron por derrocar el sistema feudal que había durado casi dos mil años e hizo grandes contribuciones a la Revolución de 1911. En 1904, estudió en Japón y participó activamente en las actividades revolucionarias de los estudiantes chinos en Japón. Se unió sucesivamente a la Sociedad de Restauración y la Alianza Revolucionaria. Regresó a China en la primavera de 1906. En 1907, presidió la Escuela Normal de Datong en Shaoxing, organizó el Ejército de Recuperación y se preparó para el levantamiento. Después del fracaso, fue arrestada por el gobierno de la dinastía Qing el 13 de julio y asesinada el 15 de julio de 1907. Qiu Jin estaba tranquilamente frente a la muerte y goza de la fama de heroína revolucionaria moderna. Solo tenía 32 años cuando falleció.

una fecha especificada y no permitía retrasarse. A veces de improviso llegaba un grupo de jóvenes, persuadiéndote y forzándote, te llevaban a salir hacia fuera como si estuvieras atado. Y de lo que deberías hablar, probablemente te habían preparado un tema determinado. De la composición con un tema asignado no soy bueno en particular. De lo contrario, ¿por qué no me habría promovido al rango de Letrado-talento muy antes en la dinastía Qing? Sin embargo, no me quedaría otra alternativa y solo podría hablar unas cuantas palabras en el escenario, siguiendo el habitual proceso de introducción, desarrollo, transición y resumen. Pero por mi parte tenía mis reglas establecidas: al máximo hablaría diez minutos. Siendo así, me sentía todavía incómodo en el interior. Antes y después del evento a menudo decía con suspiros a mis conocidos: No esperaba venir al "lugar de origen de la revolución" para componer unos textos estereotipados en ocho partes en una forma moderna.

Hay otra cosa por decir. Siempre que tenía cosas a publicar, ya fueran materiales de enseñanza o de discursos, deberían ser revisados por mí personalmente. Pero en aquel tiempo, como estaba demasiado ocupado, no leí no solo los borradores, sino tampoco los textos impresos. Ahora se han convertido en libro, de lo que solo me he enterado hasta hoy, pero no estoy claro sobre qué ha ocurrido con todo esto, y qué cosas están incluidas en él. Ahora tampoco quiero gastar palabras inútiles para crear alborotos, pero con la amistad nuestra de tantos años, espero que me permitas poner en práctica los siguientes tres puntos.

Primero, eliminar todos mis discursos, artículos, etc., desde el libro.

Segundo, corregir el nombre del autor en el anuncio.

Tercero, publicar esta carta en la revista *Hilo del Lenguaje*.

De esta manera, solo se quedarán los artículos escritos por otros y compilados por otros, y desde luego, me sentiré tranquilo y razonado, sin tener nada más que decir. Sin embargo, hay una cosa más aún: la sola lectura de "Lu Xun en Guangdong" no es suficiente para saber cómo estaba Lu Xun en Guangdong, pienso que de agregar decenas de páginas en blanco a la parte posterior, podría llamarse "Lu Xun en Guangdong".

Al recordar mis encuentros y circunstancias en este año, percibía sabores realmente interesantes de vez en cuando. Fue que para Xiamen, en el momento de llegar, estaba muy quieta, pero después se volvió muy animada y alborotada; y para Guangdong, en cambio, había grandes animaciones en el momento de llegar, y se volvió quieta y silenciosa, configurando todo este recorrido en una imagen de aceituna, con la barriga redonda y los dos extremos puntiagudos, la que sería el mejor título para una obra si yo hubiera tenido en ese tiempo, y fue lástima que el Sr. Guo Moruo[7] lo hubiera ocupado con anticipación, pero lo bueno está en que yo no la tuve.

En cuanto a los artículos acerca de mí en ese momento, probablemente fueron muchos. Todavía recuerdo que tan pronto como se veía publicado cada uno de tales artículos, un profesor fulano, siempre sorprendido como si tuviera el alma fuera del cuerpo, me decía: "¡Está adulándole otra vez! ¿Lo ha visto?" Yo siempre le asentía, diciendo: "Lo vi". En la plática más adelante, él decía como de costumbre: "En el occidente, la literatura solo es leída por las

---

[7] Guo Moruo (1892–1978): Nació en Leshan, provincia de Sichuan, y fue escritor, historiador y activista social. Participó en actividades culturales revolucionarias en sus primeros años y fue el principal promotor del famoso grupo literario Sociedad de Creación. Se unió a la Expedición al Norte en 1926 y participó en el Levantamiento de Nanchang del 1 de agosto de 1927. Después del fracaso, fue a vivir en Japón y se dedicó al estudio de la historia y la filología antigua de China. Después del estallido de la guerra de resistencia contra Japón, regresó a China, bajo la dirección del Partido Comunista de China, organizó y unió a figuras culturales progresistas en las áreas controladas por Kuomintang para participar en movimientos antijaponeses y democráticos. Sus obras son ricas y han constituido grandes contribuciones al Movimiento de la Nueva Cultura de China.

mujeres". Yo también asentía y decía: "Probablemente es así". Pero en mi mente pensaba: tal vez pronto me vayan a quitar el título nominal de guerrero y revolucionario.

Según la situación en aquel momento, también fue efectivamente suficiente para hacer enojados a aquellos talentos que habían distinguido que mi "corona fue falsa y hecha de papel"⑧. Pero esa situación tuvo otra causa, pero como no urge, la dejamos de mencionar por el momento. Lo que quiero decir ahora es que la situación solo expuesta por el periódico fue la circunstancia por un solo trozo de tiempo; ya se había ido la corona falsa hecha de papel, pero fue una lástima que la prensa no lo reportara. Sin embargo yo, el mismo Lu Xun que estuve en Guangdong, sí que sé todo. Por eso, escribo un poco para calmar, de alguna manera, el corazón de los señores que me odian:

Primero, la "lucha" y la "revolución" casi tuvieron la tendencia de ser cambiados por "perturbación" en un tiempo anterior, de lo que probablemente se pueden evitar ahora. Pero mi viejo título parece haberse destituido.

En segundo lugar, los libros que me pidieron escribir prefacio, ya los he hecho retirar con cierto pretexto. Las etiquetas inscriptas mías en las publicaciones periódicas también han sido reemplazadas.

Tercero, la prensa decía que yo me había escapado, o que había llegado a Hankou. Escribí una carta para corregirlo, pero ha sido confiscada.

Cuarto, un cierto periódico trata de esquivar la aparición de los dos caracteres de "Lu Xun", lo cual se notó al comparar las mismas noticias en dos periódicos.

---

⑧ "Corona falsa hecha de papel": Se refiere al título del "pionero del círculo ideológico" impuesto a Lu Xun por los anuncios de la Sociedad de Huracán. Esta frase Gao Changhong la usó para burlarse de Lu Xun. Ver el artículo "Anuncio de Lu Xun sobre el llamado 'pionero de los pensamientos'".

Quinto, en un periódico⑨ ya alguien me asignó otro título, el de "experto de pensamientos aleatorios", y comentó que "su especialidad está en su agudeza del estilo, además de esta no habrá otro carácter". Sin embargo, espera que cooperemos con *Modern Review*⑩. Y ¿por qué? Dice: "Porque hemos examinado cuidadosamente las ideas de las dos facciones. No hay nada de gran diferencia en lo fundamental". (Hasta este momento cuando me di cuenta de que este artículo había sido reimpreso de la revista *Lámpara para Estudios*⑪ de Shanghai. De ser así, no es de extrañar. Esta es la nota de seguimiento después de escribir).

Sexto, un erudito⑫ ya dijo que mis palabras le habían hecho daño e iba a enviarme a las autoridades. Antes de todo, me dio una orden: "¡No te vayas de Guangdong por un tiempo, para esperar la apertura de la corte e interrogación!"

Ay, querido amigo mío, ya ves, ¡cómo podrá ser más desastroso que todo eso! Me escapé de la "horrible sensación frente al hacha de

---

⑨ "Un periódico": Se refiere a la *Circular Daily* de Hong Kong. Para la cita, vea el artículo *La separación de los círculos de literatura y arte de Beijing* de Xu Danyi, en el suplemento del periódico *Circular World* el 10 y 11 de junio de 1927.
⑩ *Modern Review*: Hu Shi, Chen Xiwei, Xu Zhimo, etc., fundaron la revista semanal *Modern Review* (*Revisión moderna*) el 13 de diciembre de 1924. La mayoría de sus miembros fueron intelectuales liberales que habían regresado de Europa y los Estados Unidos después de estudiar en el extranjero. La *Modern Review* fue la plataforma principal de expresión para ellos. En política, esta escuela dependió del gobierno de los militares caudillos del norte en la primera etapa. En julio de 1927, la *Modern Review* se trasladó a Shanghai, y empezó a ser adscrito al régimen de Kuomintang.
⑪ *Lámpara para Estudios*: Un suplemento de *Noticias de la Actualidad* de Shanghai. Fue lanzado el 4 de febrero de 1918 y dejó de publicarse el 24 de febrero de 1947. *Noticias de la Actualidad* era un periódico del Departamento de Investigaciones en ese momento.
⑫ "Un erudito": Se refiere a Gu Jiegang. En julio de 1927, Gu Jiegang vio la carta del autor a Sun Fuyuan en el suplemento del *Central Daily* en Hankou, en la cual, leyó que "Gu Jiegang se opuso al Partido Demócrata cuando estaba en Xiamen", entonces escribió a Lu Xun y le dijo: "Temo que el conflicto en esto no se resuelva vía pluma y tinta. Está previsto presentar una demanda después de regresar a Guangdong a mediados de septiembre, y esperar a que se determine por la ley". Y le pidió al autor que "no abandone Guangdong por un tiempo para esperar a la apertura de la corte e interrogación".

batalla tras las rejas de hierro" bajo la bandera de cinco colores[13], y en cambio, me vuelvo a caer en la "inquietud de ser encarcelado por ningún crimen" bajo la bandera del cielo azul y sol blanco[14]. "Confucio dijo que '… no ha cometido crimen' y casó a su propia hija con él".[15] Pero tal vez ahora no haya cosa tan afortunada, ¡ay, ay, uf!

Sin embargo, en realidad todo eso no importa mucho, las menciones como anteriores son realmente "gemidos por pequeña enfermedad". La razón por la que quiero hacer una declaración no es más que esperar que no me malinterpreten, pensando que yo esté sentado en una alta plataforma para comandar la "revolución ideológica". Sobre todo, varios jóvenes se sorprenden de por qué no he hablado últimamente. Mira, si vuelves a abrir la boca, ¿no es para que "nunca te vayas de Guangdong, para esperar la apertura de la corte e interrogación"? Ya había un dicho desde la antigüedad: La disputa es causada por hablar demasiado y toda molestia se debe a intervenir forzosamente en cosas innecesarias. Se refiere precisamente a eso.

Los asuntos con que me he encontrado son todas cosas comunes en la sociedad, de las que no me siento muy pesado. Lo que me entristece es que algunos estudiantes que vinieron conmigo todavía no han encontrado escuela para ingresar, vagabundeando en adversidades y contratiempos. Y aún quisiera añadir algo, que ninguno de ellos es comunista o procomunista. La razón de este

---

[13] "La bandera de cinco colores": Fue la bandera del Gobierno Provisional de Nanjing y el Gobierno de los caudillos militares feudalistas del norte al comienzo de la fundación de la República de China. Los cinco colores eran rojo, amarillo, azul, blanco y negro. Esta bandera se usó entre el 10 de enero de 1912 y el 29 de diciembre de 1928.

[14] "La bandera del cielo azul y sol blanco": Fue la bandera del partido del KMT de China. El "cielo azul y sol blanco" es el tema de diseño del emblema del partido y el emblema nacional de la República de China.

[15] Son palabras de Confucio al hablar sobre Gongye Chang, uno de sus discípulos y de los 72 sabios reconocido por todo el mundo en ese tiempo. Dominaba lenguaje de las aves, y se atrevía a decir la verdad sobre los acontecimientos sociales al público. Fue arrestado y enviado detrás de las rejas por ningún crimen cometido. Confucio dijo al respecto: "Él puede casarse con mi hija. Aunque haya estado encarcelado, no ha cometido ningún crimen".

sufrimiento radica solo en que me conocen a mí. Así que uno de ellos ha recibido un sincero consejo de su paisano: "En el futuro no digas que eres alumno de Lu Xun". Oí decir que en una cierta universidad la situación está particularmente severa. Si lees la revista *Hilo del Lenguaje* en esa escuela, te van a llamar "partidario del *Hilo del Lenguaje*", y si me conoces a mí, te van a denominar "partidario de Lu Xun".

Habiendo llegado a este punto, creo que ya basta. Ya es suficiente para calmar el corazón de esos tipos llamados caballeros rectos e íntegros. Pero aún quiero hacer una declaración, que esto solo es parte de la situación en que la gente me trata. Fuera de esta, aquellos que están dispuestos a olvidarme, o los que aún mantienen mutua comunicación conmigo, o que quieren que yo les escriba algo o dé un discurso, siguen existiendo por casualidad.

Aún me encanta leer el *Hilo del Lenguaje*, sigue siendo ella la que puede romper mi silencio y soledad. Pero según lo que creo, algunos comentarios sobre el sur han sido inevitablemente un poco infundados. Por ejemplo, una vez, pareció sorprenderse bastante de la llegada al sur de los "caballeros rectos e íntegros", pero apenas se imaginó que la *Modern Review* siempre se hubiera vendido aquí ampliamente. Es que están demasiado lejos ambos lados, esto no es de extrañar. Cuando estaba en Xiamen, solo supe un nombre general del Partido Comunista, pero después de llegar aquí, me enteré de que hay una diferencia entre CP y CY[16]. Solo hasta hace poco, aprendí que hay otras asociaciones, aparte del Partido Comunista, que también se llaman tal Y o cual Y[17], sin ser limitadas a un solo tipo. Siento como si

---

[16] "CP" es la abreviatura por su nombre en inglés del "Communist Party" (el Partido Comunista) y "CY" es la abreviatura de "Communist Youth", o sea, la Liga de la Juventud Comunista.

[17] "Tal Y o cual Y": Se refieren a las organizaciones juveniles reaccionarias utilizadas por el KMT. Como L. Y., la llamada "Liga Juvenil de Izquierda"; mientras T. Y. es la "Sociedad de los Camaradas de los Tres Principios del Pueblo".

existiera además otro grupo que se considera ortodoxo a sí mismo y le gusta supervisar los pensamientos.[18] Parece que yo también estoy en la lista de supervisados, y a veces puedo encontrarme con un visitante tipo interrogatorio, dudo que sea de esa clase. Pero si es cierto o no, de esto nunca estoy claro al fin y al cabo. Incluso si es verdad, no soy capaz de mencionar ningún nombre, porque de la mayoría de esos nombres nunca había oído hablar.

Lo anterior puede ser una queja. Pero pienso que los caballeros rectos e íntegros ya pueden interrogarme ahora: "¿Sabes lo amargo que ha sido? ¿Te arrepientes o no?" Parece que no se limitan a ellos, toda la gente que lleve buena intención hacia mí también podría preguntarme así. Querido amigo mío, probablemente tú también te encuentras entre ellos. Podré responder de inmediato: "No me parece como mínimo amargo, ni me arrepiento en absoluto. En cambio, todo ha sido muy divertido".

Resultó realmente interesante utilizar el tiempo de ocio de "esperar la apertura de la corte e interrogación" para apreciar aleatoriamente la variación de colores de la cresta del "pájaro turco"[19]. ¿Ya lo sabes o no? Un grupo de caballeros rectos e íntegros, incluido el profesor Chen Yuan, o sea, Xiying, quien se postró ante el "señor Gu Tong"[20], habían abandonado el callejón Jixiang del Este donde apilaban su axioma y justicia y vinieron aquí para "servir" a la bandera del cielo azul y sol blanco. El anuncio del *Periódico Popular*[21] usó la

---

[18] "Otro grupo que se considera ortodoxo a sí mismo y le gusta supervisar los pensamientos": Aquí se refiere a los llamados "Stick" (bastón), también conocidos como "la facción del árbol". Fue un grupo reaccionario de la comunidad estudiantil de Guangzhou manipulado por los derechistas de KMT, "Sociedad de Doctrinas de Sun Yat-san".

[19] "Pájaro turco": Es comúnmente conocido como pavo. Sobre la cabeza tiene una corona roja, y la garganta también es de color rojo. Cuando el pavo macho extiende sus alas como un abanico, la corona y la garganta se cambian del color rojo al blanco azulado.

[20] "Señor Gu Tong": Se refiere a Zhang Shizhao.

[21] El *Periódico Popular* fue fundado en Beijing en julio de 1925, y pronto fue embargado por Zhang Zuolin, el caudillo militar feudalista del noroeste.

palabra "autoridad" sobre mi nombre, ¡cuán sarcástico fue el profesor Chen Yuan en ese momento! Esta vez, vi el anuncio publicado en *Chismes*[22] diciendo: "Los que quieren conocer a esta autoridad del círculo de la crítica de la literatura y el arte, especialmente ¡no pasen por alto leer la columna de *Chismes*!" Esto me hizo realmente sentir flotante en el aire. Resultó que no necesitaras "invitarme a entrar en la tinaja", porque yo podría arrastrarme en ella por mi propia cuenta.

Pero ese anuncio también enumeró a un tal Lu Xun que había sido denominado "garrote del círculo educativo", a quien esta vez llaman con respeto deliberado "señor". Dicho tratamiento se yuxtapone sorprendentemente con esa "autoridad del círculo de la crítica de la literatura y el arte", lo que me dio un golpe tremendo. Inmediatamente me caí consciente: ah, muy doloroso, y fui clavado otra vez en el tablero para servir de publicidad para las "autoridades del círculo de la crítica de la literatura y el arte". Son dos autoridades implicadas, una falsa y una real: una es la "autoridad" burlada hirientemente por la otra "autoridad", y una es la que se burla sarcásticamente de la otra. ¡Ja, ja!

Te deseo salvo y sano. Yo estoy bien.

Lu Xun, 3 de septiembre.

---

[22] *Chismes*: Fue la recopilación de los artículos de Chen Xiying publicados en la columna de "Chismes" de *Modern Review*, con el título de *Chismes de Xiying*. Fue publicada en la Librería de la Luna Nueva de Shanghai en marzo de 1928.

小杂感[1]

蜜蜂的刺,一用即丧失了它自己的生命;犬儒[2]的刺,一用则苟延了他自己的生命。

他们就是如此不同。

约翰穆勒[3]说:专制使人们变成冷嘲。

而他竟不知道共和使人们变成沉默。

要上战场,莫如做军医;要革命,莫如走后方;要杀人,莫如做刽子手。既英雄,又稳当。

与名流学者谈,对于他之所讲,当装作偶有不懂之处。太不懂被看轻,太懂了被厌恶。偶有不懂之处,彼此最为合宜。

世间大抵只知道指挥刀所以指挥武士,而不想到也可以指挥文人。

又是演讲录,又是演讲录[4]。

但可惜都没有讲明他何以和先前大两样了;也没有讲明他演讲时,自己是否真相信自己的话。

阔的聪明人种种譬如昨日死。[5]

不阔的傻子种种实在昨日死。

曾经阔气的要复古,正在阔气的要保持现状,未曾阔气的要革新。大抵如是。大抵!

他们之所谓复古,是回到他们所记得的若干年前,并非虞夏商周。

女人的天性中有母性,有女儿性;无妻性。
妻性是逼成的,只是母性和女儿性的混合。

防被欺。
自称盗贼的无须防,得其反倒是好人;自称正人君子的必须防,得其反则是盗贼。

楼下一个男人病得要死,那间壁的一家唱着留声机;对面是弄孩子。楼上有两人狂笑;还有打牌声。河中的船上有女人哭着她死去的母亲。
人类的悲欢并不相通,我只觉得他们吵闹。

每一个破衣服人走过,叭儿狗就叫起来,其实并非都是狗主人的意旨或使嗾。
叭儿狗往往比它的主人更严厉。

恐怕有一天总要不准穿破布衫,否则便是共产党。

革命,反革命,不革命。
革命的被杀于反革命的。反革命的被杀于革命的。不革命的或当作革命的而被杀于反革命的,或当作反革命的而被杀于革命的,或并不当作什么而被杀于革命的或反革命的。
革命,革革命,革革革命,革革……。

人感到寂寞时,会创作;一感到干净时,即无创作,他已经一无所爱。
创作总根于爱。
杨朱无书。[6]

创作虽说抒写自己的心,但总愿意有人看。

创作是有社会性的。

但有时只要有一个人看便满足:好友,爱人。

人往往憎和尚,憎尼姑,憎回教徒,憎耶教徒[7],而不憎道士。

懂得此理者,懂得中国大半。

要自杀的人,也会怕大海的汪洋,怕夏天死尸的易烂。

但遇到澄静的清池,凉爽的秋夜,他往往也自杀了。

凡为当局所"诛"者皆有"罪"。

刘邦除秦苛暴,"与父老约,法三章耳。"[8]

而后来仍有族诛,仍禁挟书,还是秦法。

法三章者,话一句耳。

一见短袖子,立刻想到白臂膊,立刻想到全裸体,立刻想到生殖器,立刻想到性交,立刻想到杂交,立刻想到私生子。

中国人的想象惟在这一层能够如此跃进。

(九月二十四日。)

注 释

[1] 本篇最初发表于1927年12月17日《语丝》周刊第四卷第一期。

[2] 犬儒主义是公元前四世纪在希腊发展起来的伦理学派。其内容在古代和现代有不同的理解。在古代,它认为幸福是通过遵循简单

的生活和自然而产生的。因此，犬儒主义者们轻视财富和任何形式的物质享受，他们认为需求最少的人是最自由、最快乐的。随着时间的流逝，它的观念在不断变化。如今，犬儒主义主要倾向于不相信真诚或人类的善良，不相信自己的动机或行为，并通过讽刺和嘲讽来进行表达。由于中文里本无现成的对应词汇，在中国犬儒主义常被理解为"讥诮嘲讽、愤世嫉俗、玩世不恭"。

[3] 约翰·斯图尔特·密尔（John Stuart Mill，1806—1873）：也译作约翰·斯图尔特·穆勒，英国著名哲学家和经济学家，19世纪影响力很大的古典自由主义思想家，边沁后功利主义的最重要代表人物之一。

[4] "演讲录"：指当时不断编印出售的蒋介石、汪精卫、吴稚晖、戴季陶等人的演讲集。他们当时在各地发表的演讲，内容和在四一二反革命政变以前的演讲很不相同：政变以前，他们不得不口是心非地拥护孙中山联俄、联共、扶助农工的三大政策；政变以后，他们便显露出真实面目，竭力鼓吹反苏、反共、压迫工农。

[5] "阔的聪明人种种譬如昨日死"：也是指蒋介石、汪精卫等反革命派。鲁迅在这里意指，狡诈而富有的蒋介石等把他们犯下的一切血腥罪恶都当成已经消逝的过去，现在的演说完全换了一副腔调和嘴脸。"昨日种种譬如昨日死，今日种种譬如今日生"是明朝袁了凡先生的《了凡四训》中的句子。意思是：以前的事就像昨天一样都已经过去，以后的事就当作从今天刚刚重新开始，可以忘记过去。鲁迅先生拿来前一句型进行改装，先是加上了"阔的聪明人"；然后重复一次，加上"不阔的傻子"，并把"譬如"改为"实在"，从而使得意义深刻，语锋犀利。译文中"(de crímenes)"（罪行）和"(de sufrimiento)"（痛苦）是译者为有利于理解作者的隐含意思而添加的注释。

[6] "杨朱无书"：杨朱是战国时期的大思想家，他反对墨子的思想，主张"贵生""重己"，重视个人生命的保存。有一次，墨子的一个学生问杨朱："如果拔你身上一根汗毛，能使天下人得到好处，你干不干？"杨朱默不作答。儒家学派代表孟子评论道：杨朱只为

自己活着，不为天下人。他没有爱，所以，杨朱无书。

[7]"耶教徒"：从字面上来看是指"耶稣教"即"新教"（protestante）教徒；但从前后文关系来看，这里指的是广义上的"基督教"，所以翻译为 cristiano。

[8]"与父老约，法三章耳"：语出《史记·高祖本纪》。汉元年（前206）十月，刘邦兵至霸上，召诸县父老豪杰曰："……与父老约，法三章耳：杀人者死，伤人及盗抵罪。余悉除去秦法。"

Breves ideas aleatorias[1]

La espina de la abeja, una vez es usada, le hará perder su propia vida, mientras que la espina del cínico[2], una vez usada, le prolongará temporalmente su sobrevivencia.

Son tan diferentes como así.

John S. Mill[3] decía: El autoritarismo hace al hombre volverse satírico y frío.

Pero ni siquiera imaginaba que el republicanismo conduciría a la gente a callar.

Para ir al campo de batalla, no hay mejor camino que ser médico militar; para hacer la revolución, no hay mejor participación que en la retaguardia; para matar a gente, no hay mejor forma que hacerse verdugo. Son todos heroicos y seguros a la vez.

---

[1] Este artículo fue publicado originalmente en el primer número del volumen IV de la revista semanal *Hilo del Lenguaje* el 17 de diciembre de 1927.
[2] El cinismo es la doctrina que se desarrolló desde el siglo IV a. C. en Grecia. El cinismo es diferente en la autigüedad y en la época moderna. En la antigüedad, unos de sus discípulos creían que la felicidad nacía siguiendo la vida y la naturaleza simples. Por lo tanto, ignoraban la riqueza y cualquier forma de preocupación material. Se creía que la persona con la menor demanda es la más libre y feliz. A medida que pasa el tiempo, su concepto cambia constantemente. Hoy, la tendencia principal del cinismo es no creer en la sinceridad o la bondad humana, y desconfiar sus propios motivos o comportamientos y las ideas se expresan a través de la ironía y el ridículo. Debido a que no hay vocabulario correspondiente en chino, el cinismo en China continental a menudo supone el sarcasmo, reprochar a uno en tono de mofa, detestar el mundo y sus modales, no tomar nada en serio, vulgarismo, negativismo y pesimismo, etc.
[3] John Stuart Mill (1806–1873): Fue un famoso filósofo y economista británico que tenía una gran influencia en el siglo XIX en el liberalismo clásico. Fue uno de los representantes más importantes del utilitarismo después de Bentham.

Cuando conversas con un famoso erudito, respecto de lo que él dice, debes fingir no entender a veces alguna parte. De entender demasiado poco, serás subestimado; y al comprender demasiado, serás detestado. Así que solo tener alguna parte no entendida por casualidad es adecuado para ambos.

Casi toda la gente del mundo sabe que el sable de mando se usa para comandar a guerreros, sin darse cuenta de que también puede ser para comandar a hombres de letras.

Una transcripción de discurso, y otra transcripción de discurso[④].
Pero es lástima que no haya explicado cómo se diferencia en grande de los discursos anteriores, tampoco aclarado si él mismo cree realmente sus propias palabras al estar dándolas.

Las diversas clases (de crímenes) de los inteligentes ricos ayer son como si murieran el día de ayer[⑤].

---

④ El "discurso" mencionado aquí se refiere a los discursos de Chiang Kai-shek, Wang Jingwei, Wu Zhihui, Dai Jitao y otros que eran continuamente impresos y vendidos. Los discursos que pronunciaron en varios lugares en ese momento eran muy diferentes de los anteriores al golpe contrarrevolucionario del 12 de abril. Antes del golpe, tenían que apoyar las tres políticas principales de Sun Yat-sen de asociarse con la URSS, con el Partido Comunista así como ayudar y apoyar a los obreros y agricultores; pero después del golpe se revelaron sus verdaderas caras e hicieron todo lo posible para defender a los argumentos antisoviéticos, anticomunistas y opresivos a los trabajadores.

⑤ "Las diversas clases (de crímenes) de los inteligentes ricos ayer son como si murieran el día de ayer": Se refieren a los discursos de los antirrevolucionarios como Chiang Kai-shek y Wang Jingwei. Con esta frase, Lu Xun sugiere que el engañoso y rico Chiang Kai-shek y otros han dejado sin mencionar todos los crímenes sangrientos que cometieron para el pasado, y ahora en sus discursos ha cambiado completamente de cara y tono. He aquí la explicación de la procedencia de la formación de esta frase: "Todas las clases de asuntos de ayer son como si murieran ayer, todas las clases de asuntos de hoy son como si nacieran hoy" es una oración en las *Cuatro lecciones de Liaofan* escritas por el Sr. Yuan Liaofan de la dinastía Ming. Significa: el pasado ha pasado como ayer, y se puede considerar que el futuro comienza de nuevo a partir de hoy, y se puede olvidar el pasado. El Sr. Lu Xun tomó la oración anterior y la modificó. Primero, agregó "inteligentes ricos", luego la repitió nuevamente, agregó "tontos no ricos" y cambió "como si" a "realmente", lo que hizo que el significado fuera profundo con un lenguaje agudo. "(de crímenes)" y "(de sufrimiento)" son notas agregadas por el traductor en favor de la comprensión de los sentidos implicados del autor.

Las diversas clases (de sufrimiento) de los tontos no ricos realmente murieron el día de ayer.

Los que habían sido ricos quieren el retro, los que están enriqueciéndose insisten en mantener el statu quo, y los que nunca se han enriquecido demandan la reforma.
Es como así generalmente. ¡Generalmente!

El llamado retro de ellos es retornar a cuantos años atrás que ellos mismos recuerdan, y no las remotas dinastías de Yu, Xia, Shang o Zhou.

La naturaleza de la mujer contiene la maternidad, y la cualidad de hija; pero no la de esposa.
La cualidad de esposa es creada forzosamente, que es solo la mezcla de la maternidad y la cualidad de hija.

Hay que evitar ser engañado.
Al hombre que se declara ladrón no hace falta tener precaución contra, y en cambio, es buena gente; al que se reclama caballero recto e íntegro hay que precaver, porque por el contrario, es ladrón en realidad.

Un hombre del piso abajo está muy enfermo y muriendo. La familia detrás de la pared divisoria está escuchando el gramófono, y en frente están cuidando al niño. En el piso de arriba dos personas están riéndose a carcajadas, y también se escucha el ruido de jugar a mahjong. Mientras tanto, en el bote sobre el río, una mujer está llorando por la muerte de su madre.
Las penas y alegrías humanas no se comunican entre sí, y solo los

siento ruidosos.

Siempre cuando pasa por delante una persona en ropa andrajosa, el perrito faldero ladra, lo que, en realidad, no es en todos los casos la intención o instigación de su dueño.

El perrito faldero es a menudo más riguroso que el dueño.

Se teme que algún día no te permita vestir ropa haraposa, y si la pones, te llamarán comunista.

Revolución, antirrevolución, y no revolución.

Los revolucionarios son asesinados por los antirrevolucionarios; los antirrevolucionarios son matados por los revolucionarios; y los no revolucionarios, o considerados como revolucionarios son asesinados por los antirrevolucionarios, o considerados como antirrevolucionarios y matados por los revolucionarios, o los no considerados como nada y acabados por los revolucionarios o por los antirrevolucionarios.

Revolución, revol-revolución, revol-revol-revolución, revol-revol- ...

Cuando uno se siente solitario, puede recurrir a la creación; cuando se siente limpio, no crea nada, ya que no tiene nada que amar.

La creación siempre está enraizada en el amor.

Yang Zhu[6] no tiene libro.

---

[6] "Yang Zhu no tiene libro": Yang Zhu (aprox. 395 a. C. – 335 a. C., o aprox. 450 a. C. – 370 a. C.), un famoso pensador y filósofo en el período temprano de los Reinos Combatientes en China, es el fundador de la escuela Yang Zhu dentro del Daoísmo. Yang Zhu se oponía a las ideas de Mozi, un gran pensador del periodo de los Reinos Combatientes, que abogaba por el "amor universal" y se oponía a la guerra, pero Yang Zhu abogaba por "valorar la vida propia" y "respetarse a sí mismo", es decir, darle importancia a la conservación de la vida personal. Una vez, un alumno de Mozi le preguntó a Yang Zhu: "Si te sacan un vello del cuerpo, con el que podrás beneficiar a la gente del mundo. ¿Aceptas hacerlo?" Yang Zhumo no respondió. Por tanto, el gran pensador confuciano Mencio comentó: Yang Zhu vive solo para sí mismo, no para el mundo. No tiene amor, así que Yang Zhu no tiene libro.

Aunque la creación expresa la mente propia de uno, siempre le gusta que alguien la lea.

La creación tiene la sociabilidad.

Pero a veces se satisface con tener incluso solo una persona leyendo: buen amigo, amante.

La gente tiende a odiar a monjes, monjas, musulmanes y cristianos[7], pero no a sacerdotes taoístas.

El que entiende la razón esta, conocerá a China en su mayor parte.

Aquellos que quieren suicidarse también temen lo vasto y extenso del mar, y la fácil podrición del cadáver en verano.

Pero cuando se encuentran con alguna piscina clara y tranquila, o en una noche de otoño fresca, a menudo también se suicidan.

Todos los "ejecutados" por las autoridades siempre tienen "pecado".

Liu Bang, para erradicar lo duro y despiadado del reino Qin, iba a "pactar con los paisanos mayores en tres leyes".[8]

Pero más tarde, todavía persistían la estipulación de la matanza del clan por el pecado de un solo miembro y el decreto que prohibía la posesión de libros privados, es decir, seguía aplicando las leyes de la dinastía Qin.

---

[7] "Cristianos": se usa aquí en sentido original y amplio.

[8] "Pactar con los paisanos mayores en tres leyes": Esta frase proviene de los *Registros históricos.* En octubre del año primero de la dinastía Han (206 a. C.), el triunfador de la guerra y potencial emperador Liu Bang convocó a los paisanos de edad avanzada del lugar, diciéndoles: "Yo voy a pactar con ustedes los paisanos mayores en tres leyes que consiste en: pena de muerte para el que asesine, castigo para el que hiera a otro y castigo para el robo. Voy a eliminar todas las implacables leyes de la dinastía Qin".

En cuanto al pacto de tres leyes, era una sola frase y nada más.

Al ver las mangas cortas, inmediatamente piensan en los brazos blancos, extensivamente en todo el cuerpo desnudo, en seguida en los genitales, y al instante en la copulación, de próximo en la hibridación, y sucesivamente se imaginan el niño ilegítimo.

La imaginación de los chinos solo puede avanzar a tales saltos hacia adelante en este terreno.

24 de septiembre

再谈香港[1]

我经过我所视为"畏途"的香港,算起来九月二十八日是第三回。

第一回带着一点行李,但并没有遇见什么事。第二回是单身往来,那情状,已经写过一点了。这回却比前两次仿佛先就感到不安,因为曾在《创造月刊》上王独清先生的通信[2]中,见过英国雇用的中国同胞上船"查关"的威武:非骂则打,或者要几块钱。而我是有十只书箱在统舱里,六只书箱和衣箱在房舱里的。

看看挂英旗的同胞的手腕,自然也可说是一种经历,但我又想,这代价未免太大了,这些行李翻动之后,单是重行整理捆扎,就须大半天;要实验,最好只有一两件。然而已经如此,也就随他如此罢。只是给钱呢,还是听他逐件查验呢?倘查验,我一个人一时怎么收拾呢?

船是二十八日到香港的,当日无事。第二天午后,茶房匆匆跑来了,在房外用手招我道:

"查关!开箱子去!"

我拿了钥匙,走进统舱,果然看见两位穿深绿色制服的英属同胞,手执铁签,在箱堆旁站着。我告诉他这里面是旧书,他似乎不懂,嘴里只有三个字:

"打开来!"

"这是对的,"我想,"他怎能相信漠不相识的我的话呢。"自然打开来,于是靠了两个茶房的帮助,打开来了。

他一动手,我立刻觉得香港和广州的查关的不同。我出广州,也曾受过检查。但那边的检查员,脸上是有血色的,也懂得我的话。每一包纸或一部书,抽出来看后,便放在原地方,所以毫不凌乱。的确是检查。而在这"英人的乐园"的香港可大两样了。检查员的脸是青色的,也似乎不懂我的话。他只将箱子的内容倒出,翻搅一通,倘是一个纸包,便将包纸撕破,于是一箱书籍,经他搅松之后,便高出箱面有六七寸了。

"打开来!"

其次是第二箱。我想,试一试罢。

"可以不看么?"我低声说。

"给我十块钱。"他也低声说。他懂得我的话的。

"两块。"我原也肯多给几块的,因为这检查法委实可怕,十箱书收拾妥帖,至少要五点钟。可惜我一元的钞票只有两张了,此外是十元的整票,我一时还不肯献出去。

"打开来!"

两个茶房将第二箱抬到舱面上,他如法泡制,一箱书又变了一箱半,还撕碎了几个厚纸包。一面"查关",一面磋商,我添到五元,他减到七元,即不肯再减。其时已经开到第五箱,四面围满了一群看热闹的旁观者。

箱子已经开了一半了,索性由他看去罢,我想着,便停止了商议,只是"打开来"。但我的两位同胞也仿佛有些厌倦了似的,渐渐不像先前一般翻箱倒箧,每箱只抽二三十本书,抛在箱面上,便画了查讫的记号了。其中有一束旧信札,似乎颇惹起他们的兴味,振了一振精神,但看过四五封之后,也就放下了。此后大抵又开了一箱罢,他们便离开了乱书堆:这就是终结。

我仔细一看,已经打开的是八箱,两箱丝毫未动。而这两个硕果,却全是伏园[3]的书箱,由我替他带回上海来的。至于我自己的东西,是全部乱七八糟。

"吉人自有天相,伏园真福将也!而我的华盖运却还没有走完,噫吁唏……"我想着,蹲下去随手去拾乱书。拾不几本,茶房又在舱口大声叫我了:

"你的房里查关,开箱子去!"

我将收拾书箱的事托了统舱的茶房,跑回房舱去。果然,两位英属同胞早在那里等我了。床上的铺盖已经掀得稀乱,一个凳子躺在被铺上。我一进门,他们便搜我身上的皮夹。我以为意在看看名刺,可以知道姓名。然而并不看名刺,只将里面的两张十元钞票一看,便交还我了。还嘱咐我好好拿着,仿佛很怕我遗失似的。

其次是开提包,里面都是衣服,只抖开了十来件,乱堆在床铺上。其次是看提篮,有一个包着七元大洋的纸包,打开来数了一回,默然无话。还有一包十元的在底里,却不被发见,漏网了。其次是看长椅子上的手巾包,内有角子一包十元,散的四五元,铜子数十枚,看完之后,也默然无话。其次是开衣箱。这回可有些可怕了。我取锁匙略迟,同胞已经捏着铁签作将要毁坏铰链之势,幸而钥匙已到,始庆安全。里面也是衣服,自然还是照例的抖乱,不在话下。

"你给我们十块钱,我们不搜查你了。"一个同胞一面搜衣箱,一面说。

我就抓起手巾包里的散角子来,要交给他。但他不接受,回过头去再"查关"。

话分两头。当这一位同胞在查提包和衣箱时,那一位同胞是在查网篮。但那检查法,和在统舱里查书箱的时候又两样了。那时还不过捣乱,这回却变了毁坏。他先将鱼肝油的纸匣撕碎,掷在地板上,还用铁签在蒋径三[4]君送我的装着含有荔枝香味的茶叶的瓶上钻了一个洞。一面钻,一面四顾,在桌上见了一把小刀。这是在北京时用十几个铜子从白塔寺买来,带到广州,这回削过杨桃的。事后一量,连柄长华尺五寸三分。然而据说是犯了罪了。

"这是凶器,你犯罪的。"他拿起小刀来,指着向我说。

我不答话,他便放下小刀,将盐煮花生的纸包用指头挖了一个洞。接着又拿起一盒蚊烟香。

"这是什么?"

"蚊烟香。盒子上不写着么?"我说。

"不是。这有些古怪。"

他于是抽出一枝来,嗅着。后来不知如何,因为这一位同胞已经搜完衣箱,我须去开第二只了。这时却使我非常为难,那第二只里并不是衣服或书籍,是极其零碎的东西:照片,钞本,自己的译稿,别人的文稿,剪存的报章,研究的资料……。我想,倘一毁坏或搅乱,那损失可太大了。而同胞这时忽又去看了一回手巾包。我于是大悟,决心拿起手巾包里十元整封的角子,给他看了一看。他回头向门外一望,然后伸手接过去,在第二只箱上画了一个查讫的记号,走向那一位同胞去。大约打了一个暗号罢,——然而奇怪,他并不将钱带走,却塞在我的枕头下,自己出去了。

这时那一位同胞正在用他的铁签,恶狠狠地刺入一个装着饼类的坛子的封口去。我以为他一听到暗号,就要中止了。而孰知不然。他仍然继续工作,挖开封口,将盖着的一片木板摔在地板上,碎为两片,然后取出一个饼,捏了一捏,掷入坛中,这才也扬长而去了。

天下太平。我坐在烟尘陡乱,乱七八糟的小房里,悟出我的两位同胞开手的捣乱,倒并不是恶意。即使议价,也须在小小乱七八糟之后,这是所以"掩人耳目"的,犹言如此凌乱,可见已经检查过。王独清先生不云乎?同胞之外,是还有一位高鼻子,白皮肤的主人翁的。当收款之际,先看门外者大约就为此。但我一直没有看见这一位主人翁。

后来的毁坏,却很有一点恶意了。然而也许倒要怪我自己不肯拿出钞票去,只给银角子。银角子放在制服的口袋里,沉垫垫地,确是易为主人翁所发见的,所以只得暂且放在枕头下。我想,他大概须待公事办毕,这才再来收账罢。

皮鞋声橐橐地自远而近,停在我的房外了,我看时,是一个白人,颇胖,大概便是两位同胞的主人翁了。

"查过了?"他笑嘻嘻地问我。

的确是的,主人翁的口吻。但是,一目了然,何必问呢?或者因为看见我的行李特别乱七八糟,在慰安我,或在嘲弄我罢。

他从房外拾起一张《大陆报》[5]附送的图画,本来包着什物,由同胞撕下来抛出去的,倚在壁上看了一回,就又慢慢地走过去了。

我想,主人翁已经走过,"查关"该已收场了,于是先将第一只衣箱整理,捆好。

不料还是不行。一个同胞又来了,叫我"打开来",他要查。接着是这样的问答——

"他已经看过了。"我说。

"没有看过。没有打开过。打开来!"

"我刚刚捆好的。"

"我不信。打开来!"

"这里不画着查过的符号么?"

"那么,你给了钱了罢? 你用贿赂……"

"…………"

"你给了多少钱?"

"你去问你的一伙去。"

他去了。不久,那一个又忙忙走来,从枕头下取了钱,此后便不再看见,——真正天下太平。

我才又慢慢地收拾那行李。只见桌子上聚集着几件东西,是我的一把剪刀,一个开罐头的家伙,还有一把木柄的小刀。大约倘没有那十元小洋,便还要指这为"凶器",加上"古怪"的香,来恐吓我的罢。但那一枝香却不在桌子上。

船一走动,全船反显得更闲静了,茶房和我闲谈,却将这翻箱倒箧的事,归咎于我自己。

"你生得太瘦了,他疑心你是贩雅片的。"他说。

我实在有些愕然。真是人寿有限,"世故"无穷。我一向以为和人们抢饭碗要碰钉子,不要饭碗是无妨的。去年在厦门,才知道吃饭固难,不吃亦殊为"学者"[6]所不悦,得了不守本分的批评。胡须的形状,有国粹和欧式之别,不易处置,我是早经明白的。今年到广州,才又知道虽颜色也难以自由,有人在日报上警告我,叫我的胡子不要变灰色,又不要变红色。[7]至于为人不可太瘦,则到香港才省悟,先前是梦里也未曾想到的。

的确,监督着同胞"查关"的一个西洋人,实在吃得很肥胖。

香港虽只一岛,却活画着中国许多地方现在和将来的小照:中央几位洋主子,手下是若干颂德的"高等华人"和一伙作伥的奴气同胞。此外即全是默默吃苦的"土人",能耐的死在洋场上,耐不住的逃入深山中,苗瑶[8]是我们的前辈。

(九月二十九之夜。海上。)

注 释

[1] 本篇最初发表于1927年11月19日《语丝》周刊第一五五期。

[2] 王独清（1898—1940）：陕西西安人，创造社成员。他这篇通信发表在《创造月刊》第一卷第七期（1927年7月15日），题为《去雁》。《创造月刊》是创造社主办的文艺刊物，郁达夫、成仿吾等人编辑，1926年3月创刊于上海，1929年1月停刊，共出18期。

[3] 孙伏园（1894—1966）：浙江绍兴人，民国早期著名学者、作家、散文家，曾赴法国留学。抗日战争时期，曾任重庆中外出版社社长。一生主要从事的事业主要有两项：副刊编辑和平民教育，有民国"副刊大王"之称。在主持《晨报副刊》时，发表鲁迅作品《阿Q正传》以及许多其他作家的作品，并大量介绍西方文化科学著作及译者。在其主持下，《晨报副刊》实际成为新文化运动的一处宣传阵地。孙伏园是鲁迅的长期好友。

[4] 蒋径三（1899—1936）：浙江临海人，当时任中山大学图书馆馆员、历史语言研究所助理员。

[5] 《大陆报》：美国人密勒（F. Millard）1911年8月23日在上海创办的英文日报。1926年前后由英国人接办，三十年代初由中国人接办。1948年5月停刊。

[6] "学者"：指顾颉刚等。

[7] 关于胡须的形状，以及下文说的关于胡须颜色的警告，指尸一在当时广州《国民新闻》副刊《新时代》上发表的《鲁迅先生在茶楼上》一文，尸一后堕落为汉奸文人。

[8] "苗瑶"：我国的两个少数民族。他们在古代由长江流域发展至黄河流域，曾居住于中国中部；后来经过长期的民族斗争，逐渐被迫转移至西南、中南一带山区。

Más sobre Hong Kong[1]

Ya fue la tercera vez pasar por Hong Kong que yo consideraba como un "camino temido" al ser contado el 28 de septiembre.

La primera vez llevé conmigo un poco de equipaje, pero no me encontré con ningún problema. La segunda vez fue la ida y vuelta sin equipaje, y sobre aquellas ocurrencias ya he escrito un poco. Esta vez, fue como si me sintiera inquieto más temprano que las dos veces anteriores, porque en la comunicación del Sr. Wang Duqing[2] publicada en la *Creación Mensual*, vi lo imponente y arbitrario de los compatriotas chinos empleados por los ingleses en la "inspección de aduana", quienes, o insultaban, o golpeaban, o pedían varios dólares a los viajeros. Y yo tenía diez maletas de libros en la cubierta de tercera clase, y seis maletas de libros y de ropa en mi camarote.

El enfoque en los trucos de los compatriotas con banderín británico desde luego también constituiría una experiencia. Pero al mismo tiempo pensaba que el costo sería demasiado alto, porque después de resolver todos esos equipajes, solo la reorganización y el reempaque necesitarían más de medio día; si querían examinarlas, sería mejor abrir solo una o dos piezas. Sin embargo, dado que había

---

[1] Este artículo fue publicado originalmente en el número 155 de la revista semanal de *Hilo del Lenguaje* el 19 de noviembre de 1927.

[2] Wang Duqing (1898–1940): Nativo de Xi'an, provincia de Shaanxi, fue miembro de la Sociedad de Creación. Esta correspondencia suya fue publicada en el número 7 del primer volumen de la *Creación Mensual* (15 de julio de 1927), titulada "Ganso silvestre extraviado". Esta revista fue una publicación literaria y artística patrocinada por la Sociedad de Creación, editada por Yu Dafu y Cheng Fangwu. El primer número fue publicado en Shanghai en marzo de 1926 y la revista se suspendió en enero de 1929. Hubo en total 18 números.

llegado a este paso, lo dejaría como quisieran. Solo que, ¿debería darles dinero o dejarles chequear maleta por maleta? Si las dejara examinar, ¿cómo iba a arreglarlas posteriormente por mí solo?

El barco llegó a Hong Kong el 28 y no pasó nada el mismo día. En la tarde del día siguiente, el mozo de té se apresuró a venir y me llamó agitando la mano, desde fuera del camarote, diciendo:

"¡Inspección de aduana! ¡Venga a abrir su maleta!"

Tomé la llave y entré en la cubierta de tercera clase. Efectivamente vi a dos compatriotas vestidos en uniforme británico verde oscuro, sosteniendo una estaca de hierro en la mano y de pie junto a las maletas. Les dije que eran unos libros viejos por dentro, pero parecieron no entenderme, y solo soltaron una frase:

"¡Ábrelo!"

"Esto es correcto," pensé. "¿Cómo pueden creer las palabras de un desconocido como yo?" Naturalmente debí abrirla. Entonces la abrí con la ayuda de los dos mozos de té.

Una vez comenzado el chequeo, inmediatamente percibí la diferencia entre el despacho de aduana de Hong Kong y el de Guangzhou. Cuando salí de Guangzhou, me inspeccionaron también, pero los inspectores de allá tenían la cara de color rosado y me entendían el habla. Cada paquete de papel o libro, después de sacar para examinar, lo volvieron a colocar en el lugar original, por lo que no fue desordenado, y fue una inspección en sentido verdadero. Pero en este Hong Kong como el "paraíso de los ingleses" la situación fue absolutamente diferente, las caras de los inspectores eran de color azul y no parecían comprender mis palabras. Simplemente vertieron el contenido de la maleta y lo revolvieron de una vez. Si se trataba de un paquete de papel, lo rasgaba enseguida. Entonces después de ser revueltos todos los libros se quedaron flojos, desbordando seis o siete pulgadas por encima de la maleta.

"¡Ábrelo!"

A continuación ya le tacó a la segunda maleta. Y pensé: voy a intentarlo.

"¿Se puede pasar sin inspección?" le susurré.

"Dame diez," me contestó a susurros también. Sí comprendía mis palabras.

"Dos yuanes". Iba a darles varios yuanes más, porque este método de inspección era realmente terrible, y el reempaque de las diez maletas de libros, para terminarlo necesitaría cinco horas por lo menos. Pero, lástima que solo me quedaran dos billetes de un yuan, y los demás eran de diez yuanes, que todavía no estuve dispuesto a contribuírselas.

"¡Ábrelo!"

Los dos mozos de té llevaron la segunda maleta a la cubierta. Esos dos hombres lo inspeccionaron en la misma forma. Los libros de la maleta se ensancharon en el volumen de maleta y media, y además, destrozaron varios paquetes de papel grueso. Por un lado "realizando la inspección", y por el otro negociando, aumenté hasta cinco yuanes, mientras que él bajó para siete sin querer rebajar más. En ese momento, ya estaba abierta la quinta maleta, y los alrededores estaban llenos de espectadores observando el bullicio.

Ya que se habían abierto la mitad de las maletas, pensé: se las dejaré de una vez todas para que chequeen como quieran, y dejé de negociar. Siguieron repitiendo la orden de "Ábrelo", pero parecía que mis dos compatriotas también estaban algo aburridos y cansados, y poco a poco, ya no vertieron las maletas y cajas como antes, sino seleccionaron solo unos veinte o treinta libros para sacar, los arrojaron a la superficie de la maleta y marcaron el signo de ser chequeado. Entre los libros había un atado de viejas cartas, que parecía provocar mucho su interés, inspirando su espíritu por un ratito, pero después de revisar cuatro o cinco cartas, también las dejaron. Luego probablemente volvieron a abrir una maleta más, y después dejaron la pila de libros desordenados: este fue el final.

Cuando me fijé bien, vi que las maletas abiertas fueron ocho y las otras dos quedaron intactas absolutamente. Y estas dos como éxitos eran las maletas de libros de Fuyuan③, las que le traía a Shanghai para él. En cuanto a mis propios objetos, todos estaban revueltos y destartalados.

"Al afortunado le ayuda el cielo, y ¡qué general siempre victorioso es Fuyuan! Pero, el destino mío de estrella aislada aún no ha terminado. ¡Ay, huy, caray!..." pensando así, me acuclillé a recoger los libros al azar. Antes de que hubiera recogido algunos libros más, el mozo de té volvió a llamarme en voz alta en la escotilla:

"¡Inspección en su cuarto, vaya a abrir la maleta!"

Encargué el arreglo de los libros al mozo de té de la cubierta de tercera clase y volví corriendo a mi camarote. De verdad, los dos compatriotas de HK británico me esperaban allí desde mucho antes. La ropa de cama había sido desordenada y un taburete, echado sobre el cobertor y la manta. Tan pronto como entré por la puerta, registraron la billetera en mi bolsillo. Pensé que intentaban ver mi tarjeta para saber mi nombre. Sin embargo, no vieron la tarjeta sino solo sacaron los dos billetes de diez yuanes para mirar y me los devolvieron, mientras me aconsejaron guardarlos bien como si

---

③ Sun Fuyuan (1894–1966): Nativo de Shaoxing, Zhejiang, famoso erudito, escritor y ensayista de la República de China. Estudió en Francia. Durante la guerra de resistencia contra la agresión japonesa, se desempeñó como presidente de la Casa de Publicaciones Chinas y Extranjeras en Chongqing. Se dedicó principalmente a dos carreras en su vida: el editor del suplemento de periódicos y revistas y la educación de los civiles. También fue conocido como el "gran rey del suplemento". Al presidir el *Suplemento del Periódico Matutino*, publicó la obra de Lu Xun titulada "Historia original de Ah Q" y muchas obras de escritores de renombre, así como gran cantidad de traductores y libros de ciencias culturales occidentales. Bajo sus auspicios, el *Suplemento del Periódico Matutino* se convirtió en una plataforma de propaganda para el Movimiento de la Nueva Cultura. Sun Fuyuan fue un viejo amigo de Lu Xun.

temieran que yo los perdiese.

　　Luego abrieron la bolsa, la que estaba llena de ropa, sacudieron para desplegar solo cerca de diez piezas, y las apilaron en la cama. Seguidamente revisaron la canasta, en la cual había un paquete de papel con siete yuanes de plata envueltos. Lo abrieron y los contaron callados. También había otro paquete con diez yuanes de plata en el fondo, pero no lo descubrieron, y así se escapó de la malla de inspección. Más adelante, siguieron el chequeo de la bolsa de toalla en la silla larga, en la cual había un paquete de monedas de plata en diez centavos totalizando diez yuanes, más las sueltas de cuatro o cinco yuanes, y docenas de moneda de cobre. Después de revisarlo todo, también se quedaron en silencio. Seguido fue por la apertura de maletas de ropa, pero esta vez me daría un poco de miedo. Tardé un poco para traer la llave, mientras los compatriotas ya habían pellizcado la estaca de hierro e iban a destruir la bisagra. Por suerte, ya llegó la llave, de lo que pude festejar su estado a salvo. Por dentro también eran ropas, y por supuesto, las sacudieron desordenadas como de siempre, sin necesidad de mencionarlo.

　　"Si nos da diez (yuanes), dejaremos de inspeccionarle," un compatriota dijo, mientras registrando la maleta de ropa.

　　Entonces agarré las sueltas monedas de plata en diez centavos en la bolsa de toalla y se las entregué. Pero no las acepó, y volvió a "inspeccionar".

　　La narración debe ir en dos direcciones: cuando este compatriota estaba registrando la bolsa y la maleta de ropa, el otro estaba revisando la cesta de red. Pero el método de la inspección no fue el mismo que cuando registraban las maletas de libros en la cubierta de tercera clase. En ese momento, todavía era nada más que provocar problemas, pero ahora se cambió a causar destrucción. Primero rasgó la caja de cartón de aceite de hígado de bacalao y la tiró al suelo, y además usó la estaca de hierro para perforar un agujero en la botella de té con aroma a lichi que me regaló el señor Jiang Jingsan[④]. Mientras perforaba, miraba al alrededor y vio un cuchillo sobre la mesa, que compré con más de docena de monedas de cobre en el Templo de Pagoda Blanca de Beijing y traje a Guangzhou. Lo había usado para cortar la carambola. Después de la perforación, él tomó la medida del cuchillo, que tenía cinco cun y tres puntos en unidad china incluido el largo mango. Pero según ellos, esto ya llegó a ser un delito.

"Esto es un arma letal. Ya pecas," cogió el cuchillo y me señaló diciendo.

No le respondí. Él dejó el cuchillo y cavó un agujero en la bolsa de papel de maní salado con los dedos, y luego tomó una caja de incienso repelente de mosquitos.

"¿Qué es esto?"

"Incienso para mosquitos. ¿No está escrito en la caja?" dije.

"No. Es un poco raro".

Entonces, sacó un palillo de incienso y lo olfateó. Sin saber cómo fue posteriormente, aquí este compatriota ya había registrado la maleta de ropa y yo debí abrirle la segunda, lo que me hizo caer en un gran aprieto, porque las cosas en la segunda maleta no eran ropa o libros, sino piezas extremadamente fragmentadas: fotos, billetes, mis borradores de traducción, manuscritos de otras personas, recortes de periódicos conservados, materiales de investigación... Pensaba que si acaso fueran destruidos o alterados, la pérdida sería demasiado grande. Y el compatriota en este momento de repente volvió a ver esa bolsa de toalla. Entonces lo comprendí completamente, y estuve

---

[④] Jiang Jingsan (1899–1936): Nació en Linhai, Zhejiang. Fue bibliotecario en la Universidad Sun Yat sen y asistente de enseñanza del Instituto de Historia y Lengua.

decidido a tomar el paquete de las monedas de plata en valor total de diez yuanes para mostrarle. Se volvió a mirar hacia fuera de la puerta y luego tendió la mano para recibirlo. Entonces marcó un signo de verificado en la segunda maleta y caminó hacia el otro compatriota. Probablemente hizo una señal secreta al otro. Pero fue muy extraño que no se lo llevara consigo, sino que lo metió debajo de mi almohada, y salió solo.

Mientras tanto, el otro compatriota estaba usando su estaca de hierro para perforar malvadamente el sello de boca de un tarro lleno de pasteles. Pensé que se detendría cuando escuchara la señal secreta. Pero quién sabía que no reaccionó así. Continuó taladrando, abrió el sello y tiró la cubierta de madera al suelo. La rompió en dos pedazos, luego sacó un trozo de pastel, lo pellizcó y lo arrojó al tarro. Solo hasta ese momento se alejó pavoneándose con cabeza erguida.

Ahora el mundo se quedó en paz y tranquilidad. Sentado en este pequeño cuarto humeante, polvoriento y todo destartalado, me di cuenta de que la perturbación que mis dos compatriotas causaron inicialmente no era maliciosa, porque incluso el regateo también tenía que hacerse posterior a un pequeño desorden, lo que fue para "tapar la vista y oído de la gente". Como se veía tan desordenada, se evidenciaría que ya se había hecho la inspección. ¿No lo ha dicho el señor Wang Duqing? Que más allá de los compatriotas, había un señor dueño de nariz alta y piel blanca. Cuando el compatriota iba a tomar mi dinero, lo de mirar primero hacia fuera de la puerta se debería a esto. Pero yo nunca había visto a ese señor dueño.

La posterior destrucción fue seguramente algo muy malicioso. Tal vez fuera la culpa mía por no querer darles los billetes sino solo entregarles las monedas de plata, las que pesaban mucho en los bolsillos de uniforme y eran realmente fáciles de descubrirse por el señor amo, por lo que tuvo que meterlas debajo de la almohada por el momento. Pensé que probablemente tendrían que esperar el término del trabajo oficial para volver a recolectarlas.

El ruido "dou, dou" de zapatazos de cuero se acercaba desde lejos y se detuvo afuera de mi camarote. Al echar la mirada, fue un hombre blanco, bastante gordo, probablemente el supuesto señor amo de los dos compatriotas.

"¿Inspeccionado?" me preguntó con una sonrisa.

De veras, en el tono de un señor amo. Sin embargo, se ve todo de un vistazo, ¿para qué hace esa pregunta? O como vio que mi equipaje estaba extremadamente desordenado, me estaba consolando, o burlándose de mí.

Recogió un cuadro adjunto al *Diario Continental*[5] fuera de mi camarote, usado originalmente para envolver algo, que fue arrancado y tirado por los compatriotas. Lo leyó recostado en la pared por un rato, y volvió a caminar lento hacia adelante.

Pensé que el señor amo había pasado y la "inspección de la aduana" ya debería terminar, entonces reorganicé la primera maleta y la hice atada.

Fuera de lo esperado, todavía no estuvo acabado. Un compatriota volvió, me dijo "Ábrela" y quiso chequearla. De allí se originaron tales preguntas y respuestas:

"Él la ha chequeado," dije yo.

"Todavía no. No ha sido abierta. ¡Ábrela!"

"Acabo de atarla bien".

"No lo creo. ¡Ábrela!"

"¿No está aquí dibujada la marca del chequeo?"

"Entonces, ¿has dado el dinero? Usaste el soborno..."

---

⑤ El *Diario Continental* fue fundado por el americano F. Millard, en Shanghai el 23 de agosto de 1911. Fue asumido por los británicos alrededor de 1926 y más tarde por los chinos a principios de la década de 1930. Fue suspendido en mayo de 1948.

"…"

"¿Cuánto diste?"

"Pregunta a tu socio, pues".

Él se fue. Pronto, el otro se apresuró a venir y sacó el dinero desde debajo de la almohada. Más tarde no los vi más. Ahora el mundo se quedó realmente en paz y tranquilidad.

Desde ese momento, volví a arreglar el equipaje lentamente. Encontré algunas cosas juntas en la mesa, mis tijeras, un abrelatas, y un cuchillo con mango de madera. Si no fuera por esos diez yuanes en monedas menores de plata, me amenazarían indicando este como "arma letal", más el "extraño" incienso. Pero aquel incienso ya no se halló sobre la mesa.

Al moverse el barco, la entera embarcación pareció, en cambio, más ociosa y tranquila. Los mozos de té conversaron conmigo, pero me atribuyeron a mí la eversión de las maletas.

"Está usted demasiado delgado y sospecharon que fuera un vendedor de opio," dijo uno.

Me quedé de veras algo atónito. Es cierto que la vida humana es limitada pero la "sabiduría mundana" es infinita. Siempre creía que competir por el empleo con otros podría chocarse contra un clavo, pero tal vez no hubiera problema si uno no quisiera el empleo. Sin embargo, solo el año pasado cuando llegué a Xiamen, aprendí que aunque naturalmente era difícil buscar un trabajo, rechazarlo también disgustó mucho a cierto "erudito"[6], y por eso, recibí la crítica por desviarme de mi propio deber social. Respecto de la forma de la barba, hay una diferencia entre el estilo de la quintaesencia nacional y el estilo europeo, y no es fácil de tratarse. Esto yo lo había entendido desde muy antes, pero no me enteré hasta llegar a Guangzhou esta

---

[6] "Cierto 'erudito'": Se refiere a Gu Jiegang, entre otros.

vez de que hasta los colores también encontraban dificultad de ser libres, porque alguien me advirtió en un diario que mi barba no debiera volverse gris ni rojo[7]. Y en cuanto a no poder estar demasiado delgado, solo lo percibí al llegar a Hong Kong y nunca me lo había imaginado ni en los sueños.

En efecto, un occidental que supervisaba a los compatriotas en la "inspección de aduana" estaba de verdad muy obeso del buen comer.

Aunque Hong Kong es solo una isla, se dibuja en este lugar el pequeño cuadro vívido del presente y el futuro de muchos lugares de China: en el centro se sitúan varios señores dueños extranjeros, y debajo de ellos son varios "chinos de clase superior" aduladores y una banda de compatriotas serviles en calidad de lacayos rendidos. Los demás son todos "autóctonos" que siempre sufren el amargo en silencio. Las personas que pueden soportarlo morirán en las metrópolis infestadas de aventureros extranjeros y las que no pueden sostenerlo se escapan a profundidades de las montañas. Las etnias Miao y Yao[8] son nuestros predecesores.

La noche del 29 de septiembre. En el mar.

---

[7] En cuanto a la forma de la barba y la advertencia sobre el color de la barba que se menciona en el texto, se refiere al artículo titulado "El Sr. Lu Xun está en la Casa del Té" escrito por Shi Yi y publicado en el suplemento *New Times* del periódico de Guangzhou *National News* en ese momento, y finalmente Shi Yi cayó en un literato traidor de la nación.

[8] "Miao y Yao": Son nombres de dos minorías étnicas de China. En la antigüedad se desarrollaron desde la cuenca del río Yangtsé hasta la cuenca del río Amarillo, y por un período vivieron en el centro de China. Más tarde, después de un largo período de lucha entre etnias, se vieron obligados a trasladarse gradualmente a las montañas en las áreas sudoeste y centro-sur.

文学和出汗[1]

上海的教授对人讲文学，以为文学当描写永远不变的人性，否则便不久长[2]。例如英国，莎士比亚和别的一两个人所写的是永久不变的人性，所以至今流传，其余的不这样，就都消灭了云。

这真是所谓"你不说我倒还明白，你越说我越胡涂"了。英国有许多先前的文章不流传，我想，这是总会有的，但竟没有想到它们的消灭，乃因为不写永久不变的人性。现在既然知道了这一层，却更不解它们既已消灭，现在的教授何从看见，却居然断定它们所写的都不是永久不变的人性了。

只要流传的便是好文学，只要消灭的便是坏文学；抢得天下的便是王，抢不到天下的便是贼。莫非中国式的历史论，也将沟通了中国人的文学论欤？

而且，人性是永久不变的么？

类人猿，类猿人，原人，古人，今人，未来的人，……如果生物真会进化，人性就不能永久不变。不说类猿人，就是原人的脾气，我们大约就很难猜得着的，则我们的脾气，恐怕未来的人也未必会明白。要写永久不变的人性，实在难哪。

譬如出汗罢，我想，似乎于古有之，于今也有，将来一定暂时也还有，该可以算得较为"永久不变的人性"了。然而"弱不禁风"的小姐出的是香汗，"蠢笨如牛"的工人出的是臭汗。不知道倘要做长留世上的文字，要充长留世上的文学家，是描写香汗好呢，还是描写臭汗好？这问题倘不先行解决，则在将来文学史上的位置，委实是"岌岌乎殆哉"。

听说，例如英国，那小说，先前是大抵写给太太小姐们看的，其中自然是香汗多；到十九世纪后半，受了俄国文学的影响，就很有些臭汗气了。那一种的命长,现在似乎还在不可知之数。

在中国,从道士听论道,从批评家听谈文,都令人毛孔痉挛,汗不敢出。然而这也许倒是中国的"永久不变的人性"罢。

(二七,一二,二三。)

注 释

[1] 本篇最初发表于1928年1月14日《语丝》周刊第四卷第五期。
[2] 指梁实秋。他在1926年10月27、28日《晨报副刊》发表的《文学批评辩》一文中说:"物质的状态是变动的,人生的态度是歧异的;但人性的质素是普遍的,文学的品味是固定的。所以伟大的文学作品能禁得起时代和地域的试验。"

Literatura y sudoración[1]

Cuando los profesores de Shanghai explican la literatura a la gente, creen que la literatura debe describir la invariable naturaleza humana eterna, de lo contrario, no durará mucho.[2] Por ejemplo, en Inglaterra, lo que Shakespeare y una o dos personas más escribieron es la naturaleza humana inmutable, por lo que ha circulado hasta hoy en día, y el resto no, así que se han extinguido por todo, etc.

Esto es realmente lo que suelen decir: "Si no lo dices, me quedo todavía claro, pero cuanto más dices, me siento más confuso." Muchos artículos del pasado en Inglaterra no han circulado, lo que, pienso, es cosa que puede ocurrir siempre, pero no me había imaginado que su extinción se debiera a no haber escrito la invariable naturaleza del hombre. Y ahora, dado que se haya conocido esta razón, aún más me desconcierta cómo los profesores actuales han podido verlos en estado de ser eliminados, e incluso han llegado a afirmar que lo que ellos escribieron no era de naturaleza humana permanente e inmutable.

Con tal que una literatura se difunda, es literatura buena, y si se elimina, es mala, al igual que el que ha conquistado el mundo es el rey y el que no puede hacerlo, el bandido. ¿Acaso la doctrina de historia

---

[1] Este artículo fue publicado originalmente en el número 4 del volumen IV de la revista semanal de *Hilo del Lenguaje* del 14 de enero de 1928.

[2] Se refiere a Liang Shiqiu. En su artículo *Justificación del criticismo literario* publicado en el *Suplemento del Periódico Matutino* el 27 y 28 de octubre de 1926, dijo: "El estado de la materia está cambiando y las actitudes de la vida son divergentes, pero la calidad de la naturaleza humana es universal y el gusto de la literatura es fijo, por lo tanto, las grandes obras literarias pueden resistir el tiempo y lecturas de distintos regiones".

al estilo chino también se ha comunicado con la teoría literaria de los chinos?

Además, ¿la naturaleza humana no varía jamás?

Antropoide, hombre mono, homínido, hombre antiguo, hombre contemporáneo, hombre futuro… Si las criaturas realmente pueden evolucionar, la naturaleza humana no puede ser invariable. Sin mencionar a los hombres monos, incluso el temperamento de los homínidos nos es muy difícil de adivinar, y respecto del temperamento de nosotros, se teme que los hombres futuros tampoco estarán claros necesariamente. Si se quiere describir la invariable naturaleza humana eterna, resultará muy difícil a la verdad.

Por ejemplo, la sudoración, creo que parece haber existido desde la antigüedad, y ahora la hay también, y deberá existir temporalmente en el futuro, por eso puede considerarse como una "invariable naturaleza humana eterna" relativamente. Sin embargo, las señoritas que son demasiado débiles de pararse contra el viento transpiraban sudor fragante, mientras los trabajadores "tan estúpidos como bueyes" exudan sudor maloliente. No se sabe si uno quiere dejar escritos permanentes y desempeñar un literato permanente en la historia, ¿deberá describir el sudor fragante o el maloliente? Si no se resuelve este problema primeramente, su posición en la historia literaria en el futuro estará realmente "tan escarpada hasta peligrosa".

Oí decir que, por ejemplo en Inglaterra, las novelas en el pasado eran lecturas para las damas y señoritas, las cuales, naturalmente traían mucho sudor aromático. Al estar en la segunda mitad del siglo XIX, influidas por la literatura rusa, ya despedían bastante mal olor. Cuál tendrá la vida más larga, parece que ahora todavía se halla en una deducción desconocida.

En China, cuando se escucha los sermones a los sacerdotes taoístas y los comentarios de los críticos sobre los artículos, ambos causan tanto espasmo de poros que la gente no se atreve a sudar. Sin embargo, tal vez esto sea, en cambio, la "invariable naturaleza humana eterna" de China.

23 de diciembre de 1927

"醉眼"中的朦胧[1]

旧历和新历的今年似乎于上海的文艺家们特别有着刺激力,接连的两个新正一过,期刊便纷纷而出了。他们大抵将全力用尽在伟大或尊严的名目上,不惜将内容压杀。连产生了不止一年的刊物,也显出拚命的挣扎和突变来。作者呢,有几个是初见的名字,有许多却还是看熟的,虽然有时觉得有些生疏,但那是因为停笔了一年半载的缘故。他们先前在做什么,为什么今年一齐动笔了?说起来怕话长。要而言之,就因为先前可以不动笔,现在却只好来动笔,仍如旧日的无聊的文人,文人的无聊一模一样。这是有意识或无意识地,大家都有些自觉的,所以总要向读者声明"将来":不是"出国","进研究室",便是"取得民众"。功业不在目前,一旦回国,出室,得民之后,那可是非同小可了。自然,倘有远识的人,小心的人,怕事的人,投机的人,最好是此刻豫致"革命的敬礼"。一到将来,就要"悔之晚矣"了。

然而各种刊物,无论措辞怎样不同,都有一个共通之点,就是:有些朦胧。这朦胧的发祥地,由我看来——虽然是冯乃超的所谓"醉眼陶然"[2]——,也还在那有人爱,也有人憎的官僚和军阀。和他们已有瓜葛,或想有瓜葛的,笔下便往往笑迷迷,向大家表示和气,然而有远见,梦中又害怕铁锤和镰刀,因此也不敢分明恭维现在的主子,于是在这里留着一点朦胧。和他们瓜葛已断,或则并无瓜葛,走向大众去的,本可以毫无顾忌地说话了,但笔下即使雄纠纠,对大家显英雄,会忘却了他们的指挥刀的傻子是究竟不多的,这里也就留着一点朦胧。于是想要朦胧而终于透漏色彩的,想显色彩而终于不免朦胧的,便都在同地同时出现了。

其实朦胧也不关怎样紧要。便在最革命的国度里,文艺方面也何尝不带些朦胧。然而革命者决不怕批判自己,他知道得很清楚,他们敢于明言。惟有中国特别,知道跟着人称托尔斯泰为"卑汗的说教人"[3]

了,而对于中国"目前的情状",却只觉得在"事实上,社会各方面亦正受着乌云密布的势力的支配"[4],连他的"剥去政府的暴力,裁判行政的喜剧的假面"的勇气的几分之一也没有;知道人道主义不彻底了,但当"杀人如草不闻声"[5]的时候,连人道主义式的抗争也没有。剥去和抗争,也不过是"咬文嚼字",并非"直接行动"[6]。我并不希望做文章的人去直接行动,我知道做文章的人是大概只能做文章的。

可惜略迟了一点,创造社前年招股本,去年请律师[7],今年才揭起"革命文学"的旗子,复活的批评家成仿吾总算离开守护"艺术之宫"的职掌[8],要去"获得大众",并且给革命文学家"保障最后的胜利"[9]了。这飞跃也可以说是必然的。弄文艺的人们大抵敏感,时时也感到,而且防着自己的没落,如漂浮在大海里一般,拚命向各处抓攫。二十世纪以来的表现主义[10],踏踏主义[11],什么什么主义的此兴彼衰,便是这透露的消息。现在则已是大时代,动摇的时代,转换的时代,中国以外,阶级的对立大抵已经十分锐利化,农工大众日日显得着重,倘要将自己从没落救出,当然应该向他们去了。何况"呜呼!小资产阶级原有两个灵魂。……"虽然也可以向资产阶级去,但也能够向无产阶级去的呢。

这类事情,中国还在萌芽,所以见得新奇,须做《从文学革命到革命文学》那样的大题目,但在工业发达,贫富悬隔的国度里,却已是平常的事情。或者因为看准了将来的天下,是劳动者的天下,跑过去了;或者因为倘帮强者,宁帮弱者,跑过去了;或者两样都有,错综地作用着,跑过去了。也可以说,或者因为恐怖,或者因为良心。成仿吾教人克服小资产阶级根性,拉"大众"来作"给与"和"维持"的材料,文章完了,却正留下一个不小的问题:

倘若难于"保障最后的胜利",你去不去呢?

这实在还不如在成仿吾的祝贺之下,也从今年产生的《文化批判》[12]上的李初梨的文章,索性主张无产阶级文学,但无须无产者自己来写;无论出身是什么阶级,无论所处是什么环境,只要"以无产阶级的意识,产生出来的一种的斗争的文学"就是,直截爽快得多了。但他一看见"以趣味为中心"的可恶的"语丝派"的人名就不免曲折,仍旧"要问甘人君,鲁迅是第几阶级的人?"[13]

我的阶级已由成仿吾判定:"他们所矜持的是'闲暇,闲暇,第三个闲暇';他们是代表着有闲的资产阶级,或者睡在鼓里的小资产阶级。……如果北京的乌烟瘴气不用十万两无烟火药炸开的时候,他们也许永远这样过活的罢。"[14]

我们的批判者才将创造社的功业写出,加以"否定的否定",要去"获得大众"的时候[15],便已梦想"十万两无烟火药",并且似乎要将我挤进"资产阶级"去(因为"有闲就是有钱"云),我倒颇也觉得危险了。后来看见李初梨说:"我以为一个作家,不管他是第一、第二……第百、第千阶级的人,他都可以参加无产阶级文学运动;不过我们先要审察他们的动机。……"[16]这才有些放心,但可虑的是对于我仍然要问阶级。"有闲便是有钱";倘使无钱,该是第四阶级[17],可以"参加无产阶级文学运动"了罢,但我知道那时又要问"动机"。总之,最要紧是"获得无产阶级的阶级意识",——这回可不能只是"获得大众"便算完事了。横竖缠不清,最好还是让李初梨去"由艺术的武器到武器的艺术"[18],让成仿吾去坐在半租界里积蓄"十万两无烟火药",我自己是照旧讲"趣味"。

那成仿吾的"闲暇,闲暇,第三个闲暇"的切齿之声,在我是觉得有趣的。因为我记得曾有人批评我的小说,说是"第一个是冷静,第二个是冷静,第三个还是冷静"[19],"冷静"并不算好批判,但不知怎地竟像一板斧劈着了这位革命的批评家的记忆中枢似的[20],从此"闲暇"也有三个了。倘有四个,连《小说旧闻钞》也不写,或者只有两个,见得比较地忙,也许可以不至于被"奥伏赫变"[21]("除掉"的意思,Aufheben的创造派的译音,但我不解何以要译得这么难写,在第四阶级,一定比照描一个原文难)罢,所可惜的是偏偏是三个。但先前所定的不"努力表现自己"之罪[22],大约总该也和成仿吾的"否定的否定",一同勾消了。

创造派"为革命而文学",所以仍旧要文学,文学是现在最紧要的一点,因为将"由艺术的武器,到武器的艺术",一到"武器的艺术"的时候,便正如"由批判的武器,到用武器的批判"[23]的时候一般,世界上有先例,"徘徊者变成同意者,反对者变成徘徊者"了。

但即刻又有一点不小的问题:为什么不就到"武器的艺术"呢?

这也很像"有产者差来的苏秦的游说"[24]。但当现在"无产者未曾从有产者意识解放以前"[25],这问题是总须起来的,不尽是资产阶级的退兵或反攻的毒计。因为这极彻底而勇猛的主张,同时即含有可疑的萌芽了。那解答只好是这样:

因为那边正有"武器的艺术",所以这边只能"艺术的武器"。

这艺术的武器,实在不过是不得已,是从无抵抗的幻影脱出,坠入纸战斗的新梦里去了。但革命的艺术家,也只能以此维持自己的勇气,他只能这样。倘他牺牲了他的艺术,去使理论成为事实,就要怕不成其为革命的艺术家。因此必然的应该坐在无产阶级的阵营中,等待"武器的铁和火"出。这出现之际,同时拿出"武器的艺术"来。倘那时铁和火的革命者已有一个"闲暇",能静听他们自叙的功勋,那也就成为一样的战士了。最后的胜利。然而文艺是还是批判不清的,因为社会有许多层,有先进国的史实在;要取目前的例,则《文化批判》已经拖住 Upton Sinclair[26],《创造月刊》也背了 Vigny 在"开步走"[27]了。

倘使那时不说"不革命便是反革命",革命的迟滞是语丝派之所为,给人家扫地也还可以得到半块面包吃,我便将于八时间工作之暇,坐在黑房里,续钞我的《小说旧闻钞》,有几国的文艺也还是要谈的,因为我喜欢。所怕的只是成仿吾们真像符拉特弥尔·伊力支[28]一般,居然"获得大众";那么,他们大约更要飞跃又飞跃,连我也会升到贵族或皇帝阶级里,至少也总得充军到北极圈内去了。译著的书都禁止,自然不待言。

不远总有一个大时代要到来。现在创造派的革命文学家和无产阶级作家虽然不得已而玩着"艺术的武器",而有着"武器的艺术"的非革命武学家也玩起这玩意儿来了,有几种笑迷迷的期刊[29]便是这。他们自己也不大相信手里的"武器的艺术"了罢。那么,这一种最高的艺术——"武器的艺术"现在究竟落在谁的手里了呢?只要寻得到,便知道中国的最近的将来。

(二月二十三日,上海。)

注 释

[1] 本篇最初发表于1928年3月12日《语丝》第四卷第十一期。这是鲁迅针对1928年初创造社、太阳社对他的批评而写的。当时创造社等的批评和鲁迅的反驳曾在革命文学阵营内部形成了一次以革命文学问题为中心的论争。创造社、太阳社的某些成员,在运用马克思主义于中国革命的实际和文艺领域时,出现过严重的主观主义和宗派主义的倾向,对鲁迅作了错误的分析,对他采取了排斥以至无原则的攻击态度。后来他们改变了排斥鲁迅的立场,与鲁迅共同组织中国左翼作家联盟。

[2] 冯乃超(1901—1983):广东南海人,作家,后期创造社成员。"醉眼陶然",见他在《文化批判》1928年1月创刊号发表的《艺术与社会生活》:"鲁迅这位老生——若许我用文学的表现——是常从幽暗的酒家的楼头,醉眼陶然地眺望窗外的人生。"

[3] 托尔斯泰(1820—1910):俄罗斯作家。小说《战争与和平》《安娜·卡列尼娜》《复活》等的作者。这里指的是冯乃超,他引用了列宁的一段话:"托尔斯泰一方面毫无忌惮地批判资本主义的榨取,剥去政府的暴力,裁判与行政的喜剧的假面……他方面很愚蠢地劝人不要以暴力反抗罪恶……做世界最卑污的事——宗教的说教人。"冯的译文与原文并不完全匹配。

[4] 这是冯乃超在《艺术与社会生活》中的话:"……观察目前的情状,革命的势力在表面上似呈一种停顿的样子,而事实上,社会的各方面亦正受着乌云密布的势力的支配。"

[5] "杀人如草不闻声":语见明代诗人沈明臣作《凯歌》。原句是歌颂战功的,这里用以指国民党反动派屠杀共产党人和革命群众的血腥罪行。

[6] 见1928年2月《文化批判》第二号李初梨《怎样地建设革命文学》:"我们知道,社会上,一定有一些常识的煽动家,向我们发

出嘲笑,他们说:你们既口口声声在革命,何以不去直接行动,却来弄这样咬文嚼字的文学?我们要看出他们的奸诈来;这是他们的退兵计;有产者差来的苏秦的游说。"

[7] "创造社前年招股本,去年请律师":1926年,创造社曾发出招股简章,筹集办社资金。1927年聘请刘世芳为该社律师。

[8] 创造社成立初期,成仿吾主张文学"是出自内心的要求,原不必有什么预定的目的",追求文学的"全"和"美",存在有"为艺术而艺术"的倾向。1926年他参加北伐战争,1928年再回到上海,从事"革命文学"运动。所以这里说他是"复活的批评家","总算离开守护'艺术之宫'的职掌"。

[9] "获得大众""保障最后的胜利",都见《创造月刊》1928年2月第一卷第九期成仿吾的《从文学革命到革命文学》。

[10] "表现主义":二十世纪初流行于德国和奥地利的资产阶级文艺流派。它对资本主义黑暗现实带有盲目的反抗情绪;强调表现自我感受,认为主观是唯一真实,漠视现实生活,反对艺术的目的性,是帝国主义时期资产阶级文化危机的反映。

[11] "踏踏主义":通称达达主义,第一次世界大战期间流行于瑞士、美国、法国的资产阶级文艺流派。它反对艺术规律,否定语言、形象的思想意义,以梦呓、混乱的语言、怪诞荒谬的形象表现不可思议的事物,是当时青年一代恐慌、狂乱的精神状态的反映。

[12] 《文化批判》:月刊,创造社的理论性刊物。1928年1月创刊,共出五期。

[13] 见1927年11月《北新》第二卷第一号发表署名甘人的《中国新文学的将来与其自己的认识》中"鲁迅……是我们时代的作者";李初梨在《怎样地建设革命文学》中对此加以反对说:"我要问甘人君,鲁迅究竟是第几阶级的人,他写的又是第几阶级的文学?他所曾诚实地发表过的,又是第几阶级的人民的痛苦?'我们的时代',又是第几阶级的时代?甘人君对于'中国新文艺的将来与其自己'简直毫不认识。"

[14] 这段引文见成仿吾《从文学革命到革命文学》。

[15] 成仿吾在《从文学革命到革命文学》中评论早期创造社时说的言论。
[16] 见李初梨《怎样地建设革命文学》:"我以为一个作家,不管他是第一第二……第百第千阶级的人,他都可以参加无产阶级文学运动;不过我们先要审察他的动机。看他是'为文学而革命',还是'为革命而文学'。"
[17] "第四阶级":即无产阶级。过去外国历史家曾把法国大革命时期的法国社会分为三个阶级(应译为"等级")。第一阶级:国王;第二阶级:僧侣和贵族;第三阶级:当时的被统治阶级,其中包括资产阶级、小资产阶级、工人、农民等。后来又有人把工人阶级称为第四阶级。这是一种不科学的说法。
[18] "由艺术的武器到武器的艺术":见李初梨《怎样地建设革命文学》。
[19] 这是张定璜的话,见1925年1月31日《现代评论》第一卷第八期刊载的《鲁迅先生(下)》一文。
[20] 这是借用李初梨的话,李在1928年4月《文化批判》第四号《请看中国的Don Quixote的乱舞》中说:"又或许是'弄文艺的人们大抵敏感',我们的Don鲁迅,不知在什么地方,看过某刊物上有一句'××'是一种艺术的话,而且这句话又不知怎地竟像一板斧劈着这位'Don Quixote'的'记忆中枢',从此一架风车,就变成了一个巨人(giant),'武器的艺术'也就变成Don鲁迅醉眼朦胧中的敌人了。"
[21] "奥伏赫变":德语音译,现通译为"扬弃"。
[22] 成仿吾在1924年2月《创造》季刊第二卷第二期《〈呐喊〉的评论》中,将《呐喊》中的小说分为"再现的"和"表现的"两类。认为前者"平凡""庸俗",是作者"失败的地方",而后者如《端午节》,"表现方法恰与我的几个朋友的作风相同","作者由他那想表现自我的努力,与我们接近了"。
[23] "由批判的武器,到用武器的批判":见马克思《〈黑格尔法哲学批判〉导言》(《马克思恩格斯选集》第一卷第九页,1972年5月

[24] "有产者差来的苏秦的游说"：苏秦，战国时期的纵横家，曾游说齐、楚、燕、赵、韩、魏六国联合抗秦，组建合纵联盟，兼佩六国相印，使秦十五年不敢袭击六国。

[25] 见李初梨《怎样地建设革命文学》："有人说：无产阶级文学，是无产者自身写出的文学。不是。因为无产者未曾从有产者意识解放以前，他写出来的，仍是一些有产者文学。"

[26] Upton Sinclair：辛克莱（1878—1968），美国小说家。著有长篇小说《屠场》《石炭王》《世界的终点》等。1928年2月《文化批判》第二期曾刊载辛克莱《拜金艺术（艺术之经济学的研究）》的摘译。

[27] Vigny：维尼（1797—1863），法国消极浪漫主义诗人。著有《古今诗集》《命运集》等。《创造月刊》第一卷第五、七、八、九各期曾连载穆木天的论文《维尼及其诗歌》。"开步走"，是成仿吾《从文学革命到革命文学》一文中的话："开步走，向那龌龊的农工大众！"

[28] 符拉特弥尔·伊力支：即弗拉基米尔·伊里奇·列宁。

[29] 指国民党反动派当时所办的一些刊物，如《新生命》等。

Lo nebuloso en "los ojos borrachos"[1]

Según el calendario antiguo o el nuevo, este año parece ser particularmente estimulante para los escritores y artistas de Shanghai, una vez pasados los dos Años Nuevos seguidamente, las publicaciones periódicas comenzaron a salir en sucesiones. En general, han dedicado todos sus esfuerzos a los títulos de grandeza o dignidad sin escatimar la reducción y aplastamiento del contenido, e incluso las publicaciones que se han establecido más de un año también han mostrado sus desesperados forcejeos y bruscos cambios. En cuanto a los autores, algunos nombres se ven por primera vez, pero muchos todavía parecen conocidos de vista, aunque a veces se sienten un poco extraños, pero eso se debe a la suspensión de la escritura en año o algo menos. ¿Qué habían estado haciendo antes? ¿Por qué comenzaron a tomar la pluma juntos este año? Si se habla de eso, temo que abarque un largo cuento. Dicho en breve, solo porque podían dejar de escribir antes, y ahora se ven obligados a tomar la pluma, lo que todavía es exactamente igual al caso de los tiempos

---

[1] Este artículo fue publicado originalmente el 12 de marzo de 1928 en el volumen IV, número 11 del *Hilo del Lenguaje*. Fue escrito por Lu Xun en respuesta a las críticas de la Sociedad de Creación y la Sociedad del Sol a principios de 1928. En ese momento, las críticas de las partes como la Sociedad de Creación y la refutación de Lu Xun formaron un debate dentro del campo de la literatura revolucionaria enfocado en el tema de la literatura revolucionaria. Algunos miembros de la Sociedad de Creación y la Sociedad del Sol cometieron muy serios errores de subjetivismo y sectarismo al aplicar el marxismo a las realidades de la revolución china y al campo literario, habiendo hecho un análisis erróneo sobre Lu Xun y tomado una actitud de rechazo e incluso de ataque.

pasados: los literatos de aburrimiento, y el aburrimiento de los literatos. Sea por lo consciente o inconsciente, toda la gente tiene alguna intuición propia suya, entonces ellos siempre declaran su "futuro" a los lectores: o "irse para el extranjero", o "entrar en la sala de investigación", u "obtener el apoyo de las masas". Los méritos o éxitos no dependen de la actualidad; una vez que regresen a China, o salgan de la sala, o ganarse el apoyo de la gente, eso no será ninguna cosa menor. Naturalmente, si hay personas de larga perspectiva, cuidadosas, miedosas o especuladoras, es mejor que les realicen un "saludo revolucionario" adelantado en este momento, porque una vez llegado ese futuro, les será "demasiado tarde para arrepentirse".

Sin embargo, las diversas publicaciones, por más diferentes que sean sus formas de dicción, todas tienen una cosa en común, que es: un poco nebulosas, cuyo lugar de origen auspicioso, a mi parecer, —aunque se atribuye a "lo ocioso y complicado en ojos borrachos" de Feng Naichao[2]—, también reside en los burócratas y caudillos militares, a quienes unas personas aman y otras odian. Para los que tienen algún entrelazamiento con ellos o quieren tenerlo, las huellas de su pluma tienden a encarnarse en una sonrisa con ojos entrecerrados, expresando amabilidad a todos; pero como tienen larga perspectiva, también sienten miedo a los martillos y las hoces hasta en el sueño, por lo que, no se atreven a halagar a sus dueños actuales muy marcadamente, y entonces, conservan un poco de nebulosidad por aquí. Para los que han cortado la conexión con los burócratas y

---

[2] Feng Naichao: Nació en Nanhai, Guangdong. Fue escritor y miembro de la Sociedad de Creación. Para la cita de "lo ocioso y complicado en ojos borrachos", vea su artículo *Arte y vida social* publicado en la edición inaugural de *Crítica Cultural* (enero de 1928): "El viejo erudito Lu Xun, si me permito usar la expresión literaria, a menudo observa la vida humana fuera de la ventana a lo ocioso y complicado de ojos borrachos desde el oscuro piso del restaurante..."

caudillos militares, o los que no tienen conexión alguna con ellos y se dirigen hacia las amplias masas, de hecho ya pueden hablar sin ningún escrúpulo, sin embargo, pese a que pueden dejar marciales huellas con su pluma para mostrar el heroísmo ante todos, al fin y al cabo, son pocos los tontos que se olviden del sable de comando de aquellos. Entonces, aquí también dejan un poco de nebulosidad. Así que los que quieren ser nebulosos finalmente se muestran los colores, y los que quieren mostrar sus colores finalmente no pueden evitar ser nebulosos, surgen todos en el mismo lugar y al mismo tiempo.

En realidad, no importa mucho ser nebuloso. Incluso en el país más revolucionario, el terreno de literatura y arte se cubre también con alguna nebulosidad. Sin embargo, los revolucionarios no temen criticar a sí mismos, lo saben muy claramente, y se atreven a hablar abiertamente. Solo en China es peculiar al respecto, ya saben seguir a otra gente a llamar a Tolstói como "el predicador más sucio"[3], mientras que frente a la "situación actual" de China, solo creen que "de hecho, todos los sectores de la sociedad también están sufriendo el dominio del poder de las fuerzas densas como cubiertos de nubes oscuras"[4], hasta ni siquiera tiene una pequeña fracción del coraje del escritor ruso para "pelar la cara cómica de la violencia del gobierno y del árbitro administrativo". También saben que el humanitarismo no es completo, pero en el momento de "matar a gente como a hierba sin

---

[3] Tolstói (1828–1910): Escritor ruso. Autor de las novelas *Guerra y paz*, *Anna Karenina*, *Resurrección*, etc. La mención aquí se refiere a Feng Naichao que citó a Lenin: "De un lado, crítica despiadada de la explotación capitalista; denuncia de las violencias del gobierno, de la comedia de la justicia y de la administración del Estado... De otro, la prédica fanática de la 'no resistencia al mal'... la propagación de una de las cosas más corrompidas que existen en el mundo: la religión". La traducción de Feng no concuerda exactamente con el texto original.

[4] Estas son las palabras de Feng Naichao en *Arte y vida social*: "... observando la situación actual, las fuerzas de la revolución parecen estar en la superficie como estancadas, y de hecho, todos los sectores de la sociedad también están sufriendo el dominio del poder de las fuerzas densas como cubiertos de nubes oscuras".

ser oído"⑤, ni siquiera emprenden una pelea humanitaria. E incluso el pelar y el pelear no son nada más que la "morder textos y masticar palabras", en lugar de ser las "acciones directas"⑥. No espero que las personas que escriben artículos vayan a tomar acciones directas, porque sé que los escritores probablemente solo saben escribir artículos.

Es una lástima que haya sido un poco tarde: el año antepasado la Sociedad de Creación reclutó capital, el año pasado contrató a abogados⑦, y solo este año, por fin ha izado la bandera de la "literatura revolucionaria". El crítico resucitado Cheng Fangwu finalmente dejó el cargo de guardián del "palacio de arte"⑧ para ir a "obtener apoyo de las amplias masas" y "garantizar la victoria final"⑨ para los escritores revolucionarios. Este avance a saltos también puede verse inevitable. Las personas que juegan con la literatura y el arte son en general sensibles, que siempre lo sienten y evitan de su propio declive, como si flotaran en el mar, tratando de agarrar desesperadamente algo por todas partes. Los auges y caídas desde la entrada en el siglo XX del

---

⑤ "Matar a gente como a hierba sin ser oído": Vea el poema "Himno de triunfo" del poeta Shen Mingchen de la dinastía Ming. El verso original fue escrita en homenaje al heroísmo marcial de los soldados contra los agresores, pero aquí se utiliza para referirse a los crímenes sangrientos de los reaccionarios del Kuomintang que masacraron a los comunistas y las masas revolucionarias.

⑥ Véase el artículo de Li Chuli "Cómo construir la literatura revolucionaria" en el No. 2 *de la Crítica Cultural* (febrero de 1928): "Sabemos que debe haber algunos instigadores con cierto conocimiento común en la sociedad que se burlaron de nosotros diciendo: Ya que estáis hablando de la revolución oralmente, ¿por qué no actuáis directamente, sino que venís a hacer una literatura con tanta masticación de texto y rumiadura de palabras? Tenemos que revelar su taimería. Esta es su estrategia de retirada, como el cabildeo de Su Qin enviado por la clase de propietarios".

⑦ " El año antepasado la Sociedad de Creación reclutó capital, el año pasado contrató a abogados": Se refiere al hecho de que en 1926, la Sociedad de Creación emitió un anuncio para recaudar fondos para el establecimiento de la sociedad, y en 1927, Liu Shifang fue contratado como abogado.

⑧ Al comienzo de la fundación de la Sociedad de Creación, Cheng Fangwu abogó por que la literatura sea "una solicitud del corazón, y no haya necesidad de tener ningún propósito", persiguiendo lo "completo" y la "belleza" de la literatura, con una tendencia al "hacer arte por arte". En 1926 participó en la Expedición al Norte y regresó a Shanghai en 1928 para participar en el movimiento de "literatura revolucionaria". Por eso, aquí dice que él es el "crítico resucitado", que "finalmente dejó el cargo de guardián del 'palacio de arte'".

⑨ "Obtener apoyo de las amplias masas" y "garantizar la victoria final": Véase el artículo de Cheng Fangwu, "De la revolución literaria a la literatura revolucionaria" en el volumen I, número 9 de la *Creación Mensual*, publicado en febrero de 1928.

expresionismo⑩, el dadaísmo⑪, y qué otros tipos de ismos son los mensajes que esto ha revelado. Ahora ha entrado en una era grande, una era de agitación, y de transformación. Fuera de China, en general, la oposición entre clases ha sido muy agudizada y las amplias masas agricultoras y obreras se están volviendo cada vez más importantes, y si quisieran salvarse del decaimiento, desde luego deberían caminar hacia ellos. Además, "¡Oh! La pequeña burguesía tiene dos almas desde el principio…" Aunque puede ir hacia la burguesía, también puede ir hacia el proletariado.

Tales cosas en China todavía están en su embrión, por eso son novedosas, con lo que debería hacerse grandes temas como "De la revolución literaria a la literatura revolucionaria", pero en los países donde está desarrollada la industria y que están polarizados entre ricos y pobres, ya son cosas ordinarias. Algunos, como están seguros por la observación de que el futuro sea el mundo de los trabajadores, se van para allá; o por en lugar de ayudar a los fuertes prefieren ayudar a los débiles, se van para allá, o probable por ambas razones que funcionan intrincadamente, se van para allá, de lo que también se puede decir que es por horror o por conciencia. Cheng Fangwu enseña a la gente a superar el atributo de raíz de la pequeña burguesía y utilizar a las "amplias masas" como materiales para describir el "dar" y "mantener". Pero cuando el artículo está terminado, ha dejado un problema no muy pequeño: si es muy difícil "garantizar la victoria

---

⑩ "Expresionismo": Género literario burgués popular en Alemania y Austria a principios del siglo XX. Tiene un sentimiento rebelde y ciego hacia la oscura realidad del capitalismo, enfatiza la expresión de la autopercepción y considera que la subjetividad es la única realidad, sin tener en cuenta la vida real y oponiéndose al propósito del arte. Es un reflejo de la crisis cultural burguesa durante el período imperialista.

⑪ "Dadaísmo": Es un movimiento cultural y artístico creado en 1916 en el Cabaret Voltaire en Zúrich (Suiza). Fue popular entre los géneros literarios burgueses de Suiza, Estados Unidos y Francia durante la Primera Guerra Mundial. Se opone a las leyes del arte, niega el significado ideológico del lenguaje y la imagen, y expresa cosas increíbles en pesadillas, en un lenguaje caótico y con una imagen grotesca y absurda. Es un reflejo del pánico y el estado mental frenético de la generación joven.

final", ¿irás o no para allá?

Esto realmente no es tan bueno como seguir el artículo de Li Chuli, publicado este año bajo las felicitaciones de Cheng Fangwu en la *Crítica Cultural*[12], abogando tajantemente por que la literatura tiene que ser proletaria, pero no es necesario que la escriban los propios proletarios; sino que no importa de qué clase provienen, ni en qué entorno se encuentren, siempre que sea una "literatura de la lucha producida por la conciencia del proletariado", la será; definición que resulta mucho más directa y franca. Sin embargo, tan pronto como él vio el nombre de la abominable "Escuela del Hilo del Lenguaje" que "se centra en el interés y gusto", no pudo evitar volverse torcido, y todavía "quiero preguntar al señor Gan Ren, ¿de cuál clase es Lu Xun?[13]"

Mi clase ha sido juzgada por Cheng Fangwu: "En lo que ellos se reservan engreídamente es en el 'ocio, ocio, y un tercer ocio', y ellos representan la burguesía que tiene ocio, o la pequeña burguesía que duerme dentro del tambor... Si el efluvio y miasma de Beijing no se reventara por diez mil kilos de pólvoras sin humo, tal vez siguieran viviendo de esta manera para siempre".[14]

Los críticos de nosotros acaban de escribir los méritos y éxitos de su Sociedad de Creación, aplicando la regla de "negación de la negación" y yendo a "obtener el apoyo de las amplias masas"[15],

---

[12] *Crítica Cultural*: Revista mensual y publicación teórica de la Sociedad de Creación. Se fundó en enero de 1928 y se publicó un total de cinco números.

[13] En "El futuro de la nueva literatura china y su propio conocimiento" bajo el seudónimo de Gan Ren, publicado en el volumen II, número 1 de la revista *Beixin* en noviembre de 1927, dice que "Lu Xun... es el autor de nuestra era". Pero Li Chuli lo objetó en "Cómo construir la literatura revolucionaria": "Quiero preguntarle al señor Gan Ren, ¿de qué clase de la sociedad es Lu Xun? ¿A qué clase pertenece la literatura que él está escribiendo? ¿A qué clase pertenecen los dolores que ha publicado honestamente? Y 'nuestra era', ¿de qué clase es? El señor Gan Ren simplemente no tiene el menor conocimiento sobre el 'futuro de la nueva literatura china y sí mismo'".

[14] Para esta cita, véase "De la revolución literaria a la literatura revolucionaria" de Cheng Fangwu.

[15] Palabras de Cheng Fangwu en el comentario sobre los primeros tiempos de la Sociedad de Creación. Véase "De la revolución literaria a la literatura revolucionaria".

ya están soñando con "diez mil kilos de pólvoras sin humo", y parecen querer apretarme en la "burguesía" (porque dicen que tener ocio es tener dinero, etc.), de modo que también me siento ya muy peligroso. Más tarde, leí a Li Chuli decir: "Pienso que un escritor, ya sea de la primera o de la segunda... la centésima o la milésima clase, puede participar en la literatura proletaria; pero ante todo debemos examinar sus motivos..."[16] Solo al saber esto puedo estar un poco tranquilo, pero lo preocupante es que para mí todavía quieren preguntar sobre la clase. "Tener ocio es tener dinero"; si no tienes dinero, deberás ser de la cuarta clase[17], y ya podrás "participar en el movimiento de literatura proletaria", ¿verdad? Pero sé que en ese momento me preguntarán por los "motivos". En resumen, lo más importante es "adquirir la conciencia de clase del proletariado", pero esta vez, el asunto no podrá estar finalizado solo con "obtener el apoyo de las amplias masas". Como todo está enredado sin aclararse de cualquier modo, es mejor dejar a Li Chuli que "vaya de las armas del arte para el arte de las armas"[18], a Cheng Fangwu sentarse en la semiconcesión para acumular los "diez mil kilos de pólvoras sin humo", y en cuanto a mí, aún continuaré insistiendo en mi "interés y gusto" como de siempre.

  La voz rechinadora de los dientes de Cheng Fangwu al decir "ocio, ocio, un tercer ocio" suena muy interesante para mí, porque recuerdo

---

[16] Véase "Cómo construir literatura revolucionaria" de Li Chuli: "Pensé que un escritor, independientemente de si proviene de una clase de número uno, dos... o la de número cien, mil, puede participar en el movimiento literario proletario; pero ante todo debemos examinar sus motivos... para ver si 'hace la revolución para la literatura' o 'hace la literatura para la revolución'".

[17] "La cuarta clase": Corresponde al proletariado. Los historiadores extranjeros dividieron la sociedad francesa durante la Revolución francesa en tres clases (que deberían traducirse como "niveles"). La primera clase: el rey; la segunda clase: monjes y nobles; la tercera: la clase dominada en ese momento, incluida la burguesía, la pequeña burguesía, los trabajadores, los campesinos, etc. Más tarde, alguna gente llamó a la clase trabajadora la cuarta clase, que es una forma de decir nada científica.

[18] "De las armas del arte para el arte de las armas": Véase "Cómo construir literatura revolucionaria" de Li Chuli.

que alguien criticó mis novelas diciendo que "la primera es calma, la segunda es calma, y la tercera aún es calma"[19]. La "calma" no fue de buena crítica, pero de alguna manera actuó como si un hacha hubiera hendido el centro de memoria[20] de este crítico revolucionario, desde allí el "ocio" también se ha enumerado en tres. Si hubieran sido cuatro, incluso las *Notas antiguas de las ficciones* yo habría dejado de redactarlas. O si solo hubieran sido dos, se evidenciaría estar relativamente ocupado, quizás yo no pudiera ser "aufheben"[21] (que significa "eliminación", fue la traducción fónica por la Escuela de Creación, y no entiendo por qué la traducción ha usado caracteres chinos tan difíciles en escritura, los que, para la cuarta clase, serán más difíciles que imitar el texto original), pero es lástima que solo haya tres, particularmente. Sin embargo, el pecado de no "hacer esfuerzo por expresarse"[22] que me condenó previamente, probablemente debería eliminarse junto con la "negación de la negación" de Cheng Fangwu.

La Escuela de Creación "desarrolla literatura para la revolución", por eso, todavía quiere la literatura, la que ahora es el punto más importante porque irá "de las armas del arte al arte de las armas", y al llegar el momento de "el arte de las armas", será igual al caso de "de las armas de la crítica a la crítica con las armas"[23]. De esto, han

---

[19] Estas son las palabras de Zhang Dinghuang. Vea el artículo "Sr. Lu Xun (II)" en el número 8 de *Modern Review*, 31 de enero de 1925.
[20] Estas son las palabras de Li Chuli. Li dijo en número 4 de *Crítica Cultural* en abril de 1928 en "Veamos el baile de Don Quijote en China": "Puede ser que 'las personas que hacen arte sean más sensibles', nuestro Don Lu Xun, no sé dónde ha visto una frase tal en una publicación diciendo que 'algo tal es un lenguaje de arte', que de alguna manera hendió el 'centro de memoria' del 'Don Quijote', y desde allí un molino de viento se convirtió en un gigante, y el arte de las armas, en el enemigo en los ojos borrachos de Don Lu Xun".
[21] "Aufheben": Transliteración fónica del alemán, ahora traducida como "rescindir".
[22] En el volumen II del número 2 de la revista trimestral *Creación* en enero de 1924, Cheng Fangwu dividió las novelas en *Gritos a la batalla* en dos tipos: las "reproducidas" y las "expresadas". Él cree que el primero es "ordinario" y "vulgar", que es donde está el "fracaso" del autor, mientras que en el segundo, tal como el "Festival Duanwu", el método expresivo es "exactamente el mismo que el de varios de mis amigos" y "los esfuerzos del autor para expresarse han estado más cerca de nosotros".
[23] "De las armas de la crítica a la crítica con las armas": Véase la "Introducción a la filosofía crítica de la ley de Hegel" de Karl Marx en *The Marx and Engels Selected Works*, Vol. I, pp. 9, Editorial del Pueblo, mayo de 1972.

existido ejemplos precedentes en el mundo, donde "el vacilante se volverá en un partidario, mientras que el oponente se tornará un vacilante".㉔

Pero de inmediato aparece otro problema no pequeño: ¿por qué no se detiene por el punto del "arte de las armas"?

Esto también es muy similar al "cabildeo de Su Qin enviado por la clase de propietarios"㉕. Pero ahora que "los proletarios no se han liberado de la conciencia del propietario"㉖, este problema siempre debe plantearse, que no todo se debe al siniestro ardid de la retirada o el contraataque por la burguesía, porque esta opinión tan extremadamente cabal y valiente lleva consigo al mismo tiempo brotes sospechosos. La respuesta solo tendrá que ser así:

Dado que el otro lado tiene el "arte de las armas", pues, este lado solo puede jugar con las "armas del arte".

Estas armas del arte no son más que el último recurso, que después de desligarse de la ilusión de la no resistencia y ha caído en el nuevo sueño de la batalla en papel. Pero los artistas revolucionarios solo pueden recurrir a estas para mantener su coraje, y solo pueden hacerlo de esta manera. Si ellos sacrifican su arte y convierten la teoría en hechos, temerán no poder llamarse artistas revolucionarios. Por consiguiente, es necesario sentarse en el campo del proletariado esperando la aparición del "hierro y fuego de las armas", y en ese preciso momento, presentarán el "arte de las armas". Si los

---

㉔ La fuente de esta oración queda por verificar.
㉕ "Cabildeo de Su Qin enviado por la clase de propietarios": Su Qin (380–284 a. C.) fue un influyente estratega político durante el período de los Estados Combatientes de la antigua China que buscaba crear una alianza de los seis reinos relativamente débiles contra el poderoso reino de Qin. Finalmente logró la formación de la alianza de los seis países, de modo que Qin no se atrevió a atacar a ellos durante los quince años posteriores.
㉖ Véase "Cómo construir literatura revolucionaria" de Li Chuli: "Algunas personas dicen: La literatura proletaria es la literatura escrita por los propios proletarios. No. Debido a que antes de que los proletarios sean liberados de la conciencia de gente de propiedad, lo que ellos escriben todavía pertenecen a la literatura de gente de propiedad".

revolucionarios del hierro y fuego tuvieran algún "ocio" y pudieran escuchar los méritos narrados por ellos mismos, se convertirían en combatientes igualmente cualificados. Tendrán la victoria final. Sin embargo, la literatura y el arte aún no están claramente criticados, porque existen muchas capas en la sociedad, y también los hechos históricos de los países avanzados. Si quieren ejemplos de la actualidad, se ve que la revista *Crítica Cultural* han arrastrado Upton Sinclair[27], y la *Creación Mensual* también está llevando a Vigny a la espalda para "dar pasos hacia adelante"[28].

Si en aquel tiempo no hubieran dicho que "no revolucionario es justamente antirrevolucionario" y la demora de la revolución hubiera sido causada por la Escuela del Hilo del Lenguaje, solo por barrer el piso para la gente, yo también podría obtener media barra de pan a comer, entonces incluso fuera de las ocho horas de trabajo, me habría sentado en un cuarto oscuro para continuar copiando mis *Notas antiguas de las ficciones*. Además, debería hacer alguna discusión sobre la literatura y el arte de varios países, porque me gustaba. Lo que temía era que si Cheng Fangwu y sus semejantes realmente consiguieran el "apoyo de las amplias masas" como Vladimir Ilyich[29]; probablemente ellos querrían avanzar a saltos y más saltos, incluso me irían a exaltar a la clase de nobleza o emperador, o al menos, podrían desterrarme al Círculo Polar Ártico. En cuanto a los libros y traducciones, estarían prohibidos, sin necesidad de mencionarlo.

---

[27] Upton Sinclair (1878–1968): Novelista estadounidense. Tiene novelas como *La jungla*, *El rey carbón* y *El fin del mundo*. El número 2 de *Crítica Cultural* en febrero de 1928 publicó un extracto la traducción de Mammonart: *El estudio de la economía del arte* de Sinclair.

[28] Vigny: Alfred de Vigny (1797–1863), poeta francés del Romanticismo. Es autor de *Poemas antiguos y modernos* y *Los destinos*. En los números 5, 7, 8 y 9 del Volumen I de la revista *Creación Mensual*, se serializó la tesis de Mu Mutian *Vigny y su poesía*. "Dar pasos hacia adelante" son las palabras de Cheng Fangwu en el artículo "De la revolución literaria a la literatura revolucionaria". La oración completa es "¡Den pasos adelante, a las inmundas masas agroindustriales!"

[29] Aquí se refiere a Vladimir Ilyich Lenin.

En un futuro próximo, seguramente llegará una era grande. Ahora, los literatos revolucionarios y los escritores proletarios de la secta de la Creación se ven obligados a jugar las "armas del arte", mientras tanto, los artistas marciales no revolucionarios con el "arte de las armas" también han comenzado a jugar con este tipo de juguetes, tales como las varias revistas sonrientes con ojos entrecerrados pertenecen a este renglón[30]. Tal vez ellos mismos tampoco confíen en el "arte de las armas" en sus manos. Entonces, ¿en manos de quién ha caído este arte más elevado, es decir, el "arte de las armas"? Mientras lo encuentren, conocerán el futuro cercano de China.

23 de febrero, Shanghai.

---

[30] Se refiere a algunas publicaciones de los reaccionarios del Kuomintang en ese momento, como *New Life*.

扁[1]

中国文艺界上可怕的现象,是在尽先输入名词,而并不绍介这名词的函义。

于是各各以意为之。看见作品上多讲自己,便称之为表现主义;多讲别人,是写实主义;见女郎小腿肚作诗,是浪漫主义;见女郎小腿肚不准作诗,是古典主义;天上掉下一颗头,头上站着一头牛,爱呀,海中央的青霹雳呀……是未来主义……等等。

还要由此生出议论来。这个主义好,那个主义坏……等等。

乡间一向有一个笑谈:两位近视眼要比眼力,无可质证,便约定到关帝庙去看这一天新挂的扁额。他们都先从漆匠探得字句。但因为探来的详略不同,只知道大字的那一个便不服,争执起来了,说看见小字的人是说谎的。又无可质证,只好一同探问一个过路的人。那人望了一望,回答道:"什么也没有。扁还没有挂哩。[2]"

我想,在文艺批评上要比眼力,也总得先有那块扁额挂起来才行。空空洞洞的争,实在只有两面自己心里明白。

(四月十日。)

注 释

[1] 本篇最初发表于1928年4月23日《语丝》第四卷第十七期"随感录"栏。
[2] 这个笑话在清代崔述的《考信录提要》中有所记载。

La placa[1]

Un fenómeno terrible en los círculos literarios y artísticos chinos es ingresar un sustantivo con la mayor antelación posible, sin explicar el significado de él mismo.

Entonces cada uno le asigna un significado con su propia percepción. Al encontrar la obra que habla mucho de sí mismo, la llaman expresionismo; la que habla más de los otros, la denominan realismo; al hombre que compone poemas cuando ve la pantorrilla de una señorita, le atribuyen el romanticismo; al que no permita hacer poema cuando ve la pantorrilla de una señorita, le nombran clasicismo; al caerse del cielo una cabeza, sobre la que está parada una vaca, ay, qué terrible relámpago azul en el centro del mar... eso es futurismo... y así sucesivamente.

Además, de aquí también dará lugar a argumentos. Este ismo es bueno, ese ismo es malo... y así sucesivamente.

Siempre ha habido un chiste en el campo: dos hombres miopes querían competir por la vista, y no tenían manera de probarlo, acordaron ir al Templo del Santo General Guan para ver la nueva placa inscrita que iba a colgarse ese día. Ambos averiguaron respectivamente las palabras de la inscripción desde el pintor de laca con anticipación. Sin embargo, los detalles que habían conseguido eran diferentes, el que solo sabía el contenido en letras grandes no

---

[1] Este artículo se publicó originalmente en la columna "Registro de pensamientos aleatorios" del volumen IV de la revista *Hilo del Lenguaje* el 23 de abril de 1928.

estaba convencido, y estalló la disputa, diciendo que el otro que conocía el contenido en letras pequeñas estaba mintiendo. Pero no tenían forma para comprobarlo, así tuvieron que preguntar a un hombre que pasaba por allí. El hombre echó una mirada y respondió: "Nada. La placa todavía no está colgada".[2]

Pienso que, si se compiten por la vista en la crítica literaria, solo podrá comenzar después de que se cuelgue esa placa inscrita. Si se debaten de vacío a vacío, ambos lados solo estarán claros sobre eso en su propio corazón.

10 de abril

---

[2] Este chiste fue registrado en el *Compendio del registro de testimonios*, escrito por Cui Shu en la dinastía Qing.

《近代世界短篇小说集》小引[1]

一时代的纪念碑底的文章，文坛上不常有；即有之，也什九是大部的著作。以一篇短的小说而成为时代精神所居的大宫阙者，是极其少见的。

但至今，在巍峨灿烂的巨大的纪念碑底的文学之旁，短篇小说也依然有着存在的充足的权利。不但巨细高低，相依为命，也譬如身入大伽蓝[2]中，但见全体非常宏丽，眩人眼睛，令观者心神飞越，而细看一雕阑一画础，虽然细小，所得却更为分明，再以此推及全体，感受遂愈加切实，因此那些终于为人所注重了。

在现在的环境中，人们忙于生活，无暇来看长篇，自然也是短篇小说的繁生的很大原因之一。只顷刻间，而仍可借一斑略知全豹[3]，以一目尽传精神，用数顷刻，遂知种种作风，种种作者，种种所写的人和物和事状，所得也颇不少。而便捷，易成，取巧……这些原因还在外。

中国于世界所有的大部杰作很少译本，翻译短篇小说的却特别的多者，原因大约也为此。我们——译者的汇印这书，则原因就在此。贪图用力少，绍介多，有些不肯用尽呆气力的坏处，是自问恐怕也在所不免的。但也有一点只要能培一朵花，就不妨做做会朽的腐草的近于不坏的意思。还有，是要将零星的小品，聚在一本里，可以较不容易于散亡。

我们——译者，都是一面学习，一面试做的人，虽于这一点小事，力量也还很不够，选的不当和译的错误，想来是一定不免的。我们愿受读者和批评者的指正。

一九二九年四月二十六日，朝花社同人识。

注 释

[1] 本篇最初印入1929年4月出版的《近代世界短篇小说集（一）》。《近代世界短篇小说集》，是鲁迅和柔石等创立的朝花社的出版物之一，分《奇剑及其他》和《在沙漠上》两集，收入比利时、捷克、法国、匈牙利、俄国和苏联、南斯拉夫、西班牙等国家和民族的短篇小说二十四篇。

[2] "伽蓝"：伽蓝来自于梵语samghārāma，也音译作"僧伽蓝摩"。"僧伽"（samgha）指僧团；"阿蓝摩"（ārāma）意为"园"，原意是指僧众共住的园林，即寺院。

[3] 这一表达来自一个成语"管中窥豹"，是说"通过竹管看豹子，只能看到一个斑点"，这意味着对事物的视野有限，无法了解整个事物。但这个表达也指从这一小部分可以推断出整体。

Breve introducción a la *Colección de novelas cortas del mundo moderno*[1]

Los artículos considerados como monumentos de una época no se ven a menudo en el mundo literario; si bien los hay, nueve entre diez son obras de gran magnitud. Es extremadamente raro de ver que una novela corta pueda entrar en el gran palacio donde reside el espíritu de la época.

Pero en el día de hoy, al lado del gigante monumento elevado y resplandeciente de la literatura, las novelas cortas también tienen suficiente derecho a existir. No solo conviven lo enorme y lo diminuto dependiéndose mutuamente, sino que también parecen hallarse en el gran samghārāma (jardín monasterio budista)[2]. Al mirar en conjunto, tan grandiosos y deslumbrantes para la vista que hacen volar el corazón y espíritu de los espectadores, y al examinar en detalle todas y cada una de las barandillas talladas o las figuras esculpidas en la base de la columna, pese a ser diminutas, lucen más distinguibles, y volviéndose a extender esto a todo el conjunto. Resulta que el sentido se torna más concreto y realista, y por consiguiente, ellas se han

---

[1] Este artículo fue publicado originalmente en la *Colección de novelas cortas del mundo moderno* publicada en abril de 1929. La *Colección de novelas cortas del mundo moderno* es una de las publicaciones de la Sociedad de Flores Matutinas que fue fundada por Lu Xun y Rou Shi. Se divide en dos volúmenes, *Leyenda de espada y otras* y *En el desierto*, en que se recopilan 24 historias cortas de Bélgica, República Checa, Francia, Hungría, Rusia y la Unión Soviética, Yugoslavia, España y otros países y naciones.

[2] "Samghārāma": Proviene del sánscrito, también transcrito como "Sangha Rama". "Sangha" se refiere al grupo de escorpiones; "ārāma" significa "jardín", cuyo significado original es un jardín grande donde los monjes conviven, o sea, un monasterio.

convertido en el foco de la atención pública.

Bajo las condiciones actuales, la gente está ocupada con la vida y no tiene ocio para leer obras largas, lo que constituye una de las razones importantes para la multiprocreación de las novelas cortas por lo natural; ahora, en un solo instante, la gente todavía puede recurrir a una mota del leopardo para deducir aproximadamente todo su cuerpo[3], y de una vista se transmite el espíritu en plenitud, en varios instantes podrá conocer varios tipos de estilo, diferentes índoles de autor y toda clase de personas, objetos y situaciones descritas, por lo cual no son pocos los logros aprendidos; mientras aún no están tomados en cuenta los factores de conveniencia, facilidad de obtención y atajo inteligente...

En China no hay muchas traducciones de las existentes obras maestras de magnitud del mundo, pero las traducciones de novelas cortas son particularmente numerosas, cuya razón probablemente reside en esto. Nosotros, los traductores queremos copilar e imprimir este libro también por esto. Intentamos usar menos esfuerzo para hacer más introducciones, lo que es el punto débil de escatimar en agotar la boba fuerza, quizá sea inevitable que lo confesemos si nos preguntamos. Pero también tenemos un sentido cercano al no tan malo, que es, si pudiéramos criar una flor, no nos sería inconveniente servir de perecedera hierba podrida. Además, si se reunen las piezas esporádicas en un libro encuadernado, será menos fácil de esparcirse y desaparecer.

Nosotros, los traductores, todos estamos aprendiendo mientras experimentando con este trabajo. Nuestra fuerza aún no ha sido suficiente incluso para este pequeño asunto, así que son inevitables

---

[3] Esta expresión proviene de una frase hecha, que dice "mirando un leopardo a través de un tubo de bambú, solo se puede ver una mota", que significa tener una limitada visión de una cosa sin saberla en su conjunto, pero también significa que de una parte pequeña se puede inferir el todo.

las inadecuaciones en la selección y fallas en la traducción. Estamos dispuestos a recibir las correcciones de lectores y críticos.

El 26 de abril de 1929, por cofrades de la
Sociedad de Zhaohua (Flores Matutinas).

现今的新文学的概观[1]

——五月二十二日在燕京大学国文学会讲

这一年多,我不很向青年诸君说什么话了,因为革命以来,言论的路很窄小,不是过激,便是反动,于大家都无益处。这一次回到北平,几位旧识的人要我到这里来讲几句,情不可却,只好来讲几句。但因为种种琐事,终于没有想定究竟来讲什么——连题目都没有。

那题目,原是想在车上拟定的,但因为道路坏,汽车颠起来有尺多高,无从想起。我于是偶然感到,外来的东西,单取一件,是不行的,有汽车也须有好道路,一切事总免不掉环境的影响。文学——在中国的所谓新文学,所谓革命文学,也是如此。

中国的文化,便是怎样的爱国者,恐怕也大概不能不承认是有些落后。新的事物,都是从外面侵入的。新的势力来到了,大多数的人们还是莫名其妙。北平还不到这样,譬如上海租界,那情形,外国人是处在中央,那外面,围着一群翻译,包探,巡捕,西崽[2]……之类,是懂得外国话,熟悉租界章程的。这一圈之外,才是许多老百姓。

老百姓一到洋场,永远不会明白真实情形,外国人说"Yes",翻译道,"他在说打一个耳光",外国人说"No",翻出来却是他说"去枪毙"。倘想要免去这一类无谓的冤苦,首先是在知道得多一点,冲破了这一个圈子。

在文学界也一样,我们知道得太不多,而帮助我们知识的材料也太少。梁实秋有一个白璧德[3],徐志摩[4]有一个泰戈尔,胡适之有一个杜威[5],——是的,徐志摩还有一个曼殊斐儿[6],他到她坟上去哭过,——创造社有革命文学,时行的文学。不过附和的,创作的很有,研究的却不多,直到现在,还是给几个出题目的人们圈了起来。

各种文学,都是应环境而产生的,推崇文艺的人,虽喜欢说文艺足以煽起风波来,但在事实上,却是政治先行,文艺后变。倘以为文艺可以改变环境,那是"唯心"之谈,事实的出现,并不如文学家所豫想。所以巨大的革命,以前的所谓革命文学者还须灭亡,待到革命略有结果,略有喘息的余裕,这才产生新的革命文学者。为什么呢,因为旧社会将近崩坏之际,是常常会有近似带革命性的文学作品出现的,然而其实并非真的革命文学。例如:或者憎恶旧社会,而只是憎恶,更没有对于将来的理想;或者也大呼改造社会,而问他要怎样的社会,却是不能实现的乌托邦;或者自己活得无聊了,便空泛地希望一大转变,来作刺戟,正如饱于饮食的人,想吃些辣椒爽口;更下的是原是旧式人物,但在社会里失败了,却想另挂新招牌,靠新兴势力获得更好的地位。

希望革命的文人,革命一到,反而沉默下去的例子,在中国便曾有过的。即如清末的南社[7],便是鼓吹革命的文学团体,他们叹汉族的被压制,愤满人的凶横,渴望着"光复旧物"。但民国成立以后,倒寂然无声。我想,这是因为他们的理想,是在革命以后,"重见汉官威仪"[8],峨冠博带。而事实并不这样,所以反而索然无味,不想执笔了。俄国的例子尤为明显,十月革命开初,也曾有许多革命文学家非常惊喜,欢迎这暴风雨的袭来,愿受风雷的试炼。但后来,诗人叶遂宁,小说家索波里自杀了,近来还听说有名的小说家爱伦堡[9]有些反动。这是什么缘故呢?就因为四面袭来的并不是暴风雨,来试炼的也并非风雷,却是老老实实的"革命"。空想被击碎了,人也就活不下去,这倒不如古时候相信死后灵魂上天,坐在上帝旁边吃点心的诗人们福气。[10]因为他们在达到目的之前,已经死掉了。

中国,据说,自然是已经革了命,——政治上也许如此罢,但在文艺上,却并没有改变。有人说,"小资产阶级文学之抬头"[11]了,其实是,小资产阶级文学在那里呢,连"头"也没有,那里说得到"抬"。这照我上面所讲的推论起来,就是文学并不变化和兴旺,所反映的便是并无革命和进步,——虽然革命家听了也许不大喜欢。

至于创造社所提倡的,更彻底的革命文学——无产阶级文学,自然更不过是一个题目。这边也禁,那边也禁的王独清的从上海租界里遥望广州暴动的诗[12],"Pong Pong Pong",铅字逐渐大了起来,只在说明他曾为电影的字幕和上海的酱园招牌所感动,有模仿勃洛克的《十二个》[13]之志而无其力和才。郭沫若的《一只手》[14]是很有人推为佳作的,但内容说一个革命者革命之后失了一只手,所余的一只还能和爱人握手的事,却未免"失"得太巧。五体、四肢之中,倘要失去其一,实在还不如一只手;一条腿就不便,头自然更不行了。只准备失去一只手,是能减少战斗的勇往之气的;我想,革命者所不惜牺牲的,一定不只这一点。《一只手》也还是穷秀才落难,后来终于中状元,谐花烛的老调。

但这些却也正是中国现状的一种反映。新近上海出版的革命文学的一本书的封面上,画着一把钢叉,这是从《苦闷的象征》[15]的书面上取来的,叉的中间的一条尖刺上,又安一个铁锤,这是从苏联的旗子上取来的。然而这样地合了起来,却弄得既不能刺,又不能敲,只能在表明这位作者的庸陋,——也正可以做那些文艺家的徽章。

从这一阶级走到那一阶级去,自然是能有的事,但最好是意识如何,便一一直说,使大众看去,为仇为友,了了分明。不要脑子里存着许多旧的残滓,却故意瞒了起来,演戏似的指着自己的鼻子道,"惟我是无产阶级!"现在的人们既然神经过敏,听到"俄"字便要气绝,连嘴唇也快要不准红了,对于出版物,这也怕,那也怕;而革命文学家又不肯多绍介别国的理论和作品,单是这样的指着自己的鼻子,临了便会像前清的"奉旨申斥"一样,令人莫名其妙的。

对于诸君,"奉旨申斥"大概还须解释几句才会明白罢。这是帝制时代的事。一个官员犯了过失了,便叫他跪在一个什么门外面,皇帝差一个太监来斥骂。这时须得用一点化费,那么,骂几句就完;倘若不用,他便从祖宗一直骂到子孙。这算是皇帝在骂,然而谁能去问皇帝,问他究竟可是要这样地骂呢?去年,据日本的杂志上说,成仿吾是由中国的农工大众选他往德国研究戏曲去了,我们也无从打听,究竟真是这样地选了没有。

所以我想,倘要比较地明白,还只好用我的老话,"多看外国书",来打破这包围的圈子。这事,于诸君是不甚费力的。关于新兴文学的英文书或英译书，即使不多，然而所有的几本，一定较为切实可靠。多看些别国的理论和作品之后，再来估量中国的新文艺，便可以清楚得多了。更好是绍介到中国来；翻译并不比随便的创作容易，然而于新文学的发展却更有功，于大家更有益。

注 释

[1] 本篇最初发表于1929年5月25日北平《未名》半月刊第二卷第八期。

[2] "西崽"：旧时对西洋人雇用的中国男仆的蔑称。

[3] 白璧德（Irving Babbitt，1865—1933）：美国文学批评家，新人文主义美学创始人之一，哈佛大学毕业，1894年起在该校执教。他主张文学应恢复以"适度性"为核心的人文主义的传统，以"人的法则"来反对"物的法则"，其作用是给人以道德的知识。

[4] 徐志摩（1897—1931）：浙江海宁人，诗人，新月社主要成员，著有《志摩的诗》《猛虎集》等。1924年4月泰戈尔访华时，他担任翻译，并在《小说月报》上多次发表颂扬泰戈尔的文章。

[5] 约翰·杜威（1859—1952）：美国著名哲学家、教育家和心理学家。他否认客观真理和绝对真理的存在，并认为效用就是真理。胡适是杜维理论的宣传者。1919年至1921年杜威在中国期间，胡适担任他的翻译。

[6] 凯瑟琳·曼斯菲尔德（Katherine Manthfield，1888—1923）：故事作家、文化女性主义者、新西兰文学创始人，也是新西兰最具影响力的作家之一，其作品包括《花园酒会》《幸福》和《在海湾》。她的创作指出了妇女的生活条件，为女性解放的社会问题提供了文学上的解决方案。1923年1月9日，曼斯菲尔德在法国枫丹白露去世。徐志摩写了一首诗，还去曼斯菲尔德的墓前表达

自己的哀痛。

[7] "南社"：文学团体，1909年由柳亚子等人发起，成立于苏州。他们以诗文提倡反清革命。辛亥革命后发生分化，有的附和反动势力，只有少数人坚持进步立场。1923年解体。该社编印不定期刊《南社》，发表社员所作诗文，共出22集。

[8] "汉官威仪"：指汉代制定的礼仪制度。

[9] 爱伦堡（Ilyá Ehrenburg，1891—1967）：苏联作家。十月革命后，他在创作中歪曲社会主义现实，曾受到当时苏联文艺界的批判。

[10] 见德国诗人海涅的诗集《还乡记》第六十六首中的句子。

[11] "小资产阶级文学之抬头"：见李初梨《对于所谓"小资产阶级革命文学"底抬头，普罗列塔利亚文学应该防御自己》（载1928年12月《创造月刊》第二卷第六期）。

[12] 指王独清的长诗《Ⅱ DEC》（标题意为十二月十一日），1928年10月出版（未标出版地）。

[13] 亚历山大·亚历山大罗维·勃洛克（Aleksandr Aleksandrovich Blok）（1880—1921）：俄国诗人和戏剧家，俄国象征主义流派的领军人物。他的诗作富有音乐感和神秘感，带有深刻忏悔色彩，到处都是新颖别致的韵律。代表作《十二个》（1918年）是一部史诗，描述了1917年革命期间圣彼得堡街面上的混乱景象。鲁迅和他人合译过他的诗。

[14] 《一只手》：短篇小说，郭沫若作，载1928年《创造月刊》第一卷第九至十一期，内容和这里所说的有出入。

[15] 《苦闷的象征》：文艺论文集，日本文艺评论家厨川白村作。鲁迅曾译成中文，1924年12月北京新潮社出版。

Visión general de la nueva literatura de hoy[1]

Conferencia en la Sociedad de Literatura
China de la Universidad de Yanjing el 22 de mayo

Durante más de un año, no he hablado mucho a ustedes los caballeros jóvenes, porque desde la revolución el canal para hacer opiniones ha sido muy estrecho, y las que se difunden, o son demasiado radicales, o son reaccionarias, lo que no es propicio para nadie. Esta vez después de regresar a Beiping, algunos viejos conocidos quisieron que viniera aquí para pronunciar algunas palabras. Por la amistad que sería difícil de declinar, tengo que venir a hablar un poco. Pero debido a todo tipo de cosas triviales, por fin no logré pensar bien en qué decir, ni siquiera un tema.

Originalmente, iba a determinar el tema en el automóvil, pero debido a lo malo que fue el pavimento, el coche saltaba a la altura de más de un pie del suelo, lo que me hizo pensar desde ningún lado. Entonces, percibí de repente que, entre las cosas introducidas desde fuera, si solo se escoge una sola, no funcionará, tal como tener el automóvil necesita contar con buenos caminos también, así que toda cosa no puede separarse de la influencia del ambiente. La literatura, la llamada literatura nueva en China o la llamada literatura

---

[1] El artículo se publicó por primera vez el 25 de mayo de 1929, en el número 2 del volumen II de la revista bimensual *Sin Nombre*.

revolucionaria, se encuentra en la misma condición.

La cultura china, me temo que, incluso cualquier tipo de patriotas, no podamos desaprobar que esté algo atrasada. Las cosas nuevas, todas han invadido desde el exterior. Hasta cuando han llegado las fuerzas nuevas, a la mayoría de la gente todavía son inexplicables. Beiping aún no ha llegado a este punto como es la situación de las concesiones extranjeras en Shanghai, donde los extranjeros se sitúan en el centro, mientras que afuera, hay un rebaño de intérpretes, detectives, policías de concesiones, chavales occidentales[2] y sus semejantes, quienes comprenden idiomas extranjeros y se familiarizan con los estatutos de la concesión. Solo más fuera desde allá son los muchos plebeyos corrientes.

Cuando la gente común llega a la metrópolis infestada de extranjeros, nunca podrá estar clara de las verdaderas circunstancias. Si el extranjero dice "yes", el intérprete dirá "está hablando de darte una bofetada"; cuando el extranjero dice "no", lo interpretará como diciendo "a fusilarte". Si quieres evitar este tipo de absurda injusticia y sufrimiento, lo primero es conocer un poco más, para romper este círculo.

Lo mismo ocurre en el círculo literario: lo que sabemos falta demasiado y los materiales propicios a nuestro conocimiento son también demasiado pocos. Liang Shiqiu tiene un Irving Babbitt[3], Xu

---

[2] "Chavales occidentales": Es el apodo despreciativo del sirviente chino empleado por los occidentales en los viejos tiempos en China.

[3] Irving Babbitt: Crítico literario estadounidense, uno de los fundadores del Movimiento del Nuevo Humanismo. Graduado de la Universidad de Harvard, dio clases en la misma universidad desde 1894. Se argumenta que la literatura debería restaurar la tradición humanista con "lo apropiado" como núcleo, y la "ley de la humanidad" se opone a la "ley de las cosas", cuyo papel es dar a las personas conocimiento moral.

Zhimo④ tiene un Tagore, Hu Shizhi tiene un Dewey⑤, —es cierto que Xu Zhimo también tiene una Katherine Manthfield⑥ y fue a su tumba a llorar—, y la Sociedad de Creación tiene la literatura revolucionaria, la literatura de moda. Sin embargo, cuenta con muchos trabajos de eco y de creación, no muchos de investigación, y hasta ahora, siguen estando encerrados en el círculo por las pocas personas que asignan los temas.

Todo tipo de literatura nace en respuesta a las circunstancias ambientales: a las personas que tienen en alta estimación la literatura y el arte les gusta decir que estos son suficientemente potentes para resolver olas, pero de hecho, siempre avanza la política primero, y después vienen los cambios de la literatura y el arte. Si piensan que estos últimos pueden cambiar el ambiente, será una charla "idealista", y la ocurrencia de los hechos no es como esperaban los literatos en mente. Por lo tanto, en una gran revolución, los llamados literatos revolucionarios en el pasado también tenían que perecer, hasta que, cuando la revolución tuviera algún ligero logro y un poco tiempo para respirar, surgirían nuevos escritores revolucionarios. ¿Y por qué? Porque cuando la vieja sociedad estaba a punto de colapsarse, a menudo aparecían obras literarias semejantes a las revolucionarias, pero de hecho no eran de la literatura revolucionaria auténtica. Por ejemplo, podía ser que odiaban la vieja sociedad, pero solo odiarla, ni

---

④ Xu Zhimo (1897–1931): Nativo de Haining, Zhejiang. Fue poeta y miembro de la Sociedad de Luna Creciente. Es autor de *Poemas de Zhimo* y *Los tigres*. Cuando Tagore visitó China en abril de 1924, se desempeñó como intérprete y publicó muchos artículos sobre Tagore en el *Ficción Mensual*.

⑤ John Dewey (1859–1952): Filósofo, educador y psicólogo estadounidense, negó la existencia de la verdad objetiva y la verdad absoluta, y creía que la utilidad es la verdad. Hu Shi fue el propagandista de la teoría de Dewey, y se desempeñó como su intérprete cuando estaba de visita en China desde 1919 hasta 1921.

⑥ Katherine Manthfield (1888–1923): Escritora de cuentos, feminista cultural, fundadora de literatura neozelandesa y una de las escritoras más influyentes de Nueva Zelanda. Las obras famosas suyas incluyen *Fiesta en el jardín*, *Felicidad* y *En la bahía*. Su creación señala las condiciones de vida de las mujeres y proporciona una solución literaria al problema social de la liberación feminista. El 9 de enero de 1923, Manthfield murió en el Fontainebleau de Francia. Xu Zhimo escribió un poema y fue a la tumba de Manthfield en Francia para expresar su dolor.

siquiera tenían un ideal para el futuro; o también llamaban en voz alta para transformar la sociedad, pero cuando les preguntaban qué tipo de sociedad querían, sería una utopía irrealizable; o como se sentían muy aburridos de su vida, vagamente querían recurrir a un gran cambio para buscar alguna excitación, lo que era igual al caso de las personas que estaban hartas de comida, quienes querían comer algún chile para avivar el apetito; podía haber un caso peor, en calidad de personajes anticuados originalmente, fracasaron en la sociedad, pero quisieron colgar un letrero nuevo, para obtener una mejor posición confiándose en las fuerzas emergentes.

Los literatos que deseaban la revolución, pero se hundieron en silencio cuando llegó la revolución, casos que ocurrieron antes en China; tal como el de la Sociedad del Sur[7] a finales de la dinastía Qing, que fue un grupo literario que abogaba por la revolución, se quejaban de la represión contra la etnia Han, se indignaban por lo feroz e imperioso de los manchúes y anhelaban la "recuperación de lo viejo", pero después de la fundación de la República de China, se callaron. Creo que esto se debió a que sus ideales fueron poder, después de la revolución, "ver de nuevo al señorial sistema de etiqueta imperial de la etnia Han"[8], y llevarse el sombrero alto y cinturón ancho, pero como el hecho no fue como eso, se volvió todo insípido y no quisieron usar más la pluma. El ejemplo de Rusia es particularmente obvio. En comienzos de la Revolución de Octubre, muchos escritores revolucionarios se sorprendieron felizmente, acogiendo con alegría la

---

[7] Sociedad del Sur: Grupo literario, fundado en Suzhou en 1909 por Liu Yazi y otros. Abogaron por la revolución anti dinastía Qing con poesía. Después de la Revolución de 1911, hubo desintegración, en la que algunos respondieron a las fuerzas reaccionarias, y solo unas pocas personas insistieron en la posición progresista. La disolución total ocurrió en 1923. Esta sociedad editó la revista *Nanshe* en que se publicaban los poemas escritos por los miembros. Se lanzaron un total de 22 números.

[8] En la dinastía Han se elaboró y estableció un sistema completo de etiquetas, que fueron seguidos como ritos formales por las dinastías posteriores, conocido como el señorial sistema de etiqueta imperial de la etnia Han.

llegada de esta tormenta y dispuestos a ser probados por los vientos y truenos. Pero más tarde, el poeta Yesenin y el novelista Sobol se suicidaron, y recientemente se escuchó que el famoso novelista Ehrenburg[9] era un poco reaccionario. ¿Cuál es la causa de esto? Solo porque las que se arrojaron hacia ellos desde los cuatro lados no fueron tormentas, los que vinieron a probarlos tampoco fueron vientos y truenos, sino una "revolución" simple y honesta. Como la utopía se hizo añicos, la gente ya no pudo sobrevivir, lo que no fue tan bueno como la felicidad de los antiguos poetas que creían que el alma subiría al cielo después de la muerte y se sentaría al lado del Dios comiendo merienda[10], porque ellos habrían muerto antes de alcanzar su objetivo.

En China, dicen que desde luego se ha realizado la revolución, —quizá sea así en lo político, pero en la literatura y el arte no hay cambios—. Algunas personas dicen que "ha levantado la cabeza la literatura pequeño-burguesa"[11], pero en realidad, ¿dónde está la literatura pequeño-burguesa? Ni siquiera tiene la "cabeza", ¿cómo se trata de "levantarla"? Si se infiere de lo que dije anteriormente, esto significa que la literatura no se ha cambiado ni prosperado, lo que refleja es no haber revolución ni progreso, aunque probablemente los revolucionarios no estén contentos al escuchar esto.

En cuanto a la propugnación de la literatura revolucionaria más radical —la literatura proletaria— por la Sociedad de Creación,

---

[9] Iliá Ehrenburg (1891–1967): Escritor soviético. Después de la Revolución de Octubre, distorsionó la realidad socialista en sus creaciones y fue criticado por los círculos literarios y artísticos soviéticos.

[10] Vea los versos del 66° poema en la colección de poemas *Regreso a la ciudad natal* del poeta alemán Heinrich Heine (1797–1856), destacado por su poema largo *Alemania: un cuento de hadas en invierno*.

[11] "Ha levantado la cabeza la literatura pequeño-burguesa": Véase el artículo de Li Chuli "Ante la llamada cabeza levantada de la 'literatura revolucionaria pequeño burguesa', la literatura proletaria debe defenderse a sí misma" publicado en diciembre de 1928 en el número 6 del volumen II de la *Creación Mensual*.

naturalmente aún es nada más que un tópico. Prohibido por acá y por allá, el poema de Wang Duqing de mirar desde la concesión de Shanghai⑫ hacia la sublevación en la lejana Guangzhou, cuyo tipo de letra se está haciendo en tamaño cada vez más grande con los estremecedores "pong pong pong", solo muestra que solía ser movido por los subtítulos de la película y por el letrero del taller de salsas de Shanghai, y solo tiene la voluntad de imitar el poema *Los doce* de Blok⑬, pero no posee la fuerza ni el talento de él. La *Una mano* de Guo Moruo⑭ es muy estimada como buena obra por bastantes personas. Se trata de un revolucionario, que, después de participar en la revolución, perdió una mano y todavía podía estrechar la mano de su amante con la restante, pero esta "pérdida" fue un poco demasiado ingeniosa. Si se tuviera que perder una entre las cinco partes del cuerpo o las cuatro extremidades, realmente no sería peor perder una mano; porque si fuera una pierna, tendría más incomodidad, y si fuera la cabeza, por supuesto sería de menos facilidad. Pero solo disponerse a perder una sola mano, también puede mostrar la reducción del coraje para marchar hacia adelante; creo que los revolucionarios no se limitan a sacrificar solo en esto. Así que *Una mano* sigue siendo un drama trillado de que, un letrado-talento caído en desgracia finalmente salió campeón en el examen imperial y logró casarse entrando en la cámara nupcial alumbrada con la vela roja.

Sin embargo, esto es también un reflejo de la situación actual de China. En la portada de un libro de la literatura revolucionaria recién

---

⑫ Se refiere al largo poema de Wang Duqing *II Dec* (que significa el "11 de diciembre"), publicado en 1928.
⑬ Aleksandr Aleksándrovich Blok (1880–1921): Poeta y dramaturgo ruso, líder del género del simbolismo ruso. Sus poemas están llenos de música y misterio, con profundos remordimientos y ritmos novedosos en todas partes. La obra maestra *Los doce* (1918) es una epopeya que representa el caos de San Petersburgo en la Revolución de 1917. Lu Xun y otros tradujeron sus poemas.
⑭ "*Una mano* de Guo Moruo": Novela corta publicada en el volumen I, los números 9 y 10 de la *Creación Mensual* en 1928. El contenido es algo diferente de lo que se dice aquí.

publicada en Shanghai, hay un dibujo de horquilla de acero, que es tomada de la portada del libro titulado *Símbolo de la aflicción*[15]. Al aguijón en el medio de la horquilla se le coloca un martillo, que es copiado de la bandera de la Unión Soviética. Pero al combinarse de esta manera, se queda sin poder apuñalar ni golpear, lo que solo muestra lo mediocre y limitado de este creador, y también podrá ser justamente la insignia de esos literatos y artistas.

Ir caminando de esta clase para aquella, desde luego es cosa posible, pero cuál es la conciencia, es mejor exponerla punto a punto directamente, de modo que las amplias masas, al verla puedan estar claras de que te acepten por enemigo o por amigo. No deben reservar muchos residuos viejos en el cerebro y ocultarlos deliberadamente, y mientras tanto, señalándose a su propia nariz como si actuara en una obra de teatro, y decir: "¡Solo yo soy proletariado!" Ya que ahora la gente sufre tanto el nerviosismo, y casi se asfixia al escuchar la palabra "ruso", incluso pronto no se permitirá tener los labios en rojo. Respecto a las publicaciones, también se teme por esto y por eso; mientras que los literatos revolucionarios no están dispuestos a introducir más teorías y obras de otros países, solo señalando así a su propia nariz, y eventualmente actúan como hacer la "represión por orden del mandato" de la anterior dinastía Qing, dejando a la gente con todo inexplicable.

Para ustedes, tal vez la frase de "represión por orden del mandato" necesite una explicación con algunas palabras para que puedan entender. Este fue un asunto de la era del sistema imperial. Cuando un funcionario cometía un error, le decían que se pusiera arrodillado fuera de alguna puerta del palacio, el emperador iba a

---

[15] *Símbolo de la aflicción*: Es una colección de ensayos del crítico literario japonés, Kuriyagawa Hakuson. Lu Xun la tradujo al chino y la publicó la Sociedad de Nueva Marea de Beijing en diciembre de 1924.

enviar un eunuco a reprenderlo. En este momento, ese funcionario debía usar un poco de plata para que la represión terminara después de unas pocas frases; pero si no la usara, ese eunuco continuaría regañándole desde sus antepasados hasta sus descendientes. Esto era contado como la represión por el emperador, pero ¿quién podía preguntarle a su Majestad si quería reprenderlo de esta manera? El año pasado, según una revista japonesa, Cheng Fangwu fue seleccionado por agricultores y obreros chinos para ir a Alemania a hacer investigación sobre la ópera, y tampoco pudimos averiguar de ninguna manera si realmente hubo tal selección.

Por lo tanto, creo que si quieres estar más claro, debes recurrir a mi viejo dicho, a "leer más libros extranjeros" para romper este círculo rodeador. Esto no les cuesta mucho trabajo a ustedes. En cuanto a los libros sobre la literatura emergente en inglés o traducidos del inglés, si bien no son muchos, los varios que hay por el presente deben ser relativamente prácticos y confiables. Leen más teorías y obras de otros países, y luego van a ponderar la literatura y el arte nuevos de China, estarán mucho más claros de ello. Es mejor que introduzcan los libros a China. La traducción no es más fácil que la creación casual, pero es más benemérita para el desarrollo de la literatura nueva, y es también más beneficiosa para todos.

对于左翼作家联盟的意见[1][2]

——三月二日在左翼作家联盟成立大会讲

　　有许多事情，有人在先已经讲得很详细了，我不必再说。我以为在现在，"左翼"作家是很容易成为"右翼"作家的。为什么呢？第一，倘若不和实际的社会斗争接触，单关在玻璃窗内做文章，研究问题，那是无论怎样的激烈，"左"，都是容易办到的；然而一碰到实际，便即刻要撞碎了。关在房子里，最容易高谈彻底的主义，然而也最容易"右倾"。西洋的叫做"Salon的社会主义者"，便是指这而言。"Salon"是客厅的意思，坐在客厅里谈谈社会主义，高雅得很，漂亮得很，然而并不想到实行的。这种社会主义者，毫不足靠。并且在现在，不带点广义的社会主义的思想的作家或艺术家，就是说工农大众应该做奴隶，应该被虐杀，被剥削的这样的作家或艺术家，是差不多没有了，除非墨索里尼[3]，但墨索里尼并没有写过文艺作品。（当然，这样的作家，也还不能说完全没有，例如中国的新月派诸文学家，以及所说的墨索里尼所宠爱的邓南遮[4]便是。）

　　第二，倘不明白革命的实际情形，也容易变成"右翼"。革命是痛苦，其中也必然混有污秽和血，决不是如诗人所想像的那般有趣，那般完美；革命尤其是现实的事，需要各种卑贱的，麻烦的工作，决不如诗人所想像的那般浪漫；革命当然有破坏，然而更需要建设，破坏是痛快的，但建设却是麻烦的事。所以对于革命抱着浪漫谛克的幻想的人，一和革命接近，一到革命进行，便容易失望。听说俄国的诗人叶遂宁，当初也非常欢迎十月革命，当时他叫道："万岁，天上和地上的革命！"又说"我是一个布尔塞维克了！"[5]然而一到革命后，实际上的情形，完全不是他所想像的那么一回事，终于失望，颓废。叶遂宁后来是自杀了的,听说这失望是他的自杀的原因之一。又如毕力涅克和爱伦堡[6],也都是例子。在我们辛亥革命[7]时也有同样的例,那时有许多文人,例如属于"南社"[8]的人们,开初大抵是很革命的,但他们抱着一种幻想,以为只要将满洲人赶出去,便一切都恢复了"汉官威仪",人们都穿大袖的衣服,峨冠博带,大步地在街上走。谁知赶走满清皇帝以后,民国成立,情形却全不同,所以他们便失望,以后有些人甚至成为新的运动的反动者。但是,我们如果不明白革命的实际情形,也容易和他们一样的。

还有,以为诗人或文学家高于一切人,他底工作比一切工作都高贵,也是不正确的观念。举例说,从前海涅以为诗人最高贵,而上帝最公平,诗人在死后,便到上帝那里去,围着上帝坐着,上帝请他吃糖果。[9]在现在,上帝请吃糖果的事,是当然无人相信的了,但以为诗人或文学家,现在为劳动大众革命,将来革命成功,劳动阶级一定从丰报酬,特别优待,请他坐特等车,吃特等饭,或者劳动者捧着牛油面包来献他,说:"我们的诗人,请用吧!"这也是不正确的;因为实际上决不会有这种事,恐怕那时比现在还要苦,不但没有牛油面包,连黑面包都没有也说不定,俄国革命后一二年的情形便是例子。如果不明白这情形,也容易变成"右翼"。事实上,劳动者大众,只要不是梁实秋所说"有出息"者,也决不会特别看重知识阶级者的,如我所译的《溃灭》中的美谛克(知识阶级出身),反而常被矿工等所嘲笑。不待说,知识阶级有知识阶级的事要做,不应特别看轻,然而劳动阶级决无特别例外地优待诗人或文学家的义务。

现在,我说一说我们今后应注意的几点。

第一,对于旧社会和旧势力的斗争,必须坚决,持久不断,而且注重实力。旧社会的根柢原是非常坚固的,新运动非有更大的力不能动摇它什么。并且旧社会还有它使新势力妥协的好办法,但它自己是决不妥协的。在中国也有过许多新的运动了,却每次都是新的敌不过旧的,那原因大抵是在新的一面没有坚决的广大的目的,要求很小,容易满足。譬如白话文运动,当初旧社会是死力抵抗的,但不久便容许白话文底存在,给它一点可怜地位,在报纸的角头等地方可以看见用白话写的文章了，这是因为在旧社会看来，新的东西并没有什么，并不可怕，所以就让它存在，而新的一面也就满足，以为白话文已得到存在权了。又如一二年来的无产文学运动，也差不多一样，旧社会也容许无产文学，因为无产文学并不厉害，反而他们也来弄无产文学，拿去做装饰，仿佛在客厅里放着许多古董磁器以外，放一个工人用的粗碗，也很别致；而无产文学者呢，他已经在文坛上有个小地位，稿子已经卖得出去了，不必再斗争，批评家也唱着凯旋歌："无产文学胜利！"但除了个人的胜利，即以无产文学而论，究竟胜利了多少？况且无产文学，是无产阶级解放斗争底一翼，它跟着无产阶级的社会的势力的成长而成长，在无产阶级的社会地位很低的时候，无产文学的文坛地位反而很高，这只是证明无产文学者离开了无产阶级，回到旧社会去罢了。

第二，我以为战线应该扩大。在前年和去年，文学上的战争是有的，但那范围实在太小，一切旧文学旧思想都不为新派的人所注意，反而弄成了在一角里新文学者和新文学者的斗争，旧派的人倒能够闲舒地在旁边观战。

第三，我们应当造出大群的新的战士。因为现在人手实在太少了，譬如我们有好几种杂志[10]，单行本的书也出版得不少，但做文章的总同是这几个人，所以内容就不能不单薄。一个人做事不专，这样弄一点，那样弄一点，既要翻译，又要做小说，还要做批评，并且也要做诗，这怎么弄得好呢？这都因为人太少的缘故，如果人多了，则翻译的可以专翻译，创作的可以专创作，批评的专批评；对敌人应战，也军势雄厚，容易克服。关于这点，我可带便地说一件事。前年创造社和太阳社向我进攻的时候，那力量实在单薄，到后来连我都觉得有点无聊，没有意思反攻了，因为我后来看出了敌军在演"空城计"[11]。那时候我的敌军是专事于吹擂，不务于招兵练将的；攻击我的文章当然很多，然而一看就知道都是化名，骂来骂去都是同样的几句话。我那时就等待有一个能操马克斯主义批评的枪法的人来狙击我的，然而他终于没有出现。在我倒是一向就注意新的青年战士底养成的，曾经弄过好几个文学团体[12]，不过效果也很小。但我们今后却必须注意这点。

我们急于要造出大群的新的战士，但同时，在文学战线上的人还要"韧"。所谓韧,就是不要像前清做八股文[13]的"敲门砖"似的办法。前清的八股文,原是"进学"[14]做官的工具,只要能做"起承转合"[15],藉以进了"秀才举人",便可丢掉八股文,一生中再也用不到它了,所以叫做"敲门砖",犹之用一块砖敲门,门一敲进,砖就可抛弃了,不必再将它带在身边。这种办法,直到现在,也还有许多人在使用,我们常常看见有些人出了一二本诗集或小说集以后,他们便永远不见了,到那里去了呢?是因为出了一本或二本书,有了一点小名或大名,得到了教授或别的什么位置,功成名遂,不必再写诗写小说了,所以永远不见了。这样,所以在中国无论文学或科学都没有东西,然而在我们是要有东西的,因为这于我们有用。(卢那卡尔斯基是甚至主张保存俄国的农民美术[16],因为可以造出来卖给外国人,在经济上有帮助。我以为如果我们文学或科学上有东西拿得出去给别人,则甚至于脱离帝国主义的压迫的政治运动上也有帮助。)但要在文化上有成绩,则非韧不可。

最后,我以为联合战线是以有共同目的为必要条件的。我记得好象曾听到过这样一句话:"反动派且已经有联合战线了,而我们还没有团结起来!"其实他们也并未有有意的联合战线,只因为他们的目的相同,所以行动就一致,在我们看来就好象联合战线。而我们战线不能统一,就证明我们的目的不能一致,或者只为了小团体,或者还其实只为了个人,如果目的都在工农大众,那当然战线也就统一了。

注 释

[1] 本篇最初发表于1930年4月1日《萌芽月刊》第一卷第四期。

[2] 中国左翼作家联盟(简称"左联"):中国共产党领导下的革命文学团体。1930年3月在上海成立,鲁迅被视为旗帜作家,领导成员还有夏衍、冯雪峰、冯乃超、周扬等。左联的成立,标志着中

国革命文学发展的一个新阶段。左联批判各种错误文艺思想，提倡革命文学创作，探讨文艺大众化，培养了一批革命文艺工作者。它在国民党统治区内领导革命和进步作家，对国民党的"反革命文化围剿"进行了英勇顽强的斗争。但由于受到当时党内"左倾"路线的影响，左联的一些领导人有过教条主义和宗派主义的倾向，对此，鲁迅曾进行过原则性的批评。他在左联成立大会上的这场讲话对当时左翼文艺运动有重要意义。由于受国民党政府的白色恐怖的摧残压迫，以及内部宗派主义的影响，左联始终是一个比较狭小的团体。1935年底，为了适应抗日救亡运动的新形势，左联自行解散。

[3] 墨索里尼（B. Mussolini，1833—1945）：意大利的独裁者和法西斯党党魁，第二次世界大战的罪魁祸首之一。

[4] 邓南遮（G. D'Annunzio，1863—1938）：意大利唯美主义作家，著有长篇小说《死的胜利》等。晚年成为民族主义者，深受墨索里尼的宠爱，获得"亲王"称号；墨索里尼还曾悬赏征求他的传记（见1930年3月《萌芽月刊》第一卷第三期《国内外文坛消息》）。

[5] 叶遂宁：即谢尔盖·叶塞宁（Sergey Yesenin，1895—1925）是俄国著名诗人，也是俄国想象主义潮流的创始人之一。这里所引的诗句，分别见于他在1918年所作的《天上的鼓手》和《约旦河上的鸽子》。

[6] 毕力涅克（1894—1941）：鲍里斯·皮利尼亚克，苏联革命初期的所谓"同路人"作家之一。1929年，他在国外白俄报刊上发表长篇小说《红木》，诋毁苏联社会主义建设。爱伦堡，参看本书《现今的新文学的概观》注[9]。

[7] 辛亥革命：1911年孙中山领导的资产阶级民主革命。它推翻了清王朝，结束了中国两千多年的封建君主统治，建立了中华民国。但由于中国资产阶级的软弱性和妥协性，没有也不可能完成反帝、反封建的革命任务，革命果实很快就被代表大地主大买办阶级利益的袁世凯所窃夺。

[8]"南社":参看本书《现今的新文学的概观》注[7]。

[9]此处引用海涅作品中的意象,参看本书《现今的新文学的概观》注[10]。

[10]"几种杂志":指当时出版的《萌芽月刊》《拓荒者》《大众文艺》《文艺研究》等。

[11]"空城计":在三国时期,一次,蜀国只有2500官兵守卫西城县,突然报知司马懿领敌兵15万扑城而来。此时,蜀相诸葛亮令城门大开,自己携书童登上城楼弹琴。司马懿探闻琴声丝毫不乱,怀疑城内有重兵埋伏,遂退兵而去,西城县终安全无恙。是为"空城之计",史称传奇战例。

[12]"好几个文学团体":指莽原社、未名社、朝花社等。

[13]"八股文":是明清科举考试制度所规定的一种公式化文体,参看本书《革命时代的文学》注[4]。

[14]"进学":在明清科举制度中,为考取秀才,需经三等考试,即县试、府试、院试。县试为考试中的第一场。通过县试的考生有资格参加府试。府试在管辖本县的府进行。通过府试的考生有资格参加院试。院试由省学政主持。考取者被列名进入府学、县学堂学习,叫"进学",此时取得"生员",即"秀才"名分。

[15]"起承转合":指做八股文的一种公式,即所谓"起要平起,承要春(从)容,转要变化,合要渊永"。

[16]卢那卡尔斯基(Анатолий Васильевич Луначарский,1875—1933):苏联社会活动家、文学理论家和哲学家。他的美学和文学思想对早期苏联社会主义文学艺术起着重要的指导作用,对马克思主义美学的研究也有重大影响。关于卢那卡尔斯基保存俄罗斯农民绘画艺术的设想,见卢那卡尔斯基文集《艺术与批评》中的《苏维埃国家与艺术》一文,由鲁迅翻译。

Opiniones para la Liga de Escritores de Izquierda[1][2]

El 2 de marzo, en la reunión inaugural de
la Liga de Escritores de Izquierda

Muchos asuntos, de los que algunas personas ya han tratado con gran detalle, así que no tengo que hablar más. Lo que pienso es que ahora, un escritor "de izquierda" es muy fácil de convertirse en un escritor "de derecha". Y ¿por qué? Primero, si uno no se contacta con la lucha social práctica, y solo se encierra detrás de la ventana de vidrio para escribir artículos y estudiar problemas, sin importar cuán aguda que sea su opinión, será fácil de hacerse "izquierdista";

---

[1] Este artículo fue publicado originalmente en el volumen I, número 4 del *Brote Mensual*, 1 de abril de 1930.

[2] La Liga de Escritores de Izquierda de China ("Liga de Izquierda") fue un grupo literario revolucionario bajo el liderazgo del Partido Comunista de China, establecido en Shanghai en marzo de 1930. Sus principales líderes incluían a Xia Yan, Feng Xuefeng, Feng Naichao y Zhou Yang. Además, toda la sociedad respetaba a Lu Xun como el abanderado del movimiento de la literatura progresista. El establecimiento de la organización marca una nueva etapa en el desarrollo de la literatura revolucionaria china.

La Liga de Escritores de Izquierda criticó diversos equivocados pensamientos literarios y artísticos, abogó por la creación literaria revolucionaria, exploró la popularización de la literatura y el arte, y cultivó un grupo de trabajadores literarios y artísticos revolucionarios. Dirigió a los escritores progresistas y revolucionarios en el área gobernada por el Kuomintang para librar una lucha heroica y tenaz contra el "cerco y represión" cultural antirrevolucionario del KMT. Sin embargo, debido a la influencia de la línea "izquierdista" del partido comunista en ese momento, algunos líderes de la Liga tenían una tendencia al dogmatismo y al sectarismo, respecto de lo cual, Lu Xun había hecho una seria crítica de principios. Su discurso en la reunión inaugural de la Liga fue de gran importancia para el movimiento literario de izquierda. Oprimida por el terror blanco del gobierno de KMT y afectado por el sectarismo interno, la Liga de Escritores de Izquierda siempre fue un grupo relativamente pequeño en número. A finales de 1935, para adaptarse a la nueva situación del movimiento de salvación nacional antijaponés, la Liga se disolvió por sí sola.

sin embargo, una vez contactado con la práctica, será hecho pedazos de inmediato. Cuando metido en casa, es más fácil hablar de un ismo completo con elocuencia, pero también es más fácil de "inclinarse a la derecha". El llamado "Socialista de Salón" en el occidente se refiere precisamente a esto. Aquí el "Salón" significa la sala de estar, en que uno se sienta para hablar del socialismo, siendo esto muy elegante, y muy hermoso, pero no piensa en realizarlo. Este tipo de socialistas no son de confiar ni en lo mínimo. Además, por ahora, los escritores o artistas que no tengan una mente socialista en sentido amplio, o sea, los que digan que las masas obrero-campesinas deben ser esclavas, asesinadas y explotadas casi han desaparecido, excepto Mussolini[3], pero Mussolini no ha escrito obras literarias. (Por supuesto, no se puede decir que no existan tales escritores en absoluto, porque pertenecen a ellos, por ejemplo, los escritores chinos de la Escuela de Luna Creciente, así como el favorito de Mussolini, D'Annunzio[4]).

En segundo lugar, si uno no comprende la situación concreta de la revolución, también será fácil de convertirse en un "derechista". La revolución es dolorida, en la que están mezcladas necesariamente la suciedad y la sangre, que no es tan divertida y perfecta como imagina el poeta en ningún sentido; la revolución consiste, especialmente, en cosas muy prácticas, que requiere todo tipo de trabajos humildes y problemáticos, y no es tan romántica como ilusiona el poeta. Por supuesto, la revolución trae destrucción, pero necesita más hacer la construcción. La destrucción es simple y fácil, mientras que la

---

[3] Benito Mussolini (1833–1945): Dictador italiano y líder del Partido Fascista, uno de los culpables y criminales de la Segunda Guerra Mundial.
[4] Gabriele D'Annunzio (1863–1938): Novelista, poeta, dramaturgo, periodista, militar y político italiano, símbolo del decadentismo y héroe de la Gran Guerra. Ocupó una posición prominente en la literatura italiana desde 1889 hasta 1910 y más tarde en la vida política, entre 1914 y 1924, aproximadamente. Algunas de sus ideas y estética fueron influencia directa en el fascismo italiano y su estilo sirvió de inspiración tanto a Benito Mussolini como Adolf Hitler.

construcción es complicada y difícil. Por lo tanto, para las personas que abrigan fantasía romántica por la revolución, una vez que se acercan a la revolución, o se comienza a llevar a cabo la revolución, serán fáciles de volverse decepcionados. Según decían, el poeta ruso Yesenin en el principio también dio la cálida bienvenida a la Revolución de Octubre, y llamó en ese momento: "¡Viva la revolución en el cielo y en la tierra!" Y agregó: "¡Ya soy un bolchevique!"⑤ Pero después de la revolución, la situación real no fue la misma que había imaginado en absoluto, por eso eventualmente se sintió decepcionado y se volvió decadente. Más tarde Yesenin se suicidó, y escuché que esta decepción era una de las razones de su suicidio. Los casos de Pilniak y Ehrenburg⑥ también fueron los ejemplos. Durante la Revolución de 1911 de China⑦ también hubo ejemplos similares, como el caso de los literatos pertenecientes a la Sociedad del Sur⑧, quienes, al principio eran muy revolucionarios, pero abrazaban una ilusión, creyendo que una vez expulsados los manchúes, podrían restaurar todo al "señorial sistema de etiqueta imperial de la etnia Han", toda la gente llevaría ropa de manga larga, con sombrero alto y cinturón ancho, y caminaría en zancadas por la calle. Quién sabía que después de la expulsión del emperador manchú, se fundó la República y la situación fue

---

⑤ Serguéi Yesenin (1895–1925): Fue un destacado poeta ruso y uno de los fundadores de la corriente de Imaginismo ruso. Los versos citados aquí se encuentran respectivamente en sus obras *El tamborilero celestial* y *Palomas sobre el río de Jordania* de 1918.

⑥ Borís Pilniak (1894–1941): Uno de los llamados escritores del "compañero de ruta" en la revolución soviética temprana. En 1929, publicó la novela *El árbol rojo* en periódicos y revistas bielorrusas extranjeras, difamando la construcción socialista soviética. Sobre Ehrenburg, véase la Nota [9] de "Visión general de la nueva literatura de hoy" de este libro.

⑦ La Revolución de 1911: La revolución democrática burguesa dirigida por Sun Yat-sen. Derrocó a la dinastía Qing, puso fin a la monarquía feudal de China durante más de dos mil años y estableció la República de China. Sin embargo, debido a la debilidad y la tendencia al compromiso de la burguesía china, era imposible completar las tareas revolucionarias antiimperialistas y antifeudalistas. Los frutos de la revolución fueron rápidamente robados por Yuan Shikai, que representaba los intereses de los terratenientes feudalistas y lacayos de los extranjeros.

⑧ "Sociedad del Sur": Véase la Nota [7] de "Visión general de la nueva literatura de hoy" de este libro.

diferente de lo ideado en ningún sentido, por lo que ellos se quedaron decepcionados. Más tarde, incluso algunas personas se convirtieron en reaccionarios al nuevo movimiento. Pero si no estamos claros de las condiciones prácticas de la revolución, también seremos fácilmente como ellos.

Tampoco es idea correcta que un poeta o un escritor está por encima de los demás y su trabajo es más noble que cualquier otro, también es un concepto incorrecto. Por ejemplo, en el pasado, Heine[9] pensaba que el poeta era el más noble, y el Dios, el más justo, y después de la muerte, el poeta iría al Dios y se sentaría alrededor de Dios, quien le invitaría a comer dulces. Hoy en día, por supuesto, ya nadie cree lo de la invitación del Dios para comer dulces, pero también es incorrecta la idea siguiente: si un poeta o escritor ahora se dedica a la revolución por las masas trabajadoras, al salir exitosa la revolución en el futuro, la clase trabajadora le remunerará abundantemente, con un trato particularmente preferencial, invitándole a tomar el auto de categoría especial y disfrutar la comida extraordinaria, o trayéndole pan y mantequilla para servirle, diciendo: "¡Tómelo por favor, nuestro poeta!" Porque, de hecho, jamás habrá tal cosa. A lo mejor las condiciones futuras serán más duras de las presentes, no solo no habrá pan con mantequilla, probablemente ni siquiera haya pan negro, al respecto sirvió de ejemplo la situación en los primeros uno o dos años después de la Revolución Rusa. Si no comprende tales situaciones, también será fácil de convertirse en un "derechista". De hecho, las masas trabajadoras, con tal de no ser los "con buen prometedor" señalados por Liang Shiqiu, nunca prestarán especial estimación a la clase intelectual, tal como Medek (de origen de la clase intelectual) en *La derrota* que traduje, que en cambio, fue ridiculizado

---

[9] Véase la Nota [10] de "Visión general de la nueva literatura de hoy" de este libro.

a menudo por los mineros. Huelga decir que la clase intelectual tiene su trabajo específico que hacer y no debe ser particularmente subestimada, pero la clase trabajadora no tiene la obligación en modo alguno de tratar a los poetas o escritores con preferencia excepcional.

Ahora, voy a hablar de algunos puntos que merecen nuestra atención en el futuro.

Primero, la lucha contra la vieja sociedad y las viejas fuerzas debe ser determinada, sostenida y enfocada en la potencia efectiva. La raíz de la vieja sociedad es muy consolidada, así que el movimiento nuevo no puede sacudirla sin una mayor fuerza; además, la vieja sociedad tiene buena manera para que las fuerzas nuevas sean concesivas, pero nunca se ve comprometida por sí misma. Ha habido muchos movimientos nuevos en China, pero ellos nunca han podido vencer a los viejos en ningún caso, cuya razón generalmente está en que el lado nuevo no tiene un propósito amplio y grande, y con requisitos muy pequeños, es fácil de satisfacerse. Por ejemplo, el movimiento de la lengua vernácula, al que la vieja sociedad le resistió desesperadamente en el principio, pero no tardó mucho en permitir la existencia de la lengua vernácula y le concedió una pobre posición, dejando ver artículos en el lenguaje vernáculo en las esquinas y otras partes del periódico. Esto se debió a que la vieja sociedad vio que lo nuevo no era nada, ni siquiera temible, así que lo dejó subsistir, con lo cual el lado nuevo también se quedó satisfecho, creyendo que la lengua vernácula había ganado el derecho a existir. Otro ejemplo es el movimiento de la literatura proletaria en los últimos uno o dos años, de caso similar. La sociedad vieja también permite la literatura proletaria, porque ella no es feroz, e incluso los del régimen viejo, en cambio, juegan con ella usándola como decoración, como si resultara novedosa y única al igual que exhibir un tosco tazón que usan los trabajadores entre muchas antigüedades y objetos de porcelana en la sala de estar. En cuanto al escritor proletario, quien ha ocupado una pequeña posición en el mundo literario, su manuscrito ya ha podido venderse y no tiene más necesidad de luchar, y los críticos también cantan el himno de triunfo: "¡Victoria de la literatura proletaria!" Pero, aparte de la victoria personal, es decir, en términos de la literatura proletaria, ¿cuánto ha triunfado a fin de cuentas? Además, como la literatura proletaria es un ala de la lucha de liberación del proletariado, que crece con el aumento de las fuerzas sociales del proletariado, el hecho de que el estatus social del proletariado esté muy bajo mientras que la posición del círculo de la literatura proletaria se sitúe muy alta, solo constituye una evidencia de que los literatos proletarios han dejado el proletariado y regresado a la sociedad vieja.

Segundo, pienso que la línea del frente debería expandirse. En el año antepasado y el pasado, hubo una guerra literaria, pero el alcance fue demasiado pequeño. Toda la literatura vieja y las ideas viejas no fueron notadas por la gente de las facciones nuevas, sino que se configuró una lucha entre unos escritores nuevos y otros escritores nuevos en una esquina, mientras tanto, las personas de las facciones viejas pudieron quedarse a un lado observando la batalla ociosamente.

Tercero, debemos crear un gran número de nuevos combatientes, porque ahora contamos con demasiado poco personal. Por ejemplo, tenemos varias revistas[10], y los libros en separata también se han publicado bastante, pero los autores siempre son los mismos, así el contenido no puede evitar ser escaso y débil. Si una persona no se centra en hacer una cosa, sino que hace un poco de esto, un poco de eso, por un lado hace traducción, y por otro escribe novela y hace crítica, así como compone poesía, ¿cómo podría hacerlo todo bien?

---

[10] "Varias revistas": Se refieren a *Brote Mensual, Roturador, Literatura Popular, Investigación del Arte y Literatura*, etc.

Todo eso se debe a la demasiada escasez de personal. Si hay más gente, los traductores podrán dedicarse a la traducción, los escritores a la creación, y los críticos a la crítica; de modo que en la lucha contra el enemigo también tendremos una fuerte potencia militante y podremos vencerlo sin mayor dificultad. Sobre este punto, quisiera mencionar algo de paso. El año antepasado, cuando la Sociedad de Creación y la Sociedad del Sol emprendieron ataques contra mí, su fuerza era realmente escasa y débil, y más tarde, incluso yo mismo también me sentí un poco aburrido y perdí la gana de hacer contraataque, porque había notado que la tropa enemiga estaba ensayando la "estratagema de la ciudad vacía"[11]. En ese momento, el ejército enemigo mío, especializado en alardear, no se dedicaba a reclutar soldados ni entrenar mandos, y por tanto, los artículos que me atacaban, aun siendo muchos, se distinguían a primera vista que todos eran seudónimos y usaban unas mismas frases de regaño a regaño. Yo estaba esperando que surgiera alguien que pudiera operar con la puntería de la crítica marxista como un francotirador contra mí, pero al final no apareció nadie. En cambio siempre me he cuidado de la preparación de nuevos soldados jóvenes. He organizado varios grupos literarios[12], pero el efecto también es muy limitado. Sin embargo, en adelante debemos prestar atención a este punto.

Estamos ansiosos por cultivar un gran grupo de combatientes

---

[11] En el período de los Tres Reinos, una vez, solo 2500 oficiales y soldados del Reino Shu vigilaban el condado de Xicheng, cuando de repente informaron que Sima Yi condujo a una tropa de 150 000 soldados enemigos arrojándose hacia esta pequeña ciudad. En este momento, Zhuge Liang ordenó abrir todos los portales de la ciudad, y llevó a dos chicos de servicio de estudio a la plataforma del muro defensor delantero para tocar un instrumento musical de cuerdas. Como Sima Yi no captó ninguna agitación nerviosa en el sonido de las cuerdas, sospechó que hubiera grandes emboscadas dentro de la ciudad. Entonces, se retrocedió y se alejó. Así que el condado de Xicheng se quedó sano y salvo. Esto es lo que se denomina la "estratagema de la ciudad vacía", que ha sido una de las batallas más famosas en la historia.

[12] "Varios grupos literarios": Se refieren a la Sociedad de Planicie Herbazal, la Sociedad Sin Nombre y la Sociedad de Flores Matutinas.

nuevos, pero al mismo tiempo, los que luchan en el frente literario deben ser "persistentes". Lo llamado persistente significa no actuar de la igual manera del "ladrillo para tocar la puerta" del ensayo de "estilo estereotipado en ocho partes"⑬ de la pasada dinastía Qing. Este tipo de ensayo fue al principio una herramienta de "ingreso al estudio oficial"⑭ para lograr una posición oficial. Siempre y cuando uno pudiera manejar los cuatro pasos de "introducción, desarrollo, transición y resumen"⑮, con que ingresara a la categoría de "Letrado-talentoso o Erudito-recomendado", ya podría abandonar la escritura al "estilo estereotipado en ocho partes", y no volvería a usarla más en su vida futura, por lo cual, lo llamaban "el ladrillo para tocar la puerta", como si usaran un ladrillo golpeando la puerta, y una vez entrado, ya lo podrían abandonar y no tendrían la necesidad de llevarlo consigo. Pero este método, hasta ahora, lo están usando muchas personas todavía. A menudo vemos que algunas personas, después de lograr publicar una o dos colecciones de poemas o novelas, se pierden de la vista para siempre. ¿Adónde habrán ido? Con la publicación de uno o dos libros, han obtenido alguna fama pequeña o grande, con que han conseguido alguna posición de profesor u otro tipo de puesto. Así que, habiendo ganado tanto éxito como fama, no tendrán más necesidad

---

⑬ El ensayo de "estilo estereotipado en ocho partes": Es un estilo estipulado por el sistema de examen de las dinastías Ming y Qing. Véase la Nota [4] de "Literatura de la era revolucionaria" de este libro.

⑭ "Ingreso al estudio oficial": En el sistema de exámenes imperiales en las dinastías Ming y Qing, para obtener una calificación de Letrado-talentoso, uno tenía que pasar pruebas de tres niveles, el distrital, el regional y el provincial. La prueba distrital, o sea, del condado, era la primera en el examen. Los candidatos que pasaban la prueba distrital podían participar en la prueba regional, la cual se realizaba en la jurisdicción de la prefectura. Los candidatos que pasaban la prueba distrital eran elegibles para participar en la prueba que se realizaba en la jurisdicción de la prefectura. Los que pasaban la prueba de la prefectura eran elegibles para tomar la prueba provincial presidida por el gobierno provincial. Los aprobados se inscribían en la escuela oficial del gobierno de la prefectura o en la del distrito, lo cual se llamaba "Jinxue" (ingreso al estudio oficial). Y al llegar a este punto, se les concedía el título de "Shengyuan" (Estudiante Formal), es decir, "Xiucai" (Letrado-talentoso).

⑮ Un formato del artículo a estilo estereotipado que requiere manejar los cuatro eslabones del texto de tesis: introducción breve, desarrollo suave y natural, transición con cambios y resumen en lo profundo.

de escribir poesía o novelas, y por eso no aparecerán jamás. De esta manera, no hay nada de valor en la literatura o la ciencia en China, pero para nosotros es necesario contar con algunas cosas de valor, porque nos serán útiles. (Lunacharski incluso sostiene la preservación del arte de pintura campesino ruso[16], porque podría producirse y venderse a extranjeros, lo que ayudaría económicamente. Creo que si tenemos algo en literatura o ciencia para ofrecer a otros, servirá de alguna ayuda incluso al movimiento político de apartarnos de la opresión del imperialismo). Pero para obtener éxitos en la cultura, no podrá faltar la persistencia.

Finalmente, creo que tener un propósito común es la condición necesaria para formar un frente unido. Que yo recuerde, me parece haber escuchado una frase como esta: "¡Los reaccionarios ya han tenido un frente unido, y nosotros aún no estamos unidos!" De hecho, ellos no tienen un frente unido formado deliberadamente, pero solo debido a tener el mismo propósito, sus acciones se concuerdan, lo que a nuestra vista parece tener un frente unido. Y el hecho de no haber sido unificado nuestro frente demuestra que nuestros propósitos no han sido consistentes, o solo por el interés de pequeños grupos, o en realidad solo por el de individuos. Si el propósito de todos es para las masas obrero-campesinas, desde luego el frente estará unificado.

---

[16] Anatoli Lunacharski (1875–1933): Activista social soviético, teórico literario y filósofo. Su estética y sus pensamientos literarios tienen un papel rector importante en la literatura y el arte socialistas soviéticos tempranos, y también tienen una influencia importante en el estudio de la estética marxista. Sobre su visión de preservar el arte de pintura de los campesinos rusos, véase el ensayo de "El Estado soviético y el arte" en la colección de *Artes y crítica* de Lunacharski, traducida por Lu Xun.

中国无产阶级革命文学
和前驱的血[1]

　　中国的无产阶级革命文学在今天和明天之交发生,在诬蔑和压迫之中滋长,终于在最黑暗里,用我们的同志的鲜血写了第一篇文章。

　　我们的劳苦大众历来只被最剧烈的压迫和榨取,连识字教育的布施也得不到,惟有默默地身受着宰割和灭亡。繁难的象形字,又使他们不能有自修的机会。智识的青年们意识到自己的前驱的使命,便首先发出战叫。这战叫和劳苦大众自己的反叛的叫声一样地使统治者恐怖,走狗的文人即群起进攻,或者制造谣言,或者亲作侦探,然而都是暗做,都是匿名,不过证明了他们自己是黑暗的动物。

　　统治者也知道走狗的文人不能抵挡无产阶级革命文学,于是一面禁止书报,封闭书店,颁布恶出版法,通缉著作家,一面用最末的手段,将左翼作家逮捕,拘禁,秘密处以死刑,至今并未宣布。这一面固然在证明他们是在灭亡中的黑暗的动物,一面也在证实中国无产阶级革命文学阵营的力量,因为如传略[2]所罗列,我们的几个遇害的同志的年龄,勇气,尤其是平日的作品的成绩,已足使全队走狗不敢狂吠。

　　然而我们的这几个同志已被暗杀了,这自然是无产阶级革命文学的若干的损失,我们的很大的悲痛。但无产阶级革命文学却仍然滋长,因为这是属于革命的广大劳苦群众的,大众存在一日,壮大一日,无产阶级革命文学也就滋长一日。我们的同志的血,已经证明了无产阶级革命文学和革命的劳苦大众是在受一样的压迫,一样的残杀,作一样的战斗,有一样的运命,是革命的劳苦大众的文学。

　　现在,军阀的报告,已说虽是六十岁老妇,也为"邪说"所中,租界的巡捕,虽对于小学儿童,也时时加以检查;他们除从帝国主义得来的枪炮和几条走狗之外,已将一无所有了,所有的只是老老小小——青年不必说——的敌人。而他们的这些敌人,便都在我们的这一面。

我们现在以十分的哀悼和铭记,纪念我们的战死者,也就是要牢记中国无产阶级革命文学的历史的第一页,是同志的鲜血所记录,永远在显示敌人的卑劣的凶暴和启示我们的不断的斗争。

注 释

[1] 本篇最初发表于1931年4月25日《前哨》(纪念战死者专号),署名L.S.。

[2] "传略":指刊登在《前哨》(纪念战死者专号)上的左联五烈士的小传。他们是李伟森(1903—1931)、柔石(1902—1931)、胡也频(1905—1931,作品有小说《到莫斯科去》《光明在我们的前面》等。)、冯铿(1907—1931,原名岭梅,作品有小说《最后的出路》《红的日记》等。)和殷夫(1909—1931,即白莽,原名徐白,作品有新诗《孩儿塔》《伏尔加的黑浪》等,生前未结集出版。)。他们之中除李伟森外的四人都是左联成员。五人均为中国共产党党员。1931年1月17日,他们为反对王明等人召集的中共六届四中全会,在上海东方旅社参加集会被捕。同年2月7日,被国民党秘密杀害于上海龙华。

La literatura revolucionaria proletaria de China y la sangre de los predecesores[1]

La literatura revolucionaria del proletariado de China tiene lugar en el punto de turno de hoy a mañana, crece en medio de la calumnia y la opresión, y finalmente, en las horas más oscuras, se ha escrito el primer artículo con la sangre de nuestros camaradas.

Nuestras pobres masas trabajadoras siempre han estado sometidas a la opresión y la explotación más imperiosas, hasta no pueden recibir la mínima caridad como la alfabetización, sino solo están sufriendo en silencio el atropello y la extinción. Mientras tanto, los difíciles pictogramas les impiden tener oportunidades de autoaprendizaje. Los jóvenes intelectuales se dan cuenta de la misión de ser predecesor y lanzan los primeros gritos de batalla, los que, iguales como los gritos rebeldes de las pobres masas trabajadoras, aterrorizan a los gobernantes. Entonces, los literatos lacayos lanzan de inmediato ataques grupales, o difunden rumores, o se hacen detectives personalmente, pero todo lo hacen clandestinamente, y en anónimo, lo que nada más demuestra que son los animales más oscuros.

Los gobernantes también saben que los literatos lacayos no son capaces de resistir la literatura revolucionaria proletaria, y por

---

[1] Este artículo fue publicado originalmente el 25 de abril de 1933 en la revista *Puesto de Avanzada* (número especial conmemorativo de mártires en la batalla) bajo el seudónimo de L. S.

lo tanto, prohíben por un lado libros y periódicos, cierran y sellan librerías, promulgan malvadas leyes de publicación, y ordenan persecución a escritores, y por el otro, utilizan el peor medio para arrestar, encarcelar y ejecutar en secreto a escritores de izquierda, y hasta hoy aún no lo han dado a conocer. Esto, por una parte, demuestra desde luego que ellos son los animales más oscuros en curso de aniquilación, y por otra, también atestigua la potencia del campo de la literatura revolucionaria proletaria de China, porque, como se enumeran en las biografías[②], las edades, el coraje, y especialmente, los éxitos de los trabajos de los días corrientes de nuestros camaradas asesinados ya son suficientemente vigorosos para que todo el equipo de los lacayos no se atreva a ladrar frenéticamente.

Sin embargo, estos camaradas nuestros ya están asesinados, lo que sin duda alguna ha constituido cierta pérdida de la literatura revolucionaria proletaria, causándonos un gran dolor; pero, la literatura revolucionaria del proletariado continúa creciendo, porque esta pertenece a las amplias y pobres masas trabajadoras revolucionarias. Siempre que las amplias masas subsistan un día más y se incrementen un día más, la literatura revolucionaria proletaria crecerá un día más. La sangre de nuestros camaradas ha demostrado que la literatura revolucionaria proletaria, igual como las amplias y pobres masas trabajadoras revolucionarias, está sujeta a la misma opresión, sufriendo la misma masacre, combatiendo en la misma

---

② "Las biografías": Se refieren a las biografías de los cinco mártires de la Liga de Escritores de Izquierda publicadas en el *Puesto de Avanzada* (número especial conmemorativo de muertos en la batalla). Ellos son Li Weisen (1903–1931), Rou Shi (1902–1931), Hu Yepin (1905–1931), Feng Keng (1907–1931) e Yin Fu (1909–1931). Cuando ocurrió la masacre, todos ellos eran miembros del Partido Comunista de China y cuatro de ellos, excepto Li Weisen, eran miembros de la Liga de Escritores de Izquierda. El 17 de enero de 1933 fueron arrestados cuando iban al Hostel Oriental de Shanghai para asistir una reunión en oposición a la IV Sesión Plenaria del Sexto Comité Central del PCCh, esta última convocada por Wang Ming y otros. Un poco más tarde, el día 7 de febrero del mismo año, fueron asesinados secretamente en Longhua, Shanghai, por el Kuomintang.

batalla y compartiendo el mismo destino, ella es la literatura de las amplias y pobres masas trabajadoras revolucionarias.

Ahora, el reportaje de los caudillos militares ha dicho que incluso las mujeres viejas de 60 años también están endemoniadas por las "ideas heréticas", hasta las patrullas en la zona de concesión están inspeccionando incluso a los niños alumnos de primaria a cada momento. Exceptuando los fusiles, cañones y varios lacayos conseguidos del imperialismo, ellos ya no cuentan con nada, y los que se quedan son puros enemigos, los mayores y los niños, sin necesidad de mencionar a los jóvenes. Todos estos enemigos suyos están a nuestro lado.

Ahora estamos de pleno luto y recuerdo de nuestros muertos en la batalla. Esto es para que tengamos firmemente en mente que la primera página en la historia de la literatura revolucionaria proletaria china fue registrada por la sangre de los camaradas, lo que siempre muestra la despreciable ferocidad del enemigo para siempre y el motivo que nos inspira continuar luchando incesantemente.

黑暗中国的文艺界的现状[1]

——为美国《新群众》作

现在,在中国,无产阶级的革命的文艺运动,其实就是惟一的文艺运动。因为这乃是荒野中的萌芽,除此以外,中国已经毫无其他文艺。属于统治阶级的所谓"文艺家",早已腐烂到连所谓"为艺术的艺术"以至"颓废"的作品也不能生产,现在来抵制左翼文艺的,只有诬蔑,压迫,囚禁和杀戮;来和左翼作家对立的,也只有流氓,侦探,走狗,刽子手了。

这一点,已经由两年以来的事实,证明得十分明白。

前年,最初绍介蒲力汗诺夫(Plekhanov)和卢那卡尔斯基(Lunacharsky)的文艺理论进到中国的时候,先使一位白璧德先生(Mr. Prof. Irving Babbitt)的门徒,感觉锐敏的"学者"愤慨,他以为文艺原不是无产阶级的东西,无产者倘要创作或鉴赏文艺,先应该辛苦地积钱,爬上资产阶级去,而不应该大家浑身褴褛,到这花园中来吵嚷。并且造出谣言,说在中国主张无产阶级文学的人,是得了苏俄的卢布。[2]这方法也并非毫无效力,许多上海的新闻记者就时时捏造新闻,有时还登出卢布的数目。但明白的读者们并不相信它,因为比起这种纸上的新闻来,他们却更切实地在事实上看见只有从帝国主义国家运到杀戮无产者的枪炮。

统治阶级的官僚,感觉比学者慢一点,但去年也就日加迫压了。禁期刊,禁书籍,不但内容略有革命性的,而且连书面用红字的,作者是俄国的,绥拉菲摩维支(A. Serafimovitch),伊凡诺夫(V. Ivanov)和奥格涅夫(N. Ognev)不必说了,连契诃夫(A. Chekhov)和安特来夫(L. Andreev)[3]的有些小说也都在禁止之列。于是使书店只好出算学教科书和童话,如 Mr. Cat 和 Miss Rose[4]谈天,称赞春天如何可爱之类——因为至尔妙伦(H. Zur Muhlen)[5]所作的童话的译本也已被禁止,所以只好竭力称赞春天。但现在又有一位将军发怒,说动物居然也能说话而且称为 Mr.,有失人类的尊严了。[6]

单是禁止,还不是根本的办法,于是今年有五个左翼作家失了踪,经家族去探听,知道是在警备司令部,然而不能相见,半月以后,再去问时,却道已经"解放"——这是"死刑"的嘲弄的名称——了,而上海的一切中文和西文的报章上,绝无记载。接着是封闭曾出新书或代售新书的书店,多的时候,一天五家,——但现在又陆续开张了,我们不知道是怎么一回事,惟看书店的广告,知道是在竭力印些英汉对照,如斯蒂文生(Robert Stevenson),槐尔特(Oscar Wilde)[7]等人的文章。

然而统治阶级对于文艺,也并非没有积极的建设。一方面,他们将几个书店的原先的老板和店员赶开,暗暗换上肯听嗾使的自己的一伙。但这立刻失败了。因为里面满是走狗,这书店便像一座威严的衙门,而中国的衙门,是人民所最害怕最讨厌的东西,自然就没有人去。喜欢去跑跑的还是几只闲逛的走狗。这样子,又怎能使门市热闹呢?但是,还有一方面,是做些文章,印行杂志,以代被禁止的左翼的刊物,至今为止,已将十种。然而这也失败了。最有妨碍的是这些"文艺"的主持者,乃是一位上海市的政府委员和一位警备司令部的侦缉队长,[8]他们的善于"解放"的名誉,都比"创作"要大得多。他们倘做一部"杀戮法"或"侦探术",大约倒还有人要看的,但不幸竟在想画画,吟诗。这实在譬如美国的亨利·福特(Henry Ford)[9]先生不谈汽车,却来对大家唱歌一样,只令人觉得非常诧异。

官僚的书店没有人来,刊物没有人看,救济的方法,是去强迫早经有名,而并不分明左倾的作者来做文章,帮助他们的刊物的流布。那结果,是只有一两个胡涂的中计,多数却至今未曾动笔,有一个竟吓得躲到不知道什么地方去了。

现在他们里面的最宝贵的文艺家,是当左翼文艺运动开始,未受迫害,为革命的青年所拥护的时候,自称左翼,而现在爬到他们的刀下,转头来害左翼作家的几个人。[10]为什么被他们所宝贵的呢?因为他曾经是左翼,所以他们的有几种刊物,那面子还有一部分是通红的,但将其中的农工的图,换上了毕亚兹莱(Aubrey Beardsley)[11]的个个好像病人的图画了。

在这样的情形之下,那些读者们,凡是一向爱读旧式的强盗小说的和新式的肉欲小说的,倒并不觉得不便。然而较进步的青年,就觉得无书可读,他们不得已,只得看看空话很多,内容极少——这样的才不至于被禁止——的书,姑且安慰饥渴,因为他们知道,与其去买官办的催吐的毒剂,还不如喝喝空杯,至少,是不至于受害。但一大部分革命的青年,却无论如何,仍在非常热烈地要求,拥护,发展左翼文艺。

所以,除官办及其走狗办的刊物之外,别的书店的期刊,还是不能不设种种方法,加入几篇比较的急进的作品去,他们也知道专卖空杯,这生意决难久长。左翼文艺有革命的读者大众支持,"将来"正属于这一面。

这样子,左翼文艺仍在滋长。但自然是好像压于大石之下的萌芽一样,在曲折地滋长。

所可惜的,是左翼作家之中,还没有农工出身的作家。一者,因为农工历来只被迫压,榨取,没有略受教育的机会;二者,因为中国的象形——现在是早已变得连形也不像了——的方块字,使农工虽是读书十年,也还不能任意写出自己的意见。这事情很使拿刀的"文艺家"喜欢。他们以为受教育能到会写文章,至少一定是小资产阶级,小资产者应该抱住自己的小资产,现在却反而倾向无产者,那一定是"虚伪"。惟有反对无产阶级文艺的小资产阶级的作家倒是出于"真"心的。"真"比"伪"好,所以他们的对于左翼作家的诬蔑,压迫,囚禁和杀戮,便是更好的文艺。

但是,这用刀的"更好的文艺",却在事实上,证明了左翼作家们正和一样在被压迫被杀戮的无产者负着同一的运命,惟有左翼文艺现在在和无产者一同受难(Passion),将来当然也将和无产者一同起来。单单的杀人究竟不是文艺,他们也因此自己宣告了一无所有了。

注 释

[1] 本篇是作者应当时在中国的美国友人史沫特莱之约,为美国《新群众》杂志而作,时间约在1931年3、4月间,当时未在国内刊物上发表过。

[2] 这里所说"白璧德先生的门徒"和"学者",都指梁实秋。

[3] 绥拉菲摩维支(1863—1949),通译绥拉菲莫维奇,著有长篇小说《铁流》等。伊凡诺夫(1895—1963),著有中篇小说《铁甲列车14—69》等。奥格涅夫(1888—1938),著有《新俄学生日记》等。契诃夫(1860—1904),著有短篇小说数百篇及剧本《海鸥》《樱桃园》等。安特来夫(1871—1919),通译安德烈夫,著有中篇小说《红笑》等。

[4] "Mr. Cat 和 Miss Rose":猫先生和玫瑰小姐是《工人子女的童话》里的角色。

[5] 至尔妙伦(1883—1951):奥地利作家和翻译。她将英语、俄语和法语等70多种书籍翻译成德语,包括厄普顿·辛克莱等的著作。她是出身维也纳贵族天主教家庭的坚定社会主义者,有时她被称为红色女伯爵。她所作《小彼得》的第六篇《破雪草的故事》中,曾将剥削阶级和剥削制度比喻为冬天予以的诅咒。

[6] 指当时湖南军阀何键。他在1931年2月23日给国民党政府教育部的"咨文"中,主张禁止在教科书中把动物比拟为人类。

[7] 斯蒂文生(1850—1894),英国小说家,著有小说《金银岛》等。槐尔特(1854—1900),通译王尔德,英国唯美主义作家,著有剧本《莎乐美》等。

[8] "政府委员":指朱应鹏,他是国民党上海市区党部委员、上海市政府委员,《前锋月刊》主编。侦缉队长,指范争波,他是国民党上海市党部常务委员、淞沪警备司令部侦缉队长兼军法处长,《前锋周报》编辑之一。他们都是"民族主义文学运动"的发起人。

[9] 亨利·福特（1863—1947）：美国经营汽车制造业的垄断资本家，有"汽车大王"之称。
[10] 1931年4、5月间，左联常委会曾发布《开除周全平、叶灵凤、周毓英的通告》，揭露他们追随或参加"民族主义文学运动"和其他一些反动行为（见《文学导报》第一卷第二期）。作者这里说的几个转向的文艺家当指这些人。
[11] 毕亚兹莱（1872—1898）：英国画家，多用极富装饰性的黑白线条描绘社会生活，常把人画得瘦削。

La situación de los círculos literarios y artísticos en la oscura China[1]

Para la *New Masses* de EE. UU.

Ahora, el movimiento literario y artístico revolucionario del proletariado es en realidad el único movimiento literario en China, porque este es un retoño en el desierto, y aparte de él, ya no hay literatura o arte en China. Los llamados "artistas literarios" pertenecientes a la clase dominante se han podrido desde mucho antes, ni siquiera pueden producir las llamadas obras de "arte por el arte" hasta incluso "obras decadentes". Ahora las únicas para resistir la literatura de izquierda son calumnias, opresión, encarcelamiento y asesinato, y los únicos recursos con que enfrentan a los escritores de izquierda son matones, detectives, lacayos y verdugos.

Este punto ha sido probado plenamente claro por los hechos de los recientes dos años.

El año antepasado, la introducción inicial de las teorías literarias de Plekhanov y Lunacharski a China hizo primeramente indignar a un sensible "erudito", discípulo del Sr. Irving Babbitt, porque él cree que la literatura y el arte no son cosas del proletariado, y que si los proletarios quieren crear o apreciar literatura y arte, primero tienen que trabajar duro acumulando dinero para escalar a la burguesía,

---

[1] Este artículo fue escrito por la invitación de Smedley, amiga estadounidense del autor en China, para la revista *New Masses* de EE. UU. entre marzo y abril de 1931, pero no se publicó en China.

en lugar de venir todos vestidos en harapos entrando a este jardín a hacer ruido. Y creó rumores de que las personas que defendieran la literatura proletaria en China habían ganado rublos de la Rusia soviética.[2] Esta táctica no fue ineficaz en su mínimo sentido: muchos periodistas de Shanghai falsificaron noticias de momento a momento y a veces publicaron la cantidad de rublos. Pero los lectores juiciosos no lo creyeron, porque lo más real que las noticias en papel era ver prácticamente que los fusiles y cañones para matar a los proletarios estaban llegando desde los países imperialistas.

Los burócratas de la clase dominante tienen el sentido un poco más lento que los académicos, pero desde el año pasado también empezaron a ejercer la opresión. Prohibieron revistas periódicas y libros, no solo los que tenían algún contenido revolucionario, sino que hasta los con portadas rojas, o los de autores rusos, entre ellos sin necesidad de mencionar los de A. Serafimóvich, V. Ivánov y N. Ognev, e incluso algunas novelas de A. Chéjov y L. Andréiev también sufrieron la prohibición.[3] Entonces las librerías solo pudieron distribuir manuales matemáticos y cuentos de hadas, por ejemplo, sobre la conversación del Mr. Cat y Miss Rose[4] que alaban qué amable era la primavera —como había estado prohibida también la traducción del cuento de hadas de H. Zur Mühlen[5], solo podían alabar la primavera con todo el esfuerzo—. Sin embargo, otro general

---

[2] El "erudito" y "discípulo" de Irving Babbitt aquí se refieren a Liang Shiqiu.

[3] Aleksandr Serafimóvich (1863–1949), autor de las largas novelas como *El torrente de hierro*. Vsévolod Ivánov (1895–1963), autor de la novela *El tren blindado 14–19* y otras. Nikolai Ognev (1888–1938), autor del *Diario de Kostia Riabtsev*. Los tres son escritores rusos soviéticos.

Antón Chéjov (1860–1904), autor de obras como *La gaviota* y *El jardín de los cerezos*. Leonid Andréiev (1871–1919), autor de obras como *Risa roja*. Los dos son escritores y dramaturgos rusos.

[4] "Mr. Cat y Miss Rose": Son personajes animalitos en *Cuentos de hadas para niños de trabajadores*.

[5] Hermynia Zur Mühlen (1883–1951): Escritora y traductora austriaca. Tradujo más de setenta libros al alemán del inglés, ruso y francés, incluidas las obras de Upton Sinclair. Fue una socialista comprometida de una familia católica aristocrática vienesa, por lo que a veces se la llamaba La Condesa Roja. En "La historia de la hierba de nieve" de su libro *Pequeño Peter*, se compararon la clase y el sistema explotadores con el invierno por maldiciones.

militar montó en cólera, diciendo que era tan ridículo que incluso los animales también pudieran hablar y ser llamados con el título de Sr., lo que cometía una falta de la dignidad humana.⑥

La sola prohibición todavía no les sirvió de medida radical, así que en este año cinco escritores de izquierda desaparecieron. Los familiares fueron a averiguarlo, y se enteraron de que estaban en el Cuartel General de la Guardia, pero no les permitieron reunirse. Medio mes más tarde, cuando volvieron a preguntar por ellos, les contestaron que ya habían sido "liberados" —término burlador por "pena a muerte"— y no hubo ningún registro absolutamente en los periódicos chinos ni en idiomas extranjeros en Shanghai. Seguidamente, empezaron a sellar los libros nuevos o librerías que los vendían como agente. Cuando más, cinco librerías al día, pero ahora están reabriendo nuevamente, y no sabemos qué ha ocurrido. Solo por ver los anuncios de ellas aprendemos que están esforzándose por imprimir algunos textos paralelos de inglés y chino, tales como las obras de Robert Stevenson, Oscar Wilde⑦ y otros.

Sin embargo, la clase dominante no está exenta de construir la literatura y el arte con una actitud activa. Por un lado, expulsaron a los propietarios y empleados originales de varias librerías y colocaron allí en secreto una pandilla de sus propios hombres dispuestos a obedecer a ellos mismos. Pero esto falló inmediatamente. Debido a que estaban llenas de sus lacayos, las librerías se quedaron como los "yamen", o sea, rigurosas casas de autoridad feudal, y como el yamen en China siempre es la cosa más temida y abominable para el

---

⑥ Se refiere al caudillo militar de la provincial Hunan en ese momento. En la *Comunicación oficial* del Ministerio de Educación del gobierno de Kuomintang el 23 de febrero de 1931, abogó por prohibir la comparación de animales con seres humanos en los libros de texto.
⑦ Robert Stevenson (1850–1894), novelista británico, autor de la novela *La isla del tesoro* y otras. Oscar Wilde (1854–1900), escritor esteticista de origen irlandés y autor de la tragedia *Salomé*.

pueblo, por supuesto nadie quiere ir. Los que gustaban de visitarlas por allí ociosamente también eran sus varios perros lacayos, y de esta manera, ¿cómo podrían hacer el mercado animado? Sin embargo, también tenían otro aspecto, hicieron unos artículos y emitieron unas publicaciones para sustituir las prohibidas de la izquierda, y hasta ahora han lanzado cerca de diez especies. Pero esto también ha fracasado. Lo más obstructivo fue que los organizadores de estos trabajos de "literatura y arte" eran un concejal de la ciudad de Shanghai y el capitán detective del Cuartel General de la Guarnición,[8] cuya reputación en "liberar" a la gente era mucho más sonora que en la "creación". Si ellos escribieran algún libro de *Medios de asesinato* o *Artes detectivescos*, tal vez hubiera personas queriendo leerlo, pero desafortunadamente trataron de hacer pinturas y recitar poemas, y esto es realmente como si el Sr. Henry Ford[9] de los Estados Unidos no hablara de autos, sino cantara canciones ante todos, lo que asombraría a la gente extremadamente.

Las librerías de los burócratas nadie las quiere visitar, y las publicaciones nadie las quiere leer. El remedio de esto es obligar a los autores ya famosos pero no de la izquierda notablemente a escribir artículos para ayudar en la difusión de sus publicaciones. Resulta que solo uno o dos con cabeza confusa han caído en la trampa mientras que la mayoría de ellos todavía no han usado su pluma, e incluso uno se ha huido de miedo sin saber hacia donde se ha ido.

Ahora, los artistas literarios más atesorados por ellos son los

---

[8] El concejal de Shanghai se refiere a Zhu Yingpeng. Es miembro del Comité del Partido Kuomintang de Shanghai y del Gobierno Municipal de Shanghai y desempeñó como editor en jefe de la revista *Forward Monthly*. El otro hombre se refiere a Fan Zhengbo, miembro permanente del Comité del Partido Kuomintang de Shanghai, Capitán Detective del Cuartel General de la Guarnición de Shanghai y Director del Departamento de Justicia Militar, y fue uno de los editores del *Forward Weekly*. Ambos fueron los iniciadores del "Movimiento Literario Nacionalista".

[9] Henry Ford (1863–1947): Industrial estadounidense que operó la industria del automóvil. Es conocido como el "rey de los automóviles".

que, al comienzo del movimiento literario de izquierda, no fueron perseguidos y todavía soportados por la juventud revolucionaria, se reclamaron de izquierda, pero ahora se han arrastrado hasta debajo del cuchillo de ellos y han girado a perjudicar a los escritores de izquierda.⑩ ¿Por qué son atesorados por ellos? Porque habiendo sido de izquierda, tenían varias publicaciones, hasta algunas de sus portadas fueron de color rojo, pero ahora las imágenes de los campesinos y obreros han sido reemplazadas por los dibujos de Aubrey Beardsley⑪ en los que todas las personas se parecen enfermas.

Bajo tales circunstancias, aquellos lectores, que siempre estaban encantados de leer novelas de ladrones anticuadas y novelas sensuales de nuevo estilo, no sienten inconvenientes. Pero los jóvenes progresistas sienten que no tienen libros para leer. No les queda otro remedio que leer los libros de muchas palabras vacías y de contenido muy escaso —los tipos que no llegan al grado de ser prohibidos— para calmar temporalmente la sed de lectura, porque saben que en lugar de comprar un veneno patrocinado oficial que provoca el vómito, es mejor beber tazas vacías, con lo que, al menos, no estarán perjudicados. Sin embargo, una gran parte de la juventud revolucionaria, en todo caso, sigue demandando, abrazando y apoyando el desarrollo de la literatura de izquierda con entusiasmo.

Por eso, además de las publicaciones controladas por las

---

⑩ En abril y mayo de 1931, el Comité Permanente de la Liga de Escritores de Izquierda emitió el "Despido de Zhou Quanping, Ye Lingfeng, Zhou Yuying" para dar a conocer que ellos habían seguido o participado en el "Movimiento Literario Nacionalista" y otros actos reaccionarios (vea *Guía de literatura*, volumen I, número 2). Los varios artistas literarios mencionados aquí por el autor se refieren a ellos.

⑪ Aubrey Beardsley (1872–1898): Pintor británico. Usaba las líneas en blanco y negro con múltiples patrones para representar la vida social y las figuras en sus obras solían ser muy delgadas.

autoridades y sus perros lacayos, las revistas de otras librerías tienen que recurrir a diferentes métodos para meter una variedad de artículos relativamente progresistas, porque también saben que solo vender tazas vacías no podrán mantener el negocio a largo plazo. Como la literatura y el arte de izquierda cuentan con el apoyo de los amplios lectores revolucionarios, el "futuro" pertenecerá a este lado.

De esta manera, la literatura de izquierda sigue su crecimiento. Desde luego, está creciendo en giros y vueltas como si fuera el brote debajo de la gran piedra.

Es una lástima que, entre los escritores de izquierda, todavía no haya escritores de procedencia campesina y obrera. Primero, se debe a que ellos siempre se han obligado a la opresión y explotación, y así no tienen posibilidades de recibir ninguna educación; segundo, porque los pictogramas chinos —hoy se han vuelto desde hace mucho en caracteres cuadrados ni siquiera parecidos a ninguna imagen—, los campesinos y obreros, pese a estudiar diez años, aún no los serán capaces de escribir sus propias opiniones a voluntad. Este tipo de cosas les gusta mucho a los "artistas literarios" que tienen el cuchillo. Creen que una persona con la educación hasta ser capaz de escribir artículos debe llegar, por lo menos, a la pequeña burguesía, y un pequeño burgués siempre debe tener agarrados apretadamente sus propios pequeños activos. Si ahora, en cambio, se inclina al proletariado, deberá ser "hipócrita". Solo los escritores pequeñoburgueses que se oponen a la literatura y el arte proletarios, en su lugar, sí hablan desde su corazón "verdadero", y como lo "verdadero" es mejor que lo "hipócrita", su injuria, opresión, encarcelamiento y asesinato de los escritores de izquierda constituyen su mejor literatura y arte.

Pero esta "mejor literatura y arte" con el cuchillo, de hecho, demuestra que los escritores de izquierda llevan el mismo destino junto con los proletarios que están sufriendo la opresión y masacre, y como la literatura y el arte de izquierda ahora experimentan la misma pasión (Passion) con los proletarios, por supuesto en el futuro también se levantarán junto con ellos. Al fin y al cabo, el asesinato por sí solo no es literatura y arte, y esos tipos también por esto han declarado haberse quedado sin cosa alguna.

上海文艺之一瞥[1]

——八月十二日在社会科学研究会讲

上海过去的文艺，开始的是《申报》[2]。要讲《申报》，是必须追溯到六十年以前的，但这些事我不知道。我所能记得的，是三十年以前，那时的《申报》，还是用中国竹纸的，单面印，而在那里做文章的，则多是从别处跑来的"才子"。

那时的读书人，大概可以分他为两种，就是君子和才子。君子是只读四书五经，做八股，非常规矩的。而才子却此外还要看小说，例如《红楼梦》，还要做考试上用不着的古今体诗[3]之类。这是说，才子是公开的看《红楼梦》的，但君子是否在背地里也看《红楼梦》，则我无从知道。有了上海的租界，——那时叫作"洋场"，也叫"夷场"，后来有怕犯讳的，便往往写作"彝场"——有些才子们便跑到上海来，因为才子是旷达的，那里都去；君子则对于外国人的东西总有点厌恶，而且正在想求正路的功名，所以决不轻易的乱跑。孔子曰，"道不行，乘桴浮于海"，从才子们看来，就是有点才子气的，所以君子们的行径，在才子就谓之"迂"。

才子原是多愁多病，要闻鸡生气，见月伤心的。一到上海，又遇见了婊子。去嫖的时候，可以叫十个二十个的年青姑娘聚集在一处，样子很有些像《红楼梦》，于是他就觉得自己好像贾宝玉；自己是才子，那么婊子当然是佳人，于是才子佳人的书就产生了。内容多半是，惟才子能怜这些风尘沦落的佳人，惟佳人能识坎坷不遇的才子，受尽千辛万苦之后，终于成了佳偶，或者是都成了神仙。

他们又帮申报馆印行些明清的小品书出售，自己也立文社，出灯谜，有入选的，就用这些书做赠品，所以那流通很广远。也有大部书，如《儒林外史》[4]《三宝太监西洋记》[5]《快心编》[6]等。现在我们在旧书摊上，有时还看见第一页印有"上海申报馆仿聚珍板印"字样的小本子，那就都是的。

佳人才子的书盛行的好几年，后一辈的才子的心思就渐渐改变了。他们发见了佳人并非因为"爱才若渴"而做婊子的，佳人只为的是钱。然而佳人要才子的钱，是不应该的，才子于是想了种种制伏婊子的妙法，不但不上当，还占了她们的便宜，叙述这各种手段的小说就出现了，社会上也很风行，因为可以做嫖学教科书去读。这些书里面的主人公，不再是才子＋（加）呆子，而是在婊子那里得了胜利的英雄豪杰，是才子＋流氓。

在这之前，早已出现了一种画报，名目就叫《点石斋画报》[7]，是吴友如主笔的，神仙人物，内外新闻，无所不画，但对于外国事情，他很不明白，例如画战舰罢，是一只商船，而舱面上摆着野战炮；画决斗则两个穿礼服的军人在客厅里拔长刀相击，至于将花瓶也打落跌碎。然而他画"老鸨虐妓""流氓拆梢"之类，却实在画得很好的，我想，这是因为他看得太多了的缘故；就是在现在，我们在上海也常常看到和他所画一般的脸孔。这画报的势力，当时是很大的，流行各省，算是要知道"时务"——这名称在那时就如现在之所谓"新学"——的人们的耳目。前几年又翻印了，叫作《吴友如墨宝》，而影响到后来也实在利害，小说上的绣像[8]不必说了，就是在教科书的插画上，也常常看见所画的孩子大抵是歪戴帽，斜视眼，满脸横肉，一副流氓气。在现在，新的流氓画家又出了叶灵凤[9]先生，叶先生的画是从英国的毕亚兹莱（Aubrey Beardsley）剥来的，毕亚兹莱是"为艺术的艺术"派，他的画极受日本的"浮世绘"（Ukiyoe）[10]的影响。浮世绘虽是民间艺术，但所画的多是妓女和戏子，胖胖的身体，斜视的眼睛——Erotic（色情）眼睛。不过毕亚兹莱画的人物却瘦瘦的，那是因为他是颓废派（Decadence）的缘故。颓废派的人们多是瘦削的，颓丧的，对于壮健的女人他有点惭愧，所以不喜欢。我们的叶先生的新斜眼画，正和吴友如的老斜眼画合流，那自然应该流行好几年。但他也并不只画流氓的，有一个时期也画过普罗列塔利亚，不过所画的工人也还是斜视眼，伸着特别大的拳头。但我以为画普罗列塔利亚应该是写实的，照工人原来的面貌，并不须画得拳头比脑袋还要大。

现在的中国电影，还在很受着这"才子＋流氓"式的影响，里面的英雄，作为"好人"的英雄，也都是油头滑脑的，和一些住惯了上海，晓得怎样"拆梢""揩油""吊膀子"[11]的滑头少年一样。看了之后，令人觉得现在倘要做英雄，做好人，也必须是流氓。

才子＋流氓的小说，但也渐渐的衰退了。那原因，我想，一则因为总是这一套老调子——妓女要钱，嫖客用手段，原不会写不完的；二则因为所用的是苏白，如什么倪＝我，耐＝你，阿是＝是否之类，除了老上海和江浙的人们之外，谁也看不懂。

然而才子＋佳人的书，却又出了一本当时震动一时的小说，那就是从英文翻译过来的《迦茵小传》（H. R. Haggard：Joan Haste）[12]。但只有上半本，据译者说，原本从旧书摊上得来，非常之好，可惜觅不到下册，无可奈何了。果然，这很打动了才子佳人们的芳心，流行得很广很广。后来还至于打动了林琴南先生，将全部译出，仍旧名为《迦茵小传》。而同时受了先译者的大骂[13]，说他不该全译，使迦茵的价值降低，给读者以不快的。于是才知道先前之所以只有半部，实非原本残缺，乃是因为记着迦茵生了一个私生子，译者故意不译的。其实这样的一部并不很长的书，外国也不至于分印成两本。但是，即此一端，也很可以看出当时中国对于婚姻的见解了。

这时新的才子＋佳人小说便又流行起来，但佳人已是良家女子了，和才子相悦相恋，分拆不开，柳阴花下，像一对胡蝶，一双鸳鸯一样，但有时因为严亲，或者因为薄命，也竟至于偶见悲剧的结局，不再都成神仙了，——这实在不能不说是一个大进步。到了近来是在制造兼可擦脸的牙粉了的天虚我生先生所编的月刊杂志《眉语》[14]出现的时候，是这鸳鸯胡蝶式文学[15]的极盛时期。后来《眉语》虽遭禁止，势力却并不消退，直待《新青年》盛行起来，这才受了打击。这时有伊孛生的剧本的介绍[16]和胡适之先生的《终身大事》[17]的别一形式的出现，虽然并不是故意的，然而鸳鸯胡蝶派作为命根的那婚姻问题，却也因此而诺拉（Nora）似的跑掉了。

这后来，就有新才子派的创造社[18]的出现。创造社是尊贵天才的，为艺术而艺术的，专重自我的，崇创作，恶翻译，尤其憎恶重译的，与同时上海的文学研究会[19]相对立。那出马的第一个广告[20]上，说有人"垄断"着文坛，就是指着文学研究会。文学研究会却也正相反，是主张为人生的艺术的，是一面创作，一面也看重翻译的，是注意于绍介被压迫民族文学的，这些都是小国度，没有人懂得他们的文字，因此也几乎全都是重译的。并且因为曾经声援过《新青年》，新仇夹旧仇，所以文学研究会这时就受了三方面的攻击。一方面就是创造社，既然是天才的艺术，那么看那为人生的艺术的文学研究会自然就是多管闲事，不免有些"俗"气，而且还以为无能，所以倘被发见一处误译，有时竟至于特做一篇长长的专论[21]。一方面是留学过美国的绅士派，他们以为文艺是专给老爷太太们看的，所以主角除老爷太太之外，只配有文人，学士，艺术家，教授，小姐等等，要会说Yes，No，这才是绅士的庄严，那时吴宓[22]先生就曾经发表过文章，说是真不懂为什么有些人竟喜欢描写下流社会。第三方面，则就是以前说过的鸳鸯胡蝶派，我不知道他们用的是什么方法，到底使书店老板将编辑《小说月报》[23]的一个文学研究会会员撤换，还出了《小说世界》[24]，来流布他们的文章。这一种刊物，是到了去年才停刊的。

创造社的这一战，从表面看来，是胜利的。许多作品，既和当时的自命才子们的心情相合，加以出版者的帮助，势力雄厚起来了。势力一雄厚，就看见大商店如商务印书馆，也有创造社员的译著的出版，——这是说，郭沫若[25]和张资平两位先生的稿件。这以来，据我所记得，是创造社也不再审查商务印书馆出版物的误译之处，来作专论了。这些地方，我想，是也有些才子＋流氓式的。然而，"新上海"是究竟敌不过"老上海"的，创造社员在凯歌声中，终于觉到了自己就在做自己们的出版者的商品，种种努力，在老板看来，就等于眼镜铺大玻璃窗里纸人的眨眼，不过是"以广招徕"。待到希图独立出版的时候，老板就给吃了一场官司，虽然也终于独立，说是一切书籍，大加改订，另行印刷，从新开张了，然而旧老板却还是永远用了旧版子，只是印，卖，而且年年是什么纪念的大廉价。

商品固然是做不下去的,独立也活不下去。创造社的人们的去路,自然是在较有希望的"革命策源地"的广东。在广东,于是也有"革命文学"这名词的出现,然而并无什么作品,在上海,则并且还没有这名词。

到了前年,"革命文学"这名目这才旺盛起来了,主张的是从"革命策源地"回来的几个创造社元老和若干新份子。革命文学之所以旺盛起来,自然是因为由于社会的背景,一般群众,青年有了这样的要求。当从广东开始北伐的时候,一般积极的青年都跑到实际工作去了,那时还没有什么显著的革命文学运动,到了政治环境突然改变,革命遭了挫折,阶级的分化非常显明,国民党以"清党"之名,大戮共产党及革命群众,而死剩的青年们再入于被迫压的境遇,于是革命文学在上海这才有了强烈的活动。所以这革命文学的旺盛起来,在表面上和别国不同,并非由于革命的高扬,而是因为革命的挫折;虽然其中也有些是旧文人解下指挥刀来重理笔墨的旧业,有些是几个青年被从实际工作排出,只好借此谋生,但因为实在具有社会的基础,所以在新份子里,是很有极坚实正确的人存在的。但那时的革命文学运动,据我的意见,是未经好好的计划,很有些错误之处的。例如,第一,他们对于中国社会,未曾加以细密的分析,便将在苏维埃政权之下才能运用的方法,来机械的地运用了。再则他们,尤其是成仿吾先生,将革命使一般人理解为非常可怕的事,摆着一种极左倾的凶恶的面貌,好似革命一到,一切非革命者就都得死,令人对革命只抱着恐怖。其实革命是并非教人死而是教人活的。这种令人"知道点革命的厉害",只图自己说得畅快的态度,也还是中了才子+流氓的毒。

激烈得快的,也平和得快,甚至于也颓废得快。倘在文人,他总有一番辩护自己的变化的理由,引经据典。譬如说,要人帮忙时候用克鲁巴金的互助论,要和人争闹的时候就用达尔文的生存竞争说。无论古今,凡是没有一定的理论,或主张的变化并无线索可寻,而随时拿了各种各派的理论来作武器的人,都可以称之为流氓。例如上海的流氓,看见一男一女的乡下人在走路,他就说,"喂,你们这样子,有伤风化，你们犯了法了！"他用的是中国法。倘看见一个乡下人在路旁小便呢，他就说，"喂，这是不准的，你犯了法，该捉到捕房去！"这时所用的又是外国法。但结果是无所谓法不法，只要被他敲去了几个钱就都完事。

在中国，去年的革命文学者和前年很有点不同了。这固然由于境遇的改变，但有些"革命文学者"的本身里，还藏着容易犯到的病根。"革命"和"文学"，若断若续，好像两只靠近的船，一只是"革命"，一只是"文学"，而作者的每一只脚就站在每一只船上面。当环境较好的时候，作者就在革命这一只船上踏得重一点，分明是革命者，待到革命一被压迫，则在文学的船上踏得重一点，他变了不过是文学家了。所以前年的主张十分激烈，以为凡非革命文学，统得扫荡的人，去年却记得了列宁爱看冈却罗夫[26]（I. A. Gontcharov）的作品的故事，觉得非革命文学，意义倒也十分深长；还有最彻底的革命文学家叶灵凤先生，他描写革命家，彻底到每次上茅厕时候都用我的《呐喊》去揩屁股[27]，现在却竟会莫名其妙的跟在所谓民族主义文学家屁股后面了。

类似的例，还可以举出向培良[28]先生来。在革命渐渐高扬的时候，他是很革命的；他在先前，还曾经说，青年人不但嗥叫，还要露出狼牙来。这自然也不坏，但也应该小心，因为狼是狗的祖宗，一到被人驯服的时候，是就要变而为狗的。向培良先生现在在提倡人类的艺术了，他反对有阶级的艺术的存在，而在人类中分出好人和坏人来，这艺术是"好坏斗争"的武器。狗也是将人分为两种的，豢养它的主人之类是好人，别的穷人和乞丐在它的眼里就是坏人，不是叫，便是咬。然而这也还不算坏，因为究竟还有一点野性，如果再一变而为吧儿狗，好像不管闲事，而其实在给主子尽职，那就正如现在的自称不问俗事的为艺术而艺术的名人们一样，只好去点缀大学教室了。

这样的翻着筋斗的小资产阶级，即使是在做革命文学家，写着革命文学的时候，也最容易将革命写歪；写歪了，反于革命有害，所以他们的转变，是毫不足惜的。当革命文学的运动勃兴时，许多小资产阶级的文学家忽然变过来了，那时用来解释这现象的，是突变之说。但我们知道，所谓突变者，是说A要变B，几个条件已经完备，而独缺其一的时候，这一个条件一出现，于是就变成了 B。譬如水的结冰，温度须到零点，同时又须有空气的振动，倘没有这，则即便到了零点，也还是不结冰，这时空气一振动，这才突变而为冰了。所以外面虽然好像突变，其实是并非突然的事。倘没有应具的条件的，那就是即使自说已变，实际上却并没有变，所以有些忽然一天晚上自称突变过来的小资产阶级革命文学家，不久就又突变回去了。

去年左翼作家联盟在上海的成立，是一件重要的事实。因为这时已经输入了蒲力汗诺夫，卢那卡尔斯基等的理论，给大家能够互相切磋，更加坚实而有力，但也正因为更加坚实而有力了，就受到世界上古今所少有的压迫和摧残，因为有了这样的压迫和摧残，就使那时以为左翼文学将大出风头，作家就要吃劳动者供献上来的黄油面包了的所谓革命文学家立刻现出原形，有的写悔过书，有的是反转来攻击左联，以显出他今年的见识又进了一步。这虽然并非左联直接的自动，然而也是一种扫荡，这些作者，是无论变与不变，总写不出好的作品来的。

但现存的左翼作家，能写出好的无产阶级文学来么？我想，也很难。这是因为现在的左翼作家还都是读书人——智识阶级，他们要写出革命的实际来，是很不容易的缘故。日本的厨川白村（H. Kuriyakawa）曾经提出过一个问题，说：作家之所以描写，必得是自己经验过的么？他自答道，不必，因为他能够体察。[29]所以要写偷，他不必亲自去做贼，要写通奸，他不必亲自去私通。但我以为这是因为作家生长在旧社会里，熟悉了旧社会的情形，看惯了旧社会的人物的缘故，所以他能够体察；对于和他向来没有关系的无产阶级的情形和人物，他就会无能，或者弄成错误的描写了。所以革命文学家，至少是必须和革命共同着生命，或深切地感受着革命的脉搏的。（最近左联的提出了"作家的无产阶级化"的口号，就是对于这一点的很正确的理解。）

在现在中国这样的社会中，最容易希望出现的，是反叛的小资产阶级的反抗的，或暴露的作品。因为他生长在这正在灭亡着的阶级中，所以他有甚深的了解，甚大的憎恶，而向这刺下去的刀也最为致命与有力。固然，有些貌似革命的作品，也并非要将本阶级或资产阶级推翻，倒在憎恨或失望于他们的不能改良，不能较长久的保持地位，所以从无产阶级的见地看来，不过是"兄弟阋于墙"，两方一样是敌对。但是，那结果，却也能在革命的潮流中，成为一粒泡沫的。对于这些的作品，我以为实在无须称之为无产阶级文学，作者也无须为了将来的名誉起见，自称为无产阶级的作家的。

但是，虽是仅仅攻击旧社会的作品，倘若知不清缺点，看不透病根，也就于革命有害，但可惜的是现在的作家，连革命的作家和批评家，也往往不能，或不敢正视现社会，知道它的底细，尤其是认为敌人的底细。随手举一个例罢，先前的《列宁青年》[30]上，有一篇评论中国文学界的文章，将这分为三派，首先是创造社，作为无产阶级文学派，讲得很长，其次是语丝社，作为小资产阶级文学派，可就说得短了，第三是新月社，作为资产阶级文学派，却说得更短，到不了一页。这就在表明：这位青年批评家对于愈认为敌人的，就愈是无话可说，也就是愈没有细看。自然，我们看书，倘看反对的东西，总不如看同派的东西的舒服，爽快，有益；但倘是一个战斗者，我以为，在了解革命和敌人上，倒是必须更多的去解剖当面的敌人的。要写文学作品也一样，不但应该知道革命的实际，也必须深知敌人的情形，现在的各方面的状况，再去断定革命的前途。惟有明白旧的，看到新的，了解过去，推断将来，我们的文学的发展才有希望。我想，这是在现在环境下的作家，只要努力，还可以做得到的。

在现在，如先前所说，文艺是在受着少有的压迫与摧残，广泛地现出了饥馑状态。文艺不但是革命的，连那略带些不平色彩的，不但是指摘现状的，连那些攻击旧来积弊的，也往往就受迫害。这情形，即在说明至今为止的统治阶级的革命，不过是争夺一把旧椅子。去推的时候，好像这椅子很可恨，一夺到手，就又觉得是宝贝了，而同时也自觉了自己正和这"旧的"一气。二十多年前，都说朱元璋（明太祖）[31]是民族的革命者，其实是并不然的，他做了皇帝以后，称蒙古朝为"大元"，杀汉人比蒙古人还利害。奴才做了主人，是决不肯废去"老爷"的称呼的，他的摆架子，恐怕比他的主人还十足，还可笑。这正如上海的工人赚了几文钱，开起小小的工厂来，对付工人反而凶到绝顶一样。

在一部旧的笔记小说——我忘了它的书名了——上，曾经载有一个故事，说明朝有一个武官叫说书人讲故事，他便对他讲檀道济——晋朝的一个将军，讲完之后，那武官就吩咐打说书人一顿，人问他什么缘故，他说道："他既然对我讲檀道济，那么，对檀道济是一定去讲我的了。"[32] 现在的统治者也神经衰弱到像这武官一样，什么他都怕，因而在出版界上也布置了比先前更进步的流氓，令人看不出流氓的形式而却用着更厉害的流氓手段：用广告，用诬陷，用恐吓；甚至于有几个文学者还拜了流氓做老子[33]，以图得到安稳和利益。因此革命的文学者，就不但应该留心迎面的敌人，还必须防备自己一面的三翻四复的暗探了，较之简单地用着文艺的斗争，就非常费力，而因此也就影响到文艺上面来。

现在上海虽然还出版着一大堆的所谓文艺杂志，其实却等于空虚。以营业为目的的书店所出的东西，因为怕遭殃，就竭力选些不关痛痒的文章，如说"命固不可以不革，而亦不可以太革"之类，那特色是在令人从头看到末尾，终于等于不看。至于官办的，或对官场去凑趣的杂志呢，作者又都是乌合之众，共同的目的只在捞几文稿费，什么"英国维多利亚朝的文学"呀；"论刘易士得到诺贝尔奖金"呀，连自己也并不相信所发的议论，连自己也并不看重所做的文章。所以，我说，现在上海所出的文艺杂志都等于空虚，革命者的文艺固然被压迫了，而压迫者所办的文艺杂志上也没有什么文艺可见。然而，压迫者当真没有文艺么？有是有的，不过并非这些，而是通电，告示，新闻，民族主义的"文学"[34]，法官的判词等。例如前几天，《申报》上就记着一个女人控诉她的丈夫强迫鸡奸并殴打得皮肤上成了青伤的事，而法官的判词却道，法律上并无禁止丈夫鸡奸妻子的明文，而皮肤打得发青，也并不算毁损了生理的机能，所以那控诉就不能成立。现在是那男人反在控诉他的女人的"诬告"了。法律我不知道，至于生理学，却学过一点，皮肤被打得发青，肺，肝，或肠胃的生理的机能固然不至于毁损，然而发青之处的皮肤的生理的机能却是毁损了的。这在中国的现在，虽然常常遇见，不算什么稀奇事，但我以为这就已经能够很明白的知道社会上的一部分现象，胜于一篇平凡的小说或长诗了。

除以上所说之外，那所谓民族主义文学，和闹得已经很久了的武侠小说之类，是也还应该详细解剖的。但现在时间已经不够，只得待将来有机会再讲了。今天就这样为止罢。

注 释

[1] 本篇最初发表于1931年7月27日和8月3日上海《文艺新闻》第二十期和二十一期，本书中所收入的为作者略加修改后的版本。据《鲁迅日记》，讲演日期应是1931年7月20日，副标题所记8月12日有误。

[2] 《申报》：原名《申江新报》，1872年4月30日在上海创刊，1949年5月27日停刊，是中国现代报纸开端的标志。它前后总计经营了77年，历经晚清、北洋政府、国民政府三个时代，共出版27 000余期，被人称为研究中国近现代史的"百科全书"。该报最初的内容，除国内外新闻记事外，还刊载一些竹枝词、俗语、灯谜、诗文唱和等，这类作品的撰稿者多为当时所谓"才子"之类。

[3] "古今体诗"：指的是古体诗和今体诗。那些格律严格的律诗、绝句、排律等，形成于唐代，唐代人称之为今体诗（或近体诗）；而对产生较早，格律较自由的古诗、古风，则称为古体诗。后人也沿用这一称呼。

[4] 《儒林外史》：长篇小说，清代吴敬梓著，共五十五回。书中对科举制度和封建礼教作了讽刺和批判。

[5] 《三宝太监西洋记》：即《三宝太监西洋记通俗演义》，明代罗懋登著，共二十卷，一百回。

[6] 《快心编》：清末较流行的通俗小说之一，署名天花才子编辑，四桔居士评点，共三集，三十二回。

[7] 《点石斋画报》：附属于《申报》发行的一种石印画报，1884年创刊，1898年停刊。后来该刊所发表的作品汇辑出版，分订成册，

题为《吴友如墨宝》。吴友如（？—约1893），江苏元和县人，清末画家。

[8]"绣像"：指明、清以来通俗小说卷头的书中人物的白描画像。

[9]叶灵凤（1905—1975）：毕业于上海美专。1925年加入创造社。1926年至1927年初，他在上海办《幻洲》半月刊，鼓吹"新流氓主义"。后被"左联"开除。

[10]"浮世绘"：日本德川幕府时代（1603—1867）的一种民间版画，题材多取自下层市民社会的生活。十八世纪末期逐渐衰落。

[11]"拆梢"，即敲诈；"揩油"，指对妇女的猥亵行为；"吊膀子"，即勾引妇女。这些都是吴语方言。

[12]《迦茵小传》：英国哈葛德所作长篇小说。该书最初有署名蟠溪子的译文，仅为原著的下半部，1903年上海文明书局出版，当时流行很广。后由林琴南根据魏易口述，译出全文，1905年商务印书馆出版。

[13]"先译者的大骂"：当指寅半生所作《读迦因小传两译本书后》一文（载1906年杭州出版的《游戏世界》第十一期）。

[14]"天虚我生"：即陈蝶仙，鸳鸯蝴蝶派作家。九一八事变后，在全国人民抵制日货声中，他经营的家庭工业社制造了取代日本"金钢石"牙粉的"无敌牌"牙粉，因盛销各地而致富。按天虚我生曾于1920年编辑《申报·自由谈》，不是《眉语》主编。《眉语》，鸳鸯蝴蝶派的月刊，高剑华主编，1914年10月创刊，1916年出至第十八期停刊。

[15]"鸳鸯胡蝶式文学"：指鸳鸯蝴蝶派作品，多用文言文描写迎合小市民趣味的才子佳人故事。鸳鸯蝴蝶派兴起于清末民初，先后办过《小说时报》《民权素》《小说丛报》《礼拜六》等刊物；因《礼拜六》影响较大，故又称礼拜六派。代表作家有包天笑、陈蝶仙、徐枕亚、周瘦鹃、张恨水等。

[16]伊孛生：即易卜生（H. Ibsen, 1828—1906）。他的剧本《玩偶之家》，写娜拉（诺拉）不甘做丈夫的玩偶而离家出走的故事，"五四"时期译成中文并上演，产生较大影响。其他主要剧作也

曾在当时译成中文,《新青年》1918年6月第四卷第六号并出版了介绍他生平、思想及作品的专号。

[17]《终身大事》：胡适之以婚姻问题为题材的剧本，发表于《新青年》1919年3月第六卷第三号。

[18] 创造社：于1921年成立于日本东京，成员大多是留学日本的青年，如郭沫若、郁达夫、成仿吾等。创造社创办《创造月刊》等刊物。起初，创造社成员间没有划一的主义和思想，只是主张表达作者内心的要求主要倾向是浪漫主义，主张为艺术而艺术，追求"艺术至上"。创造社后期转向马克思主义，抛弃浪漫主义，提倡无产阶级革命文学，接受社会主义的写实主义。创造社主要成员都和中国共产党关系密切，接受其革命理论，宣扬革命和阶级斗争。创造社在其历史上有一段时间对鲁迅持错误的态度。

[19] 文学研究会：著名的文学团体，1921年1月成立于北京，由沈雁冰、郑振铎、叶绍钧等人发起，主张"为人生的艺术"，提倡为改造社会服务的现实主义新文学，反对把文学当作游戏或消遣，同时努力介绍俄国和东欧、北欧及其他"弱小民族"的文学作品。该会当时的活动对中国新文学运动起了很大的推动作用。编有《小说月报》《文学旬刊》《文学周报》《文学研究会丛书》等多种出版物。鲁迅是这个文学团体的支持者。

[20] "出马的第一个广告"：指《创造季刊》的出版广告，载于1921年9月29日《时事新报》，其中有"自文化运动发生后，我国新文艺为一、二偶像所垄断"等言论。

[21] 这里说的批评误译的专论，指成仿吾1923年5月在《创造季刊》第二卷第一期发表的《"雅典主义"》的文章。它对佩韦（王统照）的《今年纪念的几个文学家》（载1922年12月《小说月报》）一文中将无神论（Atheism）误译为"雅典主义"加以批评。

[22] 吴宓（1894—1978）：字雨僧，陕西泾阳人。曾留学美国，后任东南大学教授。1921年他同梅光迪、胡先骕等人创办《学衡》杂志，提倡复古主义，是反对新文化运动的代表人物之一。

[23]《小说月报》：1910年创刊于上海，商务印书馆出版，早期由王蕴

章、恽铁樵先后主编,是礼拜六派的主要刊物之一。1921年1月第十二卷第一期起,由沈雁冰主编,内容大加改革,因此遭到礼拜六派的攻击。1923年1月第十四卷起改由郑振铎主编。1931年12月出至第二十二卷第十二期后停刊。

[24]《小说世界》:鸳鸯蝴蝶派为对抗革新后的《小说月报》创办的周刊,叶劲风主编。1923年1月创刊于上海,商务印书馆出版。1929年12月停刊。

[25] 郭沫若(1892—1978):文学家、历史学家和社会活动家。参见此译本中《通信》注释[7]。

[26] 冈却罗夫(Ivan Alexandrovich Goncharov,1812—1891):通译冈察洛夫,俄国作家,著有长篇小说《奥勃洛摩夫》等。列宁在《论苏维埃共和国的国内外形势》等文中曾多次提到奥勃洛摩夫这个艺术形象。

[27] 指叶灵凤的小说《穷愁的自传》,载1929年11月《现代小说》第三卷第二期。

[28] 向培良(1905—1961):湖南人,狂飙社主要成员之一,后来投靠国民党。他在《狂飙》第五期(1926年11月)《论孤独者》一文中曾说:"(青年们)愤怒而且嗥叫,像一个被追逐的狼,回过头来,露出牙⋯⋯" 1929年他在上海主编《青春月刊》,反对革命文学运动。

[29] 厨川白村的这些话,见他所作《苦闷的象征》第三部分中的《短篇〈项链〉》一节。

[30]《列宁青年》:中国共产主义青年团的机关刊物。1923年10月在上海创刊,1932年停刊。

[31] 朱元璋(1328—1398):安徽凤阳人,元末农民起义军领袖之一,胜利后成为明朝第一个皇帝。辛亥革命前夕,同盟会机关报《民报》上曾登过他的画像,称他为"中国大民族革命伟人"和"中国革命之英雄"。

[32] 这里所说的檀道济事,应当为汉朝韩信的故事。(作者已声明记不清。)参见宋代江少虞著《事实类苑》:"党进不识文字,⋯⋯过

市，见缚栏为戏者，驻马问汝所诵何言。优者曰：'说韩信。'进大怒曰：'汝对我说韩信，见韩信即当说我；此三面两头之人。'即令杖之。"

[33] 上海所谓的"作家"与上海黑帮分子合谋，以他们为主人和教父崇拜。

[34] "文学"：当时由国民党当局策划的反动文学。参看本书《"民族主义文学"的任务和运命》及其注[2]。

Un vistazo a la literatura y el arte en Shanghai[1]

Conferencia en la Asociación de Investigación de Ciencias Sociales el 12 de agosto

La literatura y el arte en el pasado de Shanghai comenzaron con el periódico *Shen Bao*[2]. Y para hablar de él, hay que rastrearse hasta sesenta años antes, pero no sé sobre aquellas cosas. Lo que puedo recordar es de 30 años atrás, cuando el *Shen Bao* todavía usaba el papel de bambú chino, que se imprimía en una sola cara, y los que publicaban artículos en él eran en su mayoría "jóvenes talentosos" provenientes de otros lugares.

En ese tiempo, los que recibieron educación probablemente podían dividirse en dos tipos, eruditos caballeros y jóvenes talentosos. Los caballeros, siendo muy formalotes, siempre se dedicaban a la lectura de los Cuatro Libros y los Cinco Clásicos, y escribían artículos

---

[1] Este artículo se publicó originalmente el 27 de julio y el 3 de agosto de 1931 en los números 20 y 21 de *Shanghai Literary and Art News*. La versión presentada en este libro incluye las modificaciones posteriores del autor. Según el *Diario de Lu Xun*, la fecha de la conferencia debería ser el 20 de julio de 1931, así que el 12 de agosto subtitulado es incorrecto.

[2] *Shen Bao*: También llamado *Shun Pao*, su nombre original fue *Nuevo Periódico del Río Shen*. Se fundó en Shanghai el 30 de abril de 1872 y dejó de publicarse el 27 de mayo de 1949. Fue un hito que marcaba el comienzo de los periódicos chinos modernos. Se distribuyó durante un total de 77 años durante las tres eras abarcando la dinastía Qing, el gobierno de caudillos militares del norte y el gobierno de la República de China. Se publicaron en total más de 27 000 números y se conoce como la "enciclopedia" para el estudio de la historia moderna de China. El contenido del periódico en el periodo inicial, además de las noticias nacionales y extranjeras, incluía canciones de amor popular, refranes, adivinanzas de linterna, poemas y cantos, etc. La mayoría de los autores de estos trabajos eran los llamados "ingenios" en ese momento.

al estilo estereotipado en ocho partes, mientras que los talentosos, fuera de eso, tendían a leer novelas, como *Sueño en el Pabellón Rojo*, y también componían poesía antigua y poesía al estilo de la dinastía Tang③, que no eran ítems para el examen. Esto quiere decir que los jóvenes talentosos estaban leyendo *Sueño en el Pabellón Rojo* abiertamente, pero si los caballeros la leían también o no detrás de escena, no tengo forma de saberlo. Después de la aparición de las concesiones en Shanghai —en ese momento se llamaba "Yangchang" o "Yichang" (significan respectivamente "campo de foráneos" o "campo de bárbaros"); más tarde, por temor de infringir algún tabú, se escribía a menudo con otro carácter homófono—, algunos jóvenes talentosos comenzaron a acudir a Shanghai porque ellos eran de mentalidad abierta y de comunicación fácil, dispuestos a ir a cualquier parte; mientras que los eruditos caballeros siempre estaban un poco disgustados con las cosas de los extranjeros, y dispuestos a obtener el honor académico y el rango oficial por el camino correcto, así que nunca se dejaban ligeramente corretear por fuera. Confucio decía: "Si mi predicación no funciona, tomaré una pequeña balsa para flotar hacia el mar", lo que implicaba cierto espíritu talentoso desde el punto de vista de los jóvenes talentosos, por eso, pensaban que el comportamiento de los eruditos caballeros era un poco "obstinado".

Los jóvenes talentosos siempre eran sentimentales y enfermizos. Solían enfadarse al escuchar el canto del gallo y entristecerse al contemplar la luna. Tan pronto como llegaron a Shanghai, se encontraron con las putas. Cuando comenzaba la puteada, solían llamar a diez o veinte chicas jovencitas en un sitio, circunstancia muy

---

③ "Poesía antigua y poesía al estilo de la dinastía Tang": La poesía al estilo de la dinastía Tang se refiere a los poemas estrictamente rítmicos de ocho líneas, que se formaron durante la dinastía Tang, según los poetas de esa época; mientras que llamaban "poesía antigua" a los poemas más antiguos cuyos ritmos eran más libres. Esta forma de nombramiento sigue usándose por las generaciones posteriores.

parecida a la novela Sueño en el Pabellón Rojo, por lo que uno mismo se sentía similar al protagonista Jia Baoyu; por ahora dado que él mismo fuera el joven talentoso, la puta sería, por supuesto, la bella dama, de allí se produjo la especie de libros con tema del talentoso y la belleza. La mayoría del contenido consiste en que, solo el joven talentoso puede compadecer a la chica hermosa degenerada en la suciedad, y solo la bella mujer puede apreciar al talento con vida bacheada no reconocido por la sociedad, entonces, después de sufrir miles de penalidades, se convierten finalmente en pareja perfecta, o ambos en hadas.

Además, ellos ayudaron a la casa del *Shen Bao* en la impresión de algunos libros de trabajos breves de las dinastías Ming y Qing, mientras tanto, ellos mismos también organizaron sociedades de literatos, emitieron acertijos en linternas y utilizaron estos libros para regalar a los acertadores, así que la circulación fue muy amplia y distante. Entre sus publicaciones también había muchos libros de gran volumen como la *Historia indiscreta del bosque de letrados*[4], *Expediciones al occidental del eunuco Sanbao*[5], *Registro de los corazones ansiosos*[6], etc. Ahora en el puesto de libros antiguos, a veces vemos en la primera página de unos pequeños libros con palabras de "Impresión con tablero de tesoros (impresión tipográfica móvil) a imitación de la Casa de *Shen Bao* de Shanghai", que son precisamente los mencionados.

---

[4] *Historia indiscreta del bosque de letrados*: Es una novela larga de cincuenta y cinco capítulos, escrita por Wu Jingzi en la dinastía Qing. El libro hizo sátiras críticas al sistema del examen imperial y la etiqueta feudal.

[5] *Expediciones al occidental del eunuco Sanbao*: Se refiere a *El romance de las expediciones al occidental del eunuco Sanbao*, de veinte volúmenes totalizando cien capítulos, publicado por Luo Maodeng en la dinastía Ming.

[6] *Registro de los corazones ansiosos*: Es una novela escrita en los primeros años de la dinastía Qing, pero era muy corriente en los finales de la misma dinastía, editada bajo el seudónimo de Tianhua Caizi (Talentoso de Viruela) y comentada por el lacio budista Siju. Son en total tres volúmenes con treinta y dos capítulos.

Los libros del talentoso y la belleza prevalecieron durante varios años, pero los talentosos de la generación posterior se vinieron cambiando con su mentalidad gradualmente, porque descubrieron que las bellezas se hicieron perras no por "llevar la ansiosa sed por el amor al talentoso", sino solo por el dinero. Pero no era debido que la belleza quisiera el dinero del talentoso, entonces este empezó a pensar en todo tipo de formas maravillosas para dominar a la puta, y de esta manera, no solo dejaron de ser engañado, sino que también se aprovechaba de ella con obscenidad. Así surgieron novelas que describían tales diferentes trucos y también eran muy populares en la sociedad, porque podían servir de manual de lectura para aprender a putear. Y el protagonista en este tipo de libros ya no era el talentoso + empollón, sino el héroe y talento destacado que salía victorioso ante las putas, que se conocía como el talentoso + canalla.

Mucho antes de eso, había aparecido una especie de revista ilustrada, con el título de *Ilustración de la Sala de Piedra de Toque*, cuyo redactor en jefe fue Wu Youru[7], en la cual se pintaba de todo, desde figuras de hada hasta noticias nacionales e internacionales, pero él no estaba muy claro de las cosas extranjeras, por ejemplo, para dibujar un buque de guerra, trazaba un barco mercante con cañones de campaña colocados en la cubierta, y para presentar el duelo, pintaba dos militares en traje de etiqueta sacando largas espadas a atacarse entre sí en la sala de estar, hasta hacían el jarrón caer y quedarse roto. Sin embargo, para las especies de "maltrato de prostitutas por madama", "extorsión de canalla" y semejantes cosas, él las pintaba realmente muy bien. Creo que esto se debió a que los había visto

---

[7] *Ilustración de la Sala de Piedra de Toque* es una publicación litográfica adjunta al *Shen Bao*, creada en 1884 y suspendida en 1898, editada por Wu Youru. Más tarde, se publicó la compilación de trabajos publicados titulada *Valiosas piezas de caligrafía y pintura de Wu Youru*. Wu Youru (?–aprox. 1893), pintor de la dinastía Qing tardía.

demasiado; incluso en el presente también podemos ver a menudo en Shanghai las caras iguales como las que él pintó. La influencia de esta revista pictórica era enorme en ese momento: se difundía popularmente en las varias provincias y podrían servir de oído y vista para la gente que quería enterarse de "cosas actuales" —en ese tiempo su nombre era tan conocido como el "estudio nuevo" de ahora—. Hace unos años su trabajo fue reimpreso y se tituló *Tesoros de caligrafía y pintura de Wu Youru*, cuya influencia siguió de verdad muy intensa posteriormente. No hace falta mencionar el bordado en las novelas[8], e incluso en las ilustraciones de los manuales de enseñanza, a menudo se veía que los niños pintados llevaban generalmente un sombrero torcido, mirando de reojo, con una cara de carne travesera, y envuelto todo en un aire de gamberrismo. Por el presente, en el dibujo de pícaros ha surgido un nuevo pintor el Sr. Ye Lingfeng[9]. Su pintura nació descascarada del británico Aubrey Beardsley, que fue del género de "hacer arte por el arte", y su dibujo estuvo muy influenciado por el japonés "Ukiyoe"[10]. Aunque Ukiyoe es un arte folklórico, la mayoría de las figuras son prostitutas y actores, de cuerpos gordos, visión de reojo y miradas eróticas. Sin embargo, las figuras pintadas por Beardsley son delgadas, porque él fue de la Escuela de Decadencia. Las figuras de la decadencia eran en su mayoría flacas y abatidas, y por ello, se sentía un poco embarazoso con respecto a las mujeres robustas, así que no le gustaban. La nueva

---

[8] El "bordado" se refiere a los retratos en dibujo lineal de personajes de las novelas populares desde la dinastía Qing, que eran incluidos en los libros.

[9] Ye Lingfeng (1905–1975): Graduado del Instituto de Bellas Artes de Shanghai. Se unió a la Sociedad de Creación en 1925. Desde 1926 hasta principios de 1927, dirigió la revista bimensual *Magic Island* en Shanghai, abogando por el "nuevo gamberrismo". Fue despedido posteriormente de la Liga de Escritores de Izquierda.

[10] "Ukiyoe": "Pinturas del mundo flotante" o "estampa japonesa", es una especie de grabados populares del período del shogunato Tokugawa (1603–1867) en Japón. Los temas fueron tomados principalmente de la vida de la sociedad civil de nivel inferior. Disminuyó gradualmente a fines del siglo XVIII.

pintura con miradas de reojo de nuestro señor Ye está convergiendo con la vieja pintura de miradas de reojo de Wu Youru, por supuesto también haberse mantenido popular durante varios años. Pero él no se limita a pintar pícaros. Durante un período también pinta a proletarios, pero los trabajadores pintados siguen con las miradas de reojo y puños extragrandes. No obstante, pienso que la pintura de proletarios debería ser realista, de acuerdo con la apariencia original de los trabajadores, y no hace falta dibujar un puño más grande que la cabeza.

Las actuales películas chinas todavía están muy influidas por este modelo de "talentoso + canalla" en las cuales los héroes que, pese a ser representados de "buena gente", también son escurridizos e inconstantes, iguales a los astutos adolescentes acostumbrados a vivir en Shanghai, sabiendo cómo "hacer extorsión", "ser frívolo de coquetear" y "colgar los brazos"[⑪]. Después de verlas, se te hace pensar, que ahora si quieres ser un héroe o buena gente, tienes que ser un pícaro al mismo tiempo.

Sin embargo, las novelas de "talentoso + canalla" también han declinado gradualmente, cuya razón consiste, creo, en que primero, siempre se trata del tópico trillado: una prostituta pide dinero y un visitante putero usa trucos, lo que no debería ser interminable de escribir; segundo, el uso del lenguaje vernáculo de Suzhou, tales como "ni" = yo, "nai" = tú, "ah shi" = sí o no, y sucesivamente, lo que nadie más entiende excepto las viejos shanghaineses, la gente de Jiangsu y de Zhejiang.

No obstante, en la especie de "talentoso + belleza" se publicó de improviso una novela muy impactante en ese momento, que

---

⑪ "Hacer extorsión" indica chantaje; "ser frívolo de coquetear" se refiere al comportamiento indecente hacia las mujeres; "colgar los brazos" significa seducir a las mujeres. Todos estos están escritos en el dialecto de Shanghai.

fue traducida del inglés titulada *Joan Haste* (de H. R. Haggard)[12]. Pero solo hubo la primera mitad del libro, según el traductor, que la había conseguido en un puesto de libros antiguos. Dijo que el libro le pareció muy bueno, pero desafortunadamente no pudo encontrar la segunda mitad, y se quedó sin ningún remedio. Y esto, efectivamente, conmovió el corazón de los jóvenes talentosos y las damas hermosas, y se hizo muy popular. Incluso más tarde conmovió al señor Lin Qinnan, quien logró traducirla entera, llevando el mismo título de *Joan Haste*; pero al mismo tiempo, fue regañado ferozmente por el traductor anterior[13], quien dijo que no debía traducirla completa, de tal manera, reduciría el valor de Joan Haste y desagradaría al lector. Solo hasta entonces, la gente se enteró de que la razón por la cual la traducción anterior abarcaba solo la mitad del contenido no fue por la mutilación del libro original, sino por la trama de que Joan Haste dio a luz a un hijo ilegítimo, y fue por ello que el traductor anterior no la tradujo deliberadamente. De hecho, un libro no muy largo como este no llegaría al punto de imprimirse en dos tomos en el extranjero. Sin embargo, solo a través de este caso, podemos ver claramente las ideas sobre el matrimonio en aquel tiempo en China.

Y en ese momento, la novela del tipo "talentoso + belleza" se volvió popular de nuevo, pero ahora la bella dama ya era una chica de familia decente. Ambos se gustaban entre sí y se enamoraban. Nunca podrían separarse como una pareja de mariposas o de

---

[12] *Joan Haste*: Una novela larga escrita por el británico H. R. Haggard. Originalmente, el libro tenía una traducción bajo el seudónimo de Panxizi, que era solo la segunda mitad del original. Fue publicado por la Oficina del Libro de la Civilización de Shanghai en 1903 y fue muy popular en ese momento. Más tarde, el texto completo fue traducido por Lin Qinnan según el dictado de Wei Yi y publicado por Commercial Press en 1905.

[13] "Fue regañado ferozmente por el traductor anterior": Se refería al artículo de Yin Bansheng "Después de leer las dos traducciones de *Joan Haste*" (número 11 de *Game World*, Hangzhou, 1906).

patos mandarines entre las flores a la sombra del sauce. Pero a veces por causa de los severos padres o debido a la suerte delgada, incluso el amor se finalizó en una tragedia ocasional, pero no más se convertirían en hadas —lo cual realmente no se puede negar que fue un progreso grande—. Recientemente, cuando apareció la revista mensual *Expresión de cejas*⑭ editada por el señor Tianxu Wosheng, quien había fabricado dentífricos con función de limpiar el rostro, llegó a su apogeo este género de literatura de Patos Mandarines y Mariposas⑮. Más tarde, aunque la *Expresión de cejas* fue prohibida, su poder no se desvaneció, y solo fue golpeado cuando la *Nueva Juventud* emergió prevaleciente. En ese momento, se introdujo el guión de Ibsen⑯ y apareció en una forma diferente la ópera titulada *Evento de por vida* del señor Hu Shizhi⑰, pese a no haberse arreglado así deliberadamente, el problema matrimonial considerado como a raíz de la vida por el género de Patos Mandarines y Mariposas se huyó por eso como si se fuera Nora.

---

⑭ Tianxu Wosheng: Es el nombre de pluma de Chen Diexian, escritor de la Escuela de Patos Mandarines y Mariposas. Después del Incidente del 18 de septiembre, en la ola de la resistencia a los productos japoneses en todo el país, la compañía de la industria familiar de él fabricó el polvo de dientes de "Marca Invencible" que reemplazó al polvo de dientes japonés "Diamante", y se hizo rico vendiéndolo en todas partes. Tianxu Wosheng fue el editor de *Shen Bao - Charla libre* en 1920, pero no fue el editor en jefe de *Expresión de Cejas*, revista mensual de la Escuela de Patos Mandarines y Mariposas, sino que Gao Jianhua lo fue. La revista se publicó desde octubre de 1914 y se suspendió en 1916 con el número 18.

⑮ "Literatura de Patos Mandarines y Mariposas": Se refiere a las obras de la escuela del mismo nombre, que utiliza generalmente el chino clásico para describir las historias de ingenios y mujeres hermosas que atienden los intereses de los civiles comunes. La Escuela de Patos Mandarines y Mariposas surgió a fines de la dinastía Qing y a principios de la República de China. Publicó *Tiempos de ficciones*, *Derechos civiles*, *Serie de ficción*, *Sábado* y otras publicaciones. Como la revista *Sábado* tenía una mayor influencia, también se llamaba Escuela de Sábado. Los escritores representativos incluyen a Bao Tianxiao, Chen Diexian, Xu Zhenya, Zhou Shouju y Zhang Henshui, etc.

⑯ "Guión de Ibsen": Su obra de teatro *Casa de muñecas* cuenta la historia de Nora que salió de casa sin querer ser la muñeca de su marido. La obra fue traducida al chino durante el Movimiento del 4 de Mayo y puesta en escena, teniendo un mayor impacto. Otras obras importantes de Henrik Ibsen también fueron traducidas al chino en ese tiempo y se publicó un número especial sobre su vida, sus pensamientos y obras en el volumen IV, número 6 de la *Nueva Juventud*, en junio de 1918.

⑰ *Evento de por vida* del señor Hu Shizhi: Drama basado en el tema del matrimonio, se publicó en el volumen VI, número 3 de la *Nueva Juventud*, en marzo de 1919.

Posterior a eso, surgió la Sociedad de Creación[18] de los nuevos ingenios, quienes eran respetuosos a los dotados, la cual hacía arte por el arte, centrada en sí misma, preconizaba la creación, degradaba la traducción, sobre todo odiaba la retraducción, y se ponía reñida con la Sociedad de Investigación Literaria[19] en Shanghai. En el anuncio que salió primero en acción[20] decían que algunos estaban "monopolizando" el mundo literario, lo cual se refería a la Sociedad de Investigación Literaria. Y justamente por el contrario la Sociedad de Investigación Literaria sostenía el arte por la vida, y se dedicaba a la creación a la vez que prestaba atención a la traducción. Se cuidaba de presentar la literatura de las naciones oprimidas, que son unos países de pequeño tamaño, y cuyos idiomas nadie los entendía, por eso casi todas sus obras están retraducidas. Además, debido a la pasada solidaridad con la *Nueva Juventud*, por la mezcla del odio nuevo con el viejo, la Sociedad de Investigación Literaria había sido

---

[18] Sociedad de Creación: Fue fundada en Tokio, Japón, en 1921. La mayoría de sus miembros fueron jóvenes que estudiaron en Japón, como Guo Moruo, Yu Dafu, Cheng Fangwu, y otros. Tenía una serie de publicaciones tal como la *Creación Mensual*. Al principio, no había una doctrina ni un pensamiento uniformes entre los miembros, sino solo abogaban por expresar los requisitos internos del autor mismo, cuya tendencia principal era el romanticismo, que abogaba por "el arte por el arte". Más tarde, giró al marxismo y abandonó el romanticismo. Abogó por la literatura revolucionaria proletaria y aceptó el realismo socialista. Los principales miembros de la Sociedad de Creación estaban estrechamente relacionados con el Partido Comunista de China, y aceptaron sus teorías revolucionarias, predicaban la revolución y la lucha de clases. La Sociedad de Creación durante un tiempo en su historia tomó una actitud equivocada hacia Lu Xun.

[19] Sociedad de Investigación Literaria: Fue un grupo literario muy conocido. Fue fundado en enero de 1921 en Beijing por Shen Yanbing, Zheng Zhenduo, Ye Shaojun y otros. Abogaba por "el arte por la vida" y preconizaba una nueva literatura realista que sirviera a la transformación de la sociedad, oponiéndose a la literatura como juego o pasatiempo. Al mismo tiempo, hacía esfuerzos para introducir obras literarias de Rusia, Europa oriental y los países nórdicos así como otras "pequeñas nacionalidades". Las actividades de la asociación en ese momento jugaron un papel importante en la promoción del Movimiento de la Nueva Literatura China. Recopiló publicaciones como *Ficción Mensual*, *Literature Decenal*, *Literatura Semanal* y *Serie de la Sociedad de Investigación Literaria* y otras varias. Lu Xun fue partidario de este grupo literario.

[20] "El anuncio que salió primero en acción": Se refiere al anuncio de publicación de la revista *Creación Trimestral*, que se publicó en *Noticias de la Actualidad* el 29 de septiembre de 1921, que decía: "Desde el inicio del Movimiento Cultural, la nueva literatura y arte de China ha estado monopolizada por uno o dos ídolos".

atacada desde tres lados. Por un lado, fue por la Sociedad de Creación: dado que el arte era cosa de los dotados, consideraba que la Sociedad de Investigación Literaria que trabajaba el arte por la vida era naturalmente entremetida en el asunto ajeno, teñiéndose de alguna "vulgaridad", y era juzgada inepta, por lo que, una vez encontraba alguna equivocación en cierta parte de la traducción, la Sociedad de Creación llegó a escribir incluso una larga monografía especial[21] para criticarla. Por otro lado, fue por los caballeros que habían estudiado en los Estados Unidos, quienes pensaban que la literatura y el arte eran exclusivamente para la lectura de los grandes señores y damas. Por eso, además de ellos, solo los literatos, licenciados, artistas, profesores, señoritas, etc., son dignos para ser protagonistas, y tendrían que saber hablar "yes" y "no", para conformarse a la solemnidad de "caballero". En ese momento, el señor Wu Mi[22] había publicado un artículo diciendo que realmente no entendía por qué a algunas personas les gustaba escribir sobre la sociedad inferior. El tercer lado fue de la Escuela de Patos Mandarines y Mariposas mencionada anteriormente. No sé qué método había usado para que el dueño de la librería por fin reemplazara a un miembro de la Sociedad de Investigación Literaria que editaba *Ficción Mensual*[23], y

---

[21] La monografía de críticas sobre equivocaciones en la traducción, se refiere al artículo "Atenismo" publicado por Cheng Fangwu en mayo de 1923 en el N.º 1 del Volumen II de la *Creación Trimestral*, que criticó a Wang Tongzhao por la traducción equivocada del "ateísmo" por "atenismo".

[22] Wu Mi (1894–1978): Nacido en Liyang, Shaanxi. Estudió en los Estados Unidos y luego trabajó de profesor en la Universidad del Sureste en China. En 1921 cofundó la revista *Xueheng* con Mei Guangdi, Hu Xianyi y otros, defendiendo el retroismo. Fue uno de los representantes de la oposición al Movimiento de la Nueva Cultura.

[23] *Ficción Mensual*: Se publicó por primera vez en Shanghai en 1910 por la Commercial Press. Al inicio, Wang Yunzhang y Yun Tieqiao la editaron sucesivamente. Fue una publicación representativa de la Escuela de Sábado. Desde el número 1 del volumen XII de enero de 1921, fue editado por Shen Yanbing y el contenido pasó a ser muy reformado, por lo que fue atacado por la Escuela de Sábado. Desde el volumen XIV de enero de 1923, la edición pasó a cargo de Zheng Zhenduo. La publicación se suspendió en diciembre de 1931 hasta el número 12 del volumen XXII.

además, ellos mismos crearon *Mundo de Ficciones*[24] para propagar sus artículos, publicación que no se suspendió hasta el año pasado.

En esta batalla, la Sociedad de Creación salió victoriosa en lo superficial. Muchas obras estaban en línea con el estado de ánimo de los autoproclamados genios de la época, y más la ayuda de los publicadores, su poder se iba fortaleciendo. Al volverse poderosa, se notó que los grandes editoriales y librerías como Commercial Press también comenzaron a publicar traducciones por parte de miembros de la Sociedad de Creación, es decir, de los manuscritos de los dos señores Guo Moruo[25] y Zhang Ziping. Desde entonces, según lo que recuerdo, la Sociedad de Creación ya no examinó más las equivocaciones de traducción en las publicaciones de Commercial Press, para hacer monografías especiales. Estas prácticas, creo, también muestran algo del estilo "talentoso + canalla". Pero los "nuevos shanghaineses" nunca pudieron ser rivales de los "viejos shanghaineses". En medio del himno de triunfo, los miembros de la Creación finalmente se dieron cuenta de que estaban sirviendo de mercancías de sus propios editores. Todos los esfuerzos, a los ojos del propietario, eran equivalentes a las gafas en el modelo de papel detrás del gran vidrio de la ventana de la tienda de anteojos, nada más que los "anuncios para ampliar la atracción". Cuando intentaron emitir publicaciones independientemente, el patrón les presentó un pleito. Aunque eventualmente lograron independizarse declarando que todos los libros se habían revisado en gran medida e impreso por separado, y realizaron una reapertura, el propietario viejo, siguió

---

[24] *Mundo de Ficciones*: Revista semanal editada por Ye Jinfeng, publicación creada por la Escuela de Patos Mandarines y Mariposas para contrarrestar la revista reformada de *Ficción Mensual*, con el primer número publicado en Shanghai en enero de 1923 por la Commercial Press. Su publicación se suspendió en diciembre de 1929.

[25] Guo Moruo (1892–1978): Escritor, historiador y activista social. Véase la Nota [7] en "Comunicación" en este libro de traducción.

usando siempre la versión vieja, insistió en imprimir y vender, y además, todos los años ofrecía ventas muy baratas en conmemoración de ciertos eventos.

Ciertamente no pudieron continuar sirviendo de mercancías, ni la independización les ayudó a sobrevivir. Entonces la salida para la gente de la Sociedad de Creación debería estar naturalmente en Guangdong, donde habría más esperanza, por haber sido la "fuente de la revolución". Entonces en Guangdong también apareció el término de la "literatura revolucionaria", pero no surgió ninguna obra, mientras que en Shanghai, ni siquiera existía este término todavía.

En el año antepasado, este género de "literatura revolucionaria" comenzó a ser vigoroso, cuyos defensores fueron los varios miembros fundadores y los recién incorporados a la Creación que habían regresado de la "fuente de la revolucionaria". La razón por la que la literatura revolucionaria ha florecido se debió, desde luego, a los antecedentes sociales, que el público en general y los jóvenes ya tenían tales requisitos. Cuando comenzó la Expedición al Norte desde Guangdong, generalmente los jóvenes activos se lanzaron a trabajos prácticos, y en ese momento aún no había notable movimiento literario revolucionario. Cuando el entorno político cambió súbitamente, la revolución sufrió el revés y la división de clases se hizo muy evidente. El KMT, en nombre de la "purga del Partido", masacró a gran escala a los comunistas y a las masas revolucionarias, y los jóvenes sobrevivientes volvieron a caer en la situación oprimida. Entonces la literatura revolucionaria empezó a tener actividades vigorosas en Shanghai. Por consiguiente, este desarrollo próspero de la literatura revolucionaria se diferencia de otros países en lo superficial, que no fue por el ascenso de la revolución sino por el revés sufrido; aunque durante el cual, unos también fueron viejos escritores desmontando el cuchillo de mando para reorganizar su viejo negocio de pincelada, unos fueron jóvenes expulsados del trabajo práctico con que tenían que ganarse la vida, a causa de existir una verdadera base social, entre los elementos nuevos sí que había gente muy sólida y correcta. No obstante, a mi juicio, el movimiento de la literatura revolucionaria en ese momento no había sido bien planeado y cometió bastantes errores. Por ejemplo, en primer lugar, antes de hacer un cuidadoso análisis de la sociedad china, aplicaron mecánicamente los métodos que solo pudieron utilizarse bajo el régimen soviético. En segundo lugar, ellos, especialmente el señor Cheng Fangwu, hicieron a la gente entender la revolución como algún evento muy terrible, y se pusieron con una cara fiera de extrema izquierda, como si todos los no revolucionarios tuvieran que morir al llegar la revolución, lo que solo hizo a la gente abrigar un terror hacia la revolución. De hecho, la revolución no hará a la gente morir sino le conducirá a vivir. Esa actitud de hacer a la gente "conocer lo terrible de la revolución" y gustarse solo de hablar desenfrenadamente por su propio placer fue también envenenada por el estilo "talentoso + canalla".

Todo lo que se vuelve intenso con rapidez también se apacigua de prisa, e incluso decae pronto. Para un erudito, siempre tiene una razón para justificar sus cambios, citando a los clásicos. Por ejemplo, cuando le pide ayuda a la gente, usa la teoría del apoyo mutuo de Piotr Kropotkin, y cuando se pelea con otros, utiliza la teoría de la competencia de supervivencia de Darwin. Tanto en la antigüedad como en la actualidad, toda persona que no se adhiera a una teoría determinada, o no deje encontrar la pista de cambios de su opinión y que utilice teorías de varias facciones como armas a cualquier momento, podrá llamarse canalla. Por ejemplo, el canalla de Shanghai, al ver a un hombre y una mujer rurales caminando, diría: "¡Ay, de esa manera, estáis perjudicando los modales sociales! ¡Habéis violado la ley!" La que utiliza es la ley china, mientras que al ver a un paisano orinando en el camino, diría: "Caray, eso no está permitido. ¡Has violado la ley! ¡Debo mandarte a una comisaría de la concesión!" La que ahora se utiliza es la ley extranjera. En cuanto al resultado, no importa qué ley o no, todo lo habrá terminado siempre y cuando les haya chantajeado varios yuanes.

En China, los escritores revolucionarios del año pasado ya fueron bastante diferentes del año anterior. Es cierto que esto se debió al cambio de las circunstancias, pero algunos "escritores revolucionarios" siguen teniendo las raíces ocultas de defectos que son fáciles de cometer. La "revolución" y la "literatura" se separan y se reúnen intermitentemente. Son como dos barcos que están cerca el uno del otro, siendo uno la "revolución" y el otro la "literatura", y cada uno de los pies del autor está parado en un barco diferente. Cuando el ambiente está relativamente bueno, el autor usa un poco más de fuerza en la pisada en el barco de la revolución, por lo que se ve claramente un revolucionario; y una vez sufre opresión la revolución, pisa un poco más fuerte en el barco de la literatura, convirtiéndose en nada más que un literato. Por lo tanto, las personas que tenían opiniones muy encarnizadas el año antepasado creyendo que toda literatura no revolucionaria debería ser limpiada de una vez, en cambio, el año pasado recordaron el cuento del gusto de Lenin de leer obras de Iván Goncharov[26], y sintieron que la literatura no revolucionaria también era muy significativa y profunda. Además, el escritor revolucionario más cabal, el señor Ye Lingfeng, quien describió a un revolucionario tan cabal que usaba el papel de mi

---

[26] Iván Goncharov (1812–1891): Escritor ruso. Es autor de una novela *Oblómov*. Lenin mencionó repetidamente la imagen artística de Oblómov en los artículos como "Sobre las situaciones domésticas y extranjeras de la República Soviética".

Gritos a la batalla para frotar su trasero cada vez que iba a la letrina[27], pero, inexplicablemente, ahora incluso él mismo está siguiendo por atrás del trasero de los escritores de la llamada literatura nacionalista.

Ejemplos similares también incluyen al señor Xiang Peiliang[28], quien era muy revolucionario cuando la revolución se iba alzando, y había dicho anteriormente que los jóvenes no solo debían aullar, sino que también tenían que mostrar los colmillos. Esto desde luego no es muy malo, pero hay que tener cuidado, porque los lobos son los antepasados de los perros, que una vez domesticados por el hombre, se convertirán en perros. El señor Xiang Peiliang ahora está abogando por el arte de los seres humanos, oponiéndose a la existencia del arte de clase pero distinguiendo los buenos de los malos entre los seres humanos, así que el arte es un arma en la "lucha entre lo bueno y lo malo". Los perros también dividen a los seres humanos en dos tipos. Los dueños que los crían y sus semejantes son buenos, mientras que otras personas pobres y mendigos son malos en sus ojos, contra quienes ladran o muerden. Pero, esto tampoco es muy malo, porque todavía conservan un poco de salvajez. Si se transforma una vez en un perrito faldero, parece que ya no le importan los chismes de la sociedad, pero en realidad siguen cumpliendo el deber con su dueño, tal como las celebridades del arte de ahora que afirman que no se cuidan de las cosas mundanas y solo trabajan el arte por el arte, y solo tienen que ir a embellecer las aulas de la universidad.

A los de la pequeña burguesía que están dando volteretas de

---

[27] Se refiere a la novela de Ye Lingfeng titulada *Autobiografía pobre y triste*, que se publicó en el número 2 del volumen III de *Novela Moderna* en noviembre de 1929.

[28] Xiang Peiliang (1905–1961): Nativo de Hunan, fue uno de los principales miembros de la Sociedad de Huracán, y luego se giró a unir al KMT. En su artículo "Sobre el solitario" del número 5 de *Huracán* en noviembre de 1926, dijo que los jóvenes "están enojados, aullando, como un lobo perseguido, volviéndose y mostrando los dientes..." En 1929 editó la *Juventud Mensual* en Shanghai y se opuso al movimiento de la literatura revolucionaria.

esta manera, si bien están trabajando como literatos revolucionarios y escribiendo literatura revolucionaria, les es más fácil distorsionar la descripción de la revolución, y la escritura distorsionada es, en cambio, perjudicable a la revolución. Por eso, su transformación no vale nada para lamentarse. Cuando el movimiento de la literatura revolucionaria creciera vigorosamente, muchos escritores pequeño-burgueses se volverían de repente hacia este lado, y en ese tiempo fue la teoría de la mutación la que se usaba para explicar este fenómeno. Pero sabemos que la razón de la mutación de A en B radica en que, cuando todas las varias condiciones están preparadas menos una sola, y tan pronto como aparezca esta última, A se convertirá en B. Por ejemplo, para la congelación del agua, la temperatura debe alcanzar cero y, al mismo tiempo, debe haber vibración del aire. Sin este factor, incluso si llega a cero, aún no se congela, y una vez vibre el aire, el agua de repente se convertirá en hielo. Por lo tanto, aunque parece un súbito cambio visto desde afuera, de hecho no es un suceso repentino. Si no cuentan con condiciones que deben cumplirse, incluso se declara por sí que se haya mutado, en realidad no está cambiado. Por eso, algunos escritores revolucionarios pequeño-burgueses que en una noche de repente se proclamaron mutados para este lado, pronto volvieron a mutar en regreso para allá.

El establecimiento de la Liga de Escritores de Izquierda en Shanghai en el año pasado fue un evento importante. En ese momento, las teorías de Plejánov y Lunacharski habían sido introducidas, de modo que todos pudieron intercambiar ideas mediante discusión activa, y se volvieron más sólidos y poderosos, pero precisamente por lo más sólidos y poderosos que han sido, están sufriendo la opresión y el atropello rara vez vistos en el mundo desde los tiempos antiguos hasta el presente. Y este tipo de opresión y atropello hizo a aquellos llamados escritores revolucionarios mostrarse de inmediato sus verdaderos colores, quienes habían creído que tendría mucha oportunidad de asomarse con gloria en público, y los escritores podrían comer el pan con mantequilla contribuido por los trabajadores, y ahora, algunos escribieron declaración de arrepentimiento, y otros se volvieron reversos para atacar a la Liga de Escritores de Izquierda, para ilustrar que su percepción ha dado un paso más adelante este año. Esto, aunque no es un interno movimiento directo de la Liga, también ha servido de una purga. Esos autores, independientemente de cambiarse o no, nunca podrán escribir buenas obras.

Pero, ¿pueden escribir buenas obras de la literatura proletaria los existentes escritores de izquierda? Pienso que también es difícil. Esto se debe a que los escritores izquierdistas de hoy siguen siendo los puros eruditos, o sea, de la clase intelectual, y a ellos no les es tan fácil escribir la realidad de la revolución. El señor japonés H. Kuriyagawa una vez preguntó: "¿Lo que el escritor describe tiene que ser historias experimentadas por él propiamente?" Él mismo respondió que no necesariamente, porque podía observar e investigar.㉙ Así que para escribir el robo, no tiene que ser un ladrón en persona, y para escribir el adulterio, no tiene que practicarlo personalmente. No obstante, creo que esto se debe a que el escritor creció en la vieja sociedad. Familiarizado con las condiciones de ella y acostumbrado a los personajes, así que puede observar e investigar; pero para la situación y los personajes del proletariado con que nunca ha tenido relación, podrá quedarse incompetente, o tergiversará la descripción. Por lo tanto, los escritores revolucionarios deben al menos compartir la vida con la revolución, o sentir profundamente el pulso de la revolución.

㉙ Estas palabras de H. Kuriyagawa se encuentran en el artículo "El relato corto 'Collar'" de la tercera sección de su obra *Símbolo de depresión*.

(El lema de la "proletarización de escritores" propuesto recientemente por la Liga de Escritores de Izquierda es una comprensión muy correcta de este punto).

En una sociedad como la China de hoy, las obras más fáciles de esperar su aparición son las resistentes o reveladoras de la pequeña burguesía rebelde. Como ha crecido en esta clase que está en extinción, tiene una comprensión muy profunda, cuenta con un gran odio y asco, y esta espada que apuñala es la más poderosa y mortal. Es cierto que algunas obras que parecen ser revolucionarias por su aspecto no quieren derrocar a su propia clase o la burguesía, sino odian o decepcionan su incapacidad de corregirse y no poder mantener su estatus durante mucho tiempo, por lo tanto, desde la perspectiva del proletariado, esto solo es la misma hostilidad mutua entre ambas partes como la "rivalidad entre hermanos dentro de su muro". Sin embargo, el resultado de ella también puede convertirse en una burbuja en la marea de la revolución. Respecto a estas obras, pienso que no hace falta llamarlas literatura proletaria, y los autores tampoco deben proclamarse a sí mismos escritores proletarios por el bien de su reputación en el futuro.

Sin embargo, una obra, siendo solo por atacar a la vieja sociedad, si no conoce claramente las deficiencias ni entiende la causa raíz del mal, será perjudicial a la revolución, pero es lástima que los escritores actuales, incluso los escritores y críticos revolucionarios, a menudo no puedan o no se atrevan a enfrentar de lleno a la sociedad actual a fin de conocer el fondo y sus detalles, especialmente los considerados como del enemigo. Pongamos un ejemplo al azar. En la anterior *Juventud de Lenin*[30], aparece un artículo que comentaba el círculo

---

[30] *Juventud de Lenin*: Es la publicación oficial de la Liga de la Juventud Comunista de China. Fue fundada en Shanghai en octubre de 1923 y dejó de publicarse en 1932.

literario chino y lo divide en tres escuelas. La primera es la Sociedad de Creación, como escuela literaria proletaria, cuya descripción en el artículo era muy larga; la segunda es la Sociedad del Hilo del Lenguaje, como escuela literaria pequeño-burguesa, pero la narración sobre ella ya era corta; la tercera es la Sociedad de Luna Creciente, como escuela literaria burguesa y le asigna más breves palabras sin llegar a una página. Esto muestra que para este joven crítico, cuando una cosa le parece más enemiga, tiene menos palabras que decir, lo que significa que no había observado sus detalles. Naturalmente, al leer libros, la lectura de opiniones contrarias no es tan cómoda, refrescante y beneficiosa como la de la misma escuela; pero si se trata de un combatiente, creo que, en cambio, en la comprensión de la revolución y del enemigo, es necesario diseccionar más al enemigo que está cara a cara. Lo mismo es para escribir obras literarias: no solo hay que conocer la realidad de la revolución, sino que también comprender a fondo la situación del enemigo, inclusivas las condiciones actuales en todos los aspectos, y luego determinar el futuro de la revolución. Solo cuando estamos claros de lo viejo, vemos lo nuevo, comprendemos lo pasado e inferimos el futuro, el desarrollo de nuestra literatura tendrá expectativa. Creo que esto es lo que los escritores pueden realizar con tal de esforzarse bajo las circunstancias actuales.

Ahora, como lo mencionado antes, la literatura y el arte están sufriendo insólitas opresión y tortura y se encuentran en una hambruna generalizada. Entre la literatura y el arte, no solo los revolucionarios, hasta los algo descontentos por la injusticia, no solo los que critican el estado actual, incluso aquellos que atacan a los vicios acumulados del pasado, son igualmente perseguidos a menudo. Esta situación ilustra que la revolución de la clase dominante hasta ahora ha sido nada más que la lucha por un sillón viejo. Cuando iban a derrocarlo, les parecía muy odioso, pero una vez agarrado en mano, les pareció como un tesoro, y al mismo tiempo se sintieron acomodados justamente al mismo respiro de "lo viejo". Hace veinte años, toda la gente decía que Zhu Yuanzhang (el emperador fundador de la dinastía Ming)[31] fue un revolucionario de la nación china. En realidad, el hecho no fue así. Cuando se convirtió en emperador, llamó a la dinastía mongola "Gran Yuan" y fue más cruel que los mongoles al masacrar a los étnicos Han. Cuando un esclavo se convierte en dueño, nunca está dispuesto a abandonar el título de "Señor", y esos grandes aires que asume serán probablemente aún más hinchados y ridículos que los de su amo antiguo, tal como algún obrero en Shanghai que ha ganado unos pocos centavos y establece una pequeña fábrica, en la cual trata a sus obreros, en su lugar, de una manera más feroz hasta el extremo.

En una vieja ficción en cuaderno, cuyo título lo he olvidado, hay una historia diciendo que en la dinastía Ming un oficial militar llamó a un cuentacuentos a narrar historias. Este le contó una historia sobre Tan Daoji, un general de la dinastía Jin. Después de escuchar el cuento, el oficial militar ordenó a golpear al narrador. La gente le preguntó cuál era la razón, él respondió: "Dado que me contó sobre Tan Daoji, seguramente ante Tan Daoji hablará de mí".[32] Los gobernantes actuales también sufren la misma neurastenia como ese oficial militar, quien tenía miedo a todo, entonces, han

---

[31] Zhu Yuanzhang (1328–1398): Nativo de Fengyang, Anhui. Fue uno de los líderes del Ejército de Levantamiento Campesino al final de la dinastía Yuan y después de la victoria se convirtió en el primer emperador de la dinastía Ming. Aquí se habla de un retrato de él que se publicó en el *Min Bao*, periódico oficial de la Liga Unida de China en vísperas de la Revolución de 1911, en que lo llamó "Gigante de la gran revolución nacional de China" y "Héroe de la revolución china".

[32] El cuento sobre Tang Daoji que se menciona aquí es en realidad una historia sobre Han Xin, general de la dinastía Han. (El autor ha declarado no recordarlo bien.) En *Jardín de hechos por clases* escrito por Jiang Shaoyu de la dinastía Song, dijo: "El general Dang Jin desconocía las letras... Iba cruzando la ciudad, vio a un juglar recitando algo, y le preguntó qué cantaba. El otro dijo: 'Cuento sobre Han Xin.' Dang Jin se puso furioso y dijo: 'Hablas de Han Xin a mi presencia, y cuando veas a Han Xin, hablarás de mí; eres persona de tres caras y dos cabezas.' Y ordenó que lo golpearan".

colocado pícaros por apariencia más progresistas que antes en el círculo de la publicación, de manera que estos no fueran advertidos por el público y recurrieran a artificios canallescos más terribles: utilizando anuncios, calumnias y amenazas; e incluso unos escritores han reconocido formalmente a unos canallas como su mentor y padrino laico㉝ para obtener sólido estatus y beneficios. Por lo tanto, los escritores revolucionarios no solo deben estar alertas con los enemigos de frente, sino que también prevenirse de los mudables y girantes detectives secretos a su alrededor, lo que es más trabajoso que la lucha con la sola literatura, y por consiguiente, esto ha afectado también el trabajo de la literatura.

Aunque en Shanghai todavía se está publicando un gran número de las llamadas revistas literarias, las cuales, en realidad, equivalen a un vacío. Las publicaciones de las librerías con fines comerciales, debido al miedo de sufrir desastres, tratan de elegir artículos que no le hacen a nadie sentir dolor ni picor, tal como diciendo "naturalmente no se puede estar sin una revolución, pero tampoco debemos llevarla a lo demasiado", caracterizándose por el hecho de que leerlas desde el principio hasta el final se iguala a no haber leído nada. En cuanto a las revistas administradas por el gobierno, o las que acuden a los círculos oficiales para complacerlos, sus autores siempre son unos agrupados abigarrados como cuervos con un solo objetivo común de ganar varios centavos de la remuneración por el manuscrito, y las cosas como "La literatura victoriana británica" y "Sobre el recibimiento del Premio Nobel por Lewis" son unos comentarios en que hasta ellos mismos no creen, unos artículos que ni siquiera ellos mismos valoran. Por eso, digo que ahora las revistas de literatura y

---

㉝ En ese tiempo, unos llamados "escritores" en Shanghai conspiraron con los mafiosos locales y los adoraron como mentores y padrinos.

el arte publicadas en Shanghai se igualan a un vacío. Es cierto que la literatura y el arte de los revolucionarios han sido oprimidos por un lado, y por otro, no se ve ninguna literatura o arte en su sentido real en las revistas de literatura y arte manejadas por los opresores. Sin embargo, ¿realmente los opresores no tienen literatura ni arte? Sí que los tienen, pero no son los arriba mencionados, sino que consisten en telegrama, boletín, noticias, "literatura" nacionalista[34], veredicto judicial de los jueces, etc. Por ejemplo, hace unos días, el *Shen Bao* reportó que una mujer acusó a su esposo de sodomía forzosa y fue golpeada hasta la piel herida con moretones, pero el veredicto del juez dijo que no había un estipulado por escrito que prohibiera al esposo sodomizar a la esposa; y aunque la piel hubiera sido golpeada hasta azul, no habría dañado la función fisiológica, por lo que no se pudo establecer la queja. Ahora, es el momento en que el hombre acusa contrariamente a su mujer por la "acusación calumniosa". No sé mucho de la ley, pero respecto de la fisiología, aprendí un poco. Por la piel azulada, las funciones físicas de los pulmones, el hígado o el estómago e intestinos podrán no estar dañadas, pero la piel donde quedó azulada estuvo seguramente dañada. Y esto, en la actualidad de China, se encuentra con frecuencia y no es una cosa rara, pero yo creo que este suceso ya es suficiente para saber claramente parte de los fenómenos en la sociedad, y este reportaje prevalece sobre una novela ordinaria o un largo poema.

Además de lo anterior, la llamada literatura nacionalista y las novelas de caballeros marciales que se han alborotado por bastante tiempo también deben ser diseccionadas en detalle. Pero el tiempo ya no alcanza ahora. Solo podemos dejarlas por comentar en alguna oportunidad del futuro. Entonces quedamos así por hoy.

---

[34] La "literatura" nacionalista era literatura reaccionaria programada por las autoridades del KMT en ese momento. Vea el artículo "Tarea y destino de la 'literatura nacionalista'" y su Nota [2] en este libro.

"民族主义文学"的任务和运命[1]

一

殖民政策是一定保护，养育流氓的。从帝国主义的眼睛看来，惟有他们是最要紧的奴才，有用的鹰犬，能尽殖民地人民非尽不可的任务：一面靠着帝国主义的暴力，一面利用本国的传统之力，以除去"害群之马"，不安本分的"莠民"。所以，这流氓，是殖民地上的洋大人的宠儿，——不，宠犬，其地位虽在主人之下，但总在别的被统治者之上的。

上海当然也不会不在这例子里。巡警不进帮，小贩虽自有小资本，但倘不另寻一个流氓来做债主，付以重利，就很难立足。到去年，在文艺界上，竟也出现了"拜老头"的"文学家"。

但这不过是一个最露骨的事实。其实是，即使并非帮友，他们所谓"文艺家"的许多人，是一向在尽"宠犬"的职分的，虽然所标的口号，种种不同，艺术至上主义呀，国粹主义呀，民族主义呀，为人类的艺术呀，但这仅如巡警手里拿着前膛枪或后膛枪，来福枪，毛瑟枪的不同，那终极的目的却只一个：就是打死反帝国主义即反政府，亦即"反革命"，或仅有些不平的人民。

那些宠犬派文学之中，锣鼓敲得最起劲的，是所谓"民族主义文学"[2]。但比起侦探，巡捕，刽子手们的显著的勋劳来，却还有很多的逊色。这缘故，就因为他们还只在叫，未行直接的咬，而且大抵没有流氓的剽悍，不过是飘飘荡荡的流尸。然而这又正是"民族主义文学"的特色，所以保持其"宠"的。

翻一本他们的刊物来看罢，先前标榜过各种主义的各种人，居然凑合在一起了。这是"民族主义"的巨人的手,将他们抓过来的么?并不,这些原是上海滩上久已沉沉浮浮的流尸,本来散见于各处的,但经风浪一吹,就漂集一处,形成一个堆积,又因为各个本身的腐烂,就发出较浓厚的恶臭来了。

这"叫"和"恶臭"有能够较为远闻的特色,于帝国主义是有益的,这叫做"为王前驱"[3],所以流尸文学仍将与流氓政治同在。

二

但上文所说的风浪是什么呢?这是因无产阶级的勃兴而卷起的小风浪。先前的有些所谓文艺家,本未尝没有半意识的或无意识的觉得自身的溃败,于是就自欺欺人的用种种美名来掩饰,曰高逸,曰放达(用新式话来说就是"颓废"),画的是裸女,静物,死,写的是花月,圣地,失眠,酒,女人。一到旧社会的崩溃愈加分明,阶级的斗争愈加锋利的时候,他们也就看见了自己的死敌,将创造新的文化,一扫旧来的污秽的无产阶级,并且觉到了自己就是这污秽,将与在上的统治者同其运命,于是就必然漂集于为帝国主义所宰制的民族中的顺民所竖起的"民族主义文学"的旗帜之下,来和主人一同做一回最后的挣扎了。

所以,虽然是杂碎的流尸,那目标却是同一的:和主人一样,用一切手段,来压迫无产阶级,以苟延残喘。不过究竟是杂碎,而且多带着先前剩下的皮毛,所以自从发出宣言[4]以来,看不见一点鲜明的作品,宣言是一小群杂碎胡乱凑成的杂碎,不足为据的。

但在《前锋月刊》[5]第五号上,却给了我们一篇明白的作品,据编辑者说,这是"参加讨伐阎冯军事[6]的实际描写"。描写军事的小说并不足奇,奇特的是这位"青年军人"的作者所自述的在战场上的心绪,这是"民族主义文学家"的自画像,极有郑重引用的价值的——

"每天晚上站在那闪烁的群星之下,手里执着马枪,耳中听着虫鸣。四周飞动着无数的蚊子,那样都使人想到法国'客军'在菲洲沙漠里与阿剌伯人争斗流血的生活。"(黄震遐:《陇海线上》)

原来中国军阀的混战，从"青年军人"，从"民族主义文学者"看来，是并非驱同国人民互相残杀，却是外国人在打别一外国人，两个国度，两个民族，在战地上一到夜里，自己就飘飘然觉得皮色变白，鼻梁加高，成为腊丁民族[7]的战士，站在野蛮的菲洲了。那就无怪乎看得周围的老百姓都是敌人，要一个一个的打死。法国人对于菲洲的阿剌伯人，就民族主义而论，原是不必爱惜的。仅仅这一节，大一点，则说明了中国军阀为什么做了帝国主义的爪牙，来毒害屠杀中国的人民，那是因为他们自己以为是"法国的客军"的缘故；小一点，就说明中国的"民族主义文学家"根本上只同外国主子休戚相关，为什么倒称"民族主义"，来朦混读者，那是因为他们自己觉得有时好像腊丁民族，条顿民族[8]了的缘故。

三

黄震遐先生写得如此坦白，所说的心境当然是真实的，不过据他小说中所显示的智识推测起来，却还有并非不知而故意不说的一点讳饰。这，是他将"法国的安南兵"含糊的改作"法国的客军"了，因此就较远于"实际描写"，而且也招来了上节所说的是非。

但作者是聪明的，他听过"友人傅彦长君平时许多谈论……许多地方不可讳地是受了他的熏陶"[9]，并且考据中外史传之后，接着又写了一篇较切"民族主义"这个题目的剧诗，这回不用法兰西人了，是《黄人之血》(《前锋月刊》七号)。

这剧诗的事迹，是黄色人种的西征，主将是成吉思汗的孙子拔都[10]元帅，真正的黄色种。所征的是欧洲，其实专在斡罗斯（俄罗斯）——这是作者的目标；联军的构成是汉，鞑靼，女真，契丹[11]人——这是作者的计划；一路胜下去，可惜后来四种人不知"友谊"的要紧和"团结的力量"，自相残杀，竟为白种武士所乘了——这是作者的讽喻，也是作者的悲哀。

但我们且看这黄色军的威猛和恶辣罢——

…………

恐怖呀，煎着尸体的沸油；
可怕呀，遍地的腐骸如何凶丑；
死神捉着白姑娘拚命地搂；
美人蟫首变成狞猛的髑髅；
野兽般的生番在故宫里蛮争恶斗；
十字军战士的脸上充满了哀愁；
千年的棺材泄出它凶秽的恶臭；
铁蹄践着断骨，骆驼的鸣声变成怪吼；
上帝已逃，魔鬼扬起了火鞭复仇；
黄祸来了！黄祸来了！
亚细亚勇士们张大吃人的血口。

这德皇威廉因为要鼓吹"德国德国，高于一切"而大叫的"黄祸"[12]，这一张"亚细亚勇士们张大"的"吃人的血口"，我们的诗人却是对着"斡罗斯"，就是现在无产者专政的第一个国度，以消灭无产阶级的模范——这是"民族主义文学"的目标；但究竟因为是殖民地顺民的"民族主义文学"，所以我们的诗人所奉为首领的，是蒙古人拔都，不是中华人赵构[13]，张开"吃人的血口"的是"亚细亚勇士们"，不是中国勇士们，所希望的是拔都的统驭之下的"友谊"，不是各民族间的平等的友爱——这就是露骨的所谓"民族主义文学"的特色，但也是青年军人的作者的悲哀。

四

拔都死了；在亚细亚的黄人中，现在可以拟为那时的蒙古的只有一个日本。日本的勇士们虽然也痛恨苏俄，但也不爱抚中华的勇士，大唱"日支亲善"虽然也和主张"友谊"一致，但事实又和口头不符，从中国"民族主义文学者"的立场上，在己觉得悲哀，对他加以讽喻，原是势所必至，不足诧异的。

果然，诗人的悲哀的豫感好像证实了，而且还坏得远。当"扬起火鞭"焚烧"斡罗斯"将要开头的时候，就像拔都那时的结局一样，朝鲜人乱杀中国人[14],日本人"张大吃人的血口",吞了东三省了。莫非他们因为未受傅彦长先生的熏陶,不知"团结的力量"之重要,竟将中国的"勇士们"也看成菲洲的阿剌伯人了吗?!

五

这实在是一个大打击。军人的作者还未喊出他勇壮的声音,我们现在所看见的是"民族主义"旗下的报章上所载的小勇士们的愤激和绝望。这也是势所必至,无足诧异的。理想和现实本来易于冲突,理想时已经含了悲哀,现实起来当然就会绝望。于是小勇士们要打仗了——

"战啊,下个最后的决心,
杀尽我们的敌人,
你看敌人的枪炮都响了,
快上前,把我们的肉体筑一座长城。
雷电在头上咆哮,
浪涛在脚下吼叫,
热血在心头燃烧,
我们向前线奔跑。"
(苏凤:《战歌》。《民国日报》载。)
"去,战场上去,
我们的热血在沸腾,
我们的肉身好象疯人,
我们去把热血锈住贼子的枪头,
我们去把肉身塞住仇人的炮口。
去,战场上去。
凭着我们一股勇气,
凭着我们一点纯爱的精灵,
去把仇人驱逐,
不,去把仇人杀尽。"
(甘豫庆:《去上战场去》。《申报》载。)

"同胞，醒起来罢，
踢开了弱者的心，
踢开了弱者的脑。
看，看，看，
看同胞们的血喷出来了，
看同胞们的肉割开来了，
看同胞们的尸体挂起来了。"
　　（邵冠华：《醒起来罢同胞》。同上）

这些诗里很明显的是作者都知道没有武器，所以只好用"肉体"，用"纯爱的精灵"，用"尸体"。这正是《黄人之血》的作者的先前的悲哀，而所以要追随拔都元帅之后，主张"友谊"的缘故。武器是主子那里买来的，无产者已都是自己的敌人，倘主子又不谅其衷，要加以"惩膺"，那么，惟一的路也实在只有一个死了——

"我们是初训练的一队，
有坚卓的志愿，
有沸腾的热血，
来扫除强暴的歹类。
同胞们，亲爱的同胞们，
快起来准备去战，
快起来奋斗，
战死是我们生路。"
　　（沙珊：《学生军》。同上。）
"天在啸，
地在震，
人在冲，兽在吼，
宇宙间的一切在咆哮，
朋友哟，
准备着我们的头颅去给敌人砍掉。"

（给之津：《伟大的死》。同上。）

一群是发扬踔厉，一群是慷慨悲歌，写写固然无妨，但倘若真要这样，却未免太不懂得"民族主义文学"的精义了，然而，却也尽了"民族主义文学"的任务。

六

《前锋月刊》上用大号字题目的《黄人之血》的作者黄震遐诗人，不是早已告诉我们过理想的元帅拔都了吗？这诗人受过傅彦长先生的熏陶，查过中外的史传，还知道"中世纪的东欧是三种思想的冲突点"[15]，岂就会偏不知道赵家末叶的中国，是蒙古人的淫掠场？拔都元帅的祖父成吉思皇帝侵入中国时，所至淫掠妇女，焚烧庐舍，到山东曲阜看见孔老二先生像，元兵也要指着骂道："说'夷狄之有君，不如诸夏之无也'的，不就是你吗？"夹脸就给他一箭。这是宋人的笔记[16]里垂涕而道的，正如现在常见于报章上的流泪文章一样。黄诗人所描写的"斡罗斯"那"死神捉着白姑娘拚命地搂……"那些妙文，其实就是那时出现于中国的情形。但一到他的孙子，他们不就携手"西征"了吗？现在日本兵"东征"了东三省，正是"民族主义文学家"理想中的"西征"的第一步，"亚细亚勇士们张大吃人的血口"的开场。不过先得在中国咬一口。因为那时成吉思皇帝也像对于"斡罗斯"一样，先使中国人变成奴才，然后赶他打仗，并非用了"友谊"，送束帖来敦请的。所以，这沈阳事件，不但和"民族主义文学"毫无冲突，而且还实现了他们的理想境，倘若不明这精义，要去硬送头颅，使"亚细亚勇士"减少，那实在是很可惜的。

那么，"民族主义文学"无须有那些呜呼阿呀死死活活的调子吗？谨对曰：要有的，他们也一定有的。否则不抵抗主义，城下之盟[17]，断送土地这些勾当，在沉静中就显得更加露骨。必须痛哭怒号，摩拳擦掌，令人被这扰攘嘈杂所惑乱，闻悲歌而泪垂，听壮歌而愤泄，于是那"东征"即"西征"的第一步，也就悄悄的隐隐的跨过去了。落葬的行列里有悲哀的哭声，有壮大的军乐，那任务是在送死人埋入土中，用热闹来掩过了这"死",给大家接着就得到"忘却"。现在"民族主义文学"的发扬踔厉,或慷慨悲歌的文章,便是正在尽着同一的任务的。

但这之后,"民族主义文学者"也就更加接近了他的哀愁。因为有一个问题,更加临近,就是将来主子是否不至于再蹈拔都元帅的覆辙,肯信用而且优待忠勇的奴才,不,勇士们呢? 这实在是一个很要紧,很可怕的问题,是主子和奴才能否"同存共荣"的大关键。

历史告诉我们:不能的。这,正如连"民族主义文学者"也已经知道一样,不会有这一回事。他们将只尽些送丧的任务,永含着恋主的哀愁,须到无产阶级革命的风涛怒吼起来,刷洗山河的时候,这才能脱出这沉滞猥劣和腐烂的运命。

注 释

[1] 本篇最初发表于1931年10月23日上海《文学导报》第一卷第六、七期合刊,署名晏敖。

[2] "民族主义文学":1930年6月由国民党当局策划的文学运动,发起人是潘公展、范争波、朱应鹏、傅彦长、王平陵等国民党文人。主要刊物有《前锋周报》《前锋月刊》等。他们假借"民族主义"的名义,反对无产阶级革命文学,提倡反共、反人民的反革命文学,九一八事变后,又为蒋介石的投降卖国政策效劳。

[3] "为王前驱":语见《诗经·卫风·伯兮》,原是为王室征战充当先锋的意思。这里用来指"民族主义文学"为国民党"攘外必先安内"的卖国投降政策制造舆论,实际上也就是为日本侵略者进攻中国开辟道路。

[4] "宣言":指1930年6月1日发表的《民族主义文艺运动宣言》,连载于《前锋周报》第二、三期,鼓吹建立所谓"文艺的中心意识",即"民族意识",提出以"民族意识代替阶级意识",妄谈

艺术上的各种流派，内容支离破碎。

[5]《前锋月刊》："民族主义文学"的主要刊物。朱应鹏、傅彦长等编辑，1930年10月在上海创刊，1931年4月出至第七期停刊。

[6] 指蒋介石同冯玉祥、阎锡山在陇海、津浦铁路沿线为了争夺地盘而进行的军阀战争。这次战争自1930年5月开始，至10月结束，共死伤三十多万人，且士兵都是普通百姓。

[7] "腊丁民族"：这里泛指拉丁语系的意大利、法兰西、西班牙、葡萄牙等国人。腊丁，通译拉丁。

[8] "条顿民族"：泛指日耳曼语系的德国、英国、瑞士、荷兰、丹麦、挪威等国人。条顿，公元前居住在北欧的日耳曼部落的名称。

[9] 这是黄震遐《写在黄人之血前面》中的话，见1931年4月《前锋月刊》第一卷第七期。

[10] 成吉思汗：蒙古人，蒙古帝国奠基者、政治家、军事统帅，皇帝，1206年春至1227年8月25日在位，在位22年。成吉思汗因其作战的残酷性而闻名，并被许多人视为种族灭绝的统治者。然而，他也将丝绸之路置于一个有凝聚力的政治环境之下。这使得东北亚、西亚和基督教欧洲之间的交流和贸易相对容易，扩大了这三个地区的文化视野。他的孙子拔都于1235年至1244年先后率军西征，侵入俄罗斯和欧洲一些国家。

[11] 鞑靼、女真、契丹都是当时我国北方的民族。

[12] "威廉"：指威廉二世（1859—1941），德意志帝国皇帝，第一次世界大战的祸首。1907年他又说："……实际上创造'黄祸'这个名词的人就是我。""黄祸"论兴起于十九世纪末，盛行于二十世纪初，它宣称中国、日本等东方黄种民族的国家是威胁欧洲的祸害，为西方帝国主义对东方的奴役、掠夺制造舆论。

[13] 赵构（1107—1187）：即宋高宗，宋朝第十位皇帝，为了避开女真族（北方民族，满族祖先）的强大力量，他将朝廷迁至南方，建立了南宋。他在位55年，是软弱皇帝的象征。

[14] 九一八事变发生之前不久，由于日本帝国主义者的挑拨和指使，

平壤和汉城等地曾出现过袭击华侨的事件。

[15]"中世纪的东欧是三种思想的冲突点":引自黄震遐《写在黄人之血前面》。

[16]"宋人的笔记":指宋代庄季裕《鸡肋编》。《鸡肋编》所记多为唐宋年间轶事遗闻,共收三百余条笔记,谐谑有趣,记史实、名物、习俗等。"夷狄之有君,不如诸夏之无也",语见《论语·八佾》。

[17]"城下之盟":语见《左传》,指敌军兵临城下时被胁迫订立的条约,后来常用以指投降。

Tarea y destino de la "literatura nacionalista"[1]

I

La política colonial siempre protege y cría a gentes canallescas. A los ojos de los imperialistas, solo ellos son los esclavos más importantes, halcones y sabuesos muy útiles, que pueden implementar las tareas que el pueblo de la colonia está condenado a cumplir sin alternativa: ellos se apoyan en la violencia del imperialismo y utilizan el poder tradicional del país con el fin de eliminar el "caballo dañino para toda la manada" y los "malvados civiles" inquietos con su condición. Por lo tanto, estos canallas son los favoritos de los señores extranjeros en la colonia, o mejor dicho, perros mascota, cuyo estado es inferior al del dueño, pero siempre superior al de otros gobernados.

Desde luego, Shanghai no quedará fuera de este reglón. Como la policía no ejerce control sobre las pandillas locales, aunque los vendedores ambulantes cuentan con un pequeño capital propio, si no encuentran a algún canalla aparte como acreedor a quien le pagan grandes beneficios, les será difícil establecerse. E incluso en el año pasado, en los círculos literarios y artísticos, también surgieron inesperadamente "escritores" que "toman al viejo como mentor".

Pero este es solo uno de los hechos más revelados hasta el hueso. En realidad, aunque no sean miembros de las pandillas, muchos de los llamados "escritores y artistas" siempre están cumpliendo con el deber

---

[1] Este artículo fue publicado originalmente el 23 de octubre de 1931 en la edición combinada de número 6 y 7 del volumen I de la *Guía de Literatura* de Shanghai, bajo el seudónimo de Yan Ao.

de los "perros mascota". Si bien sus eslóganes son diferentes, tales como la supremacía del arte, la quintaesencia de la cultura china, el nacionalismo, así como el de arte para la humanidad, todos les sirven como si fueran distintas armas en la mano del policía, ya sea fusil de avancarga, de retrocarga, de rifle o Mauser, cuyo objetivo final es el único: matar a los antiimperialistas, o sea, los antigubernamentales, o los calificados como "contrarrevolucionarios", o simplemente a los civiles que están algo resentidos de la injusticia.

Entre las literaturas caninas de mascota, los que están batiendo el gong y el tambor con más pujanza son de la llamada "literatura nacionalista"[②]. Pero, en comparación con los notables méritos de los detectives, policías y verdugos, todavía son mucho más deslucidos. La razón está en que ellos se limitan a ladrar y no muerden directamente. Además, en general no son tan ágiles y feroces como los canallas, sino son nada más que cadáveres flotantes a la deriva, pero esto es exactamente la característica de la "literatura nacionalista", con la que puede seguir gozando del "favor".

Si hojeamos una de sus publicaciones, podemos ver que diversos hombres que previamente alardeaban de varios tipos de ismos se han juntado extrañamente. ¿Han sido acarreados para acá por las manos del gigante "nacionalismo"? No, ellos fueron los cadáveres que estaban flotando por la playa de Shanghai durante mucho tiempo, dispersos por todas partes en un principio, pero al ser empujados por la tormenta, flotaron hacia una misma parte juntándose y formando

---

② "Literatura nacionalista": Movimiento literario planeado por las autoridades de Kuomintang en junio de 1930. Fue patrocinado por escritores de Kuomintang como Pan Gongzhan, Fan Zhengbo, Zhu Yingpeng, Fu Yanchang y Wang Pingling. Lanzaron varias publicaciones como la *Vanguardia Semanal*, *Vanguardia Mensual* y otras. Bajo el nombre del "nacionalismo", se opuso a la literatura revolucionaria proletaria y abogó por la literatura reaccionaria especialmente anticomunista y contra el pueblo. Después del incidente del 18 de septiembre, sirvió para la política de rendición y traición de Chiang Kai-shek.

así una pila, y debido a lo podridos que están sus cuerpos, emiten un hedor bastante espeso.

Este tipo de "ladrido" y "hedor" se caracterizan por poder ser oídos u olidos más a distancia, lo que es beneficioso para el imperialismo. Esto se llama "pionero en la marcha del rey"[3], por lo tanto, la literatura cadáver errante sobrevivirá junto con la política de canallas.

II

¿Pero cuál es la tormenta arriba mencionada? Esta es la pequeña tormenta levantada luego de la emergencia vigorosa del proletariado. No fue que algunos de los llamados escritores y artistas del pasado no hubieran sentido, semiinconsciente o inconscientemente, la derrota de sí mismos. Entonces, a manera de autoengaño, utilizaron una variedad de bonitos términos para disimularse, proclamándose elevados y refinados, abiertos y comunicativos (dicho al estilo nuevo, son "decadentes"). Las cosas que pintaban eran mujeres desnudas, objetos estáticos y muerte, las que escribían eran luna y flores, tierra santa, insomnio, vino y mujer. A medida que el colapso de la vieja sociedad se hacía más claro y la lucha de clases se volvía más aguda, ellos empezaron a ver a su enemigo mortal, el proletariado que crearía una cultura nueva barriendo toda la suciedad del pasado, y se dieron cuenta de que ellos mismos eran de esta basura y compartirían el mismo destino con los gobernantes de arriba, por lo cual, necesariamente acudirían a reunirse bajo el estandarte de la "literatura nacionalista" erigido por los civiles sumisos de la nación

---

[3] "Pionero en la marcha del rey": Originalmente significa servir como una vanguardia para la familia real. Se utiliza aquí para referirse a la "literatura nacionalista", que propagaba la idea de que "para resistir la agresión extranjera se debe buscar primero la estabilidad doméstica" creando la opinión pública para la política de rendición y traición del Kuomintang, y de hecho esta política abrió el camino para la invasión de Japón a China.

dominada por el imperialismo, y estaban dispuestos a hacer el último forcejeo junto con sus amos.

Por eso, aunque son misceláneos cadáveres errantes, comparten el mismo objetivo que es igual al de sus amos: usar todos los medios para oprimir al proletariado y arrastrar su débil vida a prolongar el restante jadeo. Sin embargo, a fin de cuentas son misceláneas, y generalmente se quedan con algún pelaje restante del pasado, así que, desde que se emitió la declaración[④], no se ha visto ningún trabajo distintivo, y la declaración fue juntada por pequeñas y desordenadas misceláneas, que son insuficientes para ser evidencia.

Sin embargo, el número 5 de la *Vanguardia Mensual*[⑤] nos dio una obra clara, cuyo editor dice que esta es "la descripción práctica durante la participación en la expedición punitiva contra Yan Xishan y Feng Yuxiang[⑥]". No es rara una novela que describe asuntos militares, pero lo extraño es el estado de ánimo en el campo de batalla descrito por este autor "joven militar". Lo que él traza es el autorretrato de un "escritor nacionalista", y vale mucho citarse seriamente:

"Estaba de pie por las noches bajo las estrellas centelleantes, sosteniendo una carabina en la mano, escuchando el piar de insectos en mis oídos, y alrededor volaban innumerables mosquitos, lo que me hacía recordar el 'ejército extraterritorial' francés en el desierto de

---

④ "Declaración": Se refiere a la *Declaración del movimiento nacionalista de literatura y arte* emitida el 1 de junio de 1930 y serializada en los números 2 y 3 de *Vanguardia Semanal*. Abogó por el establecimiento de la llamada "conciencia central de la literatura y el arte", es decir, la "conciencia nacional" y propuso "reemplazar la conciencia de clase con la conciencia nacional". En ella, se hablaba de varios géneros del arte pero el contenido estaba muy fragmentado.

⑤ *Vanguardia Mensual*: Fue la publicación principal de la "literatura nacionalista". Los editores fueron Zhu Yingpeng, Fu Yanchang, etc.. Se creó en Shanghai en octubre de 1930 y dejaron de publicarse en abril de 1931 hasta el número 7.

⑥ Se refiere a la guerra entre los caudillos militares, Chiang Kai-shek, Feng Yuxiang y Yan Xishan, a lo largo de los Ferrocarriles Longhai y Jinpu compitiendo por la expansión de respectivos territorios. La guerra comenzó en mayo de 1930 y terminó en octubre. Más de 300 000 personas resultaron muertas o heridas en total, y los soldados eran plebeyos comunes.

África luchando en sangre contra los árabes". (*En la línea Long Hai de Huang Zhenxia*).

Resulta que, desde la vista de un "joven militar" o un "escritor nacionalista", las confusas guerras entre los caudillos militares feudales no eran lo que empujaba a las gentes del mismo pueblo chino a masacrarse mutuamente, sino que eran combates entre unos extranjeros y otros, eran cosas entre otros dos países, dos naciones, así que cuando entraba en la noche en el campo de batalla, él empezaba a sentirse en un estado flotante como si su piel se volviera blanca y el puente de su nariz se hiciera prominente, convirtiéndose en un soldado de alguna nación latina⑦, y se pusiera parado en la bárbara África. De allí no era de extrañar que hubiera considerado a todos plebeyos a su alrededor como enemigos y quisiera matarlos uno por uno. Para los franceses, en lo que respecta al nacionalismo, no hacía falta apiadarse de los árabes en África. Solo esta sección por sí sola, si la tomamos como un tema amplio, explica por qué los caudillos militares chinos se han hecho secuaces de los imperialistas, envenenando y masacrando al pueblo chino: eso es porque creen que son el "ejército extraterritorial francés"; si la tomamos por un tema estrecho, se comprueba que los "escritores nacionalistas" chinos en lo fundamental solo comparten la felicidad y la tristeza conjuntamente con sus amos extranjeros, pero ¿por qué se llaman "nacionalistas" para confundir y engañar a los lectores? Y eso se deba a que a veces se sienten por sí mismos como nacionales latinos, o nacionales teutónicos⑧.

---

⑦ "Nación latina": Aquí se refiere a los pueblos latinos como italiano, francés, español, portugués y otros pueblos de origen latín.
⑧ "Nacionales teutónicos": En sentido general, se refieren a alemanes, británicos, suizos, holandeses, daneses, noruegos y otros pueblos germánicos. Los teutones fueron de la tribu germánica que vivía en el norte de Europa antes de Cristo.

III

Como el señor Huang Zhenxia escribió con tanta franqueza, el estado de ánimo fue real, por supuesto, pero si se presume según el intelecto que se muestra en su novela, todavía hay un pequeño tabú no mencionado deliberadamente, lo que no fue por desconocerlo. Es que cambió el "ejército francés de Annam" borrosamente en un "ejército extraterritorial francés", por lo cual queda más lejos de ser una "descripción real", y también atrajo la disputa mencionada en la sección anterior.

Pero el autor es inteligente. Había escuchado "muchos comentarios de mi amigo el señor Fu Yanchang en tiempos ordinarios... fui edificado innegablemente en varios puntos"[9], y después de una investigación textual de la historia de China y del extranjero, seguidamente escribió una poesía dramática que es más pertinente a este tema del "nacionalismo", y esta vez no recurrió a los franceses, sino que a "La sangre de los hombres amarillos", véase en el número 7 de la *Vanguardia Mensual*.

El episodio de la poesía dramática consiste en la expedición al oeste de la raza amarilla, el comandante general fue el mariscal Batú Kan, nieto de Gengis Kan[10], de verdadera raza amarilla. El destino por conquistar fue Europa, pero se fijó exclusivamente en Rusia —este fue la meta del autor—; la composición de las fuerzas aliadas fue de las etnias Han, Tártaro, Jurchen y Kitán[11] —este fue el plan del

---

[9] Son palabras que escribió Huang Zhenxia en *Escrito ante la sangre de los hombres amarillos.* (véase *Vanguardia*, Vol. VII, N.º 1, abril de 1931)

[10] Gengis Kan: Fundador, político y comandante militar del Imperio mongol. Reinó 22 años desde la primavera de 1206 hasta el 25 de agosto de 1227. Es conocido por la brutalidad de su combate y es considerado por muchos como gobernante de genocidio. Sin embargo, también colocó la Ruta de la Seda en un entorno político cohesivo. Esto hizo que la comunicación y el comercio entre el noreste de Asia, Asia occidental y la Europa cristiana fueran relativamente fáciles, ampliando los horizontes culturales de estas tres regiones. Su nieto Batú dirigió una expedición militar desde 1235 hasta 1244, invadiendo Rusia y algunos países europeos.

[11] Tártaro, Jurchen y Kitán eran todos grupos étnicos en el norte de China en ese momento.

autor—; deberían triunfar todo el camino, pero fue lamentable que las cuatro etnias ignoraran la importancia de la "amistad" y el "poder de la solidaridad", así que se mataron los unos a los otros, de modo que los guerreros blancos se aprovecharon —esta es la alegoría satírica del autor, y también su tristeza—.

Pero veamos lo impetuoso y despiadado de este ejército amarillo:

…
¡Horrible! Hirviendo el aceite con el cadáver freído;
¡Terrible! Cuán feos en todas partes los huesos podridos;
La Muerte atrapa a la chica blanca abrazándola con todo apretón;
La bonita frente de la guapa se convierte en un cráneo furioso;
Los salvajes incivilizados como fieras están peleando irritados;
Está lleno de tristeza y pesadumbre el rostro del guerrero cruzado;
Del ataúd del milenio se fuga su tremendo hedor asqueroso;
Los cascos de hierro perforan hueso roto, y la canción de camello se oyó como rugido extraño;
Dios se ha huido, y el diablo para vengarse levantó el látigo de fuego;
¡Se vienen los infortunios amarillos! ¡Aquí viene el amarillo peligroso!
Los guerreros asiáticos abrieron la boca de antropófago sangriento.

Con su objeto de pregonar que "Alemania, Alemania está por encima de todo", el emperador Guillermo II de Alemania voceó el "peligro amarillo"[12], pero nuestro poeta usó esta "sangrienta boca carnicera" abierta de los "guerreros asiáticos", para apuntar a la

---

[12] Guillermo II de Alemania (1895–1941): Emperador del Imperio alemán y el culpable de la Primera Guerra Mundial. En 1907, dijo: "… De hecho, la persona que acuñó el término 'peligro amarillo' soy yo." El concepto del "peligro amarillo" surgió a fines del siglo XIX y prevaleció a principios del siglo XX. Proclamaban que los países de los grupos étnicos amarillos de China, Japón y otros países eran un flagelo que amenazaba a Europa, y creaban opinión pública para la esclavitud del imperialismo occidental y el saqueo del este.

"Rusia", el primer país de la dictadura proletaria, para aniquilar el modelo del proletariado, siendo esto la meta de la "literatura nacionalista". Sin embargo, la "literatura nacionalista" es, en fin de cuentas, la de un pueblo sumiso de la colonia, por eso el líder a quien nuestro poeta adora es el mongol Batú, y no el chino Zhao Gou[13], y los guerreros con la boca sangrienta de antropófago abierta son asiáticos, pero no chinos; lo que desea es la "amistad" bajo la dominación de Batú, y no una amistad igualitaria entre las diferentes etnias. Esta es la característica explícita de la llamada "literatura nacionalista", que también es la tristeza del autor joven militar.

IV

Ahora Batú murió; dentro de la raza amarilla en Asia, la que pudiera imitar a la Mongolia de aquel tiempo solo podría ser el Japón. Los guerreros japoneses también odian a la Rusia soviética, pero tampoco acarician a los guerreros chinos. Aunque el canto en tono alto de "cariño y bondad nipón-china" conforma a la promoción de la "amistad", los hechos no concuerdan con las palabras. Desde la posición de los "escritores nacionalistas" chinos lo han sentido tristes. Ridiculizarlo es naturalmente encauzado por la situación y no para sorpresa.

Efectivamente, el triste presagio del poeta parece ser evidenciado, y ha sido mucho peor. Igual al resultado de ese momento de Batú, al empezar a "levantar el látigo de fuego" para quemar la "Rusia", los coreanos masacraron a los chinos sin distinción[14], y los japoneses

---

[13] Zhao Gou (1107–1187): Al principio fue el décimo emperador de la dinastía Song, y para evitar las potentes fuerzas de los jurchen (etnia norteña y antepasados de los manchúes), trasladó la corte al sur y estableció la dinastía Song del Sur. Reinó 55 años. Fue símbolo de un emperador débil en la historia.

[14] Poco antes del incidente del 18 de septiembre, hubo incidentes en Pyongyang y Seúl que atacaron a residentes chinos locales a causa de que los imperialistas japoneses habían sembrado discordia e instigación.

"abriendo la gran boca sangrienta de antropófago" tragaron las tres provincias del noreste de China. ¡¿Acaso porque no hayan sido edificados por el señor Fu Yanchang y no sepan la importancia del "poder de la solidaridad", e incluso hayan considerado a los "guerreros" chinos como los árabes en África?!

<h2 style="text-align:center">V</h2>

Esto es realmente un golpe fuerte. El autor militar aún no ha lanzado su valiente grito, lo que ya podemos ver ahora es la ira y la desesperación de los pequeños guerreros reportados en la prensa bajo la bandera del "nacionalismo". Esto es también el resultado conducido por la situación y no es una sorpresa. El ideal y la realidad son fáciles de entrar en conflicto, porque el ideal ya lleva en sí la tristeza, y al ponerse en práctica, por supuesto, se sentirá desesperado. Entonces, los pequeños guerreros se disponen a luchar en la guerra:

"Lucha, toma la última resolución final,
a aniquilar a todos nuestros enemigos,
ves, los fusiles y cañones del enemigo ya están sonando,
adelante, construyamos una gran muralla con nuestra carne.
Los truenos y relámpagos rugiendo sobre la cabeza,
las olas y tumbos bramando bajo las plantas,
la sangre está ardiendo en el corazón y alma,
estamos corriendo hacia el frente a toda marcha".
("Canción de guerra" de Su Feng, *El diario de la República de China.*)

"Vámonos, al campo de la batalla,
nuestra sangre está hirviendo,
nuestro cuerpo carnal es como un loco,

oxidamos la punta del fusil de los bandidos con nuestra sangre,
y tapamos la boca de su cañón con nuestro cuerpo.
Vámonos, al campo de la batalla,
en virtud de nuestro coraje,
con los elfos de nuestro puro amor,
vamos a expulsar a los enemigos,
digo, a aniquilar a todos los enemigos".
("Vamos al campo de batalla" de Gan Yuqing, *Shen Bao*)

"Compatriotas, pónganse despiertos,
apartando a patadas el corazón del ser débil,
apartando a patadas el cerebro del ser débil.
Mira, mira, mira,
ves, ya está brotando la sangre de nuestros compatriotas,
ves, ya está acuchillada la carne de nuestros compatriotas,
ves, ya están colgados los cadáveres de nuestros compatriotas".
("Despierten, compatriotas" de Shao Guanhua, *ibid.*)

En estos poemas, obviamente los autores sabían que no contaban con armas, por eso, tenían que usar "cuerpo", los "elfo de amor puro" y los "cadáveres". Esta era exactamente la pesadumbre anterior del autor de "La sangre de los hombres amarillos", razón por la que abogó por la "amistad" después de seguir al mariscal Batú. Ahora, las armas han sido compradas de su amo y todos los proletarios son sus enemigos, así que si el amo no le comprende su difícil condición y embarazo e insiste en "ejercer castigos". Entonces, la única salida que le queda será la muerte verdaderamente:

"Somos un equipo de entrenamiento inicial,

tenemos voluntad fiel y firme,

está hirviendo nuestra sangre,

limpiaremos los brutales bandidos.

Compatriotas, nuestros queridos,

levántense y prepárense a pelear,

de pie, y a luchar

combatir a muerte es la ruta de nuestro alzar".

("Ejército de Estudiantes" de Sha Shan, *ibid.*)

"El cielo está bramando,

la tierra está temblando,

la gente arrojando y las bestias gritando,

todo en el universo está rugiendo,

amigos míos,

preparados a ser decapitados por el enemigo".

("La gran muerte" de Gei Zhijin, *ibid.*)

Un grupo muestra la energía y el coraje para salir adelante; un grupo canta en el tono trágico y valeroso. Desde luego ponerlo en escritura no tendría daño, pero si realmente actuaran así, entenderían demasiado poco de la esencia de la "literatura nacionalista". No obstante, de todo modo se ha cumplido la tarea de ella.

VI

¿No nos había hablado del mariscal ideal Batú el poeta Huang Zhenxia, autor del poema de "La sangre de los amarillos", título puesto con caracteres grandes en la *Vanguardia Mensual*? Este poeta había sido edificado gradualmente por el señor Fu Yanchang, había consultado la historia de China y de países extranjeros, y también sabía que "Europa del Este en la Edad Media fue el punto conflictivo de los tres tipos de pensamientos"⑮, pero ¿cómo que no sabía particularmente que China, a finales de la dinastía de la familia Zhao, era el campo de violación sexual y saqueo sin freno de los mongoles? Cuando Gengis Kan, el abuelo del mariscal Batú, invadió a China, los mongoles violaron y saquearon a las mujeres, quemaron las casas, y al ver la imagen del señor Confucio en el distrito Qu Fu, Shandong, los soldados mongoles lo señalaron maldiciendo: "¿No eres tú el que decía: 'Haber un soberano en las regiones bárbaras no es bueno como no haberlo en los reinos de la etnia Han?'" Y en la mejilla le disparó una flecha. Estas fueron las notas escritas por la gente de la dinastía Song⑯ mientras derramando lágrimas, al igual que los artículos llorosos que se ven comúnmente ahora en los periódicos. Las maravillosas descripciones del poeta Huang tal como la "Muerte de Rusia" que "atrapa a la chica blanca abrazándola con todo apretón..." son las mismas situaciones verdaderas que se presentaban en China en aquel tiempo. Pero ¿no es que al llegar el tiempo de su nieto, ellos se unieron de mano para la "expedición hacia el oeste"? Ahora que los soldados japoneses emprendieron una "expedición al este" y ocuparon las tres provincias orientales de China, lo que corresponde al primer paso de la "expedición al oeste" ideal de los "escritores nacionalistas", siendo el espectáculo inicial de "los guerreros asiáticos abriendo la sangrienta boca de antropófago". Pero ante todo, tuvieron que dar la mordedura a China, porque igual al trato de Gengis Kan a la "Rusia" de aquel tiempo, primero convertirían a los chinos en esclavos y

---

⑮ "Europa del Este en la Edad Media fue el punto conflictivo de los tres tipos de pensamientos": Citado del *Escrito ante la sangre de los hombres amarillos de Huang Zhenya*.
⑯ "Notas escritas por la gente de la dinastía Song": Se refieren a la *Compilación de Costilla de pollo de Zhuang Jiyu* en la dinastía Song, que contiene un total de más de 300 notas sobre las anécdotas de las dinastías Tang y Song. Es divertido e interesante, y registra hechos históricos, cosas famosas, costumbres, etc. Para la frase de "Las regiones de los Yi y Di que contaban con un rey no alcanzaban al desarrollo de los reinos de Xia que no lo tenía", véase *Las Analectas de Confucio - Bayi*.

luego los obligarían a pelear, en lugar de recurrir a la "amistad" enviando tarjetas de invitación para instarlos cordialmente. Por lo tanto, este incidente de Shenyang no solo no tuvo ningún conflicto con la "literatura nacionalista", sino que hizo realizada la situación de su ideal. Si no se conociera esta esencia, se les mandaría cabezas forzosamente, de modo que se redujera el número de los "guerreros asiáticos", eso sería realmente una lástima.

Entonces, ¿la "literatura nacionalista" no necesita tener todos esos tonos quejumbrosos y moribundos tales como uf, ay, oh a vivir, oh a morir, etc.? Respondiendo con cautela: sí que los necesita, y ellos seguramente los utilizan. De otro modo, sus sucios trucos de la no resistencia, los tratados firmados bajo coacción ante el cerco[17], así como el abandono de territorios, serían aún más fáciles de revelarse en el silencio. Tienen que llorar dolorosos y aullar enojados, frotando palmas y apretando puños, para perturbar a las personas con ese tumulto y rebullicio, y la gente generalmente derrama lágrimas por las canciones tristes y ventila la ira por las canciones de poder y grandeza, así que la "Expedición Oriental", o sea, el primer paso de la "Expedición Occidental" se deslizará de la atención silenciosa y sigilosamente. En la procesión de entierro, se escuchan tristes gritos y se ejecuta la poderosa música militar, cuya tarea es enviar al muerto a ser enterrado, usando la bulliciosa actividad para cubrir la "muerte", lo que traerá seguidamente a todos el "olvido". Ahora, la "literatura nacionalista", llena de la muestra de energía y coraje para salir adelante y de las canciones en tono trágico y valeroso, están cumpliendo precisamente la misma tarea.

Pero después de esto, el "escritor nacionalista" se acercará más

---

[17] "Tratados firmados bajo coacción ante el cerco": Véase *Zuo Zhuan - Año 12 del Rey Huangong*. Se refiere a un tratado aceptado por la parte cercada antes de que las fuerzas enemigas lanzaran el ataque a la ciudad, y luego esta locución se usa para referirse a la rendición.

a su pesadumbre, porque está más aproximado un problema, que es: ¿si su amo en el futuro llegará a tal punto de volver a pisar los mismos carriles del carro volcado del mariscal Batú y estará dispuesto a confiar y tratar con favor a los leales y valientes esclavos, no, los guerreros? Esto es realmente un problema muy importante y terrible, que constituye la mayor clave para determinar si los amos y los esclavos pueden "coexistir y prosperar juntos".

La historia nos enseña: no lo podrán. Esto, como ya saben los "escritores nacionalistas", no ocurrirá cosa como tal. Ellos solo podrán cumplir con algunas tareas fúnebres, y siempre conservarán la tristeza reacia a separarse de su amo. Solo cuando comience a rugir la tormenta de la revolución proletaria lavando los ríos y montañas, podrán zafarse de este destino tan estancado, abyecto y podrido.

沉滓的泛起[1]

日本占据了东三省以后的在上海一带的表示，报章上叫作"国难声中"。在这"国难声中"，恰如用棍子搅了一下停滞多年的池塘，各种古的沉滓，新的沉滓，就都翻着筋斗漂上来，在水面上转一个身，来趁势显示自己的存在了。

自信现在可以说能打仗的，是要操练久不想起的洋枪了，但也有现在也不想说去打仗的，那就照欧洲大战时候的德意志帝国的例，来"头脑动员"，以尽"国民一份子"的义务。有的去查《唐书》[2]，说日本古名"倭奴"；有的去翻字典，说倭是矮小之意；有的记得了文天祥，岳飞，林则徐，[3]——但自然，更积极的是新的文艺界。

先说一点另外的事罢，这叫作"和平声中"。在这样的声中，是"胡展堂先生"[4]到了上海，据说还告诫青年，教他们要养"力"勿使"气"。灵药就有了。第二天在报上便见广告道："胡汉民先生说，对日外交，应确定一坚强之原则，并劝勉青年须养力，毋泄气，养力就是强身，泄气就是悲观，要强身祛悲观，须先心花怒放，大笑一次。"但这样的宝贝是什么呢？是美国的一张旧影片，将探险滑稽化以博小市民一笑的《两亲家游非洲》。

至于真的"国难声中的兴奋剂"呢，那是"爱国歌舞表演"[5]，自己说，"是民族性的活跃，是歌舞界的精髓，促进同胞的努力，达到最后的胜利"的。倘有知道这立奏奇功的大明星是谁么？曰：王人美，薛玲仙，黎莉莉。

然而终于"上海文艺界大团结"了。《草野》[6]（六卷七号）上记着盛况道："上海文艺界同人，平时很少联络，在严重时期，除各个参加其他团体的工作外，复由谢六逸，朱应鹏，徐蔚南[7]三人发起，……集会讨论。在十月六日下午三点钟，已陆续到了东亚食堂,……略进茶点,即开始讨论,颇多发挥,……最后定名为上海文艺界救国会[8]"云。

"发挥"我们还无从知道,仅据眼前的方法看起来,是先看《两亲家游非洲》以养力,又看"爱国的歌舞表演"以兴奋,更看《日本小品文选》[9]和《艺术三家言》[10]并且略进茶点而发挥。那么,中国就得救了。

不成。这恐怕不必文学青年,就是文学小囡囡,也未必会相信。没有法子,只得再加上两个另外的好消息,就是目前的爱国文艺家所主宰的《申报》所发表出来的——

十月五日的《自由谈》里叶华女士云:"无办法之国民,如何有有办法之政府。国联绝望矣。……际兹一发千钧,全国国民宜各立所志,各尽所能,各抒所见,余也不才,谨以战犬问题商诸国人。……各犬中,要以德国警犬最称职,余极主张吾国可选择是犬作战……"

同月二十五日也是《自由谈》里"苏民自汉口寄"云:"日者寓书沪友王子仲良,间及余之病状,而以不能投身义勇军为憾。王子……竟以灵药一裹见寄,云为培生制药公司所出益金草,功能治肺痨咳血,可一试之。……余立行试服,则咳果止,兼旬而后,体气渐复,因念……一旦国家有事,吾必身列戎行,一展平生之壮志,灭此朝食[11],行有日矣。……"

那是连病夫也立刻可以当兵,警犬也将帮同爱国,在爱国文艺家的指导之下,真是大可乐观,要"灭此朝食"。只可惜不必文学青年,就是文学小囡囡,也会觉得逐段看去,即使不称为"广告"的,也都不过是出卖旧货的新广告,要趁"国难声中"或"和平声中"将利益更多的榨到自己的手里的。

因为要这样,所以都得在这个时候,趁势在表面来泛一下,明星也有,文艺家也有,警犬也有,药也有……也因为趁势,泛起来就格外省力。但因为泛起来的是沉滓,沉滓又究竟不过是沉滓,所以因此一泛,他们的本相倒越加分明,而最后的运命,也还是仍旧沉下去。

(十月二十九日。)

注 释

[1] 本篇最初发表于1931年12月11日上海《十字街头》第一期，署名它音。

[2] 《唐书》：包括《旧唐书》和《新唐书》，分别为后晋刘昫等和宋代欧阳修等撰。两书的《东夷传》中都有关于"倭奴"的记载。

[3] 文天祥（1236—1283），吉州庐陵（今江西吉安）人，南宋大臣，在南方坚持抗元斗争，兵败被俘，坚贞不屈，后被杀。岳飞（1103—1142），相州汤阴（今属河南）人，南宋名将，坚持对抗女真人的金朝（1115—1234）的入侵，后来被是投降派的皇帝赵构和奸臣秦桧杀害。林则徐（1785—1850），福建闽侯（今属福州）人，清朝大臣，鸦片战争中积极抵抗英帝国主义的侵略，后被清政府流放新疆。

[4] 胡展堂（1879—1936）：名汉民，广东番禺人，国民党右派政客。他是四一二反革命政变的同谋者。1931年10月14日胡汉民曾发表对时局的意见并说道："学生固宜秉为民前锋之精神努力，惟宜多注意力的准备，毋专为气的发泄。"

[5] "爱国歌舞表演"以及下文的引语，见1931年10月《申报·本埠增刊》连续登载的黄金大戏院的广告。

[6] 《草野》：原为半月刊，后改为周刊，王铁华、汤增敭编辑，自称是"文学青年的刊物"。1929年9月在上海创刊，1930年起鼓吹"民族主义文学"。作者在下文提到的"文学青年"和"文学小团团"都是对他们的讽刺。

[7] 谢六逸（1896—1945），贵州贵阳人，文学研究会成员，当时是复旦大学教授。徐蔚南，江苏吴县人，是当时世界书局的编辑。

[8] "上海文艺界救国会"：民族主义文学派打着"抗日""救国"旗号组织的文艺团体，也有少数中间派人士参加，1931年10月6日在上海成立。

[9]《日本小品文选》：即《近代日本小品文选》，谢六逸选译，1929年上海大江书铺出版。
[10]《艺术三家言》：傅彦长、朱应鹏、张若谷合著，1927年上海良友图书公司出版。
[11]"灭此朝食"：语出《左传》。齐晋两国之战中齐侯说："余姑剪灭此而朝食。"意为急于要消灭敌人。

Reflotación de sedimentos[1]

La reacción en el área de Shanghai con respecto a la ocupación de Japón de las tres provincias nordestes es llamado por la prensa como "resonancia de la calamidad nacional". Durante la cual, como si una charca hubiera sido revuelta por un palo después de quedar estancada por muchos años, toda clase de sedimentos, los antiguos y los recientes, han ascendido con volteretas, dando un giro en la superficie del agua para aprovecharse de la situación a mostrar su propia existencia.

Los que confían en sí mismos para decir que pueden luchar en la guerra, y van a practicar las armas extranjeras que no recuerdan por mucho tiempo, pero también hay otros que no quieren decir que vayan a luchar, así que siguiendo el ejemplo del Imperio alemán durante la Guerra Europea, van a hacer una "movilización cerebral" para cumplir con su deber como "un miembro de la nación". Algunos consultan el *Libro de Tang*[2] y dicen que el antiguo nombre de Japón era de "esclavos enanos"; algunos hojean diccionarios y dicen que "enano" significa "bajo y pequeño", mientras que otros se acuerdan

---

[1] Este artículo fue publicado originalmente en el número 1 de *Al cruce de la calle* en Shanghai el 11 de diciembre de 1931 bajo el seudónimo de Ta Yin.
[2] "*Libro de Tang*": Abarca *Libro de Tang viejo* y *Libro de Tang nuevo*, que fueron escritos respectivamente por Liu Dian de la dinastía Jin posterior (936–947) y Ouyang Xiu de la dinastía Song (960–1279). "La Biografía de los bárbaros del Este (Dongyi)" que aparece en ambos libros contiene registros sobre "wonu (esclavos enanos)".

de Wen Tianxiang, Yue Fei, Lin Zexu,[3] pero por supuesto, el sector más activo es el nuevo círculo de literatura y arte.

Ante todo, permítanme hablar de un asunto extra, que se llama la "resonancia de la paz", en medio de la cual el "Sr. Hu Zhantang"[4] llegó a Shanghai, y dicen que adicionalmente advirtió a los jóvenes que cultivaran la "fuerza" y no descargaran el "gas de ira". Así, se encontró la panacea. Al día siguiente, se vio un anuncio en el periódico: "El Sr. Hu Hanmin dijo que, en la diplomacia respecto a Japón, debemos establecer un principio de firmeza, además, persuadir y alentar a los jóvenes a cultivar la fuerza, y no desanimarse, porque el anterior hace el cuerpo fuerte y el posterior conduce al pesimismo. Para fortalecer el cuerpo y disipar el pesimismo, ante todo el corazón deben hacer su corazón estallar en flores de alegría y reírse a carcajadas una vez". ¿Pero qué podría ser un tesoro para eso? Será una vieja película americana titulada *Los consuegros de dos familias viajan en África* (*The Cohens and the Kellys in Africa*) que convierte la aventura en una comedia ridiculizada para ganar la risa de los pequeños civiles urbanos.

En cuanto al "excitante en la repercusión del desastre nacional", será los "espectáculos patrióticos de canciones y bailes"[5]. Ellos

---

[3] Wen Tianxiang (1236–1283), nativo de Luling, Jizhou (ahora Ji'an, Jiangxi), ministro de la dinastía Song del Sur. Persistió en la lucha contra la invasión del Yuan. Fue derrotado y capturado, pero no se rindió a los invasores y murió asesinado. Yue Fei (1103–1142), nativo de Tangyin de Xiangzhou (ahora Henan), fue un general muy famoso de la dinastía Song del Sur. Debido a persistir en la guerra contra la invasión de la dinastía Jin (1115–1234) de la etnia Jurchen, fue asesinado por los rendidos representados por el emperador Zhao Gou y el cortesano dañino Qin Hui. Lin Zexu (1785–1850), nativo de Minhou (ahora Fuzhou) de Fujian, ministro de la dinastía Qing. Resistió activamente la agresión imperialista en la Guerra del Opio, pero fue exiliado a Xinjiang por el gobierno Qing.

[4] Hu Zhantang (1879–1936): Se llama también Hanmin, nativo de Panyu, Guangdong, político derechista del Kuomintang. Fue un cómplice de la masacre antirrevolucionaria del 12 de abril de 1927. Emitió una opinión sobre la situación actual el 14 de octubre de 1931, diciendo: "Los estudiantes deberían adherirse al espíritu de ser vanguardia del pueblo, deberían prestarle más atención a la preparación de la fuerza, no dedicarse a desahogar el gas de ira".

[5] "Espectáculos patrióticos de canciones y bailes" y la siguiente cita se pueden encontrar en los anuncios del Gran Teatro de Oro que se publicaron sucesivamente en el *Suplemento del local* del *Shen Bao* en octubre de 1931.

mismos los califican como la "vivacidad del carácter nacional y la esencia del círculo de la canción y el baile, que pueden promover a compatriotas a esforzarse y conducir a la victoria final". ¿Alguien sabe quiénes son las superestrellas que están contribuyendo estos extraordinarios méritos? Son Wang Renmei, Xue Lingxian, Li Lili.

Sin embargo, por fin se vio "la gran unidad de los círculos literarios y artísticos en Shanghai". El *Desierto de Hierbas*⑥ (número 6 del volumen Ⅶ) reportó: "Los colegas de los círculos literarios y artísticos de Shanghai en días ordinarios tienen poco contacto entre sí, pero en este tiempo severo, además de participar en el trabajo de otros grupos respectivos, con la iniciación del trío de Xie Liuyi⑦, Zhu Yingpeng, Xu Weinan, … se convocó una reunión para discusión. A las tres en punto de la tarde del 6 de octubre, ya habían llegado sucesivamente al refectorio del Este de Asia… Después de tomar unos ligeros refrescantes, comenzaron las discusiones y expusieron muchas opiniones, … finalmente, decidieron el nombre de Federación para la Salvación Nacional de Círculos Literarios y Artísticos de Shanghai⑧, etc.

De las "opiniones expuestas" todavía no tenemos forma de saber, pero según el modo actual, deben visionar primero la película *Los consuegros de dos familias viajan en África* para cultivar la fuerza, luego presenciar los "espectáculos patrióticos de canciones y bailes"

---

⑥ *Desierto de Hierbas*: Fue originalmente una revista bimensual, luego se cambió a una semanal, editada por Wang Tiehua y Tang Zengyang, y afirmó ser la "publicación para jóvenes literarios". Fue lanzada en Shanghai en septiembre de 1929 y abogó por la "literatura nacionalista" en 1930. Los "jóvenes literarios" y los "cándidos chiquillos literarios" mencionados por el autor a continuación en el texto son la ironía para ellos.
⑦ Xie Liuyi (1896–1945), nativo de Guiyang, Guizhou, miembro de la Sociedad de Investigación Literaria y profesor de la Universidad de Fudan. Xu Weinan, nativo de Wuxian, Jiangsu, fue el editor de la Casa del Libro Mundial de aquel entonces.
⑧ "Federación para la Salvación Nacional de Círculos Literarios y Artísticos de Shanghai": Grupo literario y artístico organizado por la escuela literaria nacionalista bajo las banderas de "Antijaponés" y "Salvación de la Nación". También participaron algunos centristas. Fue establecido en Shanghai el 6 de octubre de 1931.

para excitarse, aún deben leer la *Antología de ensayos japoneses*[9] y *Opiniones del trío sobre el arte*[10]. Además, necesitan tomar algunos refrescantes para exponer unas opiniones. De esta manera, China obtendrá la salvación.

Eso no funciona. Se teme que no necesariamente los jóvenes literarios, incluso los cándidos chiquillos literarios tampoco lo crean. No le queda otro remedio que agregar otras dos noticias buenas, es decir, las palabras emitidas por la dama Ye Hua el 5 de octubre en la columna de la *Charla libre* en el *Shen Bao* dominado por los actuales escritores y artistas patrióticos: "Si los ciudadanos no tienen solución, ¿cómo puede tener una solución el gobierno? La Liga de las Naciones ya es decepcionante... En momento tan peligroso como mil picos suspendidos por un solo pelo, los nacionales de todo el país debemos establecer nuestra propia voluntad, hacer lo mejor que podamos, opinar lo que cada uno piense. Como tan incapaz que soy yo, solo quisiera consultarles a todos los nacionales sobre el tema de los perros de guerra... Entre los diversos tipos de perros, los más competentes son los perros policía alemanes, así que recomiendo firmemente que nuestro país pueda optar por recurrir a perros para luchar en la guerra..."

El 25 del mismo mes, también se publicaron en la *Charla libre* las palabras de *Su Min enviadas de Hankou* diciendo: "Un día escribí una carta al señor Wang Zhongliang, mi amigo en Shanghai, en la que mencioné los síntomas de mi enfermedad y lamenté por no poder unirme al ejército de voluntarios. Inesperadamente... el señor Wang me envió un paquete de una panacea, diciendo que era la 'hierba

---

⑨ *Antología de ensayos japoneses*: También titulada como *Obras seleccionadas de ensayos japoneses en los tiempos modernos*, traducida por Xie Liuyi, publicada por la Librería Dajiang de Shanghai en 1929.
⑩ *Opiniones del trío sobre el arte*: Escrito en colaboración entre Fu Yanchang, Zhu Yingpeng y Zhang Ruogu, publicado por la Compañía Editorial Liangyou de Shanghai en 1927.

Yijin' fabricada por la Farmacia Peisheng, que era una medicina beneficiosa al tratamiento de tuberculosis y tos de sangre y que yo pudiera probarla. ... De inmediato la probé, y efectivamente se detuvo la tos. Después de dos decenas de días me recuperé gradualmente con la energía vital. Debido a tener presente que... una vez que la nación tenga alguna necesidad, estaré dispuesto a ir en las filas armadas para realizar mi gran voluntad por la vida. Ya estarán contados los días para cuando aniquilar a los enemigos antes de desayunar[①]..."

Entonces incluso los enfermizos podrán ser soldados inmediatamente, los perros policía también podrán ayudar con el patriotismo, y bajo la guía de los patrióticos literarios y artistas, todo quedará sumamente optimista, y así podrán "aniquilar a los enemigos antes del desayuno". Solo es lamentable que no necesariamente los jóvenes literarios, incluso los cándidos chiquillos literarios, si lo leen párrafo por párrafo, también sientan que pese a no llamarlos "anuncios publicitarios", serán nada más que publicidades nuevas para vender productos viejos, aprovechando la "resonancia de la calamidad nacional" o la "resonancia de la paz" a fin de exprimir más beneficios para sus propias bolsas.

Como quieren tener este efecto, todos quieren aprovechar este momento para asomarse a la superficie del agua. Se ven las estrellas, se presencian los escritores y artistas, se mencionan los perros policía, así como se presentan los medicamentos, etc. Y como están aprovechándose de las tendencias favorables, su flotación economiza excepcionalmente la fuerza. Pero debido a que las cosas reflotadas

---

[①] "Aniquilar a los enemigos antes de desayunar": Fue la frase lanzada por el marqués del reino Qi, que refleja lo ansioso por destruir al enemigo, registrada en el "Segundo año de Cheng Gong" de la crónica titulada *Zuo Zhuan*, el primer trabajo chino de historia narrativa cubriendo el período de 722 a. C. a 468 a. C. Es una de las fuentes más importantes para comprender la historia durante el Período de Primavera y Otoño.

son viejos sedimentos y los sedimentos son al fin y al cabo residuos de sedimentación, una vez asomados, su aspecto original se muestra más clara, pero su destino final aún será hundirse al fondo.

29 de octubre

《夏娃日记》小引[1]

玛克·土温（Mark Twain）[2]无须多说，只要一翻美国文学史，便知道他是前世纪末至现世纪初有名的幽默家（Humorist）。不但一看他的作品，要令人眉开眼笑，就是他那笔名，也含有一些滑稽之感的。

他本姓克莱门斯（Samuel Langhorne Clemens，1835—1910），原是一个领港，在发表作品的时候，便取量水时所喊的讹音[3]，用作了笔名。作品很为当时所欢迎，他即被看作讲笑话的好手；但到一九一六年他的遗著《The Mysterious Stranger》一出版，却分明证实了他是很深的厌世思想的怀抱者了。

含着哀怨而在嘻笑，为什么会这样的？

我们知道，美国出过亚伦·坡（Edgar Allan Poe），出过霍桑（N. Hawthorne），出过惠德曼（W. Whitman）[4]，都不是这么表里两样的。然而这是南北战争[5]以前的事。这之后，惠德曼先就唱不出歌来，因为这之后，美国已成了产业主义的社会，个性都得铸在一个模子里，不再能主张自我了。如果主张，就要受迫害。这时的作家之所注意，已非应该怎样发挥自己的个性，而是怎样写去，才能有人爱读，卖掉原稿，得到声名。连有名如荷惠勒（W. D. Howells）[6]的，也以为文学者的能为世间所容，是在他给人以娱乐。于是有些野性未驯的，便站不住了，有的跑到外国，如詹谟士（Henry James）[7]，有的讲讲笑话，就是玛克·土温。

那么，他的成了幽默家，是为了生活，而在幽默中又含着哀怨，含着讽刺，则是不甘于这样的生活的缘故了。因为这一点点的反抗，就使现在新土地[8]里的儿童，还笑道：玛克·土温是我们的。

这《夏娃日记》（Eve's Diary）出版于一九〇六年，是他的晚年之作，虽然不过一种小品，但仍是在天真中露出弱点，叙述里夹着讥评，形成那时的美国姑娘，而作者以为是一切女性的肖像，但脸上的笑影，却分明是有了年纪的了。幸而靠了作者的纯熟的手腕，令人一时难以看出，仍不失为活泼泼地的作品；又得译者将丰神传达，而且朴素无华，几乎要令人觉得倘使夏娃用中文来做日记，恐怕也就如此一样：更加值得一看了。

莱勒孚（Lester Ralph）[9]的五十余幅白描的插图，虽然柔软，却很清新，一看布局，也许很容易使人记起中国清季的任渭长[10]的作品，但他所画的是仙侠高士，瘦削怪诞，远不如这些的健康；而且对于中国现在看惯了斜眼削肩的美女图的眼睛，也是很有澄清的益处的。

一九三一年九月二十七日夜，记。

注　释

[1] 本篇最初印入1931年10月上海湖风书局出版的李兰译《夏娃日记》，署名唐丰瑜。

[2] 玛克·土温：通译马克·吐温（1835—1910），美国小说家，十九世纪美国现实主义文学的重要代表之一。他年轻时在密西西比河当领港人的学徒，在报告测量河水深度时，常要叫喊"马克吐温"，意思是"水深两英寻"（一英寻合1.829米），后来他就以此作为笔名。

[3] "量水时所喊的讹音"：指的是术语"标记吐温"。这是一种两模式的导航描述，表示12英尺深的水，源自对标记的测量结果加上"吐温"（表示"两个"）。"马克吐温"被认为是在水上安全行驶较低的深度。

[4] 亚伦·坡（1809—1849），通译爱伦·坡，美国作家，著有小说《黑猫》等。霍桑（1804—1864），美国小说家，著有小说《红

字》等。惠特曼（1819—1892），美国诗人，著有《草叶集》等。他们都是美国资本主义上升时期具有不同程度的民主主义倾向的作家。

[5] 南北战争：也叫"美国内战"（1861—1865），美国北部的资产阶级对南部种植园奴隶主所进行的资产阶级民主革命战争。当时美国总统林肯在人民的支持下，采取解放黑奴等民主措施，镇压了南部奴隶主的武装叛乱，建立了全国统一的资产阶级政权。

[6] 荷惠勒（1837—1920）：通译豪威尔斯，美国小说家。他的创作采用所谓"温和的现实主义"手法，回避阶级矛盾。著有小说《现代婚姻一例》等。

[7] 詹谟士（1843—1916）：通译詹姆斯，美国小说家。1876年定居英国，晚年入英国籍。著有小说《一位妇女的画像》等。

[8] "新土地"：指当时的苏联。

[9] 莱勒孚（1876—？）：美国画家。

[10] 任渭长（1822—1857）：名熊，字渭长，浙江萧山人，清末画家。

Breve introducción al *Diario de Eva*[1]

Mark Twain[2], sin decir más, siempre y cuando hojees la historia de la literatura estadounidense, sabes que fue un famoso humorista desde finales del siglo pasado hasta principios del presente. No solo la lectura de sus trabajos hace a la gente reír con cejas estiradas, sino que aquel seudónimo suyo también contiene un sentido de lo cómico y gracioso.

Su apellido era Clemens (Samuel Langhorne Clemens, 1835–1910). Originalmente fue piloto de puerto. Cuando iba a publicar su trabajo, usó el sonido armónico de las señales exclamadas durante la medición del agua como su seudónimo. Sus obras eran muy populares en ese momento, y lo consideraban un buen narrador de chistes, pero para el 1916, una vez publicada su obra póstuma *El forastero misterioso*[3], se demostró claramente que era un abrazador de profundos pensamientos misantrópicos.

Conteniendo quejas y agravios, se reía divertidamente, ¿por qué era así?

---

[1] Este artículo fue impreso originalmente como introducción para la traducción de *Diario de Eva* de Li Lan, publicada en octubre de 1931 por la Librería Hufeng de Shanghai, bajo el seudónimo de Tang Fengyu. *El Diario de Eva* es una novela de Mark Twain, más conocida como *Los diarios de Adán y Eva* en el mundo hispánico.

[2] Mark Twain: Novelista estadounidense, uno de los representantes importantes de la literatura realista de Estados Unidos del siglo XIX. Fue aprendiz de piloto navegante en el río Mississippi cuando era joven. Al informar sobre la profundidad del río, a menudo necesitaban gritar "Mark Twain", que significa "Marca dos sondas" (una sonda equivale a 1,829 metro). Y más tarde, cuando él iba a publicar su libro, tomó este nombre técnico como su seudónimo.

[3] *El forastero misterioso* (*The Mysterious Stranger*): Es una novela intentada por el escritor estadounidense Mark Twain. Escribió este libro de forma intermitente desde 1897 hasta 1908. Twain escribió múltiples versiones de esta historia, cada una de las cuales contiene un personaje sobrenatural llamado "Satanás" o "No. 44". Pero todas las versiones están incompletas.

Sabemos que los Estados Unidos habían tenido a Edgar Allan Poe, N. Hawthorne y W. Whiteman④, pero ninguno de los cuales era tan diferente en lo superficial y lo interior. Sin embargo, esto fue antes de la Guerra Civil⑤. Después de ella, primero Whitman no pudo cantar, porque desde entonces, Estados Unidos se había convertido en una sociedad industrialista en que la personalidad debería ser fundida en un molde y ya no podría insistir en el ego. Si insistiera en él, sería perseguido. En ese momento, la atención del escritor ya no era cómo desarrollar su propia personalidad, sino cómo escribir para que la gente gustara de leer, pudiera vender el manuscrito original y ganara la fama. Incluso los famosos, como W. D. Howells⑥, también pensaban que la aceptación de la sociedad a los literatos residía en el entretenimiento que traían a la gente. Entonces, algunos con carácter salvaje e indómitos no podían establecerse, unos fueron a países extranjeros, como Henry James⑦, y otros contaron chistes, tal como Mark Twain.

Entonces, se convirtió en un humorista por el bien de la vida, mientras que en el humor contenía resentimiento e ironía, lo que daba la razón de ser renuente a vivir de esta manera. Y con esta pequeña resistencia él ha podido hacer a los actuales niños en la nueva tierra⑧ reírse diciendo: Mark Twain es nuestro.

---

④ Edgar Allan Poe (1809–1849), escritor estadounidense y autor de la novela *El gato negro*. Nathaniel Hawthorne (1804–1864), novelista estadounidense y autor de la novela *La letra escarlata.* Walt Whitman (1819–1892), poeta estadounidense, autor de *Hojas de hierba*. Todos fueron escritores con diversos grados de tendencias democráticas durante el surgimiento del capitalismo estadounidense.

⑤ La guerra de secesión, también conocida como la guerra civil estadounidense (1861–1865), fue una guerra revolucionaria democrática librada por la burguesía del norte contra los dueños de esclavos de las plantaciones del sur. En ese momento, con el apoyo del pueblo, el presidente estadounidense Lincoln adoptó medidas democráticas como la liberación de esclavos, reprimió la rebelión armada de los propietarios de esclavos en el sur y estableció un estado burgués unificado.

⑥ William Dean Howells (1837–1920): Novelista estadounidense. Su creación utiliza la técnica llamada "realismo suave" para evitar contradicciones de clase. Escribió novelas como *Una instancia moderna*.

⑦ Henry James (1834–1916): Novelista estadounidense. Se instaló en el Reino Unido en 1876 y luego se convirtió en ciudadano británico. Autor de novelas como *Retrato de una dama*, etc.

⑧ "La nueva tierra": Se refiere a la Unión Soviética en ese momento.

Este *Diario de Eva* fue publicado en 1906. Era un trabajo en su vejez. Aunque era solo una especie de breves creaciones, aún revelaba debilidades en medio de la ingenuidad y mezclaba críticas en la narrativa, componiendo la figura de las chicas americanas del tiempo, la que el autor creía la efigie de todas las mujeres, pero los rasgos sonrientes en su rostro eran obviamente con cierta edad. Por suerte del hábil artificio del autor, era difícil distinguirlo por un tiempo, y no dejaba de ser un trabajo vivaracho. Además, gracias al traductor por su transmisión del vívido y rico espíritu con simplicidad y sin adorno, lo que casi hace a la gente creer que si Eva hubiera usado el chino para escribir este diario, habría quedado probablemente igual como tal: vale más la pena leerlo.

Las más de 50 ilustraciones en dibujo lineal de Lester Ralph[9], aunque son suaves, lucen muy frescas. Al ver el arreglo general, es fácil recordar la pintura de Ren Weichang[10] en la dinastía Qing de China, quien dibujaba los inmortales, caballeros y elevados ermitaños, delgados y grotescos, mucho menos saludables que estas ilustraciones, y estas también son propicias para aclarar la vista de los chinos, que están acostumbrados a ver las pinturas de mujeres hermosas con ojos oblicuos y hombros deslizantes.

Escrito en la noche del 27 de septiembre de 1931.

---

[9] Lester Ralph (1876–?): Pintor estadounidense.
[10] Ren Weichang (1822–1857): Nativo de Xiaoshan, provincia de Zhejiang, pintor de la dinastía Qing.

中华民国的
新"堂·吉诃德"们[1]

十六世纪末尾的时候,西班牙的文人西万提斯做了一大部小说叫作《堂·吉诃德》[2],说这位吉先生,看武侠小说看呆了,硬要去学古代的游侠,穿一身破甲,骑一匹瘦马,带一个跟丁,游来游去,想斩妖服怪,除暴安良。谁知当时已不是那么古气盎然的时候了,因此只落得闹了许多笑话,吃了许多苦头,终于上个大当,受了重伤,狼狈回来,死在家里,临死才知道自己不过一个平常人,并不是什么大侠客。

这一个古典,去年在中国曾经很被引用了一回,受到这个谥法的名人,似乎还有点很不高兴的样子。其实是,这种书呆子,乃是西班牙书呆子,向来爱讲"中庸"的中国,是不会有的。西班牙人讲恋爱,就天天到女人窗下去唱歌,信旧教,就烧杀异端,一革命,就捣烂教堂,踢出皇帝。然而我们中国的文人学子,不是总说女人先来引诱他,诸教同源,保存庙产,宣统在革命之后,还许他许多年在宫里做皇帝吗?

记得先前的报章上,发表过几个店家的小伙计,看剑侠小说入了迷,忽然要到武当山[3]去学道的事,这倒很和"堂·吉诃德"相像的。但此后便看不见一点后文,不知道是也做出了许多奇迹,还是不久就又回到家里去了?以"中庸"的老例推测起来,大约以回了家为合式。

这以后的中国式的"堂·吉诃德"的出现,是"青年援马团"[4]。不是兵,他们偏要上战场;政府要诉诸国联[5],他们偏要自己动手;政府不准去,他们偏要去;中国现在总算有一点铁路了,他们偏要一步一步的走过去;北方是冷的,他们偏只穿件夹袄;打仗的时候,兵器是顶要紧的,他们偏只着重精神。这一切等等,确是十分"堂·吉诃德"的了。然而究竟是中国的"堂·吉诃德",所以他只一个,他们是一团;送他的是嘲笑,送他们的是欢呼;迎他的是诧异,而迎他们的也是欢呼;他驻扎在深山中,他们驻扎在真茹镇;他在磨坊里打风磨,他们在常州玩梳篦,又见美女,何幸如之(见十二月《申报》《自由谈》)。其苦乐之不同,有如此者,呜呼!

不错,中外古今的小说太多了,里面有"舆榇",有"截指",[6] 有"哭秦庭"[7],有"对天立誓"。耳濡目染,诚然也不免来抬棺材,砍指头,哭孙陵[8],宣誓出发的。然而五四运动时胡适之博士讲文学革命的时候,就已经要"不用古典"[9],现在在行为上,似乎更可以不用了。

讲二十世纪战事的小说,旧一点的有雷马克的《西线无战事》[10],棱的《战争》[11],新一点的有绥拉菲摩维支的《铁流》,法捷耶夫的《毁灭》,里面都没有这样的"青年团",所以他们都实在打了仗。

注 释

[1] 本篇最初发表于1932年1月20日《北斗》第二卷第一期,署名不堂。

[2] 西万提斯(M. de Cervantes,1547—1616):通译塞万提斯,欧洲文艺复兴时期的西班牙作家。他的代表作长篇小说《堂吉诃德》共两部,第一部发表于1605年,第二部发表于1615年。他被誉为是西班牙文学世界里最伟大的作家。评论家们称他的小说《堂吉诃德》是文学史上的第一部现代小说,同时也是世界文学的瑰宝之一。

[3] 武当山:在湖北均县北,我国著名的道教圣地。旧小说中常把它描写成剑侠修炼的地方。

[4]"青年援马团":九一八事变后,由于蒋介石采取不抵抗主义,日军在很短时间内几乎侵占了我国东北的全部领土。11月间日军进攻龙江等地时,黑龙江省代理主席马占山进行过抵抗,曾得到各阶层爱国人民的支持。当时上海的一些青年组织了一个"青年援马团",要求参加东北的抗日军队,对日作战,但由于缺少坚决的斗争精神和切实的办法,特别是由于国民党反动派的阻挠破坏,这个团体不久就解散了。

[5]"国联":"国际联盟"的简称。第一次世界大战后于1920年成立的国际政府间组织。它标榜以"促进国际合作、维持国际和平与安全"为目的,实际上是英、法等帝国主义国家控制并为其侵略政策服务的工具。第二次世界大战爆发后无形瓦解,1946年4月正式宣告解散。九一八事变后,它袒护日本帝国主义对中国的侵略。同年9月22日,蒋介石在南京市国民党党员大会上宣称:"此刻必须上下一致,先以公理对强权,以和平对野蛮,忍辱含愤,暂取逆来顺受态度,以待国际公理之判决。"

[6]"舆榇",在车子上载着空棺材,表示敢死的决心。"截指",把手指砍下,也是表示坚决的意思。据1931年11月21日、22日《申报》报道,"青年援马团"曾抬棺游行,并有人断指书写血书。

[7]"哭秦庭":春秋时楚国臣子申包胥的故事,见《史记·伍子胥列传》。当伍子胥率领吴国军队攻破楚国都城的时候,申包胥"走秦告急,求救于秦。秦不许,包胥立于秦庭,昼夜哭,七日七夜不绝其声。秦哀公怜之,……乃遣车五百乘救楚击吴"。

[8]"孙陵":即孙中山陵墓,位于南京紫金山。

[9]"不用古典":胡适在《新青年》第二卷第五期(1917年1月)发表《文学改良刍议》一文,提出文学改良八事,其中第六事为"不用典"。

[10]雷马克(E. M. Remarque,1898—1970):德国小说家Erich Paul Remark的笔名。《西线无战战事》是他于1929年出版的关于第一次世界大战的小说,在小说中,他以清晰的描写和深切的同情揭示了这场战争所造成的苦难。

[11] "棱": 全称为路德维希·雷恩（1889—1979），真名阿诺德·弗里德里希·维特·冯·高斯纳（Arnold Friedrich Vieth von Golßenau），是一位德国作家，以参加西班牙内战期间的国际旅而闻名。《战争》是他描写第一次世界大战的小说，1928年出版。

Los nuevos "Don Quijotes" de la República de China[1]

A fines del siglo XVI, el escritor español Cervantes hizo una gran novela titulada *Don Quijote*[2], relatando que el Sr. Quijote, obsesionado con las novelas de caballeros marciales, insistió tercamente en emular a los caballerosos errantes en tiempos antiguos, vistiendo una armadura raída, montando un magro caballo y llevando consigo a un seguidor para ambular de un lado para otro, porque quería matar monstruos y vencer a demonios, y además, aniquilar a los crueles para dejar a la gente buena en paz. Pero de alguna manera en su tiempo el modo anticuado ya no seguía tan vivo y exuberante como antes, por eso terminó por causar muchas bromas y ridículos. Después de sufrir muchas penalidades, finalmente se cayó en una trampa severa, resultando gravemente herido, regresó embarazoso y fatigado, y murió en casa. Solo antes de morir, se dio cuenta de que él mismo era nada más que un hombre común, pero ningún gran caballero marcial.

Este cuento clásico fue citado muy popularmente en China el año pasado, y parecían estar un poco molestas las celebridades a quienes

---

[1] Este artículo fue publicado originalmente en el número 1 del volumen II de la *Osa Mayor* el 20 de enero de 1932, bajo el seudónimo de Butang.

[2] Miguel de Cervantes Saavedra (1547–1616): Escritor español del Renacimiento europeo. Su obra maestra *Don Quijote* tiene dos partes: la primera parte se publicó en 1605 y la segunda en 1615. Es conocido como el mejor escritor del mundo literario español. Los críticos normalmente consideran que su novela *Don Quijote* es la primera novela moderna en la historia de la literatura y uno de los tesoros más brillantes de la literatura mundial.

les han concedido este título póstumo. De hecho, este tipo de nerdo es justamente del estilo español, y no existe en China donde suele gustar de perseguir el "camino de medio". Si los españoles se enamoran, van a la ventana de la mujer todos los días para cantar; si creen en la vieja doctrina religiosa, queman y matan a los herejes; tan pronto como estalla la revolución, aplastan la iglesia y expulsan al emperador del palacio real. Sin embargo, en cuanto a nuestros eruditos y estudiantes chinos, ¿no siempre dicen que son las mujeres quienes vienen a atraerlos primero, que todas las religiones comparten el mismo origen, que debe preservarse la propiedad de los templos, e incluso después de la revolución permitieron a Xuantong seguir siendo el emperador dentro de su palacio durante muchos años?

Recuerdo que anteriormente un periódico publicó un cuento sobre unos mozos de una tienda, quienes, fascinados por la lectura de la ficción espadachín, de repente quisieron ir a la montaña Wudang[3] para aprender el taoísmo, esto es muy parecido a "Don Quijote". Pero desde entonces no se ha leído nada de lo posterior, sin saber si han hecho muchos milagros o han regresado a casa poco después. Basado en la práctica tradicional del "camino de medio", parece ser más apropiado haber regresado a casa.

Después de eso, el "Don Quijote" a estilo chino apareció con la organización del "Regimiento de Apoyo Juvenil al General Ma"[4].

---

[3] "La montaña Wudang": Ubicado en el norte del distrito de Junxian, provincia de Hubei, es un famoso centro taoísta en China. A menudo se describe en las viejas novelas como un lugar para la práctica del espadachín.

[4] "Regimiento de Apoyo Juvenil al General Ma": Después del incidente del 18 de septiembre, debido a la adopción de la política de no resistencia por parte de Chiang Kai-shek, el ejército japonés ocupó casi todo el territorio del noreste de China en un corto período de tiempo. Cuando los japoneses atacaron Longjiang y otros lugares en noviembre, el general Ma Zhanshan, presidente interino de la provincia de Heilongjiang, se resistió y contó con el apoyo de personas patrióticas de todos los ámbitos de la sociedad. En ese momento, algunos jóvenes en Shanghai organizaron un "Regimiento de Apoyo Juvenil al General Ma" y pidieron unirse al ejército antijaponés en el noreste para luchar contra Japón. Sin embargo, debido a la falta de un firme espíritu de lucha y medidas prácticas y especialmente a la obstrucción y destrucción de los reaccionarios del Kuomintang, este grupo pronto se dispersó.

Ellos no eran soldados, pero insistieron en ir al campo de batalla; el gobierno quería recurrir a la Liga de Naciones[5], pero ellos se empeñaron en hacerlo por sí mismos; el gobierno no les permitió ir, pero ellos persistieron; China ahora, por fin, ya cuenta con un pequeño trozo de ferrocarril, pero ellos insistieron en ir a pie paso a paso; en el norte hacía frío, pero mantuvieron vestir solo una chaqueta forrada; y durante la guerra, las armas eran lo más importante pero ellos solo se centraban en el espíritu. Todo esto y demás son efectivamente parecidos al "Don Quijote". Sin embargo, son al fin y al cabo "Don Quijotes" de China, por lo cual, él era solito, y ellos eran un grupo; lo que le despidió a él era burla, y lo que les despidió a ellos era ovación; lo que le recibió era asombro, y lo que les recibió también era ovación; él se acantonó en la montaña profunda, y ellos se acuartelaron en el pueblo de Zhenru; él luchó contra los molinos de viento en la casa de molino, y ellos jugaron a peines en Changzhou y se reunieron con mujeres hermosas. ¡Qué otra felicidad ha podido ser como así! (Véase *Charla libre* de *Shen Bao* en diciembre). La diferencia entre lo arduo y lo cómodo ha llegado hasta tal punto, ¡uf!

Es cierto que hay demasiadas novelas desde la antigüedad hasta el presente en China y el extranjero. Entre ellas, hay espectáculos de "llevar el ataúd vacío" para mostrar la determinación de vida y muerte, de "cortar el dedo" como signo de resolución,[6] de "llorar ante la Corte de Qin" para invitar tropas a salvar la tragedia de

---

[5] "Liga de Naciones": Organización intergubernamental e internacional establecida en 1920 después de la Primera Guerra Mundial. Se anunció con el propósito de "promover la cooperación internacional y mantener la paz y la seguridad internacionales", y en realidad fue la herramienta controlada y servida por los países imperialistas como Gran Bretaña y Francia. Después del estallido de la Segunda Guerra Mundial, fue decayendo y se disolvió oficialmente en abril de 1946. Después del incidente del 18 de septiembre, defendió la agresión japonesa contra China.

[6] "Llevar el ataúd vacío" es una locución china que supone la determinación de no temer a la muerte. "Cortar el dedo" representa la decisión de una persona ante algún asunto. Según el *Shen Bao* del 21 y 22 de noviembre de 1931, el "Regimiento de Apoyo Juvenil al General Ma" una vez llevó los ataúdes para desfilar y algunas personas escribieron libros de sangre del dedo cortado.

la nación⑦ así como de "hacer juramento al cielo". Empapados e influidos así constantemente por lo que se ve y se oye, de veras, es inevitable haber gente que viene a cargar un ataúd, cortar el dedo, llorar ante el mausoleo del señor Sun⑧ y hacer un juramento al cielo antes de ponerse en marcha. Sin embargo, en el Movimiento del 4 de mayo, cuando el Dr. Hu Shizhi habló sobre la revolución literaria, ya planteó el eslogan de "no debe aplicar lo clásico"⑨, y con respecto al comportamiento de hoy, parece que aún menos se debe practicarlo.

Entre las novelas sobre las guerras del siglo XX, las un poco viejas incluyen *Sin novedad en el frente* de Remarque⑩, *Guerra* de L. Renn⑪, y las algo nuevas son *Flujo de hierro* de Sura Fimovich, *La derrota* de Fadéyev. En ninguna de ellas aparecían cosas como tal "regimiento juvenil", por eso, aquellos prácticamente lucharon en la guerra.

---

⑦ "Llorar ante la Corte de Qin": En el Periodo de Primavera y Otoño, cuando Wu Zixu dirigió al ejército del reino Wu para conquistar la capital del reino Chu, Shen Baoxu, el cortesano del reino Chu Chu, se apresuró al reino Qin para pedir ayuda. En el principio Qin no lo aceptó, pero él lloraba día y noche en el palacio de Qin durante siete días y siete noches, de modo que el rey de Qin lo compadeció y mandó un ejército a salvar al reino Chu.

⑧ "El mausoleo del señor Sun": Se refiere al mausoleo del Sr. Sun Yat-sen, ubicado en la montaña Zijin, Nanjing.

⑨ "No debe aplicar lo clásico": En el número 5, volumen II de la *Nueva Juventud* (enero de 1917), Hu Shi publicó un artículo "Sobre la reforma literaria" proponiendo ocho puntos para la mejora literaria, la sexta de las cuales es "no debe aplicar lo clásico".

⑩ Erich Maria Remarque (1898–1970) es el seudónimo del novelista alemán Erich Paul Remark. *Sin novedad en el frente* es su novela sobre la Primera Guerra Mundial, publicada en 1929, en la que describe con implacable claridad y cálida compasión el sufrimiento provocado por dicha guerra.

⑪ Se refiere a Ludwig Renn (1889–1979), de nombre real Arnold Friedrich Vieth von Golßenau. Fue un escritor alemán que se hizo famoso por su participación en las Brigadas Internacionales durante la Guerra Civil Española. La *Guerra* es su novela que describe la Primera Guerra Mundial, publicada en 1928.

"智识劳动者"万岁[1]

"劳动者"这句话成了"罪人"的代名词,已经足足四年了。压迫罢,谁也不响;杀戮罢,谁也不响;文学上一提起这句话,就有许多"文人学士"和"正人君子"来笑骂,接着又有许多他们的徒子徒孙来笑骂。劳动者呀劳动者,真要永世不得翻身了。

不料竟又有人记得你起来。

不料帝国主义老爷们还嫌党国屠杀得不赶快,竟来亲自动手了,炸的炸,轰的轰。称"人民"为"反动分子",是党国的拿手戏,而不料帝国主义老爷也有这妙法,竟称不抵抗的顺从的党国官军为"贼匪",大加以"膺惩"!冤乎枉哉,这真有些"顺""逆"不分,玉石俱焚之慨了!

于是又记得了劳动者。

于是久不听到了的"亲爱的劳动者呀!"的亲热喊声,也在文章上看见了;久不看见了的"智识劳动者"的奇妙官衔,也在报章上发见了,还因为"感于有联络的必要",组织了"协会"[2],举了干事樊仲云[3],汪馥泉[4]呀这许多新任"智识劳动者"先生们。

有什么"智识"?有什么"劳动"?"联络"了干什么?"必要"在那里?这些这些,暂且不谈罢,没有"智识"的体力劳动者,也管不着的。

"亲爱的劳动者"呀!你们再替这些高贵的"智识劳动者"起来干一回罢!给他们仍旧可以坐在房里"劳动"他们那高贵的"智识"。即使失败,失败的也不过是"体力","智识"还在着的!

"智识"劳动者万岁!

注 释

[1] 本篇最初发表于1932年1月5日《十字街头》第三期,署名佩韦。

[2] "协会":即"智识劳动者协会",当时投机文人樊仲云等发起组织的一个团体,成员较复杂。1931年12月20日成立于上海。

[3] 樊仲云:浙江嵊县人,当时是商务印书馆编辑,抗日战争时期堕落为汉奸,曾任汪伪政府教育部政务次长。

[4] 汪馥泉:浙江余杭人,当时是复旦大学教授,抗日战争时期堕落为汉奸,曾任汪伪中日文化协会江苏分会常务理事兼总干事。

¡Vivan "los trabajadores intelectuales"![1]

La palabra "trabajadores" se ha transformado en sustituto de "pecadores" desde hace ya cuatro años. Cuando hay opresión, nadie grita; cuando hay asesinato, nadie protesta; y cuando se menciona esta palabra en la literatura, muchos "literatos y eruditos" junto con los "caballeros rectos e íntegros" vienen a lanzar burlas y maldiciones, luego muchos de sus discípulos y aprendices nietos también salen a burlarse y maldecir. Ah, trabajadores y trabajadores, realmente ya nunca podrán levantarse.

Inesperadamente alguna gente se acuerda de ustedes.

Inesperadamente los señores imperialistas se disgustan de que el partido-estado no haya sido muy rápido en la masacre, e incluso vienen a hacerlo con las sucias manos personalmente: bombardeando por todas partes, cañoneando a cualquier lado. Llamar "reaccionarios" al "pueblo" es el juego hábil del partido-estado, pero inesperadamente esta vez los patrones imperialistas también utilizan esta maravillosa forma para llamar hasta "viles bandidos" al ejército obediente y no resistente del partido-estado, ¡contra el cual han emprendido una fuerte acción punitiva! ¡Qué trato más injusto para estos! ¡Lo que les hace lamentar realmente es que no haya distinción entre la "obediencia" y la "rebeldía", quemando el jade y la piedra en conjunto!

---

[1] Este artículo fue publicado originalmente en el número 3 de *Al cruce de la calle* el 5 de enero de 1932, bajo el seudónimo de Peiwei.

Entonces, ahora se acuerdan de los trabajadores de nuevo.

Entonces, la cariñosa llamada de "¡Queridos trabajadores!" que no se había oído desde hacía mucho tiempo apareció de nuevo en los artículos, y el maravilloso título oficial de "trabajadores intelectuales" que no se había visto desde hacía mucho tiempo también se encontró en los periódicos. Además, debido al "sentido de la necesidad de establecer enlaces", organizaron "asociaciones"②, y eligieron a Fan Zhongyun③, Wang Fuquan④ como secretarios ejecutivos, así como los muchos señores "trabajadores intelectuales" recién nombrados.

¿Qué "intelecto" tienen? ¿Qué "trabajos" hay? ¿Qué "enlaces" se han hecho? ¿Cuál es la "necesidad"? De tales y cuales cosas, dejemos de hablar por el momento, son cosas de que no se cuidan los trabajadores físicos sin "intelecto".

¡"Queridos trabajadores"! ¡Pónganse a trabajar una vez más para estos nobles "trabajadores intelectuales"! Déjenlos continuar "trabajando" sentados en la habitación con su noble "conocimiento intelectual". Incluso si fallaran, el fracaso no sería más que en la "fuerza física", ¡el "conocimiento intelectual" seguirá estando ahí!

¡Vivan los trabajadores "intelectuales"!

---

② "Asociaciones": Se refiere a la Asociación de Trabajadores Intelectuales, grupo iniciado por los especuladores como Fan Zhongyun en ese momento. Los miembros fueron bastante complicados. Fue establecido en Shanghai el 20 de diciembre de 1931.
③ Fan Zhongyun: Nacido en el condado de Sheng, provincia de Zhejiang, era editor de la Commercial Press en ese momento. Degeneró en traidor durante la guerra de resistencia contra la agresión japonesa y fue subsecretario del Ministerio de Educación del gobierno títeres de Wang Jingwei.
④ Wang Fuquan: Nacido en el distrito de Yuhang de la provincia de Zhejiang, era profesor en la Universidad de Fudan en ese momento y degeneró en traidor durante la guerra de resistencia contra la agresión japonesa. Se desempeñó como director ejecutivo de la Asociación Cultural Chino-Japonesa de Jiangsu en bajo el gobierno títere de Wang Jingwei.

"友邦惊诧"论[1]

只要略有知觉的人就都知道：这回学生的请愿[2]，是因为日本占据了辽吉，南京政府束手无策，单会去哀求国联[3]，而国联却正和日本是一伙。读书呀，读书呀，不错，学生是应该读书的，但一面也要大人老爷们不至于葬送土地，这才能够安心读书。报上不是说过，东北大学逃散，冯庸大学[4]逃散，日本兵看见学生模样的就枪毙吗？放下书包来请愿，真是已经可怜之至。不道国民党政府却在十二月十八日通电各地军政当局文里，又加上他们"捣毁机关，阻断交通，殴伤中委，拦劫汽车，攒击路人及公务人员，私逮刑讯，社会秩序，悉被破坏"的罪名，而且指出结果，说是"友邦人士，莫名惊诧，长此以往，国将不国"了！

好个"友邦人士"！日本帝国主义的兵队强占了辽吉，炮轰机关，他们不惊诧；阻断铁路，追炸客车，捕禁官吏，枪毙人民，他们不惊诧。中国国民党治下的连年内战，空前水灾，卖儿救穷，砍头示众，秘密杀戮，电刑逼供，他们也不惊诧。在学生的请愿中有一点纷扰，他们就惊诧了！

好个国民党政府的"友邦人士"！是些什么东西！

即使所举的罪状是真的罢，但这些事情，是无论那一个"友邦"也都有的，他们的维持他们的"秩序"的监狱，就撕掉了他们的"文明"的面具。摆什么"惊诧"的臭脸孔呢？

可是"友邦人士"一惊诧，我们的国府就怕了，"长此以往，国将不国"了，好像失了东三省，党国倒愈像一个国，失了东三省谁也不响，党国倒愈像一个国，失了东三省只有几个学生上几篇"呈文"，党国倒愈像一个国，可以博得"友邦人士"的夸奖，永远"国"下去一样。

几句电文，说得明白极了：怎样的党国，怎样的"友邦"。"友邦"要我们人民身受宰割，寂然无声，略有"越轨"，便加屠戮；党国是要我们遵从这"友邦人士"的希望，否则，他就要"通电各地军政当局"，"即予紧急处置，不得于事后借口无法劝阻，敷衍塞责"了！

因为"友邦人士"是知道的：日兵"无法劝阻"，学生们怎会"无法劝阻"？每月一千八百万的军费，四百万的政费，作什么用的呀，"军政当局"呀？

写此文后刚一天，就见二十一日《申报》登载南京专电云："考试院部员张以宽，盛传前日为学生架去重伤。兹据张自述，当时因车夫误会，为群众引至中大[5]，旋即校回寓，并无受伤之事。至行政院某秘书被拉到中大，亦当时出来，更无失踪之事。"而"教育消息"栏内，又记本埠一小部分学校赴京请愿学生死伤的确数，则云："中公死二人，伤三十人，复旦伤二人，复旦附中伤十人，东亚失踪一人（系女性），上中失踪一人，伤三人，文生氏死一人，伤五人……"[6] 可见学生并未如国府通电所说，将"社会秩序，破坏无余"，而国府则不但依然能够镇压，而且依然能够诬陷，杀戮。"友邦人士"，从此可以不必"惊诧莫名"，只请放心来瓜分就是了。

注　释

[1] 本篇最初发表于1931年12月25日《十字街头》第二期，署名明瑟。

[2] "学生的请愿"：指1931年12月间全国各地学生为反对蒋介石的不抵抗政策到南京请愿的事件。对于这次学生爱国行动，国民党政府于12月5日通令全国，禁止请愿；17日当各地学生联合向国民党中央党部请愿时，又命令军警逮捕和枪杀请愿学生，当场打死

二十余人,打伤百余人;18日还电令各地军政当局紧急处置请愿事件。

[3] "哀求国联":九一八事变后,国民党政府多次向国联申诉,11月22日当日军进攻锦州时,又向国联提议划锦州为中立区,以中国军队退入关内为条件请求日军停止进攻;12月15日在日军继续进攻锦州时再度向国联申诉,请求它出面干涉,阻止日本帝国主义扩大侵华战争。

[4] "冯庸大学":奉系军阀冯庸所创办的一所大学,1927年在沈阳成立,1931年九一八事变后停办。

[5] "中大":南京中央大学。

[6] 中公,中国公学;复旦,复旦大学;复旦附中,复旦大学附属实验中学;东亚,东亚体育专科学校;上中,上海中学;文生氏,文生氏高等英文学校。这些都是当时上海的私立学校。

La versión del "asombro de los países amigos" ①

Toda persona que tenga un poco de sentido sabe: esta petición de los estudiantes② tuvo lugar porque Japón había ocupado Liaoling y Jilin, y el gobierno de Nanjing no podía hacer nada más que quedarse con las manos amarradas. Solo sabía rogar a la Liga de Naciones③, pero la Liga está confabulada con Japón. A estudiar, a estudiar, es cierto, los estudiantes deben dedicarse al estudio, pero a la vez necesitan que los adultos y señores no abandonen ni pierdan la tierra, de modo que ellos puedan estudiar con tranquilidad. ¿No decía la prensa que los estudiantes de la Universidad del Noreste se fugaron dispersos, los de la Universidad de Feng Yong④ también

---

① Este artículo fue publicado originalmente en el número 2 de *Al cruce de la calle* el 25 de diciembre de 1931, bajo el seudónimo de Mingse.
② "Esta petición de los estudiantes": Se refiere al incidente en diciembre de 1931 cuando los estudiantes de todo el país fueron a Nanjing para protestar contra la política de no resistencia de Chiang Kai-shek. Para este patriotismo estudiantil, el gobierno de KMT ordenó a todo el país el 5 de diciembre que prohibiera las peticiones. El día 17, cuando los estudiantes de varios lugares solicitaron conjuntamente al Departamento Central del Partido de KMT, este ordenó incluso a los militares y la policía arrestar y disparar a los peticionarios, matando durante el acto a más de veinte personas, y más de un centenar resultaron heridas. El día 18, exigió a las autoridades militares y políticas que liquidaran la petición con urgencia.
③ "Rogar a la Liga de Naciones": Después del incidente del 18 de septiembre, el gobierno del KMT se quejaba repetidamente ante la Liga de Naciones. Cuando los japoneses atacaron a Jinzhou el 22 de noviembre, planteó ante la Liga de Naciones que designara a Jinzhou como zona neutral y ofreció el retiro del ejército chino al sur del paso de Shanhai como condición para que el ejército japonés dejara de continuar su ataque. El 15 de diciembre, cuando el ejército japonés continuó atacando a Jinzhou, el gobierno del KMT recurrió nuevamente a la Liga de Naciones y le pidió que interviniera para evitar que el imperialismo japonés expandiera la guerra de agresión.
④ Universidad de Feng Yong: Es una universidad fundada por Feng Yong, caudillo militar, establecida en Shenyang en 1927 y cerrada en 1931 después del incidente de 1918.

se huyeron esparcidos, y los soldados japoneses dispararon a todos los que parecían estudiantes? Ya se encontraban extremadamente patéticos cuando dejaron la mochila escolar para hacer la petición. Inesperadamente el gobierno del Kuomintang, en el telegrama a las autoridades militares y políticas en diversos lugares del 18 de diciembre, les impuso crímenes tales como "destruir las oficinas de organismos, impedir y bloquear el tráfico, golpear lesionando a miembros del Comité Central, interceptar saqueando automóviles, agredir sin razón a transeúntes y funcionarios públicos, retener y torturarlos en privado, lo que en fin ha hecho todo el orden social destrozado". Además, señaló el resultado, diciendo: "¡Las personalidades de los países amigos están inexplicablemente asombradas, y si continúa siendo así, el país dejará de existir!"

¡Qué clase de "personalidades de países amigos"! El ejército imperialista japonés se apoderó de Liaoning y Jilin por la fuerza y cañoneó las oficinas de los organismos, pero ellas no se asombraron; cuando los japoneses impidieron y bloquearon el ferrocarril, persiguieron bombardeando trenes de pasajeros, arrestaron y encarcelaron a funcionarios así como dispararon matando al pueblo, ellas aún no se asombraron; y frente a las sucesivas guerras civiles bajo el dominio del KMT, a las inundaciones sin precedentes, la venta de niños para salvarse de la pobreza, la decapitación para amenazar al público, los asesinatos en secreto, así como la extorsión de confesiones mediante descargas eléctricas, ellas tampoco se asombraron. Pero, solo cuando hubo un pequeño disturbio en la petición de los estudiantes, ¡de inmediato, ellas se pusieron asombradas!

¡Qué clase de "personalidades de países amigos" del gobierno del KMT! ¡Qué especie de cosas son esas!

Incluso a pesar de que los cargos enumerados hubieran sido ciertos, estos fenómenos son comunes en todos los "países amigos", sus prisiones para mantener el "orden" suyo, han arrancado su propia máscara de la "civilización" ¿Qué razón podrá dejarlos mostrar esa "asombrada" cara tan apestosa?

Sin embargo, tan pronto como se asombraron las "personalidades de los países amigos", nuestro gobierno nacional sintió miedo, temiendo que "si continúa siendo así, la nación dejará de existir"; como si cuando perdió las tres provincias del Noreste, el partido-estado se quedara más parecida a una nación; cuando perdió las tres provincias del Noreste nadie lanzó un grito, así que el partido-estado se pareciera más a un país; cuando perdió las tres provincias del Noreste, solo unos pocos estudiantes presentaron algunos "memorando peticionarios", el partido-estado se pareciera más a un país; y de esta manera podría obtener el elogio de las "personalidades de los países amigos", y el "país" podría subsistir para siempre.

Las unas pocas líneas del texto telegráfico lo dejaron muy claro: ¿De qué tipo es tal partido-estado? Y ¿de qué clase son tales "países amigos"? Estos "amigos" quieren que nuestro pueblo sea atropellado y masacrado en silencio absoluto, y cuando les parezca un poco "desviado", ejercerán la matanza; mientras que el partido-estado quiere que obedezcamos la expectativa de las "personalidades de los países amigos"; ide lo contrario, "comunicará por telegrama a las autoridades militares y políticas en diversos lugares" para "tratar y sancionar al respecto con emergencia, y no dejarlas usar excusas posteriormente a llenar sus responsabilidades en forma superficial bajo el pretexto de no poder disuadirlos"!

Porque las "personalidades de los países amigos" saben: "no son capaces de disuadir" a los soldados japoneses, pero ¿cómo "no podrán disuadir" a los estudiantes? Dieciocho millones de gastos militares por mes, cuatro millones de gastos administrativos, ¿para qué sirven? Por supuesto: iordenar a las "autoridades militares y gubernamentales"!

Justamente solo un día después de escribir este artículo, leí en el *Shen Bao* del día 21 una noticia telegráfica especial desde Nanjing, diciendo: "Se rumorea ampliamente que el miembro del Instituto de Examen, Zhang Yikuan, fue llevado a la fuerza por los estudiantes y resultó gravemente herido anteayer. Ahora según contó el propio Zhang sobre el suceso, debido a una equivocación del conductor del rickshaw en ese momento, siguió a las masas a la UCN[5], pero de inmediato salió para regresar a casa, y no ocurrió nada de ser herido. En cuanto a un secretario de la Administración Ejecutiva que fue llevado a la UCN, también salió al momento y no hubo ni nada de la llamada desaparición". Y en la columna "Noticias de educación" se registró el número exacto de muertes y lesiones de los estudiantes de un pequeño número de escuelas de nuestra ciudad para ir a presentar la petición en Nanjing, diciendo: "La Escuela Pública de China tuvo dos muertos y treinta heridos, la Universidad de Fudan, dos heridos, la Escuela Secundaria Adjunta a Fudan, diez heridos, el Colegio Deportivo de Asia Oriental, una desaparición (mujer), y también una desaparición en la Escuela Secundaria de Shanghai, más tres heridos, y la Escuela Vincent, un muerto y cinco heridos..."[6] De allí se ve que los estudiantes no han "destrozado el orden social sin dejar nada a salvo" como lo informó el telegrama del gobierno nacional, mientras que este no solo puede continuar reprimiéndolos, sino que también puede continuar calumniándolos y matándolos. En cuanto a las "personalidades de los países amigos", ya no tendrán que "asombrarse inexplicablemente" desde ahora en adelante, sino que podrán repartir a China sin ninguna preocupación.

---

⑤ UCN: Universidad Central de Nanjing.
⑥ La Escuela Pública de China, la Universidad de Fudan, la Escuela Secundaria Adjunta a Fudan, el Colegio Deportivo de Asia Oriental, la Escuela Secundaria de Shanghai y la Escuela Vincent fueron escuelas privadas de aquel tiempo en Shanghai.

答北斗杂志社问

——创作要怎样才会好？[1]

编辑先生：

来信的问题，是要请美国作家和中国上海教授们做的，他们满肚子是"小说法程"和"小说作法"。[2]我虽然做过二十来篇短篇小说，但一向没有"宿见"，正如我虽然会说中国话，却不会写"中国语法入门"一样。不过高情难却，所以只得将自己所经验的琐事写一点在下面——

一，留心各样的事情，多看看，不看到一点就写。

二，写不出的时候不硬写。

三，模特儿[3]不用一个一定的人，看得多了，凑合起来的。

四，写完后至少看两遍，竭力将可有可无的字，句，段删去，毫不可惜。宁可将可作小说的材料缩成Sketch[4]，决不将Sketch材料拉成小说。

五，看外国的短篇小说，几乎全是东欧及北欧作品，也看日本作品。

六，不生造除自己之外，谁也不懂的形容词之类。

七，不相信"小说作法"之类的话。

八，不相信中国的所谓"批评家"之类的话，而看看可靠的外国批评家的评论。

现在所能说的，如此而已。此复，即请

编安！

（十二月二十七日。）

注 释

［1］本篇最初发表于1932年1月20日《北斗》第二卷第一期。《北斗》，文艺月刊，左联的机关刊物之一，丁玲主编。1931年9月在上海创刊，1932年7月出至第二卷第三、四期合刊后停刊，共出八期。1931年12月，该刊以"创作不振之原因及其出路"为题向许多作家征询意见。本文是作者所作的答复。

［2］关于小说创作法方面的书，当时出版很多，如美国人哈米顿著、华林一译的《小说法程》，孙俍工编的《小说作法讲义》等。

［3］"模特儿"：英语Model的音译，原意是"模型"，这里指文学作品中人物的原型。

［4］"Sketch"：英语，意为"速写，短文"。

Respuesta a la revista *Osa Mayor*: ¿Cuál es la mejor manera de crear?[1]

Sr. Editor:

Respecto a las preguntas en la carta recibida, deberían pedirles responder a los escritores estadounidenses y profesores chinos en Shanghai, porque sus cabezas están llenas de "Regulaciones de ficción" y "Guía de escritura de ficción".[2] Aunque he escrito más de veinte novelas cortas, nunca tengo una "idea valorada en larga perspectiva"; tal como hablo el chino, pero no sé escribir una "Introducción a la gramática china". Sin embargo, es difícil rechazar el alto grado de su esperanza, así que solo puedo escribir unas cosas triviales que he experimentado:

I. Mantenerse atento con todo tipo de cosas, observar más, y no escribir solo al ver un poco.

II. Cuando no fluirle a la pluma, no insistir en escribir forzosamente.

III. Para el modelo[3], no fijarse en una persona determinada;

---

[1] Este artículo fue publicado originalmente en el primer número del volumen II de la *Osa Mayor* el 20 de enero de 1932. *Osa Mayor*, revista mensual de literatura y arte, uno de los órganos de la Liga de Escritores de la Izquierda, editado por Ding Ling. La publicación inició en Shanghai en septiembre de 1931 y se suspendió en julio de 1932 hasta que se publicó el número doble 3 y 4 del volumen II. Hubo ocho números en total. En diciembre de 1931, la revista buscaba las opiniones de muchos escritores por saber de las "causas de la creación deficiente y su salida". Este artículo es la respuesta del autor.

[2] En ese momento se publicaron muchos libros sobre métodos de escritura de novelas, como *Regulaciones de ficción* del estadounidense Hamilton, traducido por Hua Linyi, y *Guía de escritura de ficción* editado por Sun Lianggong.

[3] "Modelo": Transliteración del *model* en inglés. Aquí se refiere al prototipo de los personajes en obras literarias.

después de ver a muchas, ponerlas en combinación.

IV. Al terminar de escribir, leerlo al menos dos veces, hacer máximos esfuerzos por eliminar las palabras, oraciones y párrafos prescindibles sin lástima alguna. Es preferible reducir el material utilizable para una novela a un *sketch*④, y nunca alargar el material de un sketch a una novela.

V. Leer cuentos extranjeros, casi todos los del Este y del Norte de Europa, y también las obras japonesas.

VI. No crear subjetivamente palabras adjetivas que nadie entienda excepto el autor mismo.

VII. No creer en las palabras de las cosas como "Guía de escritura de ficción".

VIII. No creer en las palabras de los llamados "críticos" chinos y sus similares, sino leer los comentarios de los críticos extranjeros fiables.

Lo que puedo decir ahora está todo aquí, como mi respuesta.

¡Que goce de un buen tiempo editorial!

27 de diciembre

---

④ "*Sketch*": Palabra de origen inglés, que significa boceto, bosquejo literario o breve descripción.

观斗[1]

我们中国人总喜欢说自己爱和平,但其实,是爱斗争的,爱看别的东西斗争,也爱看自己们斗争。

最普通的是斗鸡,斗蟋蟀,南方有斗黄头鸟,斗画眉鸟,北方有斗鹌鹑,一群闲人们围着呆看,还因此赌输赢。古时候有斗鱼,现在变把戏的会使跳蚤打架。看今年的《东方杂志》[2],才知道金华又有斗牛,不过和西班牙却两样的,西班牙是人和牛斗,我们是使牛和牛斗。

任他们斗争着,自己不与斗,只是看。

军阀们只管自己斗争着,人民不与闻,只是看。

然而军阀们也不是自己亲身在斗争,是使兵士们相斗争,所以频年恶战,而头儿个个终于是好好的,忽而误会消释了,忽而杯酒言欢了,忽而共同御侮了,忽而立誓报国了,忽而……。不消说,忽而自然不免又打起来了。

然而人民一任他们玩把戏,只是看。

但我们的斗士,只有对于外敌却是两样的:近的,是"不抵抗",远的,是"负弩前驱"[3]云。

"不抵抗"在字面上已经说得明明白白。"负弩前驱"呢,弩机的制度早已失传了,必须待考古学家研究出来,制造起来,然后能够负,然后能够前驱。

还是留着国产的兵士和现买的军火,自己斗争下去罢。中国的人口多得很,暂时总有一些孑遗在看着的。但自然,倘要这样,则对于外敌,就一定非"爱和平"[4]不可。

(一月二十四日。)

注 释

[1] 本篇最初发表于1933年1月31日上海《申报·自由谈》，署名何家干。

[2] 《东方杂志》：综合性刊物，1904年3月在上海创刊，1984年12月停刊，商务印书馆出版。1933年1月16日该刊第三十卷第二号曾刊载浙江婺州斗牛照片数帧，题为《中国之斗牛》。

[3] "负弩前驱"：语见《逸周书》："武王伐纣，散宜生、闳夭负弩前驱。"其意为"背着弓箭走在前面"。当时国民党政府对日本侵略采取不抵抗政策，每当日军进攻，中国驻守军队大都奉命后退，但远离前线的大小军阀却常故作姿态，佯称"抗日"，发通电说："准备为国效命，候中央明令，即负弩前驱。"

[4] "爱和平"：当时，国民党当局用这类论调掩盖其投降和背叛政策的实质。

Observación de peleas[1]

Los chinos siempre gustamos de decir que amamos la paz, pero de hecho, nos gusta la pelea, nos gusta observar peleas entre otras cosas y también verlas entre nosotros mismos.

Las más comunes son las peleas de gallos, de grillos. En el sur hay peleas entre pájaros de cabeza amarilla y entre pájaros zorzales, y en el norte las de codornices. Alrededor de las peleas siempre hay un grupo de hombres ociosos observando el espectáculo y ellos apuestan por el resultado. Hubo peleas entre los peces en la antigüedad, y ahora los prestidigitadores pueden hacer incluso las pulgas pelearse unas contra otras. Al leer la *Revista Oriental*[2] de este año, aprendí que en Jinhua también hay corrida de toros, pero es diferente de la de España, porque allá es la pelea entre un hombre y un toro, y aquí hacemos que un toro luche contra otro.

La gente los deja pelearse entre sí, pero no participa, y solo se queda observándolos.

Los caudillos militares solo se ocupan de luchar entre sí mismos, mientras que el pueblo no participa ni averigua, sino solo los observa.

Sin embargo, los caudillos militares tampoco están peleando en persona, sino que hacen a los soldados pelearse unos contra

---

[1] Este artículo fue publicado originalmente el 31 de enero de 1933 en la *Charla Libre* del *Shen Bao* en Shanghai, bajo el seudónimo de He Jiagan.
[2] *Revista Oriental*: Publicación comprehensiva creada en Shanghai en marzo de 1904. Dejó de publicarse en diciembre de 1948. Fue publicada por la Commercial Press. El 16 de enero de 1933, en el número 2 del volumen XXX de la revista se publicaron varias imágenes de la tauromaquia en Wuzhou, provincia de Zhejiang, bajo el título de *Tauromaquia en China*.

otros, por lo que han estado luchando ferozmente en años consecutivos, pero todos esos cabecillas se mantienen sanos y salvos, e incluso de repente se disuelve el malentendido, de repente se regocijan entre copas de vino amistosas, de repente deciden resistir conjuntamente a la invasión extranjera, de repente prestan juramento colectivo para servir al país, y de repente… No hace falta mencionar que, de repente, vuelven a pelearse entre sí inevitablemente.

Sin embargo, el pueblo suele dejarles jugar con sus trucos, y solo queda observándolos.

Pero nuestros peleadores actúan de diferente manera cuando se enfrentan con enemigos extranjeros: con los que están cerca, siguen la orden de "no resistir"; y con los que se hallan lejos, declaran "ir delante con ballesta en la espalda".③

La de "no resistir" ya está literalmente explícita. Pero ¿qué pasa con "ir adelante con ballesta en la espalda"? El mecanismo de ballesta ha perdido la herencia desde mucho antes, así que deben esperar el resultado del estudio de los arqueólogos, a ser fabricado de nuevo y luego ser llevado a la espalda, y luego podrán ir adelante.

Es mejor conservar a los soldados domésticos y las armas compradas para que continúen peleándose entre sí mismos. La población de China es muy masiva, y por el momento siempre hay unos sobrevivientes que están observando las peleas. Pero,

---

③ "Ir adelante con ballesta en la espalda": Véase el *Libro de la dinastía Zhou* que dice: "Cuando el Rey Wu iba a atacar al Tirano Zhou (emperador de la dinastía Shang), Sanyi Sheng y Hong Tian caminaban adelante con la ballesta en la espalda". Estos fueron dos de los asistentes más valientes del Rey Wu. En el momento de publicar este artículo, el gobierno de KMT adoptó una política de no resistencia contra la agresión japonesa. Cada vez que el ejército japonés atacaba, la mayoría de las tropas de la guarnición china recibían la orden de retirarse, pero los grandes y pequeños caudillos que estaban lejos de la línea del frente a menudo adoptaban otra postura, declarando ostensible y falsamente "resistir a la invasión japonesa", con la cita de esta frase en su comunicado telegráfico: "Estamos listos a servir al país y, al recibir la orden del gobierno central, iremos adelante con la ballesta en la espalda".

naturalmente, si este es el caso, cuando se enfrentan con los enemigos extranjeros, tendrán que "amar la paz"④ sin alternativa.

24 de enero

---

④ "Amar la paz": En ese momento, las autoridades del KMT usaban esta frase para cubrir la esencia de su política de rendición y traición.

逃的辩护[1]

古时候，做女人大晦气，一举一动，都是错的，这个也骂，那个也骂。现在这晦气落在学生头上了，进也挨骂，退也挨骂。

我们还记得，自前年冬天以来，学生是怎么闹的，有的要南来，有的要北上，南来北上，都不给开车。待到到得首都，顿首请愿，却不料"为反动派所利用"，许多头都恰巧"碰"在刺刀和枪柄上，有的竟"自行失足落水"而死了。[2]

验尸之后，报告书上说道，"身上五色"。我实在不懂。

谁发一句质问，谁提一句抗议呢？有些人还笑骂他们。

还要开除，还要告诉家长，还要劝进研究室。一年以来，好了，总算安静了。但不料榆关[3]失了守，上海还远，北平却不行了，因为连研究室也有了危险。住在上海的人们想必记得的，去年二月的暨南大学，劳动大学，同济大学……，研究室里还坐得住么？[4]

北平的大学生是知道的，并且有记性，这回不再用头来"碰"刺刀和枪柄了，也不再想"自行失足落水"，弄得"身上五色"了，却发明了一种新方法，是：大家走散，各自回家。

这正是这几年来的教育显了成效。

然而又有人来骂了[5]。童子军还在烈士们的挽联上，说他们"遗臭万年"[6]。

但我们想一想罢：不是连语言历史研究所[7]里的没有性命的古董都在搬家了么？不是学生都不能每人有一架自备的飞机么？能用本国的刺刀和枪柄"碰"得瘟头瘟脑，躲进研究室里去的，倒能并不瘟头瘟脑，不被外国的飞机大炮，炸出研究室外去么？

阿弥陀佛！[8]

（一月二十四日。）

注 释

[1] 本篇最初发表于1933年1月30日《申报·自由谈》，原题为《"逃"的合理化》，署名何家干。

[2] 指学生到南京请愿一事。九一八事变后，全国学生奋起抗议蒋介石的不抵抗政策。12月初，各地学生纷纷到南京请愿。国民党政府于12月5日通令全国，加以禁止；17日出动军警，逮捕和屠杀在南京请愿示威的各地学生，有的学生遭刺伤后又被扔进河里。

[3] "榆关"：即山海关。1931年九一八事变爆发。以蒋介石为首的国民党和东北军事领导人张学良也一致采取了不抵抗政策，导致中国军队相继撤军。因此，山海关的驻军非常薄弱。1933年1月1日，日本侵略者入侵山海关，驻军中国守军独立步兵第九旅六二六团自发起来抵抗。1月3日，由于驻军与敌人之间的差距，这座城市被日军攻陷。

[4] 1932年"一·二八"事变日本侵略军进攻上海时，处于战区的暨南大学、劳动大学、同济大学等，校舍或毁于炮火，或被日军夺占，学生流散。

[5] 山海关失守后，北平形势危急，各所大学和中学的学生请求展缓考期、提前放假或请假离校。当时曾有自称"血魂除奸团"者，为此责骂学生"贪生怕死""无耻而懦弱"。周木斋在《涛声》第二卷第四期（1933年1月21日）发表的《骂人与自骂》一文中，也说学生是"敌人未到，闻风远逸"，"即使不能赴难，最低最低的限度也不应逃难"。

[6] "遗臭万年"：1933年1月22日，国民党当局为掩饰其自动放弃山海关等长城要隘的罪行，在北平中山公园中山堂举行追悼阵亡将士大会。会上有国民党操纵的童子军组织送的挽联，上面写道："将士饮弹杀敌，烈于千古；学生罢考潜逃，臭及万年。"

[7] "语言历史研究所"：应作"历史语言研究所"，是国民党政府中央

研究院的一个机构，当时设在北平。许多珍贵的古代文物归它保管。1933年日军进攻热河时，该所于1月21日将首批古物30箱、古书90箱运至南京。

[8]"阿弥陀佛"：佛教里大乘佛教中"净土宗"的主佛。净土宗与禅宗同为在东亚最受欢迎的佛教流派。净土佛教专注于对阿弥陀佛的信仰，佛教徒们认为对"（南无）阿弥陀佛"的诵念意味着"向阿弥陀佛归命"，诵念后阿弥陀佛的光芒会立即闪耀，带来祝福和保护。

En defensa del escape[1]

En la antigüedad, las mujers tenían una suerte muy sombría, porque cada acción y cada movimiento de ellas siempre se estimaban equivocadas, y era regañada por esto y regañada por aquello. Ahora esta sombría suerte ha recaído sobre los estudiantes, que son regañados cuando avanzan, y regañados cuando se retiran.

Recordamos cómo los estudiantes han estado haciendo una escena desde el invierno anterior. Algunos quisieron venir al sur y otros quisieron ir arriba al norte, pero no se les ofreció el servicio de tren ni para el sur ni para el norte. Cuando lograron llegar a la capital, hicieron kowtow para presentar la petición, pero inesperadamente "fueron utilizados por los reaccionarios", muchos de ellos por casualidad "chocaron" con la bayoneta y la empuñadura del fusil, e incluso algunos de ellos murieron por "dar un paso en falso y caerse por sí al agua."[2]

Después de la autopsia, el informe decía: "Se mostraron cinco colores en el cuerpo", de lo que no puedo entender en absoluto.

¿Quién planteó una interpelación? ¿Quién levantó una protesta al respecto? En cambio, algunos tipos incluso los ridiculizaron e insultaron a ellos.

---

[1] Este artículo se publicó primero en la *Charla Libre* del periódico *Shen Bao* el 30 de enero de 1933. Originalmente se tituló *La racionalización del "escape"* y se publicó bajo el seudónimo de He Jiagan.

[2] Se refiere a la petición de estudiantes en Nanjing. Después del incidente del 18 de septiembre, los estudiantes de todo el país se levantaron para protestar contra la política de no resistencia de Chiang Kai-shek. A principios de diciembre, los estudiantes de todas partes fueron a Nanjing a presentar una petición. El gobierno de KMT ordenó la prohibición a nivel nacional el 5 de diciembre. La policía militar salió el 17 para arrestar y matar a los estudiantes reunidos en Nanjing. Algunos estudiantes fueron apuñalados y arrojados al río.

Además, quisieron expulsarlos, informarles a sus padres y exhortarles a entrar a la oficina de investigación. Ha pasado un año hasta ahora, está bien, por fin todo se quedó tranquilo. Pero inesperadamente, el paso de Yu③ cayó en manos del enemigo, de donde Shanghai aún estaba lejos, pero Beiping ya no pudo seguir estando quieta, porque hasta las salas de investigación también se quedaron en peligro. La gente que vivía en Shanghai debería recordar que en febrero del año pasado, en la Universidad de Jinan, Universidad de Labor, Universidad de Tongji… ¿podían sentarse tranquilos en sus salas de investigación?④

Los estudiantes universitarios en Beiping lo sabían y lo tenían en la memoria. Por eso, esta vez ya no volvieron a usar su cabeza para "chocar" con la bayoneta y la empuñadura del fusil, ni quisieron "dar un paso en falso y caer por sí al agua" resultando con "cinco colores en su cuerpo", sino inventaron una nueva manera, que fue: todos se fueron dispersados y regresaron a sus respectivas casas.

Esto se debe justamente al resultado mostrado por la educación de estos años.

Sin embargo, surgieron otros a injuriarlos⑤. Además, los Boy

---

③ "El paso de Yu": Es el paso de Shanhai de hoy. En 1931 estalló el incidente del 18 de septiembre y el KMT encabezado por Chiang Kai-shek y el caudillo militar del noreste Zhang Xueliang adoptaron una política de no resistencia, que resultó con las sucesivas retiradas de las tropas chinas. Por consiguiente, la guarnición en el paso de Shanhai estaba muy débil. El 1 de enero de 1933, los invasores japoneses invadieron el paso de Shanhai, y el Regimiento de la 9ª Infantería Independiente de la guarnición se levantó espontáneamente para resistirlos. El 3 de enero, la ciudad fue tomada por los cuerpos japoneses debido a la disparidad entre las fuerzas de la guarnición y el invasor.

④ Cuando los invasores japoneses atacaron Shanghai en 1932, la Universidad de Jinan, la Universidad de Labor, la Universidad de Tongji, etc., que estaban en la zona de guerra, fueron destruidas por fuego de artillería u ocupadas por el ejército japonés, y los estudiantes fueron dispersados.

⑤ Después de que el paso de Shanhai fue perdido, la situación en Peiping estuvo muy crítica, por eso, los estudiantes universitarios y los de las escuelas secundarias solicitaron posponer el período de examen, salir con anticipación o abandonar la escuela. En ese momento, algunas personas regañaron a los estudiantes por "ser codiciosos por la vida y temerosos a la muerte" y "desvergonzados y cobardes". Otros publicaron artículos afirmando que los estudiantes "se huyeron al informarse de que el enemigo llegaría", y que "incluso si no pueden salvar al país del peligro, al menos no deben escaparse".

Scouts escribieron que "dejaron una infamia con hedor por diez mil años"⑥ en el pareado elegíaco para los mártires.

Pero pensemos una vez: ¿no fue porque incluso las antigüedades sin vida en el Instituto de Investigación de Lenguas e Historia⑦ también estuvieron mudándose? ¿No fue porque no cada uno de los estudiantes pudo equiparse con un avión propio suyo? Los que pudieron ser asustados y aturdidos por el "choque" con la bayoneta y la empuñadura de fusil domésticas y se escondieron en la oficina de investigación, ¿no estarían también asustados y aturdidos por el bombardeo de los aviones y cañones extranjeros, y arrojados fuera de la oficina?

¡Amitabha!⑧

24 de enero

---

⑥ Para ocultar su error de abandonar el paso de Shanhai y otros pasos estratégicos de la Gran Muralla, las autoridades de KMT celebraron el 22 de enero de 1933 en el Salón Zhongshan (Beiping) una conferencia conmemorativa para los soldados caídos que resistieron espontáneamente. En la reunión, hubo un pareado presentado por la organización Boy Scout manipulada por KMT, que decía: "Los soldados mataron a enemigos mientras recibiendo balazos, sobrevivirán a través de cien siglos; los estudiantes dejaron los exámenes y se escaparon, dejarán un hedor para miles de años".
⑦ "El Instituto de Investigación de Lenguas e Historia": Fue una institución del Instituto Central de Investigación del Gobierno de KMT en Beiping, en que se guardaban muchas preciosas reliquias antiguas. Cuando el ejército japonés atacó a Rehe en 1933, el Instituto envió el primer lote de 30 cajas de antigüedades y 90 cajas de libros antiguos a Nanjing el 21 de enero.
⑧ "Amitabha": Es el Buda principal del Budismo de la Tierra Pura, que es una escuela del Budismo Mahayana y, junto con el Zen, es una de las escuelas más populares del budismo en el este de Asia. El budismo de la Tierra Pura se centra en la fe al Buda Amitabha. Para los discípulos, las recitaciones de "Namo Amitabha" significan que la luz de Amitabha los abrazará y protegerá de inmediato y el recitador disfrutará de bendiciones y protección.

从讽刺到幽默[1]

讽刺家，是危险的。

假使他所讽刺的是不识字者，被杀戮者，被囚禁者，被压迫者罢，那很好，正可给读他文章的所谓有教育的智识者嘻嘻一笑，更觉得自己的勇敢和高明。然而现今的讽刺家之所以为讽刺家，却正在讽刺这一流所谓有教育的智识者社会。

因为所讽刺的是这一流社会，其中的各分子便各各觉得好像刺着了自己，就一个个的暗暗的迎出来，又用了他们的讽刺，想来刺死这讽刺者。

最先是说他冷嘲，渐渐的又七嘴八舌的说他谩骂，俏皮话，刻毒，可恶，学匪，绍兴师爷[2]，等等，等等。然而讽刺社会的讽刺，却往往仍然会"悠久得惊人"的，即使捧出了做过和尚的洋人[3]或专办了小报来打击，也还是没有效，这怎不气死人也么哥[4]呢！

枢纽是在这里：他所讽刺的是社会，社会不变，这讽刺就跟着存在，而你所刺的是他个人，他的讽刺倘存在，你的讽刺就落空了。

所以，要打倒这样的可恶的讽刺家，只好来改变社会。

然而社会讽刺家究竟是危险的，尤其是在有些"文学家"明明暗暗的成了"王之爪牙"[5]的时代。人们谁高兴做"文字狱"中的主角呢，但倘不死绝，肚子里总还有半口闷气，要借着笑的幌子，哈哈的吐他出来。笑笑既不至于得罪别人，现在的法律上也尚无国民必须哭丧着脸的规定，并非"非法"，盖可断言的。

我想：这便是去年以来，文字上流行了"幽默"的原因，但其中单是"为笑笑而笑笑"的自然也不少。

然而这情形恐怕是过不长久的，"幽默"既非国产，中国人也不是长于"幽默"的人民，而现在又实在是难以幽默的时候。于是虽幽默也就免不了改变样子了,非倾于对社会的讽刺,即堕入传统的"说笑话"和"讨便宜"。

(三月二日。)

注　释

[1] 本篇最初发表于1933年3月7日《申报·自由谈》,署名何家干。

[2] "绍兴师爷":说的是一种读书人,受雇于县官或其他高级官员,作为私人顾问,为其提供意见或建议。他不是一个官员,但有等级地位。明清两代衙门就有不少这样的顾问,其中最著名的是浙江的"绍兴师爷"。

[3] "做过和尚的洋人":可能指国际间谍特里比西·林肯(Trebitsch-Lincoln,1879—1943)。他是生于匈牙利的犹太人,当时曾在上海活动,以和尚面目出现,法名照空。

[4] "也么哥":元曲中常用的衬词,无字义可解。也有写作"也波哥""也末哥"的。

[5] "王之爪牙":语出《诗经·小雅·祈父》:"予王之爪牙。"这里指反动派的帮凶。

De la sátira al humor[1]

El satírico, se enfrenta a peligros.

Si la persona que él satiriza es un analfabeto, un asesinado, un encarcelado, o un oprimido, pues, eso está bien, y solo les causará una sonrisa ligera como "hee, hee" a los llamados intelectuales educados que lean su artículo, por lo cual se sentirá por sí más valiente e inteligente. Sin embargo, la razón con la que el satírico actual puede llamarse satírico reside en satirizar precisamente esta llamada sociedad de tales intelectuales educados.

Como la sátira recae en tal clase de sociedad, cada uno de los elementos de ella se siente como si fuera pinchado, y salen uno por uno sigilosamente sacando su sátira para matar al satírico con sus propias espinas.

Primero dicen que él usa la burla despectiva, gradualmente en siete u ocho bocas o lenguas critican que él usa regaño, cuchufleta, y que es maligno, abominable, bandido académico, como asesor jerárquico tipo Shaoxing[2], etc. Sin embargo, la sátira dedicada a la sociedad aún "permanece asombrosamente larga"; si bien han invitado con adulación a un extranjero que se había hecho monje[3]

---

[1] Este artículo fue publicado originalmente en la *Charla Libre* del periódico *Shen Bao* el 7 de marzo de 1933, bajo el seudónimo de He Jiagan.

[2] "Asesor gerárquico tipo Shaoxing": Dicho de un tipo de eruditos que, contratado como asesor privado del magistrado de un distrito u otro alto funcionario, debe aconsejar o ilustrar con su dictamen, sin ser funcionario pero con posición de jerarquía. En las dinastías Ming y Qing, había muchos asesores de este tipo en los yamen (sede de oficina gubernamental), y los más famosos eran los del distrito de Shaoxing, provincia de Zhejiang.

[3] "Un extranjero que se había hecho monje": Puede referirse al espía internacional Trebitsch-Lincoln (1877–1943), un judío nacido en Hungría. Estaba activo en Shanghai en ese momento y aparecía como un monje, con Zhaokong (iluminar el cielo) como su nombre de Dharma.

para intervenir o han creado tabloides para atacarle, todavía no han logrado ningún efecto, y así ¡cómo que no estarán muertos de ira, ajá!④

El pivote está aquí: como lo que él satiriza es la sociedad, cuando la sociedad no cambie, este tipo de sátira seguirá existiendo, pero lo que estás satirizando es el individuo de él, así que si su sátira sigue estando allí, la tuya caerá en el vacío.

Por lo tanto, para derribar al satírico tan abominable como este, primero hay que cambiar la sociedad.

Sin embargo, los satíricos sobre la sociedad, al fin y al cabo, están arriesgados, especialmente en la época en que algunos "literatos" se han convertido abierta o secretamente en "garras del rey"⑤. ¿Quién estará feliz de ser protagonista de la "cárcel por la escritura"? Pero si no está muerto por completo, siempre tendrá medio aliento enfurruñado en el pecho, y quiere escupirlo bajo el disfraz de las carcajadas. El reírse no ofenderá a otros, y actualmente no existe un reglamento en la ley para obligar a los nacionales a mantener una cara de luto, no es "ilegal", y esto, sí que podemos afirmar probablemente.

Pienso: esta es justamente la razón por la que el "humor" ha sido popular en el texto desde el año pasado, pero, desde luego, no son pocos los casos de "reírse por reírse".

Pero esta situación probablemente no va a durar mucho tiempo, porque el "humor" no es el producto original de este país, ni al pueblo chino se le da bien el "humor", y además, ahora es el momento realmente difícil para aplicarse el humor, de modo que el humor no

---

④ El uso de la interjección coloquial "ajá" aquí corresponde a una interjección usada en Yuanqu, un tipo de verso popular en la dinastía Yuan (1271–1368).
⑤ "Garras del rey": Véase el verso "Soy tigre defendiendo al rey" del poema *Qifu* en el *Libro de odas – Gracia Menor*. Aquí en este artículo las garras del rey se refieren a los cómplices de las autoridades reaccionarias. El *Libro de odas* también se conoce por el nombre de *Clásico de poesía*, es un libro perteneciente a los Cinco Clásicos que Confucio enseñaba.

podrá evitar cambiar su forma. Si no se inclina a satirizar la sociedad, caerá en el tradicional "contar chistes" y "sacar provecho indebido".

2 de marzo

文学上的折扣[1]

有一种无聊小报,以登载诬蔑一部分人的小说自鸣得意,连姓名也都给以影射的,忽然对于投稿,说是"如含攻讦个人或团体性质者恕不揭载"[2]了,便不禁想到了一些事——

凡我所遇见的研究中国文学的外国人中,往往不满于中国文章之夸大。这真是虽然研究中国文学,恐怕到死也还不会懂得中国文学的外国人。倘是我们中国人,则只要看过几百篇文,见过十来个所谓"文学家"的行径,又不是刚刚"从民间来"的老实青年,就决不会上当。因为我们惯熟了,恰如钱店伙计的看见钞票一般,知道什么是通行的,什么是该打折扣的,什么是废票,简直要不得。

譬如说罢,称赞贵相是"两耳垂肩"[3],这时我们便至少将他打一个对折,觉得比通常也许大一点,可是决不相信他的耳朵像猪猡一样。说愁是"白发三千丈"[4],这时我们便至少将他打一个二万扣,以为也许有七八尺,但决不相信它会盘在顶上像一个大草囤。这种尺寸,虽然有些模胡,不过总不至于相差太远。反之,我们也能将少的增多,无的化有,例如戏台上走出四个拿刀的瘦伶仃的小戏子,我们就知道这是十万精兵;刊物上登载一篇俨乎其然的像煞有介事的文章,我们就知道字里行间还有看不见的鬼把戏。

又反之,我们并且能将有的化无,例如什么"枕戈待旦"呀,"卧薪尝胆"呀,"尽忠报国"呀,[5]我们也就即刻会看成白纸,恰如还未定影的照片,遇到了日光一般。

但这些文章,我们有时也还看。苏东坡贬黄州时,无聊之至,有客来,便要他谈鬼。客说没有。东坡道:"你姑且胡说一通罢。"[6]我们的看,也不过这意思。但又可知道社会上有这样的东西,是费去了多少无聊的眼力。人们往往以为打牌,跳舞有害,实则这种文章的害还要大,因为一不小心，就会给它教成后天的低能儿的。

《颂》诗[7]早已拍马，《春秋》[8]已经隐瞒，战国时谈士蜂起，不是以危言耸听，就是以美词动听，于是夸大，装腔，撒谎，层出不穷。现在的文人虽然改着了洋服，而骨髓里却还埋着老祖宗，所以必须取消或折扣，这才显出几分真实。

"文学家"倘不用事实来证明他已经改变了他的夸大，装腔，撒谎……的老脾气，则即使对天立誓，说是从此要十分正经，否则天诛地灭，也还是徒劳的。因为我们也早已看惯了许多家都钉着"假冒王麻子[9]灭门三代"的金漆牌子的了，又何况他连小尾巴也还在摇摇摇呢[10]。

（三月十二日。）

注 释

[1] 本篇最初发表于1933月3月15日《申报·自由谈》，署名何家干。

[2] 见1933年3月《大晚报》副刊《辣椒与橄榄》的征稿启事。《大晚报》连载的张若谷的《儒林新史·婆汉迷》，是恶意编造的影射文化界人士的长篇小说，如以"罗无心"影射鲁迅，"郭得富"影射郁达夫等。

[3] "两耳垂肩"：语见长篇小说《三国演义》第一回："（刘备）生得身长八尺，两耳垂肩，双手过膝。"

[4] "丈"：中国自古以来的长度度量单位，相当于3.33米。

[5] "枕戈待旦"，晋代刘琨的故事，见《晋书·刘琨传》，意为随时准备战斗。"卧薪尝胆"，春秋时越王勾践的故事，见《史记·越王勾践世家》，意为忍辱负重，不忘报仇。"尽忠报国"，宋代岳飞的故事，见《宋史·岳飞传》，意为英勇抗争，舍身救国。

[6] 苏东坡要客谈鬼的故事,见宋代叶梦得《石林避暑录话》卷一。
[7] "《颂》诗":指《诗经》中的《周颂》《鲁颂》《商颂》,它们多是统治阶级祭祖酬神用的作品。
[8] 《春秋》:相传为孔丘根据鲁国史官记事而编纂的一部鲁国史书。据《春秋穀梁传》成公九年,孔丘编《春秋》时,"为尊者讳耻,为贤者讳过,为亲者讳疾"。
[9] "王麻子":北京有长久历史的著名刀剪铺。
[10] "小尾巴也还在摇摇摇呢":这是指某些文人已投靠反动当局,成为哈巴狗。

Descuento en la literatura[1]

Hay una especie de tabloide aburrido que se enorgullece de publicar novelas que difaman a algunas personas, en que incluso los nombres son insinuados, pero de repente declara, al hablar del manuscrito enviado, que "si contiene la naturaleza de ataque personal o grupal, se excusa por la no publicación"[2]. De allí no puedo evitar asociarlo con algunas cosas:

Todos los extranjeros estudiando la literatura china que he encontrado, a menudo no están satisfechos con la exageración de los artículos en chino, quienes son realmente unos extranjeros que, pese a dedicarse a la investigación de la literatura china, probablemente no la entenderán antes de su muerte. En caso de ser nosotros los chinos, con tal de haber leído cientos de artículos y enterados de la conducta de una docena de supuestos "literatos", y no ser jóvenes honestos que han llegado recientemente "de la gente popular", nunca caeremos en esta trampa, porque estamos muy acostumbrados a esto, al igual que los empleados del banco, quienes, al ver los billetes, saben cuál está en circulación, cuál debe descontar y cuál es boleto desecho, que simplemente no merece guardarse.

---

[1] Este artículo fue publicado originalmente en la *Charla Libre* del periódico *Shen Bao* el 15 de marzo de 1933, bajo el seudónimo de He Jiagan.

[2] Vea la convocatoria de manuscritos del suplemento *Chile y Aceituna* del *Gran Vespertino* en marzo de 1933, en el cual se publicó la *Nueva historia de los eruditos: Fanáticos por la mujer y el hombre* serializada por Zhang Ruogu. Es una novela maliciosa que insinúa a los intelectuales, como utilizando el nombre de un personaje "Luo Wuxin" para insinuarle a Lu Xun, y con otro de "Guo Defu" para insinuarle a Yu Dafu. (En chino, "Wuxin" significa "sin corazón", "Defu" sugiere "tener beneficio").

Por ejemplo, al alabar lo noble de la fisonomía de una persona se dice que tiene "orejas cayendo sobre los hombros"③. En este caso, al menos lo descontamos por la mitad, porque pensamos que podrían ser más grandes de las normales, pero nunca creemos que sus orejas sean como las de cerdos. Al hablar de la congoja de uno, se dice tener el "cabello blanco de tres mil zhang"④, y en este caso, hacemos al menos un descuento de veinte mil veces, pensamos que tendría dos o tres pies de largo, pero nunca creemos que pueda ser como un gran cúmulo trenzado de césped cuando colocado en la mollera de la cabeza. Aunque este tamaño es algo borroso, no será demasiado distante de lo real. Viceversa, también podemos aumentar de lo poco a lo mucho, y convertir la nada en una existencia. Por ejemplo, cuando salen al escenario cuatro pequeños actores flaquitos con sables, sabemos que se trata de cien mil soldados de élite; cuando sale en las publicaciones un artículo con máxima solemnidad como si hubiera algo impactante, ya sabemos que todavía se esconden unos invisibles trucos fantasmales entre las líneas.

Otra vez a la inversa, también podemos convertir una existencia en la nada, por ejemplo, los modismos de "descansar la cabeza en la lanza esperando el amanecer", "acostarse en maleza y probar la hiel para vengarse", "servir a la patria con lealtad",⑤ los podemos ver como papel en blanco de inmediato, al igual que las fotos que se encuentran

---

③ "Orejas cayendo sobre los hombros": Vea la novela tradicional *Romance de los Tres Reinos,* en la que se describe a uno de los protagonistas Liu Bei: "De ocho chi de altura, con dos orejas llegando al hombro, de los brazos tan largos pasando por las rodillas".
④ "Zhang": Unidad de medida de largo en la historia china utilizada hasta hoy que equivale a 3,33 metros.
⑤ "Descansar la cabeza en la lanza esperando el amanecer": Expresión que significa siempre estar listo para combatir. Vea la *Biografía de Liu Kun* del *Libro de Jin.*
"Acostarse en maleza y probar la hiel para vengarse": Locución derivada de la historia del rey del reino Yue en el Periodo de Primavera y Otoño que significa soportar la humillación sin olvidarse de vengarse. Vea *La familia de Gou Jian, Rey del Reino Yue* en las *Memorias históricas.*
"Servir a la patria con lealtad": Locución derivada de la *Biografía de Yue Fei* de la *Historia de Song* que significa luchar con toda lealtad heroicamente para salvar al país.

con la luz solar antes de la fijación.

　　Pero este tipo de artículos sí los leemos a veces. Cuando Su Dongpo fue degradado a Huangzhou, pasaba un tiempo sumamente aburrido. Un día llegó un visitante, a quien le pidió hablar de fantasmas. El visitante respondió que no tenía nada que contar. Pero Dongpo dijo: "Antes que nada trata de disparatar con unas tonterías".⑥ Nuestra lectura tampoco pasará más de este sentido. Pero sabes, por la existencia de tales cosas en la sociedad, cuánta visión aburrida se ha gastado. A menudo la gente piensa que jugar a las cartas y bailar son dañinos, pero de hecho, este tipo de artículos son aún más dañinos, porque accidentalmente por un descuido, los lectores serán edificados por ellos en niños retrasados adquiridos.

　　Los poemas de *Loas*⑦ habían sido lisonjeros, los *Anales de primavera y otoño*⑧ habían usado ocultaciones, y en el Período de los Reinos Combatientes surgieron por enjambres polemistas de grupo de presión, quienes, o hablaban en inminente peligro para asustar el oído, o jugaban con palabras hermosas para atraer la atención, y por consiguiente exageraban, farsanteaban y mentían, haciendo artimañas una tras otra sin fin. Los literatos actuales, se han cambiado a vestir la ropa a estilo occidental, en su médula ósea están enterradas todavía las cosas de sus antepasados, por eso hay que hacer cancelación o descuento para descubrir cierto grado de verdad de su obra.

　　Si el "literato" no presenta hechos para demostrar que haya cambiado su viejo temperamento de exagerar, farsantear y mentir,

---

⑥　Su Dongpo les pidió al invitado que hablara sobre historias de fantasmas. Vea el volumen I del *Registro de vacaciones de verano en Stone Forest* de Song Mengde.

⑦　"Los poemas de *Loas*": Se refiere a *Loas de Zhou*, *Loas de Lu* y *Loas de Shang* en *Clásico de poesía*, que son poemas musicales utilizados para adorar a dioses o antepasados durante los sacrificios.

⑧　*Anales de primavera y otoño*: Es un libro de historia del reino Lu compilado por Confucio basado en los registros oficiales de la historia del reino. Según los registros del año nueve del rey Cheng en la *Biografía Guliang de Primavera y Otoño*, cuando Confucio los compiló, encubrió la vergüenza para los venerables, ocultó las culpas de los sabios y eludió las enfermedades de los seres queridos.

a pesar de jurar al cielo diciendo que se vuelva serio y decente desde ahora y de lo contrario sea ejecutado por el cielo y aniquilado por la tierra, toda su expresión será en vano, porque ya estamos acostumbrados a ver muchas tiendas que están clavadas con la marca de laca dorada declarando "Si se hace pasar por el Viruela Wang, tres generaciones de la familia aniquiladas[9]", sin mencionar que incluso su colita todavía está sacudiendo, y sacudiendo.[10]

12 de marzo

---

[9] "Viruela Wang": Es la marca de una tienda de cuchillos y tijeras muy famosa en Beijing con una larga historia.
[10] "Su colita todavía está sacudiendo, y sacudiendo": Aquí se refiere a que ciertos literatos han recurrido a las autoridades reaccionarias para convertirse en sus perritos falderos.

言论自由的界限[1]

看《红楼梦》，觉得贾府上是言论颇不自由的地方。焦大以奴才的身分，仗着酒醉，从主子骂起，直到别的一切奴才，说只有两个石狮子干净。结果怎样呢？结果是主子深恶，奴才痛嫉，给他塞了一嘴马粪。

其实是，焦大的骂，并非要打倒贾府，倒是要贾府好，不过说主奴如此，贾府就要弄不下去罢了。然而得到的报酬是马粪。所以这焦大，实在是贾府的屈原[2]，假使他能做文章，我想，恐怕也会有一篇《离骚》之类。

三年前的新月社[3]诸君子，不幸和焦大有了相类的境遇。他们引经据典，对于党国有了一点微词，虽然引的大抵是英国经典，但何尝有丝毫不利于党国的恶意，不过说："老爷，人家的衣服多么干净，您老人家的可有些儿脏，应该洗它一洗"罢了。不料"荃不察余之中情兮"[4]，来了一嘴的马粪：国报同声致讨，连《新月》杂志也遭殃。但新月社究竟是文人学士的团体，这时就也来了一大堆引据三民主义[5]，辨明心迹的"离骚经"。现在好了，吐出马粪，换塞甜头，有的顾问，有的教授，有的秘书，有的大学院长，言论自由，《新月》也满是所谓"为文艺的文艺"了。

这就是文人学士究竟比不识字的奴才聪明，党国究竟比贾府高明，现在究竟比乾隆[6]时候光明：三明主义[7]。

然而竟还有人在嚷着要求言论自由。世界上没有这许多甜头，我想，该是明白的罢，这误解，大约是在没有悟到现在的言论自由，只以能够表示主人的宽宏大度的说些"老爷，你的衣服……"为限，而还想说开去。

这是断乎不行的。前一种，是和《新月》受难时代不同，现在好像已有的了,这《自由谈》也就是一个证据,虽然有时还有几位拿着马粪,前来探头探脑的英雄。至于想说开去,那就足以破坏言论自由的保障。要知道现在虽比先前光明,但也比先前利害,一说开去,是连性命都要送掉的。即使有了言论自由的明令,也千万大意不得。这我是亲眼见过好几回的,非"卖老"也,不自觉其做奴才之君子,幸想一想而垂鉴焉。

(四月十七日。)

注 释

[1] 本篇最初发表于1933年4月22日《申报·自由谈》,署名何家干。

[2] 屈原(约前340—约前278):名平,字原,又字灵均,战国后期楚国诗人。楚怀王时官至左徒,由于他的政治主张不见容于贵族集团而屡遭迫害,后被顷襄王放逐到沅、湘流域,愤而作长诗《离骚》,以抒发其愤激心情和追求理想的决心。

[3] 新月社:以一些资产阶级知识分子为核心的文学和政治团体,约于1923年在北京成立,主要成员有胡适、徐志摩、陈源、梁实秋、罗隆基等。该社曾以诗社名义于1926年夏在北京《晨报副刊》出过《诗刊》(周刊)。1927年在上海创办新月书店,1928年3月出版综合性的《新月》月刊。1929年他们曾在《新月》上发表谈人权等问题的文章,引证英、美各国法规,提出解决中国政治问题的意见,意在向蒋介石献策邀宠。但文章发表后,国民党报刊纷纷著文攻击,说他们"言论实属反动",国民党中央决议由教育部对胡适加以"警诫",《新月》月刊曾遭扣留。他们继而变换手段,研读"国民党的经典",著文引据"党义"以辨明心迹,终于得到蒋介石的赏识。

[4]"荃不察余之中情兮":语见屈原《离骚》。

[5]"三民主义":资产阶级民主主义革命家孙中山先生倡导的民主革命纲领,是孙中山民主思想的精华和高度概括。三民主义是由民族主义、民主主义和民生主义组成。孙中山希望通过三民主义的实施,实现统一的社会,使国家繁荣、人民富强,使世界属于所有国民。

[6]乾隆(1711—1799):清朝的第六位皇帝。乾隆王朝标志着清朝的鼎盛时期,也被认为是中华文明的黄金时期。乾隆统治了60余年,是历史上寿命最长的君主之一。他主持了中国历史上最长的经济繁荣时期之一。作为军事领导人,乾隆扩大了中国的领土。乾隆也是一位文学爱好者,一生共作诗约42 000首,并组织编修了中华文明伟大著作的书目汇编《四库全书》。但他也比他的祖父和父亲制造了更多的"文字狱"。

[7]"三明主义":在汉语中与"三民主义"几乎谐音。而"三民主义"是孙中山先生提出并倡导的国民党基本纲领。在这里,作者巧妙地使用"三明主义",旨在是影射国民党现行政策偏离了革命轨道。

Los límites de la libertad de expresión[1]

Leyendo la novela de *Sueño en el pabellón rojo*, creo que la Mansión de Jia era un lugar donde el habla era poco libre. Jiao Da, en su estatus de siervo, confiando en la embriaguez, regañó desde a los amos hasta a todos los demás siervos, diciendo que solo los dos leones de piedra eran limpios. ¿Qué pasó como consecuencia? Resultó que fue aborrecido profundamente por los amos y odiado severamente por los siervos, quienes le amordazaron un pleno bocado de estiércol de caballo.

En realidad, la regañina de Jiao Da no era para derrotar a la familia Jia, sino para el bien de ella. No dijo nada más que si continuara siendo así los amos y sirvientes, la Mansión de Jia ya no podría funcionar bien. Pero la recompensa fue el estiércol de caballo. Por lo tanto, este Jiao Da es realmente como Qu Yuan[2] de la Mansión de Jia, y si él hubiera podido escribir artículos, supongo que probablemente habría creado otro largo poema similar a *Li Sao*.

---

[1] Este artículo fue publicado originalmente el 22 de abril de 1933 en la *Charla Libre* del periódico *Shen Bao*, bajo el seudónimo de He Jiagan.
[2] Qu Yuan (¿340-278 a. C.?): Poeta del Reino Chu en el último período de los Estados Combatientes. Llegó a ser cortesano de alto nivel del rey Huai, pero debido a que sus opiniones políticas no eran aceptadas en el grupo aristocrático, fue perseguido repetidamente. Más tarde, el rey Qing Xiang lo desterró a las cuencas de Ruan y de Xiang. Deprimido e indignado, escribió el largo poema *Li Sao* para expresar sus quejas y su determinación para perseguir sus nobles ideales

Hace tres años, los caballeros de la Sociedad de Luna Creciente[3] lamentablemente tuvieron una situación similar a la de Jiao Da. Habiendo consultado las obras clásicas y documentos antiguos emitieron alguna ligera crítica velada al partido-estado. Aunque en general fueron citaciones de los clásicos del Reino Unido, ¿cómo habrían podido llevar la menor mala intención para el partido-estado? Lo que dirían fue nada más como "nuestro señor, qué tan limpia está la ropa de otra gente, pero la de usted está un poco sucia y debería ser lavada una vez". Inesperadamente, "su majestad no ha conocido mi leal corazón profundamente"[4], y les respondieron con un bocado de estiércol de caballo: todos los periódicos nacionales salieron a lanzarles condenas por unanimidad, e incluso la revista *Luna Creciente* también sufrió la calamidad. Sin embargo, como la Sociedad de Luna Creciente es, a fin de cuentas, un grupo de eruditos y estudiosos, entonces sacaron un montón de citaciones de los "Tres Principios del Pueblo"[5] que confirmaban sus verdaderos motivos o sentimientos como los expresados en *Li Sao*. Ahora bien, ya han

---

[3] La Sociedad de Luna Creciente: Grupo literario y político centrado en algunos intelectuales burgueses que se estableció en Beijing alrededor de 1923. Sus miembros principales eran Hu Shi, Xu Zhimo, Chen Yuan, Liang Shiqiu, Luo Longji, etc. En nombre de la Sociedad de Poesía, la agencia publicó la *Poesía* (revista semanal) en el *Suplemento del Periódico Matutino* de Beijing en el verano de 1926. La Librería de Luna Creciente se fundó en Shanghai en 1927, y en marzo de 1928 se publicó la revista mensual *Luna Creciente*. En 1929, publicaron un artículo sobre derechos humanos y otros temas en la revista mencionada, citando las leyes del Reino Unido y los Estados Unidos, y presentando sugerencias para resolver los problemas políticos de China, a fin de consentir el favor de Chiang Kai-shek, jefe del Kuomintang (KMT). Sin embargo, después de que se publicó el artículo, los periódicos y revistas del KMT escribieron artículos para atacarlos, diciendo que eran "realmente reaccionarios". El Comité Central de KMT decidió que el Ministerio de Educación "hiciera advertencia" a Hu Shi, y la revista mensual *Luna Creciente* fue suspendida. Luego los miembros cambiaron sus métodos, estudiaron los "clásicos del KMT" y citaron la "teoría esencial del partido" para identificar sus sentimientos y su lealtad, y finalmente obtuvieron el perdón de Chiang Kai-shek y luego su aprecio.

[4] "Su majestad no ha conocido mi leal corazón profundamente": Véase al largo poema *Li Sao* de Qu Yuan.

[5] "Tres Principios del Pueblo" es el programa revolucionario democrático defendido por el revolucionario democrático burgués Sun Yat-sen, y es la esencia y el resumen de alto nivel de su pensamiento. Los Tres Principios del Pueblo están compuestos por el nacionalismo, el democratismo y el principio del sustento del pueblo. Sun Yat-sen esperaba que, a través de la implementación de los Tres Principios del Pueblo, se haga realidad una sociedad unificada, el país sea próspero, la gente sea acomodada y fuerte, y el país pertenezca a todos los ciudadanos.

logrado escupir el estiércol de caballo y lo han sustituido por los dulces: algunos de ellos se han convertido en consejeros, unos en profesores, unos en secretarios, y otros en decanos de universidad, y cuentan con la libertad de expresión, y la *Luna Creciente* también está llena de lo llamado "hacer literatura y arte por literatura y arte".

Esto demuestra que los eruditos y estudiosos, después de todo, tienen la sabiduría más lúcida que los siervos analfabetos; el partido-estado, después de todo, tiene la racionabilidad más lúcida que la Mansión de Jia; y en la actualidad, después de todo, hay claror más lúcido que el reinado del emperador Qianlong[⑥], así son: los Tres Principios de la Luz[⑦].

Sin embargo, hay personas que siguen clamando por la libertad de expresión. No hay tan muchos dulces en el mundo, lo que creo que debería estar claro. Este malentendido probablemente se debe a no haberse dado cuenta de que la libertad de expresión actual está limitada a decir "mi señor, su ropa...", como signo de la magnanimidad del amo, pero ellas aún quieren dilatar el tópico.

Esto es tajantemente inadmisible. La libertad mencionada anteriormente, a diferencia de la del tiempo de la calamidad de la *Luna Creciente*, ahora parece que ya existe, y esta *Charla Libre* también puede ser una evidencia, aunque a veces todavía hay varios héroes viniendo a asomar la cabeza con estiércol de caballo en mano.

---

⑥ Qianlong (1711–1799): Fue el sexto emperador de la dinastía Qing. El reinado de Qianlong marca el apogeo de la dinastía Qing y se considera la edad de oro de la civilización china. Qianlong gobernó durante 65 años y fue uno de los monarcas más longevos de la historia. Presidió uno de los auges económicos más largos de la historia china. Como líder militar supremo, expandió el territorio chino en magnitud. Qianlong era una persona también muy culta y un gran Mecenas del arte y la literatura. Fue autor de unos 42 000 poemas, patrocinador de la famosa *Biblioteca de los Cuatro Tesoros*, una recopilación bibliográfica de las grandes obras de la civilización china. Sin embargo, creó más "casos de inquisición literaria" que su abuelo y su padre.

⑦ "Tres Principios de la Luz": Es una frase casi homófona en chino de la frase "Tres Principios del Pueblo", y esta última es el programa básico del KMT planteado y defendido por el Dr. Sun Yat-sen. Aquí, el autor utiliza inteligentemente "Tres Principios de la Luz", con objeto de insinuar que la política actual del KMT se ha desviado de la vía revolucionaria.

En cuanto a dilatar el tópico, eso sería suficiente para destruir la garantía de la libertad de expresión. Deben saber que aunque el presente es más lúcido que antes, mientras es también más feroz que antes: una vez que amplíen el tópico, podrán perder incluso la vida. Aunque esté publicada la orden explícita de la libertad de expresión, nunca sean negligentes, porque lo he visto varias veces con mis propios ojos, y no estoy "ostentándome con la edad avanzada". Espero que los caballeros inconscientes de estar en condición de siervos piensen en ello y lo tomen como una advertencia.

17 de abril

文章与题目[1]

一个题目,做来做去,文章是要做完的,如果再要出新花样,那就使人会觉得不是人话。然而只要一步一步的做下去,每天又有帮闲的敲边鼓,给人们听惯了,就不但做得出,而且也行得通。

譬如近来最主要的题目,是"安内与攘外"[2]罢,做的也着实不少了。有说安内必先攘外的,有说安内同时攘外的,有说不攘外无以安内的,有说攘外即所以安内的,有说安内即所以攘外的,有说安内急于攘外的。

做到这里,文章似乎已经无可翻腾了,看起来,大约总可以算是做到了绝顶。

所以再要出新花样,就使人会觉得不是人话,用现在最流行的谥法来说,就是大有"汉奸"的嫌疑。为什么呢?就因为新花样的文章,只剩了"安内而不必攘外","不如迎外以安内","外就是内,本无可攘"这三种了。

这三种意思,做起文章来,虽然实在希奇,但事实却有的,而且不必远征晋宋,只要看看明朝就够。满洲人早在窥伺了,国内却是草菅民命,杀戮清流,[3]做了第一种。李自成[4]进北京了,阔人们不甘给奴子做皇帝,索性请"大清兵"来打掉他,做了第二种。至于第三种,我没有看过《清史》,不得而知,但据老例,则应说是爱新觉罗[5]氏之先,原是轩辕[6]黄帝第几子之苗裔,逊于朔方,厚泽深仁,遂有天下,总而言之,咱们原是一家子云。

后来的史论家,自然是力斥其非的,就是现在的名人,也正痛恨流寇。但这是后来和现在的话,当时可不然,鹰犬塞途,干儿当道,魏忠贤[7]不是活着就配享了孔庙么?他们那种办法,那时都有人来说得头头是道的。

前清末年，满人出死力以镇压革命，有"宁赠友邦，不给家奴"的口号，汉人一知道，更恨得切齿。其实汉人何尝不如此？吴三桂之请清兵入关，便是一想到自身的利害，即"人同此心"的实例了。……

（四月二十九日。）

附记：
　　原题是《安内与攘外》

（五月五日。）

注　释

[1] 本篇最初发表于1933年5月5日《申报·自由谈》，署名何家干。

[2] "安内与攘外"：1931年11月30日蒋介石在国民党外长顾维钧宣誓就职会的"亲书训词"中，提出"攘外必先安内"的反动方针。1933年4月10日，蒋介石在南昌对国民党将领演讲时，又提出"安内始能攘外"，为其反共卖国政策辩护。这时一些报刊也纷纷发表谈"安内攘外"问题的文章。

[3] "草菅民命，杀戮清流"：指明末任用宦官魏忠贤等，通过特务机构东厂、锦衣卫、镇抚司残酷压榨和杀戮人民；魏忠贤的阉党把大批反对他们的正直的士大夫，如东林党人，编成"天鉴录""点将录"等名册，按名杀害。这时，在我国东北统一了满族各部的努尔哈赤（即清太祖），已于明万历四十四年（1616）登可汗位，正率军攻明。

[4] 李自成（1606—1645）：陕西米脂人，明末农民起义领袖。他于1644年占领北京，但被明朝叛徒吴三桂和满族的联军击败。崇祯

二年（1629）起义。崇祯十七年1月李自成在西安建立大顺国，同年3月攻克北京，推翻明朝。后镇守山海关的明将吴三桂叛明降清，引清兵入关，镇压起义军。李自成兵败退出北京，清顺治二年（1645）在湖北通山县九宫山被地主武装所害。

[5] 爱新觉罗：清朝皇室的姓。满语称金为"爱新"，族为"觉罗"。

[6] 轩辕：传说中汉民族的始祖。《史记·五帝本纪》："黄帝者，少典之子，姓公孙，名曰轩辕。"黄帝是中国神话中最重要的人物之一，为五帝之首，据传统治于公元前2698年至2598年间。

[7] 魏忠贤（1568—1627）：河间肃宁（今属河北）人，明末天启时专权的宦官。曾掌管特务机关东厂，凶残跋扈，杀人甚多。当时，趋炎附势之徒对他竞相谄媚，《明史·魏忠贤传》记载："群小益求媚"，"相率归忠贤，称义儿"，"监生陆万龄至请以忠贤配孔子"。实乃荒诞至极。

Artículos y temas[1]

Si hacen artículos alrededor de un solo tema una y otra vez, se agotará la escritura; y si se quiere desarrollar alguna variedad nueva, se hará a la gente no creer que sean palabras razonables humanas. Sin embargo, siempre que sigas haciéndolo paso a paso, más acompañado de unos ociosos golpeando el tambor en el borde para asistirte todos los días, lo cual hará a la gente acostumbrada a escucharlo, entonces, no solo podrás producir escritos, sino que todo funcionará.

Por ejemplo, el tema más importante en los últimos tiempos debe ser el de "estabilizar lo interno, repeler el ataque externo"[2], con que han hecho realmente no pocos artículos. Unos dicen que para estabilizar lo interno primero hay que repeler el ataque externo; otros dicen que se debe llevarse a cabo al mismo tiempo el uno y el otro; también unos dicen que sin repeler el ataque externo no puede estabilizar lo interno; unos dicen que repeler el ataque externo implica estabilizar lo interno; mientras que otros dicen que estabilizar lo interno implica repeler el ataque externo; además, otros dicen que estabilizar lo interno es más urgente que repeler el ataque externo.

---

[1] Este artículo fue publicado originalmente el 5 de mayo de 1933 en la *Charla Libre* del periódico *Shen Bao*, bajo el seudónimo de He Jiagan.

[2] "Estabilizar lo interno y repeler el ataque externo": El 30 de noviembre de 1931, Chiang Kai-shek planteó la política reaccionaria de que "para repeler el ataque externo, hay que estabilizar lo interno primeramente" en la "Carta de instrucción a mano" para el Ministro de Asuntos Exteriores del KMT Gu Weijun. El 10 de abril de 1933, cuando Chiang Kai-shek se dirigió a los generales del KMT en Nanchang, también propuso que "solo con estabilizar lo interno primero podemos repeler el ataque externo" en defensa de su política traidora. En este momento, algunos periódicos y revistas también publicaron artículos sobre el tema de "mantener la paz doméstica y repeler la invasión extranjera".

Hasta este punto, probablemente los artículos ya no tienen nada que variar o revolver, y al parecer, más o menos pueden considerarse como haber llegado a la cima absoluta.

Por lo tanto, si se van a inventar variedades nuevas, la gente sentirá que no serán palabras humanas, por lo que según el método más popular de dar nombre póstumo, se sospecha seriamente que sean "traidores". ¿Por qué? Justamente porque de las formas nuevas del artículo con este tema solo restan tres variantes: "Estabilizar lo interno sin necesidad de repeler el ataque externo", "es mejor dar bienvenida al extranjero para estabilizar lo interno" y que "lo externo es justamente lo interno, así que no hay nada que repeler".

Hacer artículos con estos tres sentidos es realmente raro, pero sí que existen algunos, y sin necesidad de remontarse a las lejanas dinastías Jin y Song, basta con mirar solo la dinastía Ming. Los manchúes habían estado al acecho de este lado observando desde hacía mucho tiempo, pero en el interior del país se masacraban las vidas del pueblo como pajas, se asesinaban los funcionarios rectos y honrados,[3] lo que correspondió al sentido primero. Cuando Li Zicheng[4] entró en Beijing, los hombres ricos estaban renuentes a dejar a un siervo del pasado ser su emperador, y pidieron

---

[3] "Se masacraban las vidas del pueblo como pajas, se asesinaban los funcionarios rectos y honrados": Se refiere al eunuco Wei Zhongxian en la dinastía Ming, quien aplastó y masacró brutalmente, a través de las agencias de espionaje como Dongchang y otras similares, a una gran cantidad de funcionarios rectos y honestos que se oponían a ellos, como los miembros del partido Donglin. Y en ese momento, el manchú Nurhaci (el fundador Khan de la Jin tardía y luego el primer emperador de Qing) que unificó a las tribus manchúes en el noreste de China ya había alcanzado la posición de khan en 1616 y lideraba el ejército para atacar a la dinastía Ming.

[4] Li Zicheng (1606–1645): Del distrito Mizhi, provincia de Shaanxi, líder del levantamiento campesino a finales de la dinastía Ming en 1629. Estableció el estado de Dashun en Xi'an y en marzo del mismo año, conquistó Beijing y derrocó a la dinastía Ming. Más tarde, Wu Sangui, el general de Ming que custodiaba el paso de Shanhai traicionó a la dinastía Ming y se rindió a Qing, introduciendo a las tropas de Qing a entrar por el paso de Shanhai, y reprimió a los rebeldes. Entonces Li Zicheng se retiró de Beijing, y en el año 1645 fue asesinado por terratenientes en Jiugongshan, distrito de Tongshan, provincia de Hubei.

directamente a las "tropas de la Gran Qing" que lo derrotaran, lo que correspondió al sentido segundo. En cuanto al tercer sentido, no he leído la *Historia de la dinastía Qing* y no tengo forma de saberlo, pero según la práctica tradicional, se debería dar una explicación de que los antepasados de la familia Aisin-Gioro⑤ fueron originalmente progenies de un hijo tal de Xuanyuan⑥, emperador inicial de la etnia Han, quienes habitaban modestos en el remoto norte, y como dominaban con profunda gracia y gran bondad, y finalmente conquistó toda China, así que en resumen, resulta que originalmente éramos de la misma familia y todo.

Los historiadores posteriores, por supuesto, refutan y regañan fuertemente ese argumento absurdo, e incluso las celebridades actuales también odian a los bandidos errantes. Pero esto ha sido el dicho posterior y de ahora. En ese tiempo no era así, sino que las águilas y perros bloqueaban el camino e incluso los hijos adoptivos ocupaban el poder. ¿No era que Wei Zhongxian⑦ disfrutó, cuando aún vivo, del honor del templo de Confucio? Respecto a los medios de ellos, en esa época, siempre había gente que los justificaran con lógica y claridad.

En los últimos años de la dinastía Qing, los manchúes habían hecho todo lo posible para reprimir la revolución, pregonando el

---

⑤ Aisin-Gioro: El apellido de la familia imperial de la dinastía Qing. En el idioma manchú "Aisin" significa oro, que tiene el mismo significado como "Jin" en el chino mandarín, y "Gioro" es el nombre del hogar ancestral.

⑥ Xuanyuan: El ancestro del pueblo Han según la leyenda. En "Los cinco emperadores" de los *Registros históricos* se dice: "El Emperador Amarillo, fue el hijo de Shaodian, de apellido Gongsun, y de nombre Xuanyuan". Emperador Amarillo, también conocido en Occidente por su nombre chino Huangdi, es una de las figuras más importantes de la mitología china. Se cree que reinó desde el 2698 al 2598 a. C. y es considerado como uno de los iniciadores de la civilización china.

⑦ Wei Zhongxian (1568–1627): Nativo de la provincia de Hebei, un eunuco que tenía el poder al final de la dinastía Ming. Había estado a cargo de Dongchang (Oficina del Servicio Secreto). Fue autoritario, muy cruel y asesino de muchísimas vidas honestas. En ese momento, los seguidores inflamados le halagaron, y había un registro histórico que pone: "El estudioso del Colegio Imperial Lu Wanling planteó comparar a Zhongxian con Confucio". Lo que fue absurdo en extremo.

lema de "Preferir regalar la nación a países amigos que a esclavos domésticos". Al enterarse de esto, el pueblo étnico Han los odió tanto hasta rechinando los dientes. Pero de hecho, ¿acaso los étnicos Han no han sido así? Lo que Wu Sangui pidió a las tropas de Qing ingresar en el territorio nacional por el paso, fue un ejemplo real de que tan pronto como piensa en sus propios intereses privados, ya "toda persona comparte la misma mente"…

29 de abril

Nota al margen:

El título original es "Estabilizar lo interno y repeler el ataque externo".

5 de mayo

辱骂和恐吓决不是战斗

——致《文学月报》编辑的一封信[1]

起应[2]兄：

前天收到《文学月报》第四期，看了一下。我所觉得不足的，并非因为它不及别种杂志的五花八门，乃是总还不能比先前充实。但这回提出了几位新的作家来，是极好的，作品的好坏我且不论，最近几年的刊物上，倘不是姓名曾经排印过了的作家，就很有不能登载的趋势，这么下去，新的作者要没有发表作品的机会了。现在打破了这局面，虽然不过是一种月刊的一期，但究竟也扫去一些沉闷，所以我以为是一种好事情。但是我对于芸生先生的一篇诗[3]，却非常失望。

这诗，一目了然，是看了前一期的别德纳衣的讽刺诗[4]而作的。然而我们来比一比罢，别德纳衣的诗虽然自认为"恶毒"，但其中最甚的也不过是笑骂。这诗怎么样？有辱骂，有恐吓，还有无聊的攻击：其实是大可以不必作的。

例如罢，开首就是对于姓的开玩笑。一个作者自取的别名，自然可以窥见他的思想，譬如"铁血""病鹃"之类，固不妨由此开一点小玩笑。但姓氏籍贯，却不能决定本人的功罪，因为这是从上代传下来的，不能由他自主。我说这话还在四年之前，当时曾有人评我为"封建余孽"，其实是捧住了这样的题材，欣欣然自以为得计者，倒是十分"封建的"的。不过这种风气，近几年颇少见了，不料现在竟又复活起来，这确不能不说是一个退步。

尤其不堪的是结末的辱骂。现在有些作品，往往并非必要而偏在对话里写上许多骂语去，好像以为非此便不是无产者作品，骂詈愈多，就愈是无产者作品似的。其实好的工农之中，并不随口骂人的多得很，作者不应该将上海流氓的行为，涂在他们身上的。即使有喜欢骂人的无产者，也只是一种坏脾气，作者应该由文艺加以纠正，万不可再来展开，使将来的无阶级社会中，一言不合，便祖宗三代的闹得不可开交。况且既是笔战，就也如别的兵战或拳斗一样，不妨伺隙乘虚，以一击制敌人的死命，如果一味鼓噪，已是《三国志演义》式战法，至于骂一句爹娘，扬长而去，还自以为胜利，那简直是"阿Q"式的战法了。

接着又是什么"剖西瓜"[5]之类的恐吓，这也是极不对的，我想无产者的革命，乃是为了自己的解放和消灭阶级，并非因为要杀人，即使是正面的敌人，倘不死于战场，就有大众的裁判，决不是一个诗人所能提笔判定生死的。现在虽然很有什么"杀人放火"的传闻，但这只是一种诬陷。中国的报纸上看不出实话，然而只要一看别国的例子也就可以恍然：德国的无产阶级革命[6]（虽然没有成功），并没有乱杀人；俄国不是连皇帝的宫殿都没有烧掉么？而我们的作者，却将革命的工农用笔涂成一个吓人的鬼脸，由我看来真是卤莽之极了。

自然，中国历来的文坛上，常见的是诬陷，造谣，恐吓，辱骂，翻一翻大部的历史，就往往可以遇见这样的文章，直到现在，还在应用，而且更加厉害。但我想，这一份遗产，还是都让给叭儿狗文艺家去承受罢，我们的作者倘不竭力的抛弃了它，是会和他们成为"一丘之貉"的。

不过我并非主张要对敌人陪笑脸三鞠躬。我只是说，战斗的作者应该注重于"论争"；倘在诗人，则因为情不可遏而愤怒，而笑骂，自然也无不可。但必须止于嘲笑，止于热骂，而且要"喜笑怒骂，皆成文章"[7]，使敌人因此受伤或致死，而自己并无卑劣的行为，观者也不以为污秽，这才是战斗的作者的本领。

刚才想到了以上的一些，便写出寄上，也许于编辑上可供参考。总之，我是极希望此后的《文学月报》上不再有那样的作品的。

专此布达，并问

好。

（鲁迅。十二月十日。）

注 释

[1] 本篇最初发表于1932年12月15日《文学月报》第一卷第五、六号合刊。

[2] 起应：即周扬，湖南益阳人，文艺理论家，左联领导成员之一。当时主编《文学月报》。

[3] 芸生：原名邱九如，浙江省宁波人。他的诗《汉奸的供状》，载《文学月报》第一卷第四期（1932年11月），意在讽刺自称"自由人"的胡秋原的反动言论，但是其中有鲁迅在本文中所指出的严重缺点和错误。

[4] "别德纳衣的讽刺诗"：指讽刺托洛茨基的长诗《没工夫唾骂》（瞿秋白译，载1932年10月《文学月报》第一卷第三期）。

[5] "剖西瓜"：原诗中有这样的话："当心，你的脑袋一下就要变做剖开的西瓜！"

[6] "德国的无产阶级革命"：即德国十一月革命。1918年至1919年德国无产阶级、农民和人民大众在一定程度上用无产阶级革命的手段和形式进行的资产阶级民主革命。它推翻了霍亨索伦王朝，宣布建立社会主义共和国。随后，在社会民主党政府的血腥镇压下失败。

[7] "喜笑怒骂，皆成文章"：语见宋代黄庭坚《东坡先生真赞》。喜，原作嬉。

Insulto e intimidación no son combate en absoluto

Una carta al editor de la *Mensual de Literatura*[1]

Estimado amigo Qiying[2]:

Anteayer recibí el cuarto número de la *Mensual de Literatura* y lo he leído. Lo que encuentro insuficiente no es que no haya sido tan variopinta como otras revistas, sino que aún no puede ser más repletas que antes. Sin embargo, esta vez, se propusieron varios escritores nuevos, lo que es sumamente bueno. Antes de comentar sobre lo bueno y lo defectuoso de sus trabajos, vemos que en las publicaciones de los últimos años, existe una tendencia de no publicarse el trabajo de un escritor que no haya tenido obra impresa en su nombre, y si continúa siendo así, los autores nuevos no tendrán oportunidad de publicar sus obras. Ahora esta situación congelada ya está rota, aunque ha sido por un solo número de una revista mensual, por lo menos también ha barrido algo de la depresión y aburrimiento, así que creo que es una cosa magnífica. Sin embargo, me decepcionó mucho un poema del Sr.

---

[1] Este artículo fue publicado originalmente en la edición conjunta de los números 5 y 6 del volumen I de la *Mensual de Literatura* el 15 de diciembre de 1932.

[2] Qiying: Alias de Zhou Yang, que era nativo de Yiyang, provincia de Hunan, teórico literario y uno de los principales miembros de la Liga de Escritores de Izquierda. En ese momento fue editor en jefe de la *Mensual de Literatura*.

Yunsheng[3].

Este poema, aprehendido de un vistazo, fue escrito después de leer el poema satírico de Bedeney en el número anterior[4]. Pero vamos a hacer una comparación. El mismo Bedeney considera su propio poema "malicioso", pero lo peor de él no pasa de ser burlas y reproches. ¿Y cómo es este poema? Utiliza insultos, intimidaciones y ataques aburridos que, de hecho, son cosas muy innecesarias de hacer.

Veamos un ejemplo, que es una broma sobre el apellido al inicio. Por un alias de elección propia del autor se puede vislumbrar naturalmente sus pensamientos, como "Sangre de hierro", "Cuco enfermizo", etc., y de allí no es inconveniente hacer alguna pequeña broma. Sin embargo, el apellido y el lugar de origen no pueden determinar el mérito ni la culpa de uno mismo, porque esto se ha transmitido de la generación anterior y no se deja decidir por sí mismo. Estas palabras las dije cuatro años atrás, cuando alguien me estimó "escoria remanente del feudalismo", pero en realidad, el que agarró ese tópico y complacidamente se creyó que su táctica había salido exitosa, en cambio, era muy "feudal". Sin embargo, este tipo de atmósfera ha sido rara vez visto en los último años, pero inesperadamente ahora ha resucitado. Esto, de verdad no se puede decir que no sea un retroceso.

Lo especialmente insoportable es el insulto al final. Hoy en día, algunas obras a menudo están innecesariamente salpicadas de lenguaje abusivo en el diálogo, como si creyeran que, de no

---

[3] Yunsheng: Fue originalmente llamado Qiu Jiuru, nativo de Ningbo, provincia de Zhejiang. Su poema "La confesión de los traidores", publicado en el número 4 del volumen I de la *Mensual de Literatura* (noviembre de 1932), tiene la intención de burlarse de los comentarios reaccionarios de Hu Qiuyuan, quien había afirmado ser un "hombre libre", pero contiene algunas graves deficiencias y errores como los señalados por Lu Xun en este artículo.

[4] "El poema satírico de Bedeney": Se refiere al poema largo "No tengo tiempo para reprochar" que ridiculiza insultando a León Trotski (traducido por Qu Qiubai, publicado en octubre de 1932 en el Vol. III de la *Mensual de Literatura*).

hacer así, no serían trabajos del proletariado, y cuando más insultos, más se parecerían a obras proletarias. De hecho, entre los decentes trabajadores y campesinos, son muchísimos los que no lanzan maldiciones a su antojo. El autor no debe pintarles con el comportamiento de los *hooligans* de Shanghai. Aunque unos proletarios suelen dirigir insultos, eso es solo un mal genio. El autor debe corregirlo por vía de la literatura, y de ninguna manera desenvolverlo aún más, evitando que en la futura sociedad sin clases, por una sola palabra en discrepancia, las personas puedan reventar de mutuas injurias a sus antepasados de tres generaciones sin desenredarse. Además, dado que es una batalla por escrito, debe ser como cualquier otra batalla de soldados o boxeadores, en que sería conveniente acechar el resquicio y aprovechar un instante débil del enemigo para lanzarle un ataque letal. Si siempre está haciendo griterío y clamores ciegamente, todavía es la táctica del estilo en el *Romance de los Tres Reinos*, y en cuanto a lanzar algunas maldiciones a los padres del rival y luego alejarse derecho con cabeza erguida sintiéndolo como victoria de sí mismo, eso simplemente se parecerá más a la manera de Ah Q.

Lo que sigue es la intimidación tal como de "cortar la sandía"⑤, que es también extremadamente incorrecta. Creo que la revolución proletaria es por su propia liberación y la extinción de clases, no por querer matar a la gente; e incluso los enemigos frontales, si no mueren en el campo de batalla, habrá arbitración de las masas populares, y no podrán ser condenados a la muerte o no por un plumazo de algún poeta en absoluto. Ahora hay muchos rumores de "asesinato e incendio prendido", pero son solo acusaciones calumniosas.

---

⑤ "Cortar la sandía": En el poema original hay palabras como tal: "¡Cuidado, tu cabeza se convertirá en una sandía partida!"

En la prensa de China no se puede encontrar información veraz, pero solo echando una mirada a los ejemplos de otros países, uno puede comprender de repente: la revolución proletaria en Alemania⑥ (aunque no tuvo éxito) no mató a la gente indiscriminadamente; ¿no es que la en Rusia ni siquiera se quemó el palacio del emperador? Mientras que nuestros autores pintan a los obreros y campesinos revolucionarios en un rostro de fantasma aterradora con sus pinceles, lo cual me parece de veras extremadamente temerario.

Sin duda alguna, en la escena literaria de los tiempos pasados de China ha sido común ver calumnias, rumores, intimidaciones y maldiciones, y al repasar la mayor parte de la historia, se puede encontrar tal tipo de artículos, que hasta ahora todavía están en uso, e incluso en un grado mayor. Pero yo pienso que es mejor dejar esta parte de patrimonio a los escritores y artistas de tipo perrito faldero. Si nuestros autores no tratan de abandonarlo con todo esfuerzo, podrán convertirse en las "chacales de la misma guarida" como ellos.

Sin embargo, no estoy abogando por una triple reverencia al enemigo con una sonrisa. Solo digo que el autor combatiente debe centrarse en "razonamiento y debate". Si es poeta, cuando se irrita por no poder contener la emoción, por supuesto, no hay nada de inaceptable burlar o reprochar, pero debe estar limitado a la ridiculización y al regaño acalorado, además, debe lograr "gozo, risa, cólera y regaño todo fundido en artículos"⑦, de modo que el enemigo resulte herido o muerto por esto, mientras que por sí mismo no ha

---

⑥ "La revolución proletaria en Alemania": Se refiere a la Revolución de Noviembre en Alemania. De 1918 a 1919, el proletariado alemán, los campesinos y el pueblo llevaron a cabo una revolución democrática burguesa por medios y formas de la revolución proletaria en cierta medida. Derrocó a la monarquía Hohenzollern y declaró el establecimiento de una República Socialista. Posteriormente, fracasó bajo la sangrienta represión del gobierno del Partido Socialdemócrata.

⑦ "Lograr 'gozo, risa, cólera y regaño todo fundido en artículos'": Véase "Elogio real al Sr. Dongpo" de Huang Tingjian de la dinastía Song.

hecho nada vil, y los espectadores tampoco lo consideran inmundo, y esto es la aptitud que un autor combatiente debe poseer.

  Se me acaban de ocurrir unas ideas como las anteriores, se las he puesto en escrito para enviarle, tal vez pueda servir de su referencia editorial. En definitiva, espero que no haya más obras como esa en la *Mensual de Literatura* en el futuro.

  Queda especialmente enviada a usted esta carta para indicar lo que pienso y le envío un saludo.

Lu Xun, 10 de diciembre.

《自选集》自序[1]

我做小说，是开手于一九一八年，《新青年》[2]上提倡"文学革命"[3]的时候的。这一种运动，现在固然已经成为文学史上的陈迹了，但在那时，却无疑地是一个革命的运动。

我的作品在《新青年》上，步调是和大家大概一致的，所以我想，这些确可以算作那时的"革命文学"。

然而我那时对于"文学革命"，其实并没有怎样的热情。见过辛亥革命[4]，见过二次革命[5]，见过袁世凯[6]称帝，张勋复辟[7]，看来看去，就看得怀疑起来，于是失望，颓唐得很了。民族主义的文学家在今年的一种小报上说，"鲁迅多疑"，是不错的，我正在疑心这批人们也并非真的民族主义文学者，变化正未可限量呢。不过我却又怀疑于自己的失望，因为我所见过的人们，事件，是有限得很的，这想头，就给了我提笔的力量。

"绝望之为虚妄，正与希望相同。"[8]

既不是直接对于"文学革命"的热情，又为什么提笔的呢？想起来，大半倒是为了对于热情者们的同感。这些战士，我想，虽在寂寞中，想头是不错的，也来喊几声助助威罢。首先，就是为此。自然，在这中间，也不免夹杂些将旧社会的病根暴露出来，催人留心，设法加以疗治的希望。但为达到这希望计，是必须与前驱者取同一的步调的，我于是删削些黑暗，装点些欢容，使作品比较的显出若干亮色，那就是后来结集起来的《呐喊》，一共有十四篇。

这些也可以说，是"遵命文学"。不过我所遵奉的，是那时革命的前驱者的命令，也是我自己所愿意遵奉的命令，决不是皇上的圣旨，也不是金元和真的指挥刀。

后来《新青年》的团体散掉了，有的高升，有的退隐，有的前进，我又经验了一回同一战阵中的伙伴还是会这么变化,并且落得一个"作家"的头衔,依然在沙漠中走来走去,不过已经逃不出在散漫的刊物上做文字,叫作随便谈谈。有了小感触,就写些短文,夸大点说,就是散文诗,以后印成一本,谓之《野草》。得到较整齐的材料,则还是做短篇小说,只因为成了游勇,布不成阵了,所以技术虽然比先前好一些,思路也似乎较无拘束,而战斗的意气却冷得不少。新的战友在那里呢?我想,这是很不好的。于是集印了这时期的十一篇作品,谓之《彷徨》,愿以后不再这模样。

"路漫漫其修远兮,吾将上下而求索。"[9]

不料这大口竟夸得无影无踪。逃出北京,躲进厦门,只在大楼上写了几则《故事新编》和十篇《朝花夕拾》。前者是神话,传说及史实的演义,后者则只是回忆的记事罢了。

此后就一无所作,"空空如也"。

可以勉强称为创作的,在我至今只有这五种,本可以顷刻读了的,但出版者要我自选一本集。推测起来,恐怕因为这么一办,一者能够节省读者的费用,二则,以为由作者自选,该能比别人格外明白罢。对于第一层,我没有异议;至第二层,我却觉得也很难。因为我向来就没有格外用力或格外偷懒的作品,所以也没有自以为特别高妙,配得上提拔出来的作品。没有法,就将材料,写法,都有些不同,可供读者参考的东西,取出二十二篇来,凑成了一本,但将给读者一种"重压之感"的作品,却特地竭力抽掉了。这是我现在自有我的想头的:

"并不愿将自以为苦的寂寞,再来传染给也如我那年青时候似的正做着好梦的青年。"[10]

然而这又不似做那《呐喊》时候的故意的隐瞒,因为现在我相信,现在和将来的青年是不会有这样的心境的了。

一九三二年十二月十四日,鲁迅于上海寓居记。

注 释

[1] 本篇最初印入1933年3月上海天马书店出版的《鲁迅自选集》。
[2]《新青年》：参看本书《〈呐喊〉自序》注释[8]。
[3] "文学革命"：指"五四"时期反对旧文学，提倡新文学，反对文言文，提倡白话文的运动。
[4] 辛亥革命：1911年孙中山领导的资产阶级民主革命。参看本书《对于左翼作家联盟的意见》注释[7]。
[5] 二次革命：1913年7月孙中山领导的反对袁世凯独裁统治的战争。因是对1911年辛亥革命而言，所以被称为"二次革命"。它很快就被袁世凯扑灭。
[6] 袁世凯：参看本书《灯下漫笔》注释[3]。
[7] "张勋复辟"：张勋（1854—1923），江西奉新人，北洋军阀之一。1917年6月，他在任安徽督军时，从徐州带兵到北京，7月1日和康有为等扶植清废帝溥仪复辟，7月12日即告失败。
[8] "绝望之为虚妄，正与希望相同"：原是匈牙利诗人裴多菲在1847年7月17日致友人凯雷尼·弗里杰什信中的话，鲁迅在《野草·希望》中曾引用。
[9] "路漫漫其修远兮，吾将上下而求索"：语见屈原《离骚》。鲁迅曾引用它作为《彷徨》的题辞。
[10] 这两句话引自《〈呐喊〉自序》。

Prefacio a la *Antología propia*[1]

Mi creación en novela comenzó en 1918 cuando la *Nueva Juventud*[2] abogaba por la "revolución de literatura"[3]. Este movimiento ahora ha pasado a ser un vestigio de la historia literaria, pero en aquel tiempo fue sin duda un movimiento revolucionario.

Los trabajos míos en la *Nueva Juventud* mantenían el ritmo consistente con todos los demás aproximadamente, por lo tanto creo que pueden considerarse como "literatura revolucionaria" de ese período.

Sin embargo, no tenía tanto entusiasmo por la "revolución de literatura" en ese tiempo. Había visto la Revolución de 1911[4], divisado la Segunda Revolución[5], visionado a Yuan Shikai proclamándose emperador[6], y también atisbado la restauración de la dinastía Qing maniobrada por Zhang Xun[7]. Contemplaba

---

[1] Este artículo fue originalmente impreso en la *Antología propia de Lu Xun*, publicada por la Librería Tianma de Shanghai en marzo de 1933.

[2] Para la *Nueva Juventud*, consulte la Nota [8] del "Prefacio del autor a *Gritos a la batalla*".

[3] "Revolución de literatura": Se refiere al movimiento en oposición a la literatura antigua y en defensa de la literatura nueva, en oposición al chino clásico y en defensa de la lengua vernácula durante el período del Movimiento del 4 de Mayo de 1919.

[4] La Revolución de 1911: Una revolución democrática burguesa dirigida por Sun Yat-sen. Vea la Nota [7] del artículo "Opiniones sobre la Liga de Escritores de Izquierda" en este libro de traducción.

[5] "La Segunda Revolución": La guerra en julio de 1913 dirigida por Sun Yat-sen contra la dictadura de Yuan Shikai. Como se considera como continuación de la Revolución de 1911, se llamaba como la "Segunda Revolución". Fue rápidamente sofocada por Yuan Shikai.

[6] Yuan Shikai: Véase la Nota [3] de "Apuntes bajo la lámpara" en este libro de traducción.

[7] "La restauración de la dinastía Qing maniobrada por Zhang Xun": Zhang Xun (1854–1923), nativo de la provincia de Jiangxi, y uno de los caudillos militares feudalistas del Norte. En junio de 1917, cuando desempeñaba el Supervisor Militar de Anhui, dirigió tropas de Xuzhou a Beijing, y el 1 de julio, junto con Kang Youwei y otros conspiró y maniobró la restauración del emperador Puyi de la derrocada dinastía Qing. Fracasaron el 12 de julio del mismo año.

estos eventos del uno al otro incluso de vuelta, hasta que me volví dudoso, y luego decepcionado, y muy decaído. Los escritores de la literatura nacionalista dijeron este año en un tabloide que "Lu Xun es suspicaz", lo que dijo no está mal. Ahora estoy sospechando que este grupo de personas tampoco sean realmente escritores de la literatura nacionalista, cuyos cambios están por presentar ilimitadas posibilidades. Pero yo también dudo mi propia decepción, porque las personas y los eventos que yo he conocido son muy limitados, idea esta me ha dado el poder para tomar la pluma.

"La razón de que la desesperación es ilusión infundada reside en ser igual a la esperanza".[8]

Si no se debió directamente al entusiasmo por la "revolución de literatura", ¿por qué tomé la pluma? Al recordarlo, el mayor motivo fue por tener la misma sensación con los entusiastas. Estos combatientes, creo que, aunque en soledad, su deseo era bueno, así que yo agregaría unos cuantos gritos a ellos para levantar su moral. Inicialmente, sí que fue por esto. Naturalmente, también fue inevitable intercalar la esperanza de revelar las causas raíz de la enfermedad de la vieja sociedad, y esto llamaba la atención de la gente para que buscara maneras de tratamiento. Sin embargo, para realizar esta esperanza, tenía que seguir el mismo ritmo que los precursores. Entonces, quité alguna parte de oscuridad y decoré con alguna alegría para que el trabajo luciera con cierto brillo relativo, y esto fue precisamente el ensamblaje posterior con el título de *Gritos a la batalla* en que están incluidos catorce artículos.

Estos también pueden llamarse "literatura obediente a la orden",

---

[8] "La razón de que la desesperación es ilusión infundada reside en ser igual a la esperanza": Originalmente fueron palabras del poeta húngaro Petöfi Sándor en una carta a su amigo Kerényi Frigyeshez el 17 de julio de 1847. Lu Xun las citó en *Hierbas silvestres - La esperanza*.

pero la que obedecía era la orden de los precursores revolucionarios en ese momento, y también la que yo estaba dispuesto a seguir, y nunca fue un edicto imperial, tampoco fue el yuan de oro ni el verdadero sable de mando.

Más tarde, el grupo de la *Nueva Juventud* se disolvió. Unos obtuvieron promoción, unos se retiraron y otros siguieron adelante, y una vez más experimenté que los compañeros de la misma tropa de batalla también pudieron cambiarse de esta manera, mientras que yo terminé con el título de "escritor" y continué caminando de ida y vuelta por el desierto, pero ya no he podido huir de escribir en las publicaciones sueltas, lo que se llamaba charlar casualmente. Cuando tenía pequeños toques de sentimiento o emoción, escribía algunos ensayos cortos, o en términos exagerados, serían poemas en prosa, que luego se imprimieron componiendo un libro llamado *Hierbas silvestres*. Si obtenía materiales relativamente ordenados, aún hacía historias cortas. Solo debido a haberme vuelto un soldado disuelto, ya no podía formarlos en alineación militar. Entonces, aunque la técnica era un poco mejor que antes y el hilo del pensamiento también parecía con menos restricciones, pero el espíritu de lucha se quedaba mucho más frío. ¿Dónde estarían los nuevos compañeros de arma? Pensaba que esto estaba muy mal. Así que junté las once obras de este período para una publicación llamada *Vacilando*, y esperaba que no hubiera similar caso en el futuro.

"El camino por delante se extiende tan lejos sin fin, buscaré y exploraré mis ideales de arriba y abajo".⑨

Inesperadamente, este habla en grande fue tan exagerada hasta sin dejar ni sombra ni huella. Pues, escapándose de Beijing y

---

⑨ "El camino por delante se extiende tan lejos sin fin, buscaré y exploraré mis ideales de arriba y abajo.": Véase el poema largo *Li Sao* de Qu Yuan. Lu Xun lo citó una vez como la inscripción de *Vacilando*.

escondiéndome en Xiamen, escribí solo varios trozos para *Nueva redacción de cuentos viejos* y diez piezas para *Flores matutinas recogidas al atardecer* en ese gran edificio. Los primeros eran unos mitos, leyendas y romances basados en hechos históricos, mientras que las posteriores solo consistían en narración de recuerdos.

Desde entonces, no he escrito nada, "tan hueco como vacío".

Las que apenas pueden llamarse creación, solo tengo hasta ahora las únicas cinco especies, que podían ser presentadas para la lectura de inmediato, pero el editor me pidió hacer una compilación con mi propia selección. Supongo que probablemente el arreglo de este modo por un aspecto podría ahorrar honorarios de los lectores, y por otro, pensaba que el autor debería estar más claro que otros en la selección de artículos. Para el primero punto no tengo ninguna objeción; pero para el segundo, creo que esto es difícil también para mí, porque nunca he tenido una obra trabajada con excesiva dedicación o escatima en esfuerzos, así que no creo tener obras magistrales o ingeniosas particularmente que fueran dignas de ser seleccionadas. Como no quedaba otra manera, saqué veintidós artículos entre los que son algo diferentes en material y método de escritura y pueden servir al lector de alguna referencia, juntándolos como un volumen, pero las piezas que puedan dar al lector una "sensación de pesada presión", las he retirado con el máximo esfuerzo. Esto es porque ahora tengo mi propio deseo:

"No quiero contagiar la soledad que yo creía amarga a los jóvenes que están bañados en bonitos sueños como yo cuando era joven".[10]

Sin embargo, esto tampoco es como la ocultación deliberada

---

[10] Estas dos oraciones se citan del "Prefacio del autor a *Gritos a la batalla*".

cuando escribía *Gritos a la batalla,* porque ahora creo que los jóvenes del presente y en el futuro no tendrán aquel estado de ánimo.

El 14 de diciembre de 1932, Lu Xun en la residencia en Shanghai.

《两地书》[1]序言

这一本书,是这样地编起来的——

一九三二年八月五日,我得到霁野,静农,丛芜[2]三个人署名的信,说漱园[3]于八月一日晨五时半,病殁于北平同仁医院了,大家想搜集他的遗文,为他出一本纪念册,问我这里可还藏有他的信札没有。这真使我的心突然紧缩起来。因为,首先,我是希望着他能够痊愈的,虽然明知道他大约未必会好;其次,是我虽然明知道他未必会好,却有时竟没有想到,也许将他的来信统统毁掉了,那些伏在枕上,一字字写出来的信。

我的习惯,对于平常的信,是随复随毁的,但其中如果有些议论,有些故事,也往往留起来。直到近三年,我才大烧毁了两次。

五年前,国民党清党的时候,我在广州,常听到因为捕甲,从甲这里看见乙的信,于是捕乙,又从乙家搜得丙的信,于是连丙也捕去了,都不知道下落。古时候有牵牵连连的"瓜蔓抄",我是知道的,但总以为这是古时候的事,直到事实给了我教训,我才分明省悟了做今人也和做古人一样难。然而我还是漫不经心,随随便便。待到一九三〇年我签名于自由大同盟[4],浙江省党部呈请中央通缉"堕落文人鲁迅等"的时候,我在弃家出走之前,忽然心血来潮,将朋友给我的信都毁掉了。这并非为了消灭"谋为不轨"的痕迹,不过以为因通信而累及别人,是很无谓的,况且中国的衙门是谁都知道只要一碰着,就有多么的可怕。后来逃过了这一关,搬了寓,而信札又积起来,我又随随便便了,不料一九三一年一月,柔石被捕,在他的衣袋里搜出有我名字的东西来,因此听说就在找我。自然罗,我只得又弃家出走,但这回是心血潮得更加明白,当然先将所有信札完全烧掉了。

因为有过这样的两回事,所以一得到北平的来信,我就担心,怕大约未必有,但还是翻箱倒箧的寻了一通,果然无踪无影。朋友的信一封也没有,我们自己的信倒寻出来了,这也并非对于自己的东西特别看作宝贝,倒是因为那时时间很有限,而自己的信至多也不过蔓在自身上,因此放下了的。此后这些信又在枪炮的交叉火线下,躺了二三十天,也一点没有损失。其中虽然有些缺少,但恐怕是自己当时没有留心,早经遗失,并不是由于什么官灾兵燹的。

一个人如果一生没有遇到横祸,大家决不另眼相看,但若坐过牢监,到过战场,则即使他是一个万分平凡的人,人们也总看得特别一点。我们对于这些信,也正是这样。先前是一任他垫在箱子底下的,但现在一想起他曾经几乎要打官司,要遭炮火,就觉得他好像有些特别,有些可爱似的了。夏夜多蚊,不能静静的写字,我们便略照年月,将他编了起来,因地而分为三集,统名之曰《两地书》。

这是说:这一本书,在我们自己,一时是有意思的,但对于别人,却并不如此。其中既没有死呀活呀的热情,也没有花呀月呀的佳句;文辞呢,我们都未曾研究过"尺牍精华"或"书信作法",只是信笔写来,大背文律,活该进"文章病院"的居多。所讲的又不外乎学校风潮,本身情况,饭菜好坏,天气阴晴,而最坏的是我们当日居漫天幕中,幽明莫辨,讲自己的事倒没有什么,但一遇到推测天下大事,就不免胡涂得很,所以凡有欢欣鼓舞之词,从现在看起来,大抵成了梦呓了。如果定要恭维这一本书的特色,那么,我想,恐怕是因为他的平凡罢。这样平凡的东西,别人大概是不会有,即有也未必存留的,而我们不然,这就只好谓之也是一种特色。

然而奇怪的是竟又会有一个书店愿意来印这一本书。要印,印去就是,这倒仍然可以随随便便,不过因此也就要和读者相见了,却使我又得加上两点声明在这里,以免误解。其一,是:我现在是左翼作家联盟中之一人,看近来书籍的广告,大有凡作家一旦向左,则旧作也即飞升,连他孩子时代的啼哭也合于革命文学之概,不过我们的这书是不然的,其中并无革命气息。其二,常听得有人说,书信是最不掩饰,最显真面的文章,但我也并不,我无论给谁写信,最初,总是敷敷衍衍,口是心非的,即在这一本中,遇有较为紧要的地方,到后来也还是往往故意写得含胡些,因为我们所处,是在"当地长官",邮局,校长……,都可以随意检查信件的国度里。但自然,明白的话,是也不少的。

还有一点,是信中的人名,我将有几个改掉了,用意有好有坏,并不相同。此无他,或则怕别人见于我们的信里,于他有些不便,或则单为自己,省得又是什么"听候开审"之类的麻烦而已。

回想六七年来,环绕我们的风波也可谓不少了,在不断的挣扎中,相助的也有,下石的也有,笑骂诬蔑的也有,但我们紧咬了牙关,却也已经挣扎着生活了六七年。其间,含沙射影者都逐渐自己没入更黑暗的处所去了,而好意的朋友也已有两个不在人间,就是漱园和柔石。我们以这一本书为自己记念,并以感谢好意的朋友,并且留赠我们的孩子,给将来知道我们所经历的真相,其实大致是如此的。

一九三二年十二月十六日,鲁迅。

注释

[1] 《两地书》:鲁迅和许广平的通信集。1933年由上海春光书局初版。共收入鲁迅与许广平1925年3月至1929年6月间通信135封。它对研究鲁迅及许广平的生活、思想具有十分重要的价值和意义,也是现代文学史上不可多得的、独具特色的文集。

[2] "霁野,静农,丛芜":指李霁野、台静农和韦丛芜。李霁野(1904—1997),安徽人,现代著名翻译家,鲁迅曾资助其入燕京大学学习,是鲁迅的学生。后历任大学外语系教授、全国政协委员。译著有《简爱》《被侮辱和被损害的》等。台静农(1903—1990),本姓澹台,著名作家、文学评论家、书法家,历任大学教授,与鲁迅关系密切,友谊深厚。有《静农论文集》《静农书艺集》《台静农散文集》《台静农短篇小说集》等行世。丛芜,即韦丛芜(1905—1978),原名韦崇武,是现代著名作家韦素园的胞

弟。北京燕京大学毕业。曾在大学任教，为鲁迅组织的未名社成员，《莽原》半月刊撰稿人之一。著有诗集《君山》《冰块》等，译有陀思妥耶夫斯基的《穷人》《罪与罚》《长拉玛卓夫兄弟》和杰克·伦敦的《生命》等。

[3]"漱园"：即"素园"，全名韦素园（1902—1932）。安徽六安叶集人。经鲁迅推荐，他曾在北京担任《民报》副刊编辑。同年夏，鲁迅倡导和组织了"未名社"，韦素园成了长期值班。次年鲁迅创办《莽原》半月刊，韦素园任责任编辑。在斗争中他还以安置工作来掩护过革命者。韦素园一生勤于文学翻译，译著有俄国果戈理小说《外套》、俄国短篇小说集《最后的光芒》、北欧诗歌小品集《黄花集》、俄国索洛古勃的《邂逅》等。同时还创作了大量散文、小品、诗歌等文学作品。鲁迅和他相差20多岁，但一向对他予以提携和帮助，并对他的品行作为大加赞赏。他逝世后，鲁迅先生手书"呜呼，宏才远志，厄于短年，文苑失英，明者永悼"碑文，并撰写了《忆韦素园君》一文。

[4]"自由大同盟"：1930年2月12日，由鲁迅、柔石、郁达夫、田汉、夏衍、冯雪峰等人在上海发起成立了中国自由运动大同盟，简称自由大同盟。其宗旨是要争取言论、出版、结社、集会等自由，反对国民政府统治。有许多学校、文艺团体和工人组织参加。自成立之日起即遭到国民政府压制。1931年2月，自由大同盟主席龙大道在上海牺牲，同盟遂自行解散。

Prefacio a *Cartas entre dos sitios*[①]

Este libro se ha compilado de la manera siguiente:

El 5 de agosto de 1932, recibí una carta firmada por Jiye, Jingnong y Congwu[②], diciendo que Shuyuan[③] falleció de enfermedad en el Hospital Tongren de Beiping a las cinco y media el 1 de agosto,

---

[①] *Cartas entre dos sitios* es una colección de correspondencias entre Lu Xun y Xu Guangping (su cónyuge). La primera edición fue publicada por la Librería Chunguang de Shanghai en 1933. Se recolectó un total de 135 comunicaciones entre los dos desde marzo de 1925 hasta junio de 1929. Tiene un valor y un significado muy importantes para estudiar la vida y el pensamiento de Lu Xun y Xu Guangping, y también es una colección sobresaliente de ensayos en la historia de la literatura moderna.

[②] "Jiye, Jingnong y Congwu": Se refiere a Li Jiye, Tai Jingnong y Wei Congwu. Li Jiye (1904–1997), de la provincia de Anhui, famoso traductor moderno, a quien Lu Xun patrocinó sus estudios en la Universidad de Yanjing, y fue estudiante de Lu Xun. Trabajó de profesor de lenguas extranjeras en las universidades. Después de la fundación de la nueva China, fue miembro del Comité Nacional de la Conferencia Consultiva Política del Pueblo Chino. Sus traducciones incluyen obras como *Jane Eyre* y *Humillados y ofendidos*. Tai Jingnong (1903–1990), su apellido original fue Dantai. Famoso escritor, crítico literario y calígrafo. Tenía una relación cercana y amistad profunda con Lu Xun. Fue profesor en varias universidades. Tuvo publicados como *Ensayos de Jingnong*, *Colección de libros de Jingnong*, *Colección de prosa de Tai Jingnong*, *Cuentos cortos de Tai Jingnong* y otras obras. Congwu, fue el mismo Wei Congwu (1905–1978), hermano del famoso escritor moderno Wei Suyuan. Graduado de la Universidad Yanjing en Beijing. Trabajó de profesor universitario y fue miembro de la Sociedad Sin Nombre organizada por Lu Xun y uno de los contribuyentes a la revista bimensual *Planicie Herbazal*. Fue autor de los poemarios *Montaña de Caballero* y *Bloque de hielo*, y traductor de *Pobres gentes*, *Crimen y castigo*, *Los hermanos Karamazov* de Fiódor Dostoyevski y la *Vida* del escritor estadounidense Jack London, etc.

[③] "Shuyuan": Es el mismo "Suyuan", cuyo nombre completo es Wei Suyuan (1902–1932), nativo de Anhui. Por recomendación de Lu Xun, fue el editor del suplemento del *Diario Popular en Beijing*. En el verano del mismo año, Lu Xun defendió y organizó la Sociedad Sin Nombre, y Wei Suyuan se convirtió en el encargado a largo plazo. Al año siguiente, Lu Xun fundó la revista bimensual *Planicie Herbazal*, y Wei Suyuan fue el editor responsable. En la lucha también protegió a los revolucionarios con trabajos de colocación. Wei Suyuan en su vida se mantuvo diligente a la traducción literaria. Tradujo la novela *El capote* de Nikolái Gógol, la colección de cuentos rusos *La última luz,* la colección de poesía y ensayos escandinavos *Colección de flores amarillas*, la *Encuentro casual* del escritor ruso Fyodor Sologub, etc. Al mismo tiempo, creó muchas obras literarias como prosa, ensayos, poesía. Lu Xun le llevó más de 20 años de edad, pero siempre lo apoyaba y lo ayudaba, y también lo elogiaba por su conducta. Después de su muerte, Lu Xun escribió la inscripción: "Uf, hombre de gran talento y alta aspiración, pero la edad corta y la suerte desdichada; es una gran pérdida para el círculo literario, y los sabios siempre honrarán la memoria". Escribió el artículo "Recordando al Sr. Wei Suyuan".

y todos querían recopilar sus escritos y publicar un libro conmemorativo para él y me preguntaban si todavía tenía sus cartas en mi colección. Esto realmente me hizo encogerse el corazón de repente, porque, primero, yo esperaba que él lograra curarse, aunque sabía obviamente que quizá no pudiera restituirse sano necesariamente; en segundo lugar, a pesar de saber claramente que tal vez no pudiera restaurarse bien dado el caso, en algún tiempo no me había dado cuenta de si posiblemente haber quemado por completo todas las cartas de él cabalmente, aquellas cartas que escribía al apoyarse en la almohada, palabra por palabra.

Según mi costumbre, las cartas ordinarias se destruían inmediatamente después de ser respondidas, pero si contenían algunos comentarios o cuentos, también las guardaba a menudo. Solo en los recientes tres años, las quemé dos veces en gran cantidad.

Hace cinco años, cuando el KMT estaba purgándose dentro del partido, yo estaba en Guangzhou, y a menudo oía que cuando detenían a un hombre A, encontraban una carta de B, y detenían a B, luego también encontraban una carta de C en la casa de B, y así detenían a C también, finalmente se los llevaban a todos y nunca daban a conocer el paradero. En la antigüedad, había una "búsqueda vía enredadera de melón" que implicaba e involucraba mucho, de lo que me había enterado, pero siempre creía que eso era asunto de aquella época, y no fue hasta que esos hechos me dieron la lección cuando me di cuenta clara de que ser hombre de hoy es tan difícil como serlo en la antigüedad. Sin embargo, yo seguía siendo descuidado y negligente, casual y al azar. Solo después de que firmé la fundación de la Gran Liga de la Libertad[4] en 1930, el Departamento

---

④ "La Gran Liga de la Libertad": El 12 de febrero de 1930, Lu Xun, Rou Shi, Yu Dafu, Tian Han, Xia Yan, Feng Xuefeng y otros iniciaron el establecimiento de la Alianza del Movimiento por la Libertad de China en Shanghai, conocida como la Gran Liga de la Libertad. Su propósito fue luchar por la libertad de expresión, publicación, asociación, reunión, etc., y oponerse al gobierno del Gobierno del Partido Kuomintang (KMT). Se le unieron muchas escuelas, grupos literarios y organizaciones de trabajadores. Desde su creación, fue oprimida por el Gobierno del KMT. En febrero de 1931, Long Dadao, presidente de la Gran Liga de la Libertad, se sacrificó en Shanghai y luego la organización se disolvió por su cuenta.

del Partido Provincial de Zhejiang solicitó al Comité Central del KMT para poner en la lista de buscados al "degenerado escritor Lu Xun", y antes de alejarme de casa, por un impulso repentino de la sangre del corazón destruí todas las cartas que había recibido de mis amigos. Esto no fue para eliminar el rastro de alguna "conspiración más allá de la ley", sino que pensé que no valdría la pena implicar a otros debido a la comunicación. Además, todo el mundo sabe qué horrible es el yamen de China una vez tocado por él. Después, me salvé de esta crisis, mudé el alojamiento y las cartas se volvieron a apilar, mientras yo me volví casual y descuidado de nuevo. Inesperadamente, en enero de 1931, Rou Shi fue arrestado y algo con mi nombre fue encontrado en su bolsillo, por lo que escuché que empezaron a buscarme. Desde luego, tuve que abandonar el hogar para alejarme otra vez, y esta vez estuve más consciente del impulso por la sangre de mi corazón y, por supuesto, quemé todas las cartas por completo.

Debido a que había ocurrido dos veces tales asuntos, tan pronto como recibí la carta de Beiping, comencé a preocuparme, temiendo que no las conservara necesariamente, pero de todo modo volteé los cajones y maletas revisándolos una vez completamente, y efectivamente resultó sin rastro ni sombra. No hubo ni una carta de ningún amigo, pero en cambio, se encontraron las cartas de nosotros mismos, lo cual no fue por haber tratado a nuestras propias cosas como tesoros especialmente, sino porque en el pasado el tiempo fue muy limitado y nuestras propias cartas enredarían como máximo a nosotros mismos, así que las dejé allí. Desde entonces, estas cartas se habían acostado veinte o treinta días bajo la línea de armas de fuego cruzado sin ninguna pérdida. Aunque faltaron algunas de ellas, me temo que se debiera a mi descuido en ese tiempo y las había perdido más temprano, y no se debería a cierto desastre oficial o incendio prendido por soldados.

Si una persona nunca ha encontrado un desastre inesperado en su vida, la gente nunca la verán con especial consideración, pero si ha estado en prisión o ha ido al campo de batalla, pese a ser una persona extremadamente común, los otros siempre la ven con una actitud un poco más particular. Nuestro tratamiento a estas cartas es justamente lo mismo. Antes, solíamos dejarlas en el fondo de la maleta como algo muy natural, pero ahora al recordar que habían estado a punto de ir a juicio y de sufrir el fuego de guerra, nos parecían un poco especiales y algo adorables. Como había muchos mosquitos en las noches de verano, y no podíamos escribir tranquilamente, las compilamos aproximadamente según las fechas y las dividimos en tres episodios según los lugares. Finalmente, les pusimos un nombre genérico *Cartas entre dos sitios*.

Esto quiere decir: este libro es interesante para nosotros por un tiempo, pero para otros no, en el cual no hay pasiones excitadas a la muerte o por la vida, tampoco aparecen bellas frases con flores y la luna; en cuanto a la dicción, como no hemos estudiado la *Esencia de la epístola* o la *Práctica de la carta* y solo las escribíamos al antojo de la pluma, violando mayoritariamente las reglas de composición, y son muchas las que merecen mandarse prácticamente al "hospital de artículos". Y de lo que hablamos no era más que las agitaciones escolares, el estado de sí mismo, la comida buena o mala, lo despejado o nublado de clima; pero lo peor era que, en ese tiempo cuando vivíamos bajo los infinitos telones celestiales sin poder distinguir lo oscuro y lo claro, no había nada inconveniente para hablar de nuestros propios asuntos, pero cuando se especulaba acerca de los grandes acontecimientos del mundo era inevitable caernos muy confundidos, así que todas aquellas palabras jubilosas e inspiradoras, por lo que parece ahora, en general se han convertido en despropósitos en sueño. Si ha de exaltar alguna peculiaridad de este libro, creo que tal vez se deba a lo ordinario de sí mismo. Probablemente otra gente no tiene las cosas tan corrientes, y pese a tenerlas no las guardarían necesariamente, pero el caso nuestro es diferente, lo que solo podemos llamar como una peculiaridad.

Pero lo extraño es que inesperadamente una librería está dispuesta a imprimir este libro. Si quiere imprimirlo, pues llévelo, acordado, lo que todavía puede ser un asunto casual y descuidado, pero por esto, como va a enfrentarse al lector, tengo que agregar dos declaraciones más aquí para evitar malentendidos. La primera es: ahora soy miembro de la Liga de Escritores de Izquierda. Mirando los anuncios de libros recientes, una vez que un escritor gira a la izquierda, sus obras antiguas también despegan, incluso el grito de su infancia estaría en consonancia con el espíritu de la literatura revolucionaria, pero nuestro libro no es este caso, que no contiene un aliento revolucionario. La segunda, a menudo escucho a la gente decir que la epístola es el texto menos disimulado y con la faz más genuina, pero la mía tampoco lo es. Cuando escribo a cualquier persona, en el principio siempre lo hago con negligencia y superficialidad, decir sí en boca y no en corazón, e incluso en este libro, en los lugares algo más críticos, a menudo los escribía un poco más vagos deliberadamente, porque estamos viviendo en un país en que el "gobernador local", la oficina de correos, el director de escuela, etc., todos pueden revisar las cartas a su voluntad. Pero desde luego, las palabras claras de comprensión tampoco eran pocas.

Una cosa más, los nombres de las personas en la carta, he cambiado algunos de ellos, con intenciones buenas o malas, en casos diferentes. No hay otra razón, o porque temo que la mención de una persona en nuestra carta sea un poco inconveniente para ella; o simplemente para mí mismo, evitando las molestias tal como "esperar a la apertura de la corte e interrogación".

Mirando hacia atrás en los últimos seis o siete años, las tormentas que nos rodearon no fueron pocas. En los contantes forcejeos, había unos que nos ayudaban, también unos que "echaban piedras al caído en el pozo", así como otros que se burlaban de nosotros y nos injuriaban; pero, hemos apretado los dientes y hemos luchado logrando vivir seis o siete años. Durante este periodo de tiempo, los que lanzaron ataques por insinuación y frases ambiguas se han sumergido en los sitios más oscuros, y entre los amigos de buena voluntad dos ya se han ido del mundo, a saber, Shuyuan y Rou Shi. Dedicamos este libro como nuestro propio recuerdo, y también como el agradecimiento a nuestros amigos de buena voluntad. Además, lo dejamos como regalo a nuestro hijo para que en el futuro sepa la verdad de lo que hemos experimentado, que, de hecho, es aproximadamente como así.

16 de diciembre de 1932, Lu Xun.

关于女人[1]

国难期间，似乎女人也特别受难些。一些正人君子责备女人爱奢侈，不肯光顾国货。就是跳舞，肉感等等，凡是和女性有关的，都成了罪状。仿佛男人都做了苦行和尚，女人都进了修道院，国难就会得救似的。

其实那不是女人的罪状，正是她的可怜。这社会制度把她挤成了各种各式的奴隶，还要把种种罪名加在她头上。西汉末年，女人的"堕马髻""愁眉啼妆"[2]，也说是亡国之兆。其实亡汉的何尝是女人！不过，只要看有人出来唉声叹气的不满意女人的妆束，我们就知道当时统治阶级的情形，大概有些不妙了。

奢侈和淫靡只是一种社会崩溃腐化的现象，决不是原因。私有制度的社会，本来把女人也当做私产，当做商品。一切国家，一切宗教都有许多稀奇古怪的规条，把女人看做一种不吉利的动物，威吓她，使她奴隶般的服从；同时又要她做高等阶级的玩具。正像现在的正人君子，他们骂女人奢侈，板起面孔维持风化，而同时正在偷偷地欣赏着肉感的大腿文化。

阿剌伯的一个古诗人说："地上的天堂是在圣贤的经书上，马背上，女人的胸脯上。"这句话倒是老实的供状。

自然，各种各式的卖淫总有女人的份。然而买卖是双方的。没有买淫的嫖男，那里会有卖淫的娼女。所以问题还在买淫的社会根源。这根源存在一天，也就是主动的买者存在一天，那所谓女人的淫靡和奢侈就一天不会消灭。男人是私有主的时候，女人自身也不过是男人的所有品。也许是因此罢，她的爱惜家财的心或者比较的差些，她往往成了"败家精"。何况现在买淫的机会那么多，家庭里的女人直觉地感觉到自己地位的危险。民国初年我就听说，上海的时髦是从长三幺二[3]传到姨太太之流，从姨太太之流再传到太太奶奶小姐。这些"人家人"，多数是不自觉地在和娼妓竞争，——自然，她们就要竭力修饰自己的身体，修饰到拉得住男子的心的一切。这修饰的代价是很贵的，而且一天一天的贵起来，不但是物质上的，而且还有精神上的。

美国一个百万富翁说："我们不怕共匪（原文无匪字，谨遵功令改译），我们的妻女就要使我们破产，等不及工人来没收。"中国也许是惟恐工人"来得及"，所以高等华人的男女这样赶紧的浪费着，享用着，畅快着，哪里还管得到国货不国货、风化不风化。然而口头上是必须维持风化、提倡节俭的。

（四月十一日。）

注释

[1] 本篇最初发表于1933年6月15日《申报月刊》第二卷第六号，署名洛文。

[2] "堕马髻"，坠在一侧的一种发髻。"愁眉啼妆"，一种化妆方式，愁眉者，细而曲折；啼妆者，在目下轻抹似啼状。参见《后汉书·梁冀传》和唐代李贤注引《风俗通》。

[3] "长三幺二"：旧时上海妓院中妓女的等级名称，头等的叫做"长三"，二等的叫做"幺二"。

Sobre la mujer[1]

Durante el período del desastre nacional, parece que las mujeres también son culpadas más particularmente. Algunos caballeros rectos e íntegros reprenden a las mujeres por amar el lujo y negarse a patrocinar productos nacionales. El baile y la sensualidad, y todo lo relacionado con la mujer se han convertido en pecado. Parece que la nación podría salvarse de la calamidad si los hombres se hubieran hecho monjes ascéticos y las mujeres entrado en monasterios.

En realidad, eso no es el pecado de las mujeres, sino precisamente su lástima. Este sistema social las extrude en todo tipo de esclavas, y, les pone toda clase de cargos en la cabeza. E incluso a finales de la dinastía Han Occidental, se decía que el "moño de caballo caído" y el "maquillaje de ceñudo sollozante"[2] de las mujeres eran el presagio de la pérdida de la nación. De hecho, ¡cómo pudieron ser las mujeres las que habían destruido la dinastía Han! Pero siempre cuando se veía que alguien salía quejándose y suspirando de disgusto por el maquillaje y el vestido de las mujeres, ya sabemos que la clase dominante en ese tiempo estaría probablemente en una situación no muy buena.

---

[1] Este artículo fue publicado originalmente el 15 de junio de 1933 en el número 6, volumen II de la *Revista Mensual de Shen Bao* bajo el seudónimo de Luowen.

[2] "Moño de caballo caído", una especie de moño que cayó a un lado de la cara. El "maquillaje de ceñudo sollozante" se refiere a un método de maquillaje con las vejas delgadas y zigzagueantes, el ceño fruncido y un ligero toque sombrío debajo de los ojos como si estuviera sollozando. Véase el *Libro de la dinastía Han posterior – Biografía de Liang Ji* y la *Comprensión de costumbres sociales* anotada e introducida por Li Xian de la dinastía Tang.

La extravagancia y la obscenidad son solo un fenómeno del colapso y la corrupción de la sociedad, y no son la causa en absoluto. La sociedad del sistema privado siempre ha tomado a las mujeres como propiedad privada y mercancía. Todos los países y todas las religiones tienen establecidas muchas reglas raras y excéntricas, considerando a la mujer como un animal desafortunado, intimidándola y haciéndola obediente como esclava; y al mismo tiempo, le exigen ser juguete para las clases superiores. Tal como son los actuales caballeros rectos e íntegros, quienes regañan a las mujeres de ser extravagantes, poniéndose en una cara rígida para salvaguardar la decencia social, mientras tanto están gozando en secreto la cultura sensual del muslo.

Un antiguo poeta árabe dijo: "El paraíso en la tierra está en el libro clásico de los santos y sabios, en el lomo del caballo y sobre los senos de la mujer". Esta frase es, en realidad, una confesión honesta.

Sin ninguna duda, las mujeres siempre están incluidas en todo tipo de prostitución. Sin embargo, la venta consiste en ambos lados. Sin el hombre que compre prostitución, ¿cómo podrá haber prostituta que se venda? Por eso, el problema todavía reside en la raíz social de la compra de prostitución. Cuando esta raíz exista por un día, o sea, el comprador activo exista por un día, la llamada obscenidad y extravagancia de las mujeres no se eliminará por un día. Cuando el hombre es propietario privado, la mujer no es más que un objeto poseído del hombre. Quizás debido a esto, su cuidado y ahorro por la riqueza familiar es relativamente menor, y a menudo se convierte en una "superderrochadora". Además, como ahora hay tantas oportunidades para la compra de prostitución, las mujeres de la familia intuitivamente sienten el peligro de su propio estatus. En los primeros años de la República de China, escuché que la moda de Shanghai se transmitió de las prostitutas de la mayor tercera y la menor segunda③ a las concubinas y sus similares, y de estas a las esposas, nueras y señoritas. Y en estas "mujeres de familia", la mayoría de ellas compiten inconscientemente con las prostitutas. Naturalmente, hacen todo lo posible para embellecer su cuerpo hasta el punto de poder retener todo el corazón de su hombre. El precio de este embellecimiento es muy costoso, y lo es cada día más, no solo en el material sino también en el espíritu.

Un millonario americano dijo: "No tenemos miedo a los bandidos comunistas (no contiene la palabra 'bandidos' el texto original, pero se la añadió a la traducción obedeciendo al edicto oficial), porque solo nuestras esposas e hijas nos llevarán a la bancarrota, sin caber tiempo para esperar a que los trabajadores vengan a confiscar". En China probablemente se temen que "haya tiempo" para que los trabajadores confisquen, por lo tanto, los hombres y mujeres chinos de alta clase están despilfarrándose, disfrutando y divirtiéndose a toda prisa. ¿Cómo pueden cuidarse de si son productos nacionales o no, si son decentes o no? Sin embargo, en lo verbal siempre tienen que salvaguardar la decencia y promover la austeridad.

11 de abril

---

③ "La mayor tercera y la menor segunda": Fueron nombres apelativos de grado de las prostitutas en los prostíbulos de Shanghai. Las prostitutas de la llamada "la mayor tercera" son de la primera clase y las de "la menor segunda" son de la segunda clase.

上海的少女[1]

在上海生活，穿时髦衣服的比土气的便宜。如果一身旧衣服，公共电车的车掌会不照你的话停车，公园看守会格外认真的检查入门券，大宅子或大客寓的门丁会不许你走正门。所以，有些人宁可居斗室，喂臭虫，一条洋服裤子却每晚必须压在枕头下，使两面裤腿上的折痕天天有棱角。

然而更便宜的是时髦的女人。这在商店里最看得出：挑选不完，决断不下，店员也还是很能忍耐的。不过时间太长，就须有一种必要的条件，是带着一点风骚，能受几句调笑。否则，也会终于引出普通的白眼来。

惯在上海生活了的女性，早已分明地自觉着这种自己所具的光荣，同时也明白着这种光荣中所含的危险。所以凡有时髦女子所表现的神气，是在招摇，也在固守，在罗致，也在抵御，像一切异性的亲人，也像一切异性的敌人，她在喜欢，也正在恼怒。这神气也传染了未成年的少女，我们有时会看见她们在店铺里购买东西，侧着头，佯嗔薄怒，如临大敌。自然，店员们是能像对于成年的女性一样，加以调笑的，而她也早明白着这调笑的意义。总之：她们大抵早熟了。

然而我们在日报上，确也常常看见诱拐女孩，甚而至于凌辱少女的新闻。

不但是《西游记》[2]里的魔王，吃人的时候必须童男和童女而已，在人类中的富户豪家，也一向以童女为侍奉，纵欲，鸣高，寻仙，采补的材料，恰如食品的餍足了普通的肥甘，就想乳猪芽茶一样。现在这现象并且已经见于商人和工人里面了，但这乃是人们的生活不能顺遂的结果，应该以饥民的掘食草根树皮为比例，和富户豪家的纵恣的变态是不可同日而语的。

但是，要而言之，中国是连少女也进了险境了。

这险境，更使她们早熟起来，精神已是成人，肢体却还是孩子。俄国的作家梭罗古勃曾经写过这一种类型的少女，说是还是小孩子，而眼睛却已经长大了。[3]然而我们中国的作家是另有一种称赞的写法的：所谓"娇小玲珑"者就是。

（八月十二日。）

注 释

[1] 本篇最初发表于1933年9月15日《申报月刊》第二卷第九号，署名洛文。

[2] 《西游记》：长篇小说，明代吴承恩著，共一百回，写唐僧（玄奘）在孙悟空等的护送下到西天取经，沿途战胜妖魔险阻的故事。

[3] 梭罗古勃在长篇小说《小鬼》中，描写过一群早熟的少女。

Las chicas de Shanghai[1]

Viviendo en Shanghai, es más conveniente usar la ropa de moda que la rústica. Si estás vestido con ropa vieja, el conductor de los tranvías públicos no se detendrá como tú dices, el guardia del parque comprobará el billete de entrada con excepcional cuidado, y el portero de la mansión o apartamento grande no te dejará pasar por la puerta principal. Así que algunas personas prefieren vivir en un palomar, alimentando a las chinches, mientras que un par de pantalones de estilo occidental debe ser presionado debajo de la almohada todas las noches, dejando que los pliegues de ambas piernas mantengan bordes y ángulo todos los días.

Pero las que tienen más conveniencia son las mujeres de moda. Esto es más evidente en las tiendas: nunca termina su selección, y siempre les es difícil hacer una decisión, mientras que los dependientes son bastante tolerantes. Sin embargo, si el tiempo dura demasiado largo, deben aceptar alguna condición necesaria, llevando un poco de coqueteo y aguantando unas palabras burladoras. De lo contrario, al final también provocarán los ojos blancos como de lo común.

Las mujeres acostumbradas a vivir en Shanghai han estado conscientes desde hace mucho de la gloria que ellas mismas tienen específicamente, y también comprenden los peligros que conlleva esta

---

[1] Este artículo fue publicado originalmente el 15 de septiembre de 1933 en el número 9, volumen II de la *Revista Mensual de Shen Bao* bajo el seudónimo de Luowen.

gloria. Por lo tanto, el aire mostrado por toda mujer de moda supone que está presumiendo, y también preservándose, está convocando, pero también resistiéndose. Ella es como un ser querido de todos del sexo opuesto, pero también un hostil de ellos. Ella siente el gozo, pero también se molesta. Este hábito de modales también infecta a las chicas inmaduras, y a veces las vemos comprando cosas en la tienda, quienes sostienen su cabeza de lado, fingiéndose ligeramente enojadas como si estuvieran frente al poderoso enemigo. Desde luego, los dependientes pueden tratarlas como a las mujeres adultas con iguales burlas, y ellas también han entendido desde siempre el significado de estas mofaduras. En fin: ya están probablemente precoces.

Sin embargo, es verdad que en nuestros diarios, a menudo se leen noticias de secuestro de chicas e incluso los casos de haberlas insultado.

No solo el rey demonio en la novela *Peregrinación al Oeste*[2], que cuando va a comer a seres humanos exige que sean niños puros y niñas vírgenes, sino que también las ricas familias de alta clase en la humanidad siempre tienen a niñas vírgenes como materiales en sus actividades para atención personal diaria, indulgentes placeres carnales, autoproclamación de la superioridad moral, búsqueda de los inmortales y aprovechamiento de energía vital ajena para convalecer, tal como luego de estar repletos de los sabrosos platos, ya piensan en lechón asado y tiernos brotes de té. Ahora el fenómeno de las chicas precoces también se ve en casa de los comerciantes y trabajadores, y esto se debe a que la gente es incapaz de tener una vida fácil. Hay que ver la gran proporción de los plebeyos hambrientos que se alimentan

---

[2] *Peregrinación al Oeste*: Novela escrita por Wu Cheng'en en la dinastía Ming (s. XVI) de cien capítulos. Es una de las cuatro obras clásicas grandiosas de la literatura china. Se trata de una historia sobre el Monje Tang (Xuanzang), que escoltado por Sun Wukong (el Rey Mono) y otros tres discípulos, emprendió una peregrinación al Cielo Oeste para recoger el Canon del Budismo, superando muchísimos obstáculos malvados en el camino.

de raíces de hierba y corteza, la cual es incomparable en concepto con la desenfrenada metamorfosis de las familias lujosas de los ricos.

Pero, para resumir, en China incluso las chicas también han entrado en la situación peligrosa.

Esta situación peligrosa las ha hecho precoces, mentalmente adultas pevo físicamente todavía infantiles. El escritor ruso Sologub escribió una vez sobre este tipo de chicas, diciendo que eran niñas chiquitas, pero sus ojos habían crecido.[3] Sin embargo, nuestros escritores chinos tienen otra forma de elogio: son las llamadas "delicadas y listas".

12 de agosto

---

[3] Sologub describió a un grupo de chicas precoces en su novela *Un pequeño demonio*.

世故三昧[1]

人世间真是难处的地方,说一个人"不通世故",固然不是好话,但说他"深于世故"也不是好话。"世故"似乎也像"革命之不可不革,而亦不可太革"一样,不可不通,而亦不可太通的。

然而据我的经验,得到"深于世故"的恶谥者,却还是因为"不通世故"的缘故。

现在我假设以这样的话,来劝导青年人——

"如果你遇见社会上有不平事,万不可挺身而出,讲公道话,否则,事情倒会移到你头上来,甚至于会被指作反动分子的。如果你遇见有人被冤枉,被诬陷的,即使明知道他是好人,也万不可挺身而出,去给他解释或分辩,否则,你就会被人说是他的亲戚,或得了他的贿路;倘使那是女人,就要被疑为她的情人的;如果他较有名,那便是党羽。例如我自己罢,给一个毫不相干的女士[2]做了一篇信札集的序,人们就说她是我的小姨;介绍一点科学的文艺理论,人们就说得了苏联的卢布。亲戚和金钱,在目下的中国,关系也真是大,事实给与了教训,人们看惯了,以为人人都脱不了这关系,原也无足深怪的。

"然而,有些人其实也并不真相信,只是说着玩玩,有趣有趣的。即使有人为了谣言,弄得凌迟碎剐,像明末的郑鄤[3]那样了,和自己也并不相干,总不如有趣的紧要。这时你如果去辨正,那就是使大家扫兴,结果还是你自己倒楣。我也有一个经验,那是十多年前,我在教育部里做'官僚'[4],常听得同事说,某女学校的学生,是可以叫出来嫖的,连机关的地址门牌,也说得明明白白。[5]有一回我偶然走过这条街,一个人对于坏事情,是记性好一点的,我记起来了,便留心着那门牌,但这一号,却是一块小空地,有一口大井,一间很破烂的小屋,是几个山东人住着卖水的地方,决计做不了别用。待到他们又在谈着这事的时候，我便说出我的所见来，而不料大家竟笑容尽敛，不欢而散了，此后不和我谈天者两三月。我事后才悟到打断了他们的兴致，是不应该的。

"所以，你最好是莫问是非曲直，一味附和着大家；但更好是不开口；而在更好之上的是连脸上也不显出心里的是非的模样来……"

这是处世法的精义，只要黄河不流到脚下，炸弹不落在身边，可以保管一世没有挫折的。但我恐怕青年人未必以我的话为然；便是中年，老年人，也许要以为我是在教坏了他们的子弟。呜呼，那么，一片苦心，竟是白费了。

然而倘说中国现在正如唐虞[6]盛世，却又未免是"世故"之谈。耳闻目睹的不算，单是看看报章，也就可以知道社会上有多少不平，人们有多少冤抑。但对于这些事，除了有时或有同业，同乡，同族的人们来说几句呼吁的话之外，利害无关的人的义愤的声音，我们是很少听到的。这很分明，是大家不开口；或者以为和自己不相干；或者连"以为和自己不相干"的意思也全没有。"世故"深到不自觉其"深于世故"，这才真是"深于世故"的了。这是中国处世法的精义中的精义。

而且，对于看了我的劝导青年人的话，心以为非的人物，我还有一下反攻在这里。他是以我为狡猾的。但是，我的话里，一面固然显示着我的狡猾，而且无能，但一面也显示着社会的黑暗。他单责个人，正是最稳妥的办法，倘使兼责社会，可就得站出去战斗了。责人的"深于世故"而避开了"世"不谈，这是更"深于世故"的玩艺，倘若自己不觉得，那就更深更深了，离三昧境盖不远矣。

不过凡事一说，即落言筌[7]，不再能得三昧。说"世故三昧"者，即非"世故三昧"。三昧真谛，在行而不言；我现在一说"行而不言"，却又失了真谛，离三昧境盖益远矣。

一切善知识[8]，心知其意可也，唵[9]！

（十月十三日。）

注 释

[1] "世故三昧":"三昧"是佛教术语,佛家修身方法之一,意指一心专注,心神平静,借指事物的精义。本篇最初发表于1933年11月15日《申报月刊》第二卷第十一号,署名洛文。

[2] "毫不相干的女士":指金淑姿。1932年程鼎兴为亡妻金淑姿刊行遗信集,托人请鲁迅写序。鲁迅所作的序,后编入《集外集》,题为《〈淑姿的信〉序》。

[3] 郑鄤:号峚阳,江苏武进(今常州市)人,明代天启年间进士。崇祯时温体仁诬告他不孝杖母,他被凌迟处死。

[4] "官僚":陈西滢攻击作者的话,见1926年1月30日北京《晨报副刊》所载《致志摩》。

[5] 在1925年女师大风潮中,陈西滢诬蔑女师大学生可以"叫局",1926年初,北京《晨报副刊》《语丝》等不断载有谈论此事的文字。

[6] "唐虞":指唐尧、虞舜,他们是中国上古时期(公元前2000年之前)中原部落联盟的首领,其对黄河流域的开发造就了中国历史上第一个治世,后人称为唐虞之治或者唐虞时代。

[7] "言筌":即言语的迹象。《庄子·外物》:"筌(筌)者所以在鱼,得鱼而忘筌;言者所以在意,得意而忘言。"含义是:在言辞上所留下的迹象,不局限于言辞的表面意思,而有言外之意的印痕。

[8] "善知识":佛家语,指的是深通大乘教义,持守菩萨戒律,正直而有德行,能教导正道之好人,又作善友,尤其是佛、菩萨和高僧大德。

[9] "唵":梵文om的音译,佛经咒语的发声词。

Samadhi del trato mundano[1]

El mundo humano es un lugar realmente difícil para convivir. Decir que una persona "desconoce lo mundano" no se estima como buenas palabras desde luego, pero decir que uno es "buen conocedor de la sofisticación del mundo" tampoco suena como buenas. Parece igual como cuando dicen "no debe estar sin hacer revolución, pero tampoco se debe llevarla a lo demasiado", no debe estar sin conocer "lo mundano", pero tampoco se debe comprenderlo demasiado profundo.

Sin embargo, según mi experiencia, la razón por la que aquellos consiguieron el mal título póstumo de ser "profundo en lo mundano" residía todavía en "desconocer lo mundano".

Suponiendo que ahora voy a usar estas palabras para exhortar a los jóvenes:

"Si te encuentras con una cosa injusta en la sociedad, no te adelantes valiente a hablar por la justicia; de lo contrario, el asunto podrá caer sobre tu cabeza, hasta serás acusado de elemento reaccionario. Si conoces a alguien que haya sido perjudicado con injusticia o calumnias, incluso sabes que es un hombre decente, no debes levantarte a dar explicación o justificación por él, porque de lo contrario, dirán que eres un pariente suyo o has sido sobornado por

---

[1] "Samadhi del trato mundano": "Samadhi" es un término budista, que significa concentrarse en el corazón y estar tranquilo, mediante lo cual también se refiere a la esencia de las cosas y del pensamiento. Este artículo fue publicado originalmente el 15 de noviembre de 1933, en el número 11 del volumen II de la *Revista Mensual de Shen Bao*, bajo el seudónimo de Luowen.

él; y si es una mujer, sospecharán que eres su amante; y en caso de ser un hombre de alguna fama, te declararán su partidario o adherente. Por ejemplo, un caso propio mío, escribí un prefacio para una dama absolutamente irrelevante[②], y la gente decía que sería la hermana menor de mi cónyuge; introduje un poco de la teoría científica de la literatura y el arte, la gente decía que habría conseguido el rublo de la Unión Soviética. El parentesco y el dinero, en la China actual, realmente tienen gran importancia. A causa de la lección enseñada por los hechos, ahora la gente está acostumbrada a eso, y piensa que nadie puede deshacerse de esas cosas, lo que no es de culpar mucho.

"Sin embargo, algunas personas no lo creen realmente, y lo dicen solo por diversión, lo que es recreativo e interesante. Incluso cuando alguien sufrió la pena capital de desmembrarse el cuerpo solo por un rumor, como el caso de Zheng Man[③] al final de la dinastía Ming, tampoco tendría nada que ver con ellas, lo que jamás sería tan importante como la diversión. Y si en este momento hicieras justificación por el caso, barrerías todo el entusiasmo e interés de los demás y al final caerías tú en lo desafortunado. Para esto también tuve una experiencia. Eso fue más de diez años antes cuando era 'burócrata'[④] en el Ministerio de Educación. A menudo escuchaba a colegas decir que las alumnas de una cierta escuela femenina podían

---

② "Una dama absolutamente irrelevante": Se refiere a Jin Shuzi. En 1932, el señor Cheng Dingxing iba a publicar una colección de cartas póstumas de su difunta esposa Jin Shuzi, y pidió, a través de un amigo, a Lu Xun que le escribiera un prefacio. Lu Xun lo hizo y este prefacio se compiló posteriormente en la *Colección fuera de la colección*, titulado *Prefacio a las cartas de Shuzi*.

③ Zheng Man: Nativo de Wujin (Changzhou en la actualidad), provincia de Jiangsu. Fue un Erudito-imperial en la dinastía Ming. Durante el reinado del emperador Chongzhen, fue acusado con calumnia por Wen Chongren de no ser filial con su madre por golpearla, y como consecuencia fue condenado a muerte con el cuerpo desmembrado.

④ "Burócrata": Fue la palabra que usaba Chen Xiying para atacar a Lu Xun en aquel tiempo. Para esto, véase el artículo "Para Zhimo" en el *Suplemento de Noticias Matutinas* de Beijing el 30 de enero de 1926.

ser llamadas a salir a prostituirse,[5] y que incluso la dirección y la placa con el número de la casa ya estaban claramente referidas. Una vez crucé esta calle por casualidad. La gente siempre tiene un mejor recuerdo para las cosas malas, lo que hizo acordarme de eso, entonces, empecé a prestar atención a la placa de la casa, pero en la de este número había un pequeño descampado abierto, un gran pozo y una caseta muy destartalada. Era un lugar donde vivían varias personas de Shandong vendiendo el agua, sitio que no podría utilizarse para ninguna otra cosa en absoluto. Cuando volvieron a hablar sobre esto más tarde, les conté lo que había visto, pero de inmediato todos dejaron de sonreír completamente y se dispersaron en mal humor. De allí no conversaron conmigo durante dos o tres meses. Después de lo sucedido, me di cuenta de que yo había interrumpido su interés y humor, lo que no debía hacer.

"Por lo tanto, es mejor que no preguntes por lo correcto o lo incorrecto, lo recto o torcido, sino siempre te haces eco de todas las voces; pero es aún mejor no hablar; y superior a lo mejor es ni siquiera mostrarte en tu rostro lo que está bien o mal en tu corazón..."

Esta es la esencia sucinta del trato social, con adherirte a ella, mientras que el río Amarillo no fluya hasta tus pies y la bomba no caiga a tu lado, podrás asegurarte sin reveses por toda la vida. Pero me temo que los jóvenes no necesariamente consideren correctas mis palabras; e incluso la gente de edad mediana y avanzada también pueda pensar que les estoy enseñando mal a sus hijos. ¡Uf! Entonces, todo mi esfuerzo a duras penas se pondrá en vano en realidad.

Sin embargo, si se dice que China ahora es como la próspera

---

[5] En la agitación en el campus de la Universidad Normal Femenina en 1925, Chen Xiying calumnió que las alumnas de la escuela podían "ser llamadas a servir de compañía". A principios de 1926, el *Suplemento de Noticias Matutinas* de Beijing e *Hilo del Lenguaje* continuaron publicando textos que hablaban de este asunto.

edad de Tang-Yu[6], no evitará ser una charla tipo "lo mundano". Sin tomar en cuenta lo que se ve y se oye, simplemente leyendo los periódicos ya sabemos cuánta injusticia existe en la sociedad y cuántos agravios tiene la gente. Pero por estas cosas, a excepción de las personas de la misma industria, de los paisanos y del mismo clan de cuando en cuando salen a decir algunas palabras de apelación, rara vez escuchamos las voces de justa indignación de aquellos que no tengan intereses relacionados con ellos. Esto está muy claro, es que la gente en general no habla, o piensa no tener nada que ver consigo; o ni siquiera tiene la idea de "no tener nada que ver consigo". "Lo mundano" suyo se ha sumergido tan profundo hasta inconsciente de estar "hundido en lo mundano profundo", y esto ha llegado verdaderamente a "ser profundo en lo mundano", lo cual constituye la clave de la esencia sucinta del trato social en China.

Además, para aquellos que han leído mis palabras para persuadir a los jóvenes y no las creen correctas, todavía tengo un contraataque por aquí. Ellos piensan que soy astuto, sin embargo, entre mis palabras, al tiempo que se muestra mi astucia e incompetencia, también se manifiesta la oscuridad de la sociedad. Ellos culpan solo al individuo, lo que es precisamente la forma más segura, porque si toman en cuenta la sociedad, deberán adelantarse a luchar. Culpan a otro por ser "profundo conocedor de la sofisticación mundana" pero evitan hablar de este "mundo", lo que constituyen un juego más "profundo en lo mundano", y si aún no lo sienten por sí mismos, serán más y más profundos. Oh, ya no estarán lejos del ámbito de Samadhi, es decir, la clave de la esencia.

---

[6] "Tang-Yu": Es el nombre colectivo de Tang Yao y Yu Shun, líderes de la Alianza Tribal de las Llanuras Centrales en la antigüedad remota de China (antes de 2000 a. C.), cuya exploración y explotación de la cuenca del río Amarillo contribuyó a la aparición de la primera prosperidad en la historia de China, conocida como la Era de Tang-Yu.

Sin embargo, cualquier cosa, una vez que está dicha, ya ha dejado huellas de las palabras[7], y no podrá llegar al ámbito de Samadhi. Aquellos que hablan del "Samadhi en lo mundano" ha salido del estado de "Samadhi en lo mundano". La real esencia de Samadhi radica en acción y no lenguaje; ahora una vez dije en "acción y no lenguaje", he perdido la esencia. Ah, me he quedado aún más lejos de Samadhi.

¡Todo mentor virtuoso[8], sabe su significado en el corazón y basta ya! ¡Om![9]

13 de octubre

---

[7] Para "huellas de las palabras", véase *Zhuangzi – Cualidades extras*: "La cesta de pesca es por los peces, pero se lo olvida después de pescarlos; las palabras son por el significado, pero se las olvida luego de expresarlas". Implicación: Las palabras no se limita al significado superficial, sino que también tiene una huella de un sentido sobreentendido más allá de ellas.

[8] "Mentor virtuoso": Es un término budista, que se refiere a cierto gran conocedor recto y virtuoso de profundas enseñanzas Mahayana que se adhiere a los preceptos del bodhisattva y enseña y guía a las personas de la manera correcta siendo buen camarada de amistad espiritual, especialmente el Buda, el Bodhisattva y monjes virtuosos.

[9] "Om": Transcripción fonética del sánscrito, funciona como una expresión de mantra.

智识过剩[1]

　　世界因为生产过剩，所以闹经济恐慌。虽然同时有三千万以上的工人挨饿，但是粮食过剩仍旧是"客观现实"，否则美国不会赊借麦粉[2]给我们，我们也不会"丰收成灾"[3]。

　　然而智识也会过剩的，智识过剩，恐慌就更大了。据说中国现行教育在乡间提倡愈甚，则农村之破产愈速[4]。这大概是智识的丰收成灾了。美国因为棉花贱，所以在铲棉田了。中国却应当铲智识。这是西洋传来的妙法。

　　西洋人是能干的。五六年前，德国就嚷着大学生太多了，一些政治家和教育家，大声疾呼的劝告青年不要进大学。现在德国是不但劝告，而且实行铲除智识了：例如放火烧毁一些书籍，叫作家把自己的文稿吞进肚子去，还有，就是把一群群的大学生关在营房里做苦工，这叫做"解决失业问题"。中国不是也嚷着文法科的大学生过剩[5]吗？其实何止文法科。就是中学生也太多了。要用"严厉的"会考制度[6]，像铁扫帚似的——刷，刷，刷，把大多数的智识青年刷回"民间"去。

　　智识过剩何以会闹恐慌？中国不是百分之八九十的人还不识字吗？然而智识过剩始终是"客观现实"，而由此而来的恐慌，也是"客观现实"。智识太多了，不是心活，就是心软。心活就会胡思乱想，心软就不肯下辣手。结果，不是自己不镇静，就是妨害别人的镇静。于是灾祸就来了。所以智识非铲除不可。

　　然而单是铲除还是不够的。必须予以适合实用之教育，第一，是命理学——要乐天知命，命虽然苦，但还是应当乐。第二，是识相学——要"识相点"，知道点近代武器的利害。至少，这两种适合实用的学问是要赶快提倡的。提倡的方法很简单：——古代一个哲学家反驳唯心论，他说，你要是怀疑这碗麦饭的物质是否存在，那最好请你吃下去，看饱不饱。现在譬如说罢,要叫人懂得电学,最好是使他触电,看痛不痛;要叫人知道飞机等类的效用,最好是在他头上驾起飞机,掷下炸弹,看死不死……

有了这样的实用教育,智识就不过剩了。亚门[7]!

（七月十二日。）

注　释

[1] 本篇最初发表于1933年7月16日《申报·自由谈》,署名虞明。

[2] "赊借麦粉":1933年5月,国民党政府财政部长宋子文在华盛顿与美国复兴金融公司签订"棉麦借款"合同,借款5 000万美元,规定以五分之四购买美棉,五分之一购买美麦。

[3] "丰收成灾":1932年长江流域各省丰收,但由于帝国主义和国民党政府以及地主和商人的操纵,谷价大跌,造成了丰收地区农民的灾难。

[4] "农村之破产愈速":见1933年7月11日《申报》载上海市市长吴铁城的谈话。

[5] "文法科的大学生过剩":据1933年5月22日《申报》报道,当年5月国民党政府教育部命令各大学限制招收文法科学生。

[6] "'严厉的'会考制度":国民党政府自1933年度开始,规定全国各中小学学生届毕业时,除校内毕业考试以外,还须会同他校毕业生参加当地教育行政机关所主持的一次考试,称为会考,及格者才可毕业。

[7] "亚门":希伯来文"āmēn"的音译,一译"阿们"。犹太教徒和基督教徒祈祷结束时的用语,表示"诚心所愿"。

Exceso del intelecto-conocimiento[1]

Debido a la sobreproducción, el mundo ha caído en el pánico económico. Aunque más de 30 millones de trabajadores sufren hambre al mismo tiempo, los excedentes de alimentos siguen siendo una "realidad objetiva", de lo contrario, los Estados Unidos no nos habrían dado harina de trigo a crédito[2], y no habríamos tenido un "desastre de cosecha abundante"[3].

No obstante, el intelecto-conocimiento también puede ser excesivo, y este exceso podrá provocar un pánico aún mayor. Dicen que cuanto más se promueve la educación actual en las zonas rurales de China, más rápido se vuelve el campo a la bancarrota[4]. Esto probablemente se debe a que la cosecha abundante del intelecto-conocimiento se ha tornado a un desastre. Los Estados Unidos, a causa del bajo precio, está paleando los campos de algodón, mientras que China debería palear el intelecto, porque este es el maravilloso método proveniente del occidente.

---

[1] Este artículo fue publicado originalmente el 16 de julio de 1933 en *Shen Bao – Charla Libre* bajo el seudónimo de Yu Ming

[2] "No nos habrían dado harina de trigo a crédito": En mayo de 1933, Song Ziwen, el ministro de Finanzas del gobierno de KMT, firmó un contrato de "préstamo de algodón y trigo" con la Corporación Financiera de Reconstrucción de Estados Unidos en Washington, consiguiendo prestados 50 millones de dólares, con la estipulación de que China utilizaría cuatro quintos del préstamo para comprar el algodón estadounidense y un quinto para comprar su trigo.

[3] "Desastre de cosecha abundante": Las provincias a lo largo del río Yangtsé tuvieron una excelente cosecha en 1932. Sin embargo, la manipulación de los imperialistas y el gobierno del KMT, así como la de los terratenientes y los empresarios, el precio del grano sufrió una picada caída, causando un severo desastre para los agricultores en las amplias áreas de cosecha abundante.

[4] "Más rápido se vuelve el campo a la bancarrota": Vea el discurso del alcalde de Shanghai, Wu Tiecheng publicado en el *Shen Bao* el 11 de julio de 1933.

Los occidentales son hábiles. Hace cinco o seis años, se escuchaban las voces en Alemania de que había demasiados estudiantes universitarios, entonces, algunos políticos y educadores aconsejaron a voz en cuello a los jóvenes que no fueran a la universidad. Ahora en Alemania no solo los están exhortando, sino que también están desarraigando el intelecto-conocimiento: por ejemplo, prendiendo fuego para quemar unos libros, diciendo a los escritores que se traguen sus propios manuscritos, y además, encerrando a grupos de estudiantes universitarios en barracas militares para que realicen trabajos forzados, lo que se llama la "solución del problema del desempleo". ¿No están también gritando en China por un exceso de estudiantes universitarios en artes liberales y en derecho[5]? En realidad, no solo se limitan a esos. E incluso los estudiantes de secundaria también han sido demasiados. Hay que utilizar el "severo" sistema de examen del certificado de educación[6] como una escoba de hierro para cepillar, cepillar, y cepillarlos hasta hacer a la mayoría de los jóvenes educados de vuelta al "pueblo común".

¿Por qué ocurre el pánico por el exceso de intelecto-conocimiento? ¿No es cierto que el ochenta o noventa por ciento de los chinos son analfabetos todavía? Pero, el exceso del intelecto-conocimiento ha sido una "realidad objetiva" desde siempre, y el pánico causado por él también es una "realidad objetiva". Cuando la gente tiene demasiado intelecto-conocimiento, su mente será flexible,

---

[5] "Un exceso de estudiantes universitarios en artes liberales y en derecho": Según el *Shen Bao* del 22 de mayo de 1933, en mayo de ese año el Ministerio de Educación del gobierno de KMT ordenó a las universidades restringir la admisión de estudiantes en artes liberales y en derecho.

[6] "El 'severo' sistema de examen del certificado de educación": El gobierno de KMT estipuló desde 1933 que los estudiantes de las escuelas primarias y secundarias de todo el país cuando se graduaran, debieran anticipar en un examen organizado por la agencia administrativa de educación local junto con graduados de otras escuelas. Se llamaba el examen de certificado de educación, y solo los aprobados podrían graduarse.

o su corazón se ablandará. Cuando la mente sea flexible, uno dejará llevarse por ideas confusas y desordenadas, y cuando el corazón sea blando, no actuará con métodos despiadados, y como resultado, o no se mantendrá calmado uno mismo, o impedirá a los demás calmarse. Y así traerá el desastre. Por lo tanto, no hay otro remedio que palear el intelecto-conocimiento.

Pero la erradicación por sí sola aún no es suficiente. Hay que dar a la gente una especie de educación apropiada al uso práctico: la primera es la numerología, debe ser feliz conociendo su destino, que pese a ser amargo, debe estar alegre; la segunda es el estudio de la lectura facial, debe "percibir la expresión facial ajena", conociendo lo temible de las armas modernas.

Por lo menos, estos dos saberes adecuados al uso práctico deberían ser promovidos rápidamente, y el método es muy simple: como un filósofo antiguo dijo al refutar el idealismo, si dudas de la existencia de la substancia de la comida de trigo molido en este tazón, es mejor que lo comas y veas si estarás lleno. Ahora hablemos con ejemplos: si quieren que una persona entienda la electricidad, es mejor hacerle sufrir una descarga eléctrica a ver si le dolerá; y si quieren que una persona conozca la utilidad del avión y sus similares, lo mejor es hacer volar un avión sobre su cabeza lanzando una bomba a ver si se morirá…

Con tal tipo de educación apta a la práctica, el intelecto-conocimiento no será excedente. ¡Amén!⑦

12 de julio

---

⑦ "¡Amén!": Es la transliteración de "āmēn" en hebreo. Es la palabra que los cristianos, los creyentes del judaísmo y otras congregaciones usan al término de las oraciones, que significa que "Espero que sí sea".

爬和撞[1]

从前梁实秋教授曾经说过：穷人总是要爬，往上爬，爬到富翁的地位[2]。不但穷人，奴隶也是要爬的，有了爬得上的机会，连奴隶也会觉得自己是神仙，天下自然太平了。

虽然爬得上的很少，然而个个以为这正是他自己。这样自然都安分的去耕田、种地、拣大粪或是坐冷板凳，克勤克俭，背着苦恼的命运，和自然奋斗着，拚命的爬，爬，爬。可是爬的人那么多，而路只有一条，十分拥挤。老实的照着章程规规矩矩的爬，大都是爬不上去的。聪明人就会推，把别人推开，推倒，踏在脚底下，踹着他们的肩膀和头顶，爬上去了。大多数人却还只是爬，认定自己的冤家并不在上面，而只在旁边——是那些一同在爬的人。他们大都忍耐着一切，两脚两手都着地，一步步的挨上去又挤下来，挤下来又挨上去，没有休止的。

然而爬的人太多，爬得上的太少，失望也会渐渐的侵蚀善良的人心，至少，也会发生跪着的革命。于是爬之外，又发明了撞。

这是明知道你太辛苦了，想从地上站起来，所以在你的背后猛然的叫一声：撞罢。一个个发麻的腿还在抖着，就撞过去。这比爬要轻松得多，手也不必用力，膝盖也不必移动，只要横着身子，晃一晃，就撞过去。撞得就是五十万元大洋[3]，妻，财，子，禄都有。撞不好，至多不过跌一交，倒在地下。那又算得什么呢，——他原本是伏在地上的，他仍旧可以爬。何况有些人不过撞着玩罢了，根本就不怕跌交的。

爬是自古有之。例如从童生到状元，从小瘪三到康白度[4]。撞却似乎是近代的发明。要考据起来，恐怕只有古时候"小姐抛彩球"[5]，有点像给人撞的办法。小姐的彩球将要抛下来的时候，——一个个想吃天鹅肉[6]的男子汉仰着头，张着嘴，馋涎拖得几尺长……可惜，古人究竟呆笨，没有要这些男子汉拿出几个本钱来，否则，也一定可以收着几万万的。

爬得上的机会越少，愿意撞的人就越多。那些早已爬在上面的人们，就天天替你们制造撞的机会，叫你们化些小本钱，而豫约着你们名利双收的神仙生活。所以撞得好的机会，虽然比爬得上的还要少得多，而大家都愿意来试试的。这样，爬了来撞，撞不着再爬……鞠躬尽瘁，死而后已。[7]

（八月十六日。）

注　释

[1] 本篇最初发表于1933年8月23日《申报·自由谈》，署名苟继。
[2] 见梁实秋在1929年9月《新月》月刊第二卷第六、七号合刊发表《文学是有阶级性的吗？》一文。
[3] "五十万元大洋"：当时国民党政府发行的"航空公路建设奖券"，头等奖为五十万元。
[4] "康白度"：葡萄牙语comprador的音译，即买办。买办是指中国近代史上，帮助西方与中国进行双边贸易的中国商人，受雇于外商并协助其在中国进行贸易活动的中间人和经理人。
[5] "小姐抛彩球"：旧小说戏曲中描述的官僚贵族小姐招亲的一种方式，小姐抛出彩球，落在哪个男子身上，就嫁给他为妻。
[6] "想吃天鹅肉"：是俗语"癞蛤蟆想吃天鹅肉"含去了主语的应用，而其寓意未变，仍然是比喻人没有自知之明，一心想谋取不可能到手的东西。最早见于施耐庵的经典小说《水浒传》第101章。
[7] "鞠躬尽瘁，死而后已"：此句名言出自《三国志·诸葛亮传》卷

三十五。诸葛亮(181—234),字孔明,汉族,山东临沂人,三国时期蜀汉丞相,杰出的政治家、军事家、散文家、书法家、发明家。诸葛亮一生"鞠躬尽瘁,死而后已",堪称中国传统文化中忠臣与智者的代表人物。

Escalar y chocar[1]

El profesor Liang Shiqiu decía: Los pobres siempre tienen que escalar, trepar hacia arriba, hasta subir al estatus de ricacho.[2] No solo los pobres, sino los esclavos también tienen que escalar, y con la oportunidad de llegar arriba, incluso estos también se sentirán como seres inmortales, y así el mundo quedará en paz naturalmente.

Aunque raras personas pueden llegar hasta arriba, cada quien piensa que aquella deberá ser precisamente él mismo. De esta manera, toda la gente, contenta con su condición, instintivamente va a arar tierra, sembrar semillas, recoger estiércol o sentarse en un banco frío, manteniéndose diligente y frugal, con un destino angustioso, y luchan con la naturaleza, mientras tanto, escalando sin escatimar la vida, escalando y escalando. Pero son tantas las personas que están escalando y la vía es una sola, lo que la hace muy concurrida. Los honestos trepan de acuerdo con estatutos regular y ordenadamente, y la mayoría de la gente no puede llegar a la cima, mientras que los inteligentes saben empujar, apartan a otros con empujones, los tumban y aplastan bajo sus pies, pisando sus hombros y cabezas, eventualmente logran escalar a la cumbre. La mayoría sigue trepando simplemente, creyendo fijamente que sus rivales no están encima, sino solo a su lado: son los que están escalando juntos. La mayoría

---

[1] Este artículo fue publicado originalmente en *Shen Bao – Charla Libre* el 23 de agosto de 1933 bajo el seudónimo de Xun Ji.
[2] Véase el artículo titulado "¿La literatura tiene naturaleza de clase?" de Liang Shiqiu publicado en el número 6 y 7 del volumen II de la revista mensual *Luna Creciente* en septiembre de 1929.

de ellos soportan todo el amargo, con sus pies y manos todos puestos en el suelo, trepan paso a paso, subiendo un poco para arriba y luego echados hacia abajo por apretones, y nuevamente de abajo a arriba, continúan siendo así sin cesar.

Sin embargo, las personas que escalan son demasiado muchas, y las que pueden arribar a la cima son demasiado pocas, así que la decepción puede erosionar gradualmente el corazón bondadoso, y al menos, también podría ocurrir alguna revolución hecha de rodillas. Entonces, además de escalar, inventaron el chocar.

Sabiendo obviamente que estás demasiado extenuado y quieres levantarte del suelo, de repente estalla un grito detrás de ti: Chócalo. Entonces cada uno, pese a estar todavía temblando las piernas entumecidas, se arroja adelante a chocar. Esto es mucho más fácil que trepar, porque las manos no tienen que aplicar fuerza, ni moverse las rodillas, solo con el cuerpo inclinado transversalmente, sacudiéndolo un poco, y se arroja hacia adelante. Si se topa acertadamente, conseguirá quinientos mil yuanes en moneda de plata[3], teniendo todas las cosas como mujer, riqueza, hijo y puesto oficial. Si no acierta con nada, como mucho será una sola caída. ¿Y a quién le importa eso? Es que hasta el momento ha estado postrado en el suelo, y todavía podrá trepar como antes. Además, algunas personas se lanzan a chocar nada más por diversión, por eso, no tienen miedo de caer en absoluto.

La escalada ha existido desde la antigüedad. Por ejemplo, de un Letrado-alumno a un Erudito-campeón, de un miserable vagabundo a un comprador intermediario[4]; pero el chocar, parece ser un invento

---

[3] "Quinientos mil yuanes en moneda de plata": La suma del primer premio para la Lotería de Construcción de Carreteras de Aviación emitido por el gobierno de KMT.
[4] "Comprador intermediario": Fueron empresarios chinos que ayudaban a los occidentales a realizar negocios bilaterales con China en la historia china moderna. Fueron empleados por empresarios extranjeros, asistiéndoles en actividades comerciales en China, y se enriquecieron anormalmente.

moderno. Si se recurre a la investigación textual, quizás en los tiempos antiguos, solo el "lanzamiento de la bola multicolor por la señorita"⑤ se pareciera un poco a la forma de atraer a la gente para topar. Cuando la bola multicolor de la señorita estaba a punto de lanzarse, todos los hombres, como si quisieran comer la carne de cisne⑥ estaban con la cabeza levantada, la boca abierta y la baba de codicia arrastrando unos pies de largo... Era una lástima que los antiguos fueran tan bobos que no les hubieran exigido a estos hombres a aportar una parte de su capital, porque de otro modo, sin duda habrían reunido cientos millones.

Cuanto menos posibilidades para llegar a la cima, más personas estarán dispuestas a arrojarse para chocar. Aquellos que desde mucho antes ya están arriba en la cumbre están creando oportunidades para que ustedes se arrojen todos los días y haciéndoles gastar un pequeño capital para reservar una vida como de los inmortales con fama y fortuna de antemano. Así que las posibilidades de toparse acertadamente son mucho menos que las de escalar exitosamente, pero todos están dispuestos a intentarlo. De esta manera, del curso escalador se cambia a chocar, y si no se topa acertadamente, vuelve a escalar... Inclinarse con respeto a sus deberes hasta la muerte agotados.⑦

16 de agosto

---

⑤ "Lanzamiento de la bola multicolor por la señorita": Es una forma con que la señorita de las familias burocráticas y aristocráticas descritas en las viejas novelas y óperas recluta a un esposo. La señorita se casaría con el hombre al que le caía la bola multicolor.

⑥ "Como si quisieran comer la carne de cisne": Viene del refrán chino "El sapo sarnoso quiere comer la carne de cisne", que se usa muchas veces sin el sujeto, pero no altera su moraleja, que significa que una persona no tiene autoconocimiento y quiere encontrar algo que es imposible de obtener. Primeramente encontrado el uso en el capítulo 101 de la novela clásica *A la orilla del agua* de Shi Nai'an.

⑦ Este famoso dicho se usa aquí por sarcasmo. Proviene del "Memorial por el envío de la tropa" del volumen XXXV de *La historia de los tres reinos: Zhuge Liang*. Zhuge Liang (181–234), también conocido como Kongming, nativo de Linyi, Shandong, fue Primer Ministro del reino Shu durante el período de los Tres Reinos. Fue un destacado estadista, estratega militar, prosista, calígrafo e inventor. En toda su vida, Zhuge Liang practicó lo que expresa este dicho: "Inclinarme con respeto a mis deberes hasta la muerte agotado". Merece ser una figura representativa de ministros leales y sabios en la cultura tradicional china. Zhuge Liang siempre ha gozado de un gran respeto y amor del pueblo chino.

新秋杂识(一)[1]

门外的有限的一方泥地上,有两队蚂蚁在打仗。

童话作家爱罗先珂[2]的名字,现在是已经从读者的记忆上渐渐淡下去了,此时我却记起了他的一种奇异的忧愁。他在北京时,曾经认真的告诉我说:我害怕,不知道将来会不会有人发明一种方法,只要怎么一来,就能使人们都成为打仗的机器的。

其实是这方法早经发明了,不过较为烦难,不能"怎么一来"就完事。我们只要看外国为儿童而作的书籍,玩具,常常以指教武器为大宗,就知道这正是制造打仗机器的设备,制造是必须从天真烂漫的孩子们入手的。

不但人们,连昆虫也知道。蚂蚁中有一种武士蚁,自己不造窠,不求食,一生的事业,是专在攻击别种蚂蚁,掠取幼虫,使成奴隶,给它服役的。但奇怪的是它决不掠取成虫,因为已经难施教化。它所掠取的一定只限于幼虫和蛹,使在盗窟里长大,毫不记得先前,永远是愚忠的奴隶,不但服役,每当武士蚁出去劫掠的时候,它还跟在一起,帮着搬运那些被侵略的同族的幼虫和蛹去了。

但在人类,却不能这么简单的造成一律。这就是人之所以为"万物之灵"。

然而制造者也决不放手。孩子长大,不但失掉天真,还变得呆头呆脑,是我们时时看见的。经济的雕敝,使出版界不肯印行大部的学术文艺书籍,不是教科书,便是儿童书,黄河决口似的向孩子们滚过去。但那里面讲的是什么呢?要将我们的孩子们造成什么东西呢?却还没有看见战斗的批评家论及,似乎已经不大有人注意将来了。

反战会议[3]的消息不很在日报上看到,可见打仗也还是中国人的嗜好,给它一个冷淡,正是违反了我们的嗜好的证明。自然,仗是要打的，跟着武士蚁去搬运败者的幼虫，也还不失为一种为奴的胜利。但是，人究竟是"万物之灵"，这样那里能就够。仗自然是要打的，要打掉制造打仗机器的蚁冢，打掉毒害小儿的药饵，打掉陷没将来的阴谋：这才是人的战士的任务。

（八月二十八日。）

注 释

[1] 本篇最初发表于1933年9月2日《申报·自由谈》，署名旅隼。

[2] 爱罗先珂：瓦西里·爱罗先珂（Vasili Eroshenko，1890—1952），俄国诗人、世界语者、童话作家。曾在北京大学教授世界语，期间借住在鲁迅兄弟在北京的住宅里。周作人多次陪同爱罗先珂到北京各校讲学，并作翻译。鲁迅译过他的作品《桃色的云》《爱罗先珂童话集》等。

[3] "反战会议"：指世界反对帝国主义战争委员会于1933年9月在上海召开的远东会议。此次会议的秘密召开克服了国民党政府和法租界、公共租界当局对会议进行的种种诽谤和阻挠，讨论了反对日本帝国主义侵略中国和争取国际和平等问题。鲁迅被推为此次会议主席团名誉主席。在会议筹备期间，鲁迅曾尽力支持和给予经济上的帮助。会议结束后，中国国内报上均未刊登相关报道，但各代表回国后都有报导，使世界更明了中国的实情，在国际上具有一定影响。

Conocimientos misceláneos del nuevo otoño (I)[1]

En un limitado terreno barroso cuadrado fuera de la puerta, dos equipos de hormigas estaban guerreando.

El nombre del escritor de cuentos de hadas Eroshenko[2] ahora se está desvaneciendo de la memoria de los lectores, pero en este momento me acuerdo de su extraña preocupación triste. Cuando estaba en Beijing, me dijo seriamente: Tengo un miedo, de que no sé si alguien va a inventar algún método en el futuro, que mientras sea operado en una cierta forma, las personas podrán convertirse en máquinas de guerra.

De hecho, este método se ha inventado desde hace mucho tiempo, pero es relativamente problemático y difícil, que no puede realizarse simplemente por "operar en una cierta forma". Solo con ver los libros y juguetes hechos para niños en los países extranjeros, que contienen a menudo la instrucción del uso de armas en su mayoría, podemos saber que este es el equipo para hacer máquinas de guerra, y la fabricación siempre debe comenzar con niños en su floreciente ingenuidad y candor.

No solo el hombre, incluso los insectos también lo saben.

---

[1] Este artículo fue publicado originalmente en *Shen Bao – Charla Libre* el 2 de septiembre de 1933 bajo el seudónimo de Lü Sun.
[2] Vasili Eroshenko (1890–1952): Poeta ruso, experto en el esperanto y escritor de cuentos de hadas. Enseñó esperanto en la Universidad de Beijing y residió en la casa de Lu Xun y su hermano Zhou Zuoren en Beijing. Este último le acompañaba a hacer conferencias y traducciones en varias escuelas de Beijing. Lu Xun tradujo sus obras *Nubes de color melocotón* y *Cuentos de hadas de Eroshenko*.

Entre las hormigas, hay una especie de hormigas guerreras, que no construyen nidos ni buscan comida ellas mismas, sino dedican toda su vida a atacar especialmente a otros tipos de hormigas, arrebatar sus larvas y convertirlas en esclavas para servirles. Pero lo extraño es que nunca saquean gusanos adultos, porque ya son difíciles de educar y edificar. Los que capturan deben limitarse a ser larvas y crisálidas para que crezcan en su guarida ladrona, nunca recuerden los sucesos anteriores, y siempre sean esclavas leales y tontas. Estas no solo tienen que servir, sino que cuando las hormigas guerreras salen a saquear, también las acompañan y les ayudan a transportar las larvas y crisálidas de las familias invadidas de su propio clan.

Pero para los seres humanos, no puede ser tan simple constituir la uniformidad, razón por la cual el hombre es el "espíritu de todas las criaturas".

Sin embargo, los fabricantes nunca los dejan en paz. Cuando los niños crecen, no solo pierden su inocencia, sino que también se vuelven atontados y abobados, como lo que siempre hemos visto. El decaimiento de la economía hizo que la industria editorial dejara de imprimir los libros de literatura y ciencia voluminosos, entonces, solo los libros de texto o para infantiles concurren como el agua que rompe el dique del río Amarillo hacia los niños. ¿Pero de qué están hablando allí dentro? ¿En qué cosas van a transformar a nuestros hijos? Todavía no se han visto comentarios de los críticos combatientes, y parece que no hay mucha gente prestando atención al futuro.

Las noticias sobre la Conferencia Antiguerra[3] no aparecen

---

[3] "La Conferencia Antiguerra": Se refiere a la Conferencia del Lejano Oriente celebrada por el Comité Mundial contra la Guerra Imperialista en septiembre de 1933 en Shanghai. Para convocar esta reunión, se superaron todo tipo de calumnias y obstáculos por parte del gobierno de KMT y las autoridades de la concesión de Francia y la concesión pública. Esta reunión finalmente se celebró en secreto y discutió los problemas de oponerse a la agresión imperialista japonesa contra China y luchar por la igualdad internacional. Lu Xun fue promovido como presidente honorario del Presidium. Durante los preparativos para la conferencia, Lu Xun hizo todo lo posible para apoyar y ofrecer ayuda financiera. Después de la reunión, los periódicos de China se negaron a publicar las noticias sobre este evento, pero los representantes internacionales la reportaron después de regresar a sus países, lo que hizo que el mundo estuviera más consciente de la realidad de China y tuvo bastante influencia internacional.

mucho en los diarios, de lo que se puede ver que la guerra sigue siendo la afición de los chinos, y darle esta indiferencia a la reunión es precisamente la evidencia de que ha violado nuestra afición. Por supuesto, la guerra necesita hacerse, seguir a las hormigas guerreras para transportar las larvas del perdedor no deja de llamarse una victoria de ser esclavos. Sin embargo, al fin y al cabo, el hombre es el "espíritu de todas las criaturas", y ¿cómo podemos tolerar un resultado como eso? Sin duda, hace falta llevarse a cabo la guerra, con la cual tenemos que eliminar los hormigueros que hacen máquinas de guerra, extinguir el cebo que envenena a los niños y desbaratar las conspiraciones que intenten hundir el futuro: esto constituye la verdadera tarea de los combatientes humanos.

28 de agosto

新秋杂识（二）[1]

八月三十日的夜里，远远近近，都突然劈劈拍拍起来，一时来不及细想，以为"抵抗"又开头了，不久就明白了那是放爆竹，这才定了心。接着又想：大约又是什么节气[2]了罢？……待到第二天看报纸，才知道原来昨夜是月蚀。那些劈劈拍拍，就是我们的同胞，异胞（我们虽然大家自称为黄帝子孙，但蚩尤[3]的子孙想必也未尝死绝，所以谓之"异胞"）在示威，要将月亮从天狗嘴里救出。

再前几天，夜里也很热闹。街头巷尾，处处摆着桌子，上面有面食，西瓜；西瓜上面叮着苍蝇，青虫，蚊子之类，还有一桌和尚，口中念念有词："回猪猡普米呀吽！[4]唵呀吽！[5]吽！！"这是在放焰口，施饿鬼。到了盂兰盆节[6]了，饿鬼和非饿鬼，都从阴间跑出，来看上海这大世面，善男信女们就在这时尽地主之谊，托和尚"唵呀吽"的弹出几粒白米去，请它们都饱饱的吃一通。

我是一个俗人，向来不大注意什么天上和阴间的，但每当这些时候，却也不能不感到我们的还在人间的同胞们和异胞们的思虑之高超和妥帖。别的不必说，就在这不到两整年中，大则四省，小则九岛，都已变了旗色了，不久还有八岛。不但救不胜救，即使想要救罢，一开口，说不定自己就危险（这两句，印后成了"于势也有所未能"）。所以最妥当是救月亮，那怕爆竹放得震天价响，天狗决不至于来咬，月亮里的酋长（假如有酋长的话）也不会出来禁止，目为反动的。救人也一样，兵灾、旱灾、蝗灾、水灾……灾民们不计其数，幸而暂免于灾殃的小民，又怎么能有一个救法？那自然远不如救魂灵，事省功多，和大人先生的打醮造塔[7]同其功德。这就是所谓"人无远虑，必有近忧"[8]；而"君子务其大者远者"，亦此之谓也。

而况"庖人虽不治庖，尸祝不越尊俎而代之"[9]，也是古圣贤的明训，国事有治国者在，小民是用不着吵闹的。不过历来的圣帝明王，可又并不卑视小民，倒给与了更高超的自由和权利，就是听你专门去救宇宙和魂灵。这是太平的根基，从古至今，相沿不废，将来想必也不至先便废。记得那是去年的事了，沪战初停，日兵渐渐的走上兵船和退进营房里面去，有一夜也是这么劈劈拍拍起来，时候还在"长期抵抗"[10]中，日本人又不明白我们的国粹，以为又是第几路军前来收复失地了，立刻放哨，出兵……乱烘烘的闹了一通，才知道我们是在救月亮，他们是在见鬼。"哦哦！成程（Naruhodo=原来如此）！"惊叹和佩服之余，于是恢复了平和的原状。今年呢，连哨也没有放，大约是已被中国的精神文明感化了。

现在的侵略者和压制者，还有像古代的暴君一样，竟连奴才们的发昏和做梦也不准的么？……

（八月三十一日。）

注　释

[1] 本篇最初发表于1933年9月13日《申报·自由谈》，题为《秋夜漫谈》，署名旅隼。

[2] "节气"：指根据中国农历和黄道（地球绕太阳公转的轨道）的状况，代表季节性变化的气候术语。古代中国人将太阳的年度循环运动划分为24个部分，即24个节气，并为每个节气分配一个特定的名称。节气的划分与农事密切相关，还常有与之相应的欢庆活动。

[3] "蚩尤"：古代传说中我国九黎族的首领，相传他和黄帝作战，兵败被杀。

[4] "回猪猡普米呀吽！"：梵语音译，《瑜伽集要焰口施食仪》中的咒

文,"猪猡"原作"资啰"。

[5] "唵呀吽!":三字明咒,亦作"唵哑吽"。唵字是大遍照如来(即毗卢遮那佛);哑字是无量寿如来(即阿弥陀佛);吽字是阿閦如来(即不动佛)。

[6] "放焰口"和"盂兰盆节":过去一些信佛人家,在人死后需请和尚做佛事。和尚向口吐火焰的饿鬼施食,以使亡灵不受伤害。这叫作"放焰口"。而"盂兰盆"是梵语Ullambana音译,意为解倒悬。旧俗以夏历七月十五日为盂兰盆节,在这一天夜里请和尚诵经施食,追荐死者,称为放焰口。

[7] "打醮",即诵经,这里指的是九一八事件后,国民党政客在南京附近多次举办"护国宗教仪式",请僧人和道士在拜佛坛上为自然和战争灾害中的亡灵诵经祈福,帮助他们升天。"造塔"是指1933年5月戴季陶在南京收集孙中山的遗物。

[8] "人无远虑,必有近忧":语见《论语·卫灵公》。

[9] "庖人虽不治庖,尸祝不越尊俎而代之":语见《庄子·逍遥游》,意思是各人办理自己分内的事。庖人,厨子;尸祝,主持祝祷的人;尊俎,盛酒载牲的器具。

[10] "长期抵抗":九一八事变时,蒋介石命令东北军"绝对不抵抗",公开执行卖国投降政策。上海一·二八事变后,国民党四届二中全会宣言中曾声称"中央既定长期抵抗之决心",此外又有"心理抵抗"之类的说法,这些都是为推行投降政策而作的掩饰辞。

Conocimientos misceláneos del nuevo otoño (II) [1]

En la noche del 30 de agosto, de lejos y de cerca, de repente estallaron "¡Bang, bang! ¡Ratatatata!", y como no tuve tiempo para pensarlo a fondo, creía que la "resistencia" volvió a comenzar, pero pronto me di cuenta de que era explosión de petardos, con lo cual me puse tranquilo. Después pensé: ¿a cuál de los 24 períodos climáticos solares[2] debemos entrar ahora?... Solo cuando leí el periódico al día siguiente, supe que anoche fue un eclipse lunar. Esos "bang, bang, ratatatata" fueron lanzados por nuestros paisanos conterráneos y no conterráneos (todos solemos llamarnos descendientes del Emperador Huangdi, pero los descendientes de Chi You[3] no deben haberse extinguido por completo, por eso se les llama "no conterráneos"), quienes estuvieron haciendo manifestaciones para salvar la luna de la boca del perro celestial.

Unos días más antes, las noches también estaban muy animadas. De la bocacalle al cabo de los callejones, por todas partes se colocaban

---

[1] Este artículo se publicó originalmente el 13 de septiembre de 1933 en *Shen Bao – Charla Libre*, titulado "Charla libre en la noche de otoño", bajo el seudónimo de Lü Sun.

[2] "Períodos climáticos solares": También conocidos como los 24 términos solares de un año, se refieren a los términos climáticos que representan los cambios de estación según el calendario lunar chino, y según la posición de la Tierra en la eclíptica (la órbita alrededor del sol). Los chinos de la antigüedad dividieron el movimiento circular anual del Sol en 24 segmentos, asignando un nombre específico a cada uno de ellos, los que tienen estrecha relación con las labores agrícolas y a los que a menudo hay fiestas correspondientes.

[3] Chi You: En la leyenda sobre la antigüedad de China, fue el líder de la liga de nueve grandes tribus con el apellido Li, quien luchó contra el emperador Huangdi, pero fracasó y fue asesinado. Él y sus tribus vivían en la parte oriental de la antigua China.

mesas con tallarines y sandías, en las que estaban picando las moscas, gusanos verdes, mosquitos y similares, y había una mesa rodeada de monjes, que murmuraban con unas palabras entre sus labios: "¡Hui ziluo pumi ya hong!④ ¡An, ya, hong!⑤ ¡Hong!" Esto fue alimentar la boca de llamas calmando a los fantasmas hambrientos, actos del Festival de Obon⑥ cuando todos los fantasmas hambrientos y los no hambrientos salieron del infierno para apreciar este gran espectáculo de Shanghai, y en este momento los hombres caritativos y mujeres creyentes hicieron el bien en honor de propietario local, encargando a los monjes recitar "An, ya, hong", y lanzando varios granos de arroz para que todos ellos pudieran comer hasta repletos de una vez.

Soy un laico y nunca he prestado mucha atención a tales cosas del cielo y del inframundo, pero siempre que pasa esto, no puedo evitar sentir lo excelente y apropiado de los paisanos conterráneos y no conterráneos que aún sobreviven en este mundo. Huelga hablar de otra cosa, que solo en menos de estos dos años completos, dicho en mayor magnitud son cuatro provincias y en menor son nueve islas que todas han cambiado el color de la bandera, y pronto habrá ocho islas más. No solo son demasiadas para rescatarse, e incluso si deseas rescatarlas, una vez abras la boca, muy probablemente caerás en peligro tú mismo (estas dos oraciones se han convertido en "puedes ser incapaz según la situación" posterior a la impresión). Por lo tanto, es más apropiado salvar la luna. A pesar de que los petardos

---

④ "¡Hui ziluo pumi ya hong!": Transcripción sánscrita, parte del mantra de la Yogachara.
⑤ "An, ya, hong": Es un mantra de tres caracteres, que también se pronuncia como "An, ah, hong". El carácter "an" indica el Vairóchana; el "ah" es Amitabha; el "hong" se refiere a Akshobhia.
⑥ "Alimentar la boca de llamas" y el "Festival de Obon": En el pasado, algunas familias de creencia budista, al morir un familiar, invitaban a monjes para realizar actos budistas. Los monjes daban comida a los fantasmas hambrientos que escupían llamas desde la boca para que el espíritu de los muertos no sufriera daño. Esto se llama "alimentar la boca de llamas". "Obon" es una transliteración sánscrita de Ullambana, que significa salvar a los seres colgados boca abajo. La costumbre usaba el 15 de julio del calendario lunar como el día festivo de Obon. En esta noche, también se les pedía a los monjes que recitaran las escrituras y ofrendaban comida, en memoria de los muertos.

sacudan todo el cielo, nunca llegará al punto de que el perro venga a morder, ni tampoco el jefe de la tribu en la luna (si existiera un jefe) tampoco salga a prohibirlo, por ser considerado como reaccionario. Es lo mismo para salvar a la gente. Desastres militares, sequías, plaga de langostas, inundaciones... Son innumerables las víctimas, y a los pequeños plebeyos que afortunadamente se han quedado salvos temporalmente del desastre, ¿cómo podrá encontrarse una forma para rescatarlos? Eso, naturalmente, es mucho más inferior a salvar almas, lo que consigue mucho éxito con poco esfuerzo, igualando a los méritos y virtudes de los grandes personajes que cantan sutras y construyen pagoda⑦. Esto es lo que se llama "si no tiene inquietudes por el futuro, se preocupa por la proximidad"⑧, y "los caballeros se cuidan de lo lejano y lo grande" también significa lo mismo.

Además, "si el cocinero no hace comidas sacrificiales, el maestro del sacrificio no puede trascender su posición para sustituirlo"⑨, también fue una advertencia clara de los antiguos sabios, que quiere decir que, respecto de los asuntos estatales, están encargados los gobernantes y no hace falta que los plebeyos los discutan en pleno bullicio. Sin embargo, los santos emperadores y sabios reyes no menospreciaron a los pequeños plebeyos, sino que les dieron mayor libertad y superiores derechos, es decir, los dejaron salvar el universo y las almas como quisieran, lo cual es el fundamento de la paz y

---

⑦ "Cantan sutras y construyen pagoda": Aquí se refiere al hecho de que después del Incidente del 18 de Septiembre, los políticos del KMT organizaron repetidamente "Ceremonia Religiosa para Protección de la Nación" cerca de Nanjing, en que pidieron a los monjes y los taoístas cantar sutras de bendición en el altar adorando a budas en nombre de los fantasmas de los muertos por desastres de naturaleza y de guerra a fin de ayudarlos a subir al cielo. La "pagoda" se refiere a la que construyó Dai Jitao en Nanjing en mayo de 1933 para guardar los manuscritos de obras póstumas de Sun Yat-sen.

⑧ "Si no tiene inquietudes por el futuro, se preocupa por la proximidad": Véase las *Analectas de Confucio – Wei Ling Gong*.

⑨ "Si el cocinero no hace comidas sacrificiales, el maestro del sacrificio no puede trascender su posición para sustituirlo": Véase *Zhuangzi – Xiaoyaoyou* (*Viajar a mis anchas*)", significa que cada persona debe manejar los asuntos dentro de sus propios límites.

tranquilidad, sin ser anulado desde la antigüedad hasta el presente, y que creo que probablemente en el futuro tampoco será abolido muy pronto. Según recuerdo, eso fue un suceso del año pasado. Al comienzo del armisticio de la guerra en Shanghai, los soldados japoneses regresaron gradualmente al buque de guerra y se retiraron al cuartel. Una noche, sonaron de la misma manera "¡Bang, bang! ¡Ratatatata!". Como ese momento se hallaba todavía en el período de la "resistencia a largo plazo"⑩, y los japoneses, como no conocían nuestra quintaesencia nacional, pensaban que sería alguna unidad del ejército que viniera a recuperar el terreno perdido, e inmediatamente dispusieron centinelas y mandaron tropas... Se hizo un gran bullicio y alboroto, pero después se enteraron de que estábamos salvando la luna, mientras que ellos estaban viendo realmente a fantasmas. "¡Oh, oh! ¡Naruhodo (Así es)!" Además de quedarse maravillados e impresionados, retornaron al estado original de paz. Y ¿qué ha pasado este año? Ni siquiera han colocado centinelas. Tal vez se hayan conmovido y edificado por la civilización espiritual de China.

¿Acaso en el presente todavía hay invasores y supresores como los antiguos tiranos que ni siquiera permitieron a los esclavos perder la cabeza y soñar?...

31 de agosto

---

⑩ "Resistencia a largo plazo": Durante el Incidente del 18 de Septiembre, Chiang Kai-shek ordenó al Ejército del Noreste que "no se resista absolutamente" e implementó públicamente la política de rendición. Después de la guerra del 28 de enero en Shanghai, la Cuarta Sesión Plenaria del KMT declaró que el gobierno central tenía "la determinación de hacer resistencia a largo plazo" y además, se inventaron términos como "resistencia psicológica", que fueron versiones disimuladoras para aplicar su política de rendición.

打听印象[1]

五四运动以后,好像中国人就发生了一种新脾气,是:倘有外国的名人或阔人新到,就喜欢打听他对于中国的印象。

罗素[2]到中国讲学,急进的青年们开会欢宴,打听印象。罗素道:"你们待我这么好,就是要说坏话,也不好说了。"急进的青年愤愤然,以为他滑头。

萧伯纳周游过中国,上海的记者群集访问,又打听印象。萧道:"我有什么意见,与你们都不相干。假如我是个武人,杀死个十万条人命,你们才会尊重我的意见。"[3]革命家和非革命家都愤愤然,以为他刻薄。

这回是瑞典的卡尔亲王[4]到上海了,记者先生也发表了他的印象:"……足迹所经,均蒙当地官民殷勤招待,感激之余,异常愉快。今次游览观感所得,对于贵国政府及国民,有极度良好之印象,而永远不能磨灭者也。"这最稳妥,我想,是不至于招出什么是非来的。

其实是,罗萧两位,也还不算滑头和刻薄的,假如有这么一个外国人,遇见有人问他印象时,他先反问道:"你先生对于自己中国的印象怎么样?"那可真是一篇难以下笔的文章。

我们是生长在中国的,倘有所感,自然不能算"印象";但意见也好;而意见又怎么说呢?说我们像浑水里的鱼,活得胡里胡涂,莫名其妙罢,不像意见。说中国好得很罢,恐怕也难。这就是爱国者所悲痛的所谓"失掉了国民的自信",然而实在也好像失掉了,向各人打听印象,就恰如求签问卜,自己心里先自狐疑着了的缘故。

我们里面,发表意见的固然也有的,但常见的是无拳无勇,未曾"杀死十万条人命",倒是自称"小百姓"的人,所以那意见也无人"尊重",也就是和大家"不相干"。至于有位有势的大人物,则在野时候,也许是很急进的罢,但现在呢,一声不响,中国"待我这么好,就是要说坏话,也不好说了"。看当时欢宴罗素,而愤愤于他那答话的由新潮社[5]而发迹的诸公的现在,实在令人觉得罗素并非滑头,倒是一个先知的讽刺家,将十年后的心思豫先说去了。

这是我的印象,也算一篇拟答案,是从外国人的嘴上抄来的。

(九月二十日。)

注 释

[1] 本篇最初发表于1933年9月24日《申报·自由谈》,署名桃椎。

[2] 罗素(B. Russell,1872—1970):英国哲学家。1920年曾来中国,在北京大学讲过学。

[3] 萧伯纳的话见《论语》半月刊第十二期(1933年3月1日)载镜涵的《萧伯纳过沪谈话记》。

[4] 卡尔亲王(Carl Gustaf Oscar Fredrik Christian Bernadotte):当时瑞典国王古斯塔夫五世的侄子,1933年周游世界,8月来中国。所引他对记者的谈话见1933年9月20日《申报》。

[5] 新潮社:北京大学部分学生和教员组织的一个具有进步倾向的社团。1918年底成立,主要成员有傅斯年、罗家伦、杨振声、周作人等。曾出版《新潮》月刊(1919年1月创刊)和《新潮丛书》。后来由于主要成员的变化,该社逐渐趋向右倾,无形解体;傅斯年、罗家伦等成为国民党政权在教育文化方面的骨干人物。

Preguntando sobre impresiones[1]

Parece que, después del Movimiento del 4 de Mayo, entre los chinos se ha desarrollado un nuevo temperamento, que es: les encanta preguntar a las celebridades extranjeras o ricachones recién llegados por sus impresiones sobre China.

Cuando Russell[2] vino a China para dar conferencias, los jóvenes radicales celebraron una fiesta para él y le preguntaron sobre sus impresiones. Russell dijo: "Como me tratan de manera tan amable, si bien fuera a decir algo malo, me sería difícil abrir la boca". Los jóvenes radicales se sintieron muy indignados, pensando que él era escurridizo.

Cuando Bernard Shaw hacía un recorrido por China, los reporteros de Shanghai se reunieron a entrevistarle y también le preguntaron sobre sus impresiones. Shaw dijo: "Cualquier opinión mía no tiene nada que ver con ustedes. Solo si yo fuera un marcial y hubiera matado a cien mil personas, podrían respetar mis opiniones".[3] Entonces, los revolucionarios y los no revolucionarios por igual se sintieron muy indignados, creyendo que él era cáustico.

Esta vez, el Príncipe Carlos Bernadotte[4] de Suecia llegó a

---

[1] Este artículo fue publicado originalmente el 24 de septiembre de 1933 en *Shen Bao – Charla Libre* bajo el seudónimo de Tao Zhui.
[2] B. Russell (1872–1970): Filósofo británico. Llegó a China en 1920 y dio conferencias en la Universidad de Beijing.
[3] Para las palabras de Bernard Shaw, véase "Charlas de Bernard Shaw en Shanghai" que se publicó en el número 12 de la revista bimensual *Lun Yu* (1 de marzo de 1933).
[4] El príncipe Carlos Bernadotte, sobrino del rey Gustav V de Suecia en ese momento, viajó por el mundo en 1933 y llegó a China en agosto. Para la cita del discurso que dio a los periodistas, véase el *Shen Bao* del 20 de septiembre de 1933.

Shanghai, y un señor periodista publicó su impresión: "... En todos los lugares de mis huellas he sido atendido hospitalariamente por funcionarios y ciudadanos locales. Además del agradecimiento, me siento muy alegre. Por la experiencia de esta gira, tengo una impresión extremadamente buena sobre su gobierno y sus ciudadanos, la que será indeleble". Es la forma más segura, creo, de no provocar ningún problema.

De hecho, los dos señores Russell y Shaw todavía no llegan a ser lo escurridizos ni mordaz. Si hay un extranjero tal encontrándose con alguien que le pregunte por su impresión, primero le responde preguntando al revés: "¿Cómo es la impresión de usted acerca de su propia China?" Eso será un artículo realmente difícil de escribir.

Crecimos en China, así que si tenemos algún sentimiento, desde luego no podemos contarlo como una "impresión"; está bien si lo tomamos como una opinión, pero ¿cómo se expresa la opinión? Si decimos que somos como peces en aguas turbias, viviendo en confusión y borrosidad inexplicablemente, lo que no parece ser una opinión; y si decimos que China es muy buena, me temo que eso también es muy difícil. Esta es la llamada "pérdida de la autoconfianza de los nacionales" por la que se lamentan los patriotas, pero de verdad, sí que parece haberse perdido, porque preguntar a otros por la impresión es como echar suertes por adivinación, es que primero han sospechado de sí mismos.

Entre nosotros, por supuesto hay unos que expresan sus opiniones, pero los que se ven más frecuentes son las personas sin saber artes marciales ni tener coraje, quienes nunca "hubieran matado a cien mil vidas humanas", sino que se llaman a sí mismas como "pequeños plebeyos"; por eso, sus opiniones no son "respetadas" por ninguno, o sea, "no tienen nada que ver con nadie". En cuanto a los personajes potentes y en altas posiciones, cuando no estaban en el poder probablemente también eran muy radicales; pero ahora, no pronuncian ni un sonido, porque China "me trata de manera tan amable, así que si bien fuera a decir algo malo, me sería difícil abrir la boca". Al ver la actualidad de esos caballeros que, en la fiesta para Russel de aquel momento, fueron indignados por su respuesta y más tarde fueron promovidos a posiciones poderosas vía la Sociedad de Nueva Marea[5] la gente realmente siente que Russell no era escurridizo, sino un profeta satírico, quien se adelantó a lo que pensara diez años después.

 Esta es la impresión mía, que también puede contarse como una respuesta imitada, y es copiada de las bocas de los extranjeros.

20 de septiembre

---

[5] Sociedad de Nueva Marea: Es una organización progresiva organizada por algunos estudiantes y profesores de la Universidad de Beijing. Establecida a fines de 1918, los miembros principales son Fu Sinian, Luo Jialun, Yang Zhensheng y Zhou Zuoren. Publicó la revista mensual *Nueva Marea* y series de libros *Nueva Marea*. Más tarde, debido a los cambios en los miembros principales, la sociedad se inclinó gradualmente hacia la derecha y se desintegró. Fu Sinian y Luo Jialun se convirtieron en la columna vertebral del gobierno del KMT en educación y cultura.

"京派"与"海派"[1]

自从北平某先生在某报上有扬"京派"而抑"海派"之言,颇引起了一番议论。最先是上海某先生在某杂志上的不平,且引别一某先生的陈言,以为作者的籍贯,与作品并无关系,要给北平某先生一个打击。[2]

其实,这是不足以服北平某先生之心的。所谓"京派"与"海派",本不指作者的本籍而言,所指的乃是一群人所聚的地域,故"京派"非皆北平人,"海派"亦非皆上海人。梅兰芳[3]博士,戏中之真正京派也,而其本贯,则为吴下[4]。但是,籍贯之都鄙,固不能定本人之功罪,居处的文陋,却也影响于作家的神情,孟子[5]曰:"居移气,养移体"[6],此之谓也。北京是明清的帝都,上海乃各国之租界,帝都多官,租界多商,所以文人之在京者近官,没海者近商,近官者在使官得名,近商者在使商获利,而自己也赖以糊口。要而言之,不过"京派"是官的帮闲,"海派"则是商的帮忙而已。但从官得食者其情状隐,对外尚能傲然,从商得食者其情状显,到处难于掩饰,于是忘其所以者,遂据以有清浊之分。而官之鄙商,固亦中国旧习,就更使"海派"在"京派"的眼中跌落了。

而北京学界,前此固亦有其光荣,这就是五四运动的策动。现在虽然还有历史上的光辉,但当时的战士,却"功成,名遂,身退"者有之,"身稳"者有之,"身升"者更有之,好好的一场恶斗,几乎令人有"若要官,杀人放火受招安"[7]之感。"昔人已乘黄鹤去,此地空余黄鹤楼"[8],前年大难临头,北平的学者们所想援以掩护自己的是古文化,而惟一大事,则是古物的南迁,[9]这不是自己彻底的说明了北平所有的是什么了吗?

但北平究竟还有古物,且有古书,且有古都的人民。在北平的学者文人们,又大抵有着讲师或教授的本业,论理,研究或创作的环境,实在是比"海派"来得优越的,我希望着能够看见学术上,或文艺上的大著作。

(一月三十日。)

注 释

[1] 本篇最初发表于1934年2月3日《申报·自由谈》。署名栾廷石。
[2] 北平某先生,指沈从文,湖南凤凰人,著名作家。他在1933年10月18日天津《大公报·文艺副刊》发表《文学者的态度》一文,批评一些文人对文学创作缺乏"认真严肃"的作风,说这类人"在上海寄生于书店,报馆,官办的杂志,在北京则寄生于大学,中学,以及种种教育机关中"。上海某先生,指苏汶(杜衡)。他在1933年12月上海《现代》月刊发表《文人在上海》一文,为上海文人进行辩解,对"……用'海派文人'这名词把所有居留在上海的文人一笔抹杀"表示不满,文中还借引鲁迅先生说过的话。此后,更多的人加入这一争论。
[3] 梅兰芳(1894—1961):名澜,字畹华,江苏泰州人,京剧表演艺术家。1930年梅兰芳在美国演出时,美国波摩那大学及南加州大学曾授予他文学博士的荣誉学位。
[4] "吴下":泛指吴地。下,用于名词后表示处所。吴地包括今江苏南部、浙江北部及安徽、江西的一部分。
[5] 孟子:中国儒家之亚圣。参见此译版本《在酒楼上》的注释[5]。
[6] "居移气,养移体":语见《孟子·尽心》。其意为:地位改变气度,供养改变体质,即人随着地位待遇的变化而变化。
[7] "若要官,杀人放火受招安":语出宋代庄季裕《鸡肋编》。
[8] "昔人已乘黄鹤去,此地空余黄鹤楼":出自唐朝诗人崔颢的古诗

作品《黄鹤楼》第一二句。

[9] 指北平学者以古文化掩护自己和古物南迁一事。1933年1月，日军攻陷山海关，北平处于危急之中。国民政府决定将北平故宫等地部分特别珍贵文物迁往南京、上海。其实，当时国民政府首先应做的是放弃"不抵抗"政策，全力保卫领土和人民，而不是将这些可以变卖钱财的古物运离北京。鲁迅在《逃的辩护》《学生与玉佛》等文章中对此进行了嘲笑和讽刺。

La "Escuela de Beijing" y la "Escuela de Shanghai"[①]

Desde que un cierto señor de Beiping emitió en un periódico unas palabras alabando la "Escuela de Beijing" y desluciendo la "Escuela de Shanghai", se ha suscitado una onda de discusión considerable. La más temprana fue la queja sobre la injusticia por un cierto señor de Shanghai publicada en cierta revista, quien citó unas palabras emitidas por otro cierto señor para decir que el lugar de origen del autor no tenía nada que ver con la obra, con lo cual intentó darle un golpe a un cierto señor de Beiping.[②]

De hecho, esto no es suficiente para convencer la mentalidad del otro. Las llamadas "Escuela de Beijing" y "Escuela de Shanghai" no conciernen al origen nativo del autor, sino al área donde se reúne el grupo de las personas, por eso, la "Escuela de Beijing" no se compone de puros nativos de Beiping, mientras que la "Escuela de Shanghai"

[①] Este artículo fue publicado originalmente en *Shen Bao – Charla Libre* el 3 de febrero de 1934 bajo el seudónimo de Luan Tingshi.

[②] "Un cierto señor de Beiping" se refiere a Shen Congwen, nativo de Fenghuang, provincia de Hunan, famoso escritor. El 18 de octubre de 1933, publicó el artículo "La actitud de literatos" en el *Suplemento literario Ta Kung Pao* de Tianjin, criticando a algunos literatos por la falta de un estilo "serio y concienzudo" de creación literaria, diciendo que esas personas son "parásitos en las librerías, periódicos y revistas administradas por el gobierno en Shanghai, y las en Beijing, son parásitos en universidades, escuelas intermedias e instituciones educativas". "Un cierto señor de Shanghai" se refiere a Su Wen (Du Heng), quien en diciembre de 1933 publicó el artículo "Literatos en Shanghai" en la revista *Modern* de Shanghai, en el que defendió a los literatos de Shanghai y expresó su descontento con "el término de 'literatos de la Escuela de Shanghai' para tachar de un plumazo a todos los literatos que residían en Shanghai", y en su texto también citó unas palabras del señor Lu Xun en el pasado como apoyo. Desde entonces, más personas se unieron a este debate.

tampoco está formado totalmente por shanghaineses. El doctor Mei Lanfang③, en su representación de la ópera es de la verdadera escuela de Beijing, pero su origen nativo es Wuxia④. En otro sentido, a pesar de que tener el lugar de origen de una ciudad capital o área remota por sí no puede determinar el mérito o pecado de una persona, lo culto o vulgar del lugar donde habita sí puede influir en el espíritu y la mentalidad del escritor, tal como Mencio⑤ dijo: "El estatus puede transformar el temperamento y el sustento cambiar el físico"⑥. Se trata exactamente de esto. Beijing es la capital imperial de las dinastías Ming y Qing, mientras que Shanghai es el lugar en que concurren las concesiones de varios países. La capital imperial tiene muchos funcionarios y las concesiones cuentan con muchos comerciantes, por lo cual, los hombres de letras que están en Beijing tienen accesos a los funcionarios, y los que navegan en Shanghai se acercan a los comerciantes, los primeros ayudan a los funcionarios para engrandecer la fama, los segundos asisten a los comerciantes en obtener ganancias, de las que ellos mismos también dependen para la subsistencia. En breve, nada más que los de la "Escuela de Beijing" son ayudantes ociosos de los funcionarios, y los de la "Escuela de Shanghai" son ayudantes ocupados de los comerciantes. No obstante, las circunstancias para los que consiguen alimentos por medio de funcionarios son ocultas, por lo cual aún pueden seguir estando en

---

③ Mei Lanfang (1894–1961): Gran maestro en el arte teatral de China, nativo de Taizhou, provincia de Jiangsu. Logró el máximo éxito de la Ópera de Beijing. Cuando Mei Lanfang actuaba en los Estados Unidos en 1930, la Universidad Pomona y la Universidad del Sur de California le otorgaron un doctorado honoris causa en literatura.

④ "Wuxia": Se refiere ampliamente a la región de Wu, que incluye hoy el sur de Jiangsu, el norte de Zhejiang y partes de Anhui y Jiangxi.

⑤ Mencio: El representante más destacado del confucianismo, considerado como el "Segundo Santo". Véase la Nota [5] del artículo "En el restaurante" de este libro de traducción.

⑥ "El estatus puede transformar el temperamento y el sustento cambiar el físico": Véase *Mencio – De todo corazón*. Este dicho significa que las personas cambian de acuerdo con su estado social y condiciones sustentadoras.

forma altiva de cara al exterior, mientras que las escenas para los que obtienen alimentos vía negocio son abiertas y difíciles de ocultarse en ninguna parte. Entonces, la gente que se olvida de esta causa, en base de su impresión, los trata con distinción entre los puros y los turbios. Y el desprecio de los funcionarios a los comerciantes ha sido desde antes uno de los viejos hábitos de China, lo que ha hecho la "Escuela de Shanghai" caer aún más a la baja en los ojos de la "Escuela de Beijing".

En cuanto al círculo académico en Beijing, desde luego cuenta con su propia gloria anterior, que fue la movilización del Movimiento del 4 de Mayo. Ahora todavía lucen las glorias históricas, pero entre los combatientes de aquel período, hay unos que "han logrado el éxito, tenido la fama y se han retirado", hay unos que "han consolidado" su posición, hay aún otros que "han ascendido para arriba", de modo que una lucha propiamente siniestra se ha transformado en como "si uno quiere ser oficial, vaya a matar a gente y prender fuego para ser designado vía la amnistía".⑦ Como dijeron los versos: "Se ha ido montando en la grulla amarilla el inmortal antiguo, y se queda aquí totalmente vacía la Torre Grulla Amarilla".⑧ El año antepasado cuando un grave desastre cayó al frente, lo que los eruditos de Beiping querían aprovechar para ampararse era la cultura antigua, y el único evento importante sería la migración de las antigüedades para el sur.⑨

---

⑦ "Si uno quiere ser oficial, vaya a matar a gente y prender fuego para ser designado vía la amnistía": Frase citada de *Costillas de pollo* de Zhuang Jiyu de la dinastía Song.
⑧ "Se ha ido montando en la grulla amarilla el inmortal antiguo, y se queda aquí totalmente vacía la Torre Grulla Amarilla": Son los primeros dos versos del poema titulado "La Torre Grulla Amarilla", del gran poeta de la dinastía Tang, Cui Hao.
⑨ "La migración de las antigüedades para el sur": En enero de 1933, el ejército japonés ocupó el paso de Shanhai, poniendo a Beiping en peligro. Bajo estas circunstancias, el Gobierno del KMT decidió reubicar algunas de las preciosas reliquias culturales del Palacio de Beijing en otros lugares como Nanjing y Shanghai. De hecho, lo primero que debía hacer el Gobierno en ese momento era abandonar la política de "no resistencia" y defender plenamente el territorio y al pueblo, en lugar de transportar estas antigüedades que se podrían vender por dinero. Lu Xun lo ridiculizó y satirizó en artículos como "Defensa del escape", "Estudiantes y el Buda de Jade" y otros.

¿No es esto una explicación completa de todo lo que tiene Beiping por sí?

Pero después de todo, Beiping todavía tiene bastantes antigüedades, más los libros antiguos, más los ciudadanos de esta antigua capital. Los académicos y eruditos en Beiping tienen mayoritariamente su ocupación fundamental de instructor o profesor, y también su ambiente de razonamiento, investigación o creación, en todo lleva realmente una ventaja sobre la "Escuela de Shanghai", así que espero ver de ellos grandes obras académicas o literarias.

30 de enero

北人与南人[1]

这是看了"京派"与"海派"的议论之后，牵连想到的——

北人的卑视南人，已经是一种传统。这也并非因为风俗习惯的不同，我想，那大原因，是在历来的侵入者多从北方来，先征服中国之北部，又携了北人南征，所以南人在北人的眼中，也是被征服者。

二陆[2]入晋，北方人士在欢欣之中，分明带着轻薄，举证太烦，姑且不谈罢。容易看的是，羊衒之[3]的《洛阳伽蓝记》中，就常诋南人，并不视为同类。至于元，则人民截然分为四等[4]，一蒙古人，二色目人[5]，三汉人即北人，第四等才是南人，因为他是最后投降的一伙。最后投降，从这边说，是矢尽援绝，这才罢战的南方之强[6]，从那边说，却是不识顺逆，久梗王师的贼。孑遗自然还是投降的，然而为奴隶的资格因此就最浅，因为浅，所以班次就最下，谁都不妨加以卑视了。到清朝，又重理了这一篇账，至今还流衍着余波；如果此后的历史是不再回旋的，那真不独是南人的如天之福。

当然，南人是有缺点的。权贵南迁[7]，就带了腐败颓废的风气来，北方倒反而干净。性情也不同，有缺点，也有特长，正如北人的兼具二者一样。据我所见，北人的优点是厚重，南人的优点是机灵。但厚重之弊也愚，机灵之弊也狡，所以某先生[8]曾经指出缺点道：北方人是"饱食终日，无所用心"；南方人是"群居终日，言不及义"。就有闲阶级而言，我以为大体是的确的。

缺点可以改正，优点可以相师。相书上有一条说，北人南相，南人北相者贵。我看这并不是妄语。北人南相者，是厚重而又机灵，南人北相者，不消说是机灵而又能厚重。昔人之所谓"贵"，不过是当时的成功，在现在，那就是做成有益的事业了。这是中国人的一种小小的自新之路。

不过做文章的是南人多，北方却受了影响。北京的报纸上，油嘴滑舌，吞吞吐吐，顾影自怜的文字不是比六七年前多了吗？这倘和北方固有的"贫嘴"一结婚，产生出来的一定是一种不祥的新劣种！

(一月三十日。)

注释

[1] 本篇最初发表于1934年2月4日《申报·自由谈》，署名栾廷石。

[2] "二陆"：指陆机（261—303）、陆云（262—303）兄弟。二人都是西晋文学家，其祖父陆逊、父亲陆抗皆为三国时吴国名将。晋灭吴后，二兄弟被征召改事晋朝，后来被带至晋都洛阳，往见西晋大臣张华，得到了张华的赏识，名声大振，但由于二人来自"南方偏远之地"，颇为北方一些世家大族所轻视。

[3] 羊衒之：羊，一作杨。于东魏武定五年（547）作《洛阳伽蓝记》，此书是中国古代佛教史籍，共五卷，是集历史、地理、佛教、文学于一身的历史和人物故事类笔记。书中时有轻视南人的话语。

[4] 蒙古人入侵南方，在中国建立了元朝，他们将人口分为四类：蒙古人、色目人、汉人和南人。据说，当时以宋金疆域为界限，称江浙、湖广、江西以及河南省南部的人为南人。

[5] "色目人"：元朝建立的种姓的名称，指来自中亚、西亚、欧洲等西域诸国的民族，据说其中共有33个类别。他们在蒙古种姓的特权下为元朝服务。色目人本身不是一个自定义的同质族群。

[6] "南方之强"：语见《中庸》第十章："南方之强也，君子居之。"

[7] "权贵南迁"：指汉族统治者不能抵御北方少数民族奴隶主的入侵，把政权转移到南方。他们南迁后，仍过着荒淫糜烂的生活。

[8] "某先生"：指明末清初杰出的思想家、经学家、史地学家和音韵

学家顾炎武（1613—1682），文中对其观点的引用见《日知录》卷十三《南北学者之病》。他在这里引用的关于北方人"饱食终日，无所用心"的说法来自《论语·阳货》第十七章，而关于南方人"终日群居，言不由衷"的说法来自《论语·卫灵公》，都是源于孔子。

Norteños y sureños[1]

Después de leer las discusiones sobre la "Escuela de Beijing" y la "Escuela de Shanghai", por conexiones concernientes, se me ocurrió lo siguiente:

Ha sido una tradición que los norteños desprecien a los sureños, y esto no es debido a las diferentes costumbres y hábitos, sino creo que la razón principal reside en que los invasores en la historia siempre vinieron del norte, primero conquistaron el norte de China, luego llevaron a los norteños a invadir el sur, por lo cual los sureños son como los conquistados en los ojos de los norteños también.

Cuando los dos hermanos Lu[2] fueron llevados a la capital de la dinastía Jin, los norteños que estaban en celebraciones y regocijos mostraban un menosprecio evidente, lo que ahora dejemos de narrar debido a la demasiado molesta enumeración de pruebas. Lo que es fácil de ver está en la *Anotación de los Samghārāma en Luoyang* de Yang Xuanzhi[3], donde a menudo se denigraba a los sureños y no se los consideraba homogéneos. En cuanto a la dinastía Yuan, la

---

[1] Este artículo fue publicado por primera vez el 4 de febrero de 1934 en *Shen Bao – Charla Libre* bajo el seudónimo de Luan Tingshi.

[2] "Los dos hermanos Lu": Se refieren a Lu Ji (261–303) y Lu Yun (262–303). Ambos eran destacados escritores de la dinastía Jin del Oeste. Su abuelo Lu Xun y su padre Lu Kang fueron famosos generales del reino Wu en el período de los Tres Reinos (190–280). Después de la derrota del reino Wu, los hermanos Lu Ji y Lu Yun fueron capturados y llevados a Luoyang a ser recibidos por Zhang Hua, un cortesano de la dinastía triunfante Jin, quien los trató irrespetuosamente. Así que los dos hermanos Lu se quedaron muy decepcionados y lamentados, y nunca volvieron a venir a este lugar.

[3] Yang Xuanzhi: En el año 547 escribió *Anotación de los Samghārāma en Luoyang* (Samghārāma es el jardín donde viven los monjes). Este es un antiguo libro de historia budista chino, de cinco volúmenes. Siendo una colección de cuentos históricos y de personajes que abarca la historia, la geografía, el budismo y la literatura. Este libro contiene bastantes palabras despreciativas a los sureños.

población estaba dividida tajantemente en cuatro clases[4]: la primera era los mongoles; la segunda, los semu[5]; la tercera, los han, o sea, los norteños; la cuarta era de los sureños, porque ellos fueron el último grupo que se rindió. Respecto de la rendición hasta el último momento, si se juzga desde este lado, significa lo más poderosos que eran los sureños[6] porque dejaron de luchar solo cuando les había agotado la última flecha y les había interrumpido la última tropa de refuerzo; pero si se ve de ese lado, eran bandidos que no conocían obediencia sino resistencia e impedían prolongadamente el avance de las tropas del gobernante nuevo. Sin embargo, los supervivientes se quedaban por rendirse naturalmente, pero debido a esto, contaban con una cualificación baja de ser esclavos, y por lo baja que eran, su clase social se situaría más inferior, entonces sería fácil que cualquier persona pudiera despreciarlos. Al llegar la dinastía Qing, se repitió este volumen de cuenta, cuyas ondas resultantes todavía están fluyendo ampliamente en la actualidad; si la historia ya no da vuelta al pasado desde ahora, eso realmente será la máxima bendición para los sureños.

Por supuesto, la gente sureña tiene sus defectos. Los potentes y dignatarios que se migraban hacia el sur[7] les traían una cultura de corrupción y decadencia a los sureños, pero en cambio, el norte

---

[4] Cuando los mongoles invadieron el sur y establecieron la dinastía Yuan en China, ellos dividieron a la población en cuatro clases: los mongoles, los semu, los han (del norte) y la gente del sur. Se dice que la gente del sur se definía en base de los límites de las antiguas dinastías Song y Jin, es decir, los habitantes en Jiangsu, Zhejiang, Hunan, Hubei, Guangxi y la parte sur de Henan se consideraban como gente sureña.

[5] Semu: Nombre de la casta establecida en la dinastía Yuan. La categoría Semu se refiere a gentes de regiones como Asia central, Asia occidental y Europa, etc., y se dice que en ella había 33 grupos en total. Sirvieron a la dinastía Yuan a través de los privilegios de la casta mongola dominante. Semu en sí no es un singular grupo homogéneo.

[6] "Lo más poderosos que eran los sureños": Vea el Capítulo 10 del libro *Doctrina de la medianía*: "Lo poderoso del sur reside en la conducta de un caballero".

[7] "Los potentes y dignatarios que se migraban hacia el sur": Los gobernantes Han no pudieron resistir la invasión de los dueños de esclavos de los pueblos minoritarios en el norte y transfirieron el poder al sur. Después de mudarse al sur, todavía llevaban una vida licenciosa y corrupta.

quedaba bastante limpio. Los sureños también tienen diferentes temperamentos, tanto defectos como puntos fuertes, al igual que los norteños, dotados de ambos al mismo tiempo. Hasta donde puedo ver, la virtud de los norteños consiste en lo honesto, y el punto ventajoso de los sureños es lo listo. Sin embargo, el punto débil de la honestidad es conducir a la estupidez, mientras el abuso de la listeza se confunde con la taimería. Por eso, un cierto señor[8] señaló los defectos de la manera siguiente: los norteños "están satisfechos de comer todo el día sin pensar en hacer nada"; y los sureños "están viviendo en grupos todos los días hablando sin tocar el quid de la cuestión". Si esto se refiere a la clase de los ociosos, creo que es cierto por lo general.

Los defectos pueden corregirse y los puntos fuertes pueden aprenderse mutuamente. Hay una entrada en el libro sobre la observación de la fisionomía que dice: Los norteños con fisionomía sureña y los sureños con fisionomía norteña son excelsos. No creo que esto sea delirio. Un norteño con fisionomía sureña es honesto y listo, y un sureño con fisionomía norteña, sin duda, es listo y honesto. Lo "excelso" usado por los antiguos se refería no más que a lo exitoso en aquel tiempo y en la actualidad significa completar una causa beneficiosa. Esto constituye un pequeño camino de los chinos para emprender un nuevo comienzo.

Sin embargo, entre los escritores muchos son sureños, pero los norteños también han sido influidos. ¿En los periódicos de Beijing no han aparecido más textos que seis o siete años atrás, que son

---

[8] "Un cierto señor": Se refiere al erudito Gu Yanwu (1613–1682) a finales de la dinastía Qing, quien fue un destacado pensador, clasicista, historiador y fonólogo. Para la cita sobre él, véase en el artículo del volumen XIII de su obra *Ri Zhi Lu* (*Nota de conocimientos diarios*), "Enfermedad de los eruditos del norte y del sur". La cita suya aquí sobre que los norteños "están satisfechos de comer todo el día sin pensar en hacer nada" proviene de las *Analectas – Yanghuo*, Capítulo 17, y la sobre que los sureños "están viviendo en grupos todos los días hablando sin tocar el el quid de la cuestión" proviene de las *Analectas – Wei Ling Gong*, ambas son de Confucio.

emitidos de labios engrasados y lenguas escurridizas, hablar con titubeos y lamentar de sí mirando su propia imagen? Si esto se casa con la "locuacidad" inherente del norte, ¡lo que se produzca será seguramente una nueva especie ominosa!

30 de enero

读几本书[1]

　　读死书会变成书呆子，甚至于成为书厨，早有人反对过了，时光不绝的进行，反读书的思潮也愈加彻底，于是有人来反对读任何一种书。他的根据是叔本华的老话，说是倘读别人的著作，不过是在自己的脑里给作者跑马。[2]

　　这对于读死书的人们，确是一下当头棒，但为了与其探究，不如跳舞，或者空暴躁，瞎牢骚的天才起见，却也是一句值得介绍的金言。不过要明白：死抱住这句金言的天才，他的脑里却正被叔本华跑了一趟马，踏得一塌胡涂了。

　　现在是批评家在发牢骚，因为没有较好的作品；创作家也在发牢骚，因为没有正确的批评。张三说李四的作品是象征主义[3]，于是李四也自以为是象征主义，读者当然更以为是象征主义。然而怎样是象征主义呢？向来就没有弄分明，只好就用李四的作品为证。所以中国之所谓象征主义，和别国之所谓Symbolism是不一样的，虽然前者其实是后者的译语，然而听说梅特林[4]是象征派的作家，于是李四就成为中国的梅特林了。此外中国的法朗士[5]，中国的白璧德[6]，中国的吉尔波丁[7]，中国的高尔基[8]……还多得很。然而真的法朗士他们的作品的译本，在中国却少得很。莫非因为都有了"国货"的缘故吗？

　　在中国的文坛上，有几个国货文人的寿命也真太长；而洋货文人的可也真太短，姓名刚刚记熟，据说是已经过去了。易卜生[9]大有出全集之意，但至今不见第三本；柴霍甫[10]和莫泊桑[11]的选集，也似乎走了虎头蛇尾运。但在我们所深恶痛疾的日本，《吉河德先生》和《一千一夜》是有全译的；沙士比亚，歌德，……都有全集；托尔斯泰的有三种，陀思妥也夫斯基的有两种。

　　读死书是害己，一开口就害人；但不读书也并不见得好。至少，譬如要批评托尔斯泰,则他的作品是必得看几本的。自然,现在是国难时期,那有工夫译这些书,看这些书呢,但我所提议的是向着只在暴躁和牢骚的大人物,并非对于正在赴难或"卧薪尝胆"的英雄。因为有些人物,是即使不读书,也不过玩着,并不去赴难的。

(五月十四日。)

注　释

[1] 本篇最初发表于1934年5月18日《申报·自由谈》,署名邓当世。

[2] 上海《人言》周刊第一卷第十期(1934年4月21日)载有胡雁的《谈读书》一文,先引叔本华"脑子里给别人跑马"的话,然后说"看过一本书,是让人跑过一次马,看的书越多,脑子便变成跑马场,处处是别人的马的跑道,……我想,书大可不必读。"

[3] "象征主义":十九世纪末叶在法国兴起的颓废主义文艺思潮中的一个流派。它认为现实世界是虚幻的、痛苦的,而"另一世界"是真的、美的。要求用晦涩难解的语言和形象刺激感官,产生恍惚迷离的神秘联想,形成某种"意象",即所谓"象征",借以暗示这种虚幻的"另一世界"。

[4] 梅特林(M. Maeterlinck,1862—1949):通译梅特林克,比利时剧作家,象征主义戏剧的代表。主要作品有剧本《青鸟》等。

[5] 法朗士(Anatole France,1844—1924):法国作家、诗人、新闻工作者和小说家,畅销书众多。他是法国科学院院士,并获得了1921年诺贝尔文学奖,主要作品有长篇小说《波纳尔之罪》《黛依丝》《企鹅岛》等。

[6] 白璧德(I. Babbitt,1865—1933):著有《新拉奥孔》《卢梭与浪漫主义》《民主和领导》等。参见此译本《现今的新文学的概观》

注释［3］。

［7］吉尔波丁（Gilbertine В.Я.）：苏联文艺批评家。著有《俄国马克思列宁主义的思想先驱》等。

［8］高尔基（Maxim Gorky，1868—1936）：苏联社会主义、现实主义文学奠基人，政治活动家，苏联文学的创始人。著有《福玛·高尔捷耶夫》《母亲》和自传体三部曲《童年》《在人间》《我的大学》等。

［9］易卜生（H. Ibsen，1828—1906）：挪威剧作家。参见此译本《上海文艺之一瞥》注释［16］。

［10］柴霍甫（Antón Pávlovich Chéjov，1860—1904）：通译契诃夫，俄国作家。主要作品有《三姊妹》《樱桃园》等剧本和《变色龙》《套中人》等大量的短篇小说。当时开明书店曾出版赵景深译的《柴霍甫短篇杰作集》八册。

［11］莫泊桑（Guy de Maupassant，1850—1893）：法国作家。主要作品有长篇小说《一生》《漂亮的朋友》以及短篇小说《羊脂球》等。当时商务印书馆曾出版李青崖译的《莫泊桑短篇小说集》三册。

Hay que leer unos libros[1]

La lectura de manera muerta puede convertir a uno en un nerd, hasta un armario de libros, fenómeno que ha sido objetado por algunas personas desde mucho antes. El tiempo transcurre continuamente, mientras la corriente antilectura se hace cada día más exhaustiva, así que algunas personas han empezado a oponerse a la lectura de cualquier tipo de libro. Su fundamento es el viejo dicho de Schopenhauer de que si lees los escritos de otros, solo haces correr los caballos del autor en tu propia mente.[2]

Esto realmente asesta una paliza directa a la frente de los que leen libros de manera muerta, mientras que, para aquellos genios creyendo que hacer investigación no es tan bueno como bailar todo el tiempo, descargar la ira por nada y quejarse a ciegas, lo dicho también es una frase de oro que merece recomendar. Pero, deben entender: los genios que aferran pertinazmente a esta frase de oro precisamente están sufriendo en su mente el galope del caballo de Schopenhauer, donde se queda con una terrible devastación por sus trotes.

Ahora los críticos están quejándose de no haber obras relativamente buenas; los creadores también están quejándose de no

---

[1] Este artículo fue publicado originalmente en *Shen Bao – Charla Libre* el 18 de mayo de 1934 bajo el seudónimo de Deng Dangshi.
[2] El número 10 del primer volumen de la revista semanal *Ren Yan* (*Palabras Humanas*) de Shanghai (21 de abril de 1934) publicó el artículo "Sobre la lectura" de Hu Yan, que citó primero las palabras acerca de "Schopenhauer hacía a otros correr a caballo en su mente", y luego dijo: "Leer un libro es dejar que la gente haga una carrera de caballo. Cuantos más libros leas, tu cerebro se convertirá en un hipódromo quedándose con muchas pistas de carreras de caballo de otras personas... Así que pienso, no hace ninguna falta leer libros".

haber críticas correctas. Fulano dice que el trabajo de mengano es de simbolismo③, por lo que mengano también se cree por sí mismo que es simbolista, y por supuesto los lectores aún más consideran que es simbolismo. ¿Pero cómo es el simbolismo? Nunca se ha aclarado y solo se puede usar las obras de mengano como evidencia. Por eso, el llamado simbolismo en China no es lo mismo que el llamado simbolismo en otros países, aunque el anterior es la traducción del posterior; y cuando se escucha que Maeterlinck④ es un escritor. Entonces, mengano será estimado como el Maeterlinck de China. Además, el Anatole France⑤ de China, el Babbitt⑥ de China, el Gilbertine⑦ de China, el Gorky⑧ de China… y aún muchos más. Sin embargo, las traducciones de los verdaderos trabajos de Anatole France y otros son muy pocas en China. ¿Acaso es porque haya habido "productos nacionales"?

En los círculos literarios de China la vida de varios escritores tipo productos nacionales es realmente demasiado larga, mientras que la vida de los literatos de productos extranjeros es demasiado corta. Apenas la gente acaba de familiarizarse con sus nombres y se

---

③ El simbolismo era un género entre las tendencias literarias del decadentismo que surgieron en Francia a fines del siglo XIX. Se considera que el mundo real es ilusorio y doloroso, mientras que el "otro mundo" es real y hermoso. Se cree que es necesario estimular los sentidos con lenguaje e imágenes oscuras, generar asociaciones misteriosas y formar algún tipo de "imagen", es decir, el llamado "símbolo", para insinuar este ilusorio "otro mundo".
④ Maurice Maeterlinck (1862–1949): Fue un dramaturgo y ensayista belga de lengua francesa, principal exponente del teatro simbolista. Los trabajos principales incluyen el guión *El pájaro azul* (*L'Oiseau bleu*), etc.
⑤ Anatole France (1844–1924): Fue un poeta, periodista y novelista francés con varios *best-sellers*. Fue miembro de la Academia Francesa y ganó el Premio Nobel de Literatura de 1921. Sus obras principales incluyen las novelas *El crimen de Sylvestre Bonnard*, *Thaïs* y *La isla de los pingüinos*.
⑥ I. Babbitt (1865–1933): Sus obras principales incluyen *The New Laokoön, Rousseau and Romanticism, Democracy and Leadership*, y otras. Véase la Nota [3] de "Una visión general de la nueva literatura de hoy" de este libro de traducción.
⑦ Gilbertine В. Я.: Crítico literario soviético, autor del *Pionero del pensamiento marxista-leninista ruso*, etc.
⑧ Maxim Gorky (Максим Горький, 1868–1936): Fundador de la literatura socialista y realista soviética, activista político y fundador de la literatura soviética. Autor de *Foma Gortyev*, *La madre* y la trilogía autobiográfica *Infancia, Entre los hombres, Mis universidades*, etc.

escucha que ya han pasado de moda. Es muy probable que se publique una colección completa de Ibsen[9], pero hasta ahora no se ha visto el tercer volumen; las selecciones de Chéjov[10] y Maupassant[11] también han corrido la suerte en forma de cabeza de tigre y cola de serpiente. Pero en Japón a que odiamos y aborrecimos profundamente hay una traducción completa de *Don Quijote* y de *Las mil y una noches*; también de Shakespeare, Goethe y otros hay obras completas; y tres de Tolstoy, y dos de Dostoievski

La lectura en forma muerta es perjudicial para uno mismo. En cuanto se abre la boca a base de eso dañará a otros; pero no leer libros tampoco será del bien necesariamente. Por ejemplo, si quieren comentar sobre Tolstoy, al menos tienen que leer varios libros de él. Sin duda alguna, ahora estamos en el período del desastre nacional, ¿cómo tendrán tiempo para traducir estos libros y leerlos? Pero, lo que propongo solo se dirige a los grandes personajes que son irritables y quejicosos, no a los héroes que están luchando contra el desastre o los que "duermen en la maleza probando la hiel para vengarse", porque algunos personajes, a pesar de no leer libros, solo pasan su tiempo jugando y no van a luchar contra el desastre.

14 de mayo

---

[9] Ibsen (1828–1906): Dramaturgo noruego. Vea la Nota [16] de "Un vistazo a la literatura y el arte en Shanghai" de este libro de traducción.

[10] Antón Pávlovich Chéjov (1860–1904): Escritor ruso. Las obras principales incluyen *Las tres hermanas*, *El jardín de los cerezos*, *El camaleón*, *Un hombre en un estuche* y gran cantidad de cuentos. En ese momento, la Librería de Kaiming publicó ocho volúmenes de la *Colección de obras maestras cortas de Chéjov* traducida por Zhao Jingshen.

[11] Guy de Maupassant (1850–1893): Escritor francés. Sus obras principales incluyen *Una vida*, *Buen amigo* y la novela corta *Bola de sebo*. En ese momento, la *Commercial Press* publicó tres volúmenes de la *Colección de cuentos cortos de Maupassant* traducida por Li Qingya.

偶感[1]

还记得东三省沦亡，上海打仗的时候，在只闻炮声，不愁炮弹的马路上，处处卖着《推背图》，这可见人们早想归失败之故于前定了。三年以后，华北华南，同濒危急，而上海却出现了"碟仙"[2]。前者所关心的还是国运，后者却只在问试题，奖券，亡魂。着眼的大小，固已迥不相同，而名目则更加冠冕，因为这"灵乩"是中国的"留德学生白同君所发明"，合于"科学"的。

"科学救国"已经叫了近十年，谁都知道这是很对的，并非"跳舞救国""拜佛救国"之比。青年出国去学科学者有之，博士学了科学回国者有之。不料中国究竟自有其文明，与日本是两样的，科学不但并不足以补中国文化之不足，却更加证明了中国文化之高深。风水，是合于地理学的，门阀，是合于优生学的，炼丹，是合于化学的，放风筝，是合于卫生学的。"灵乩"的合于"科学"，亦不过其一而已。

五四时代，陈大齐[3]先生曾作论揭发过扶乩的骗人，隔了十六年，白同先生却用碟子证明了扶乩的合理，这真叫人从那里说起。

而且科学不但更加证明了中国文化的高深，还帮助了中国文化的光大。麻将桌边，电灯替代了蜡烛，法会坛上，镁光照出了喇嘛[4]，无线电播音所日日传播的，不往往是《狸猫换太子》《玉堂春》《谢谢毛毛雨》[5]吗？

老子曰："为之斗斛以量之，则并与斗斛而窃之。"[6]罗兰夫人曰："自由自由，多少罪恶，假汝之名以行！"每一新制度，新学术，新名词，传入中国，便如落在黑色染缸，立刻乌黑一团，化为济私助焰之具，科学，亦不过其一而已。

此弊不去，中国是无药可救的。

（五月二十日。）

注 释

［1］ 本篇最初发表于1934年5月25日《申报·自由谈》，署名公汗。
［2］ "碟仙"：当时在上海出现的一种迷信活动，同时还流行"香港科学游艺社"发行销售的《科学灵乩图》，上面说："白同先生通过多年的研究发明，完全是用科学方法建造的，没有迷信。"
［3］ 陈大齐：字百年，浙江海盐人，曾任北京大学哲学系教授。1918年5月，他在《新青年》第四卷第五号发表《辟"灵学"》一文，对当时上海出现的以"灵学"招牌设坛扶乩的迷信活动进行了揭露批判。
［4］ 当时举办的时轮金刚法会上，班禅喇嘛诵经做法时，有摄影师在佛殿内使用镁光灯照明。
［5］《狸猫换太子》和《玉堂春》都是传统剧目；《谢谢毛毛雨》是三十年代黎锦晖作的流行歌曲。
［6］"为之斗斛以量之，则并与斗斛而窃之"：见《庄子·胠箧》，其含义是：给天下人制定仁义来规范人们的道德和行为的圣人们帮助帝王诸侯把仁义一道盗窃走了。一斗是十公升，一斛有五斗。

Sensación ocasional[1]

Recuerdo que después de que cayeran subyugadas las tres provincias del noreste y durante la guerra de Shanghai, en los caminos donde solo se escuchaban cañonazos pero no se preocupaba por los proyectiles de artillería, se estaba vendiendo el libro titulado *Tui Bei Tu* (*Imágenes de profecías crípticas*) por todas partes, lo que demostró que la gente siempre quería atribuir el fracaso a lo predestinado. Tres años después, el Norte y el Sur de China entraron en un peligro urgente al mismo tiempo, pero en Shanghai apareció el "platillo mágico"[2]. El primer caso todavía se preocupa por la suerte de la nación, mientras que este último solo se cuida de preguntar por posibles cuestiones de examen, acierto de loterías y paraje del alma de los muertos. El alcance de enfoque ya se diferencia mucho del anterior y sus ítems son de coronación aún más altisonante, porque este "disco de espiritismo" es "inventado por el señor Bai Tong que estudió en Alemania" y está en línea con la "ciencia".

"Salvar al país mediante la ciencia" se ha propagado durante casi una década y todo el mundo sabe que esto es correcto, que no es de compararse con "salvar al país bailando" y "salvar al país adorando al buda". Unos jóvenes salen al extranjero para estudiar la ciencia, sí que

---

[1] Este artículo fue publicado originalmente en *Shen Bao – Charla Libre* el 25 de mayo de 1934 bajo el seudónimo de Gong Han.
[2] "Platillo mágico": Una actividad supersticiosa que apareció en Shanghai en ese momento. Se difundió en Shanghai popularmente el *Mapa del Espíritu Científico* emitido y vendido por la "Asociación de Ciencia y Entretenimiento de Hong Kong", el cual decía: "La invención del Sr. Bai Tong a través de años de investigación está completamente construida con métodos científicos, sin superstición".

los hay, unos doctores regresan al país después de aprender la ciencia, sí que los hay, pero es inesperado que China cuente con su civilización singular al fin y al cabo, a diferencia de Japón, por lo que la ciencia no solo es insuficiente para compensar la falta de la cultura china, sino que también ha demostrado aún más lo elevado y profundo de la cultura china. El Fengshui está en línea con la geografía, el sistema de casta poderosa concuerda con la eugenesia, la alquimia está relacionada con la química y el vuelo de cometas se asocia con la higiene. La conformidad entre el "disco de espiritismo" y la ciencia es nada más que un ejemplo entre ellos.

En la era del Movimiento del 4 de Mayo, el señor Chen Daqi[3] hizo un ensayo revelando el engaño del augurio por el médium espiritual. Pero, después del intervalo de 16 años, el señor Bai Tong justificó lo razonable de él con un platillo, lo que realmente hizo a la gente no saber por dónde empieza a comentarlo.

Además, la ciencia no solo demuestra lo elevado y profundo de la cultura china, sino que también le ayuda a desarrollarse más brillante. Al lado de la mesa de Mahjong, las luces eléctricas han reemplazado las velas; en el altar, la luz de magnesio destaca al Lama[4], ¿y los que todos los días están emitiéndose en la radio no son generalmente los programas como *Príncipe sustituido por gato civeta*, *La historia amorosa de Su San*, *Gracias a la llovizna*[5]?

Laozi dijo: "Hacen el dou y el hu como herramientas de medición

---

[3] Chen Daqi: Nativo de Haiyan, provincia de Zhejiang, profesor del Departamento de Filosofía de la Universidad de Beijing. En mayo de 1918, publicó el artículo "Crítica a la 'Espiritualidad'" en el N.º 5, Vol. IV de la *Nueva Juventud* que reveló e hizo severas críticas a las actividades de superstición que establecían altares bajo el estandarte de "Parapsicología" en Shanghai.

[4] En el Kalachakra de Vajrayana celebrado en ese momento, cuando el Panchen Lama recitó las escrituras, un fotógrafo usó una lámpara de magnesio para iluminar el templo budista.

[5] "*Príncipe sustituido por gato civeta*" y "*La historia amorosa de Su San*" son nombres de las óperas tradicionales. "*Gracias a la llovizna*" es una canción popular escrita por Li Jinhui en la década de 1930.

para granos, pero roban todo incluidos ambos"⑥. Y Madame Roland dijo: "¡Oh, libertad, y libertad! ¡Cuántos crímenes se cometen bajo tu nombre!" Cada sistema nuevo, cada ciencia nueva, cada término nuevo, una vez introducido en China, es como caer en un tanque de tintura negra, se vuelve de inmediato en una bola ennegrecida, convertida en herramientas para avivar las llamas de intereses privados, y la ciencia es nada más que una de esas especies también.

Sin desechar este mal, China no tendrá medicina para salvarse.

20 de mayo

---

⑥ "Hacen el dou y el hu como herramientas de medición para granos, pero roban todo incluidos ambos": Véase *Zhuangzi – Quqie* (*latrocinio*). Significa que los santificados sabios que formulan las reglas de la justicia para que la gente del mundo regule su moral y su comportamiento, pero al mismo tiempo ayudan a los reyes y emperadores a robar todas ellas junto con la justicia. Un dou es de un decalitro (diez litros) y un hu tiene cinco dou.

谁在没落？[1]

五月二十八日的《大晚报》告诉了我们一件文艺上的重要的新闻：

"我国美术名家刘海粟徐悲鸿[2]等，近在苏俄莫斯科举行中国书画展览会，深得彼邦人士极力赞美，揄扬我国之书画名作，切合苏俄正在盛行之象征主义作品。爱苏俄艺术界向分写实与象征两派，现写实主义已渐没落，而象征主义则经朝野一致提倡，引成欣欣向荣之概。自彼邦艺术家见我国之书画作品深合象征派后，即忆及中国戏剧亦必采取象征主义。因拟……邀中国戏曲名家梅兰芳等前往奏艺。此事已由俄方与中国驻俄大使馆接洽，同时苏俄驻华大使鲍格莫洛夫亦奉到训令，与我方商洽此事。……"

这是一个喜讯，值得我们高兴的。但我们当欣喜于"发扬国光"[3]之后，还应该沉静一下，想到以下的事实——

一，倘说：中国画和印象主义[4]有一脉相通，那倒还说得下去的，现在以为"切合苏俄正在盛行之象征主义"，却未免近于梦话。半枝紫藤，一株松树，一个老虎，几匹麻雀，有些确乎是不像真的，但那是因为画不像的缘故，何尝"象征"着别的什么呢？

二，苏俄的象征主义的没落，在十月革命时，以后便崛起了构成主义[5]，而此后又渐为写实主义所排去。所以倘说：构成主义已渐没落，而写实主义"引成欣欣向荣之概"，那是说得下去的。不然，便是梦话。苏俄文艺界上，象征主义的作品有些什么呀？

三，脸谱和手势，是代数，何尝是象征。它除了白鼻梁表丑脚，花脸表强人，执鞭表骑马，推手表开门之外，那里还有什么说不出，做不出的深意义？

欧洲离我们也真远，我们对于那边的文艺情形也真的不大分明，但是，现在二十世纪已经度过了三分之一，粗浅的事是知道一点的了，这样的新闻倒令人觉得是"象征主义作品"，它象征着他们的艺术的消亡。

（五月三十日。）

注　释

［1］本篇最初发表于1934年6月2日《中华日报·动向》，署名常庚。
［2］刘海粟（1896—1994），江苏武进人，画家。徐悲鸿（1895—1953），江苏宜兴人，画家。1934年他们先后赴欧洲参加中国画展。
［3］"发扬国光"：这是上引《大晚报》题为《梅兰芳赴苏俄》新闻中的话。
［4］"印象主义"：十九世纪后半期在欧洲（最早在法国）兴起的一种文艺思潮。主要表现在绘画上，强调表现艺术家瞬间的主观印象，重在色彩光线，不拘泥于对客观事物的忠实描绘。这种思潮后来影响到文学、音乐、雕刻等各方面。
［5］"构成主义"：20世纪初苏联先锋派潮流之一，发起人为塔特林。构成主义试图否定现代艺术的自律性，提倡艺术的实用价值和社会功能，对20世纪建筑、平面设计、工业设计、戏剧、电影、摄影、音乐等诸多艺术门类有广泛影响。

¿Quién está en declive?[1]

El *Gran Vespertino* del 28 de mayo nos contó una importante noticia de la literatura y el arte:

"Los famosos pintores chinos Liu Haisu y Xu Beihong[2] recientemente realizaron una exposición de pintura y caligrafía china en Moscú, Rusia, que fue muy elogiada por personalidades del país, encomiando que las obras maestras de la pintura y la caligrafía de nuestro país se concuerdan con las obras del simbolismo de moda en la Rusia soviética. El círculo del arte pro ruso-soviético siempre está dividido en las dos escuelas: el realismo y el simbolismo. Ahora el realismo está en declive gradualmente, mientras que el simbolismo ha sido promovido unánimemente por el gobierno y el público, llevando a un aspecto general de prosperidad. Desde que los artistas de dicho país vieron que las pinturas y las obras de caligrafía de China son profundamente coincidentes con el simbolismo, recordaron que el drama chino desde un tiempo habría adoptado simbolismo también. Así que se planea... invitar al famoso artista de ópera chino Mei Lanfang a ir a presentar actuaciones. Sobre el asunto la parte rusa ha contactado con la Embajada de China en Rusia. Al mismo tiempo,

---

[1] Este artículo se publicó originalmente en *Diario de China – La Tendencia* el 2 de junio de 1934 bajo el seudónimo de Chang Geng.
[2] Liu Haisu (1896–1994) fue un famoso pintor chino, origen de Wujin, provincia de Jiangsu. Xu Beihong (1895–1953) también fue un pintor ilustre, de Yixing, provincia de Jiangsu. En 1934 los dos fueron a Europa para participar en exposiciones de pintura china.

el Embajador de Rusia en China Bogmolov también ha recibido instrucciones para discutir este asunto con nuestra parte…"

Esta es una noticia feliz, y merece nuestra alegría. Pero después de regocijarnos por "llevar adelante la gloria nacional"③, también debemos tranquilizarnos y pensar en los siguientes hechos:

1. Si se dice que la pintura china y el impresionismo④ están interconectados por una vena, esto todavía puede ser pasable, pero ahora creen que "encaja con el simbolismo imperante en la Rusia soviética", eso se parece más a al delirio del sueño. Media rama de glicinas, un pino, un tigre y unos gorriones, algunos de ellos de verdad no se parecen a los reales, pero eso es porque no son capaces de pintarlos parecidos, ¿cómo es que "simboliza" otra cosa?

2. En segundo lugar, el declive del simbolismo ruso-soviético se produjo durante la Revolución de Octubre, luego surgió el constructivismo⑤ y más tarde fue gradualmente eliminado por el realismo. Entonces, si se dice que el constructivismo ha decaído gradualmente y el realismo "se ha introducido en un aspecto general de prosperidad creciente", eso es aceptable. De otro modo, será un habla en sueño. En los círculos artísticos y literarios soviético-rusos, ¿qué obras hay del simbolismo?

3. El maquillaje facial y gestos de mano son signos representativos,

---

③ "Llevar adelante la gloria nacional": Son palabras citadas de la misma noticia del *Gran Vespertino* titulado "Mei Lanfang va a la Rusia soviética".

④ El impresionismo es una corriente de pensamiento literario y artístico que surgió en Europa (primero en Francia) en la segunda mitad del siglo XIX. Se expresa principalmente en la pintura, enfatizando la impresión subjetiva de los momentos del artista, enfocándose en el color y la luz, sin apegarse a la representación fiel de las cosas objetivas. Esta corriente de pensamiento se extendió posteriormente a la literatura, la música, la escultura y otros aspectos.

⑤ El constructivismo fue una de las tendencias vanguardistas soviéticas de principios del siglo XX, iniciada por Tatlin. Al intentar negar la autorregulación del arte moderno y promover el valor práctico y la función social del arte, el constructivismo tuvo una amplia influencia en muchas disciplinas artísticas del siglo XX, como la arquitectura, el diseño gráfico, el diseño industrial, el teatro, el cine, la fotografía y la música, etc.

y ¿cómo pueden ser símbolos? El puente de la nariz blanco representa arlequín, la gran cara blanca indica hombre potente, sostener un látigo significa montar en caballo y empujar con las manos sugiere abrir la puerta, además de eso, ¿qué más significado profundo no se puede decir o actuar?

Europa está efectivamente lejos de nosotros y es verdad que no conocemos muy bien las circunstancias de literatura y arte de allá. Sin embargo, ahora que ha pasado un tercio del siglo XX, nos hemos enterado un poco de las cosas superficiales, y este tipo de información nos parece ser, en cambio, una "obra del simbolismo", que simboliza la desaparición de su arte.

30 de mayo

《且介亭杂文》序言[1]

近几年来,所谓"杂文"的产生,比先前多,也比先前更受着攻击。例如自称"诗人"邵洵美[2],前"第三种人"[3]施蛰存[4]和杜衡即苏汶,还不到一知半解程度的大学生林希隽[5]之流,就都和杂文有切骨之仇,给了种种罪状的。然而没有效,作者多起来,读者也多起来了。

其实"杂文"也不是现在的新货色,是"古已有之"的,凡有文章,倘若分类,都有类可归,如果编年,那就只按作成的年月,不管文体,各种都夹在一处,于是成了"杂"。分类有益于揣摩文章,编年有利于明白时势,倘要知人论世,是非看编年的文集不可的,现在新作的古人年谱的流行,即证明着已经有许多人省悟了此中的消息。况且现在是多么切迫的时候,作者的任务,是在对于有害的事物,立刻给以反响或抗争,是感应的神经,是攻守的手足。潜心于他的鸿篇巨制,为未来的文化设想,固然是很好的,但为现在抗争,却也正是为现在和未来的战斗的作者,因为失掉了现在,也就没有了未来。

战斗一定有倾向。这就是邵施杜林之流的大敌,其实他们所憎恶的是内容,虽然披了文艺的法衣,里面却包藏着"死之说教者"[6],和生存不能两立。

这一本集子和《花边文学》,是我在去年一年中,在官民的明明暗暗,软软硬硬的围剿"杂文"的笔和刀下的结集,凡是写下来的,全在这里面。当然不敢说是诗史,其中有着时代的眉目,也决不是英雄们的八宝箱,一朝打开,便见光辉灿烂。我只在深夜的街头摆着一个地摊,所有的无非几个小钉,几个瓦碟,但也希望,并且相信有些人会从中寻出合于他的用处的东西。

一九三五年十二月三十日,记于上海之且介亭[7]。

注 释

[1]《且介亭杂文》是一篇在上海帝国主义非法特许权延长区域内一栋建筑物的小房间里写的杂文。本书收入作者1934年所作杂文36篇，1935年末经作者亲自编定，1937年7月由上海三闲书屋初版。

[2] 邵洵美（1906—1968）：浙江余姚人，曾创办金屋书店，主编《金屋月刊》，提倡所谓唯美主义文学。

[3] "第三种人"：1932年7月苏汶（即杜衡）在《现代》月刊第一卷第三期发表文章，自称是居于反动文艺和左翼文艺之外的"第三种人"，鼓吹"文艺自由论"，攻击左翼文艺运动。鲁迅1934年4月11日致增田涉的信中指出这些所谓"第三种人""自称超党派，其实是右派"。

[4] 施蛰存（1905—2003）：松江（今属上海市）人，作家，曾主编《现代》月刊、《文饭小品》等。

[5] 林希隽：广东潮安人，当时上海大夏大学的学生。他在《现代》杂志上发表文章，一概否定杂文。

[6] "死之说教者"：原是尼采《札拉图斯特拉如是说》第一卷第九篇的篇名，这里仅借用其字面的意思。

[7] "且介"读作"租界"。有一段时间，鲁迅先生住在上海闸北地区，那里是帝国主义越界修路的地方，这个非法占领区被称为"半租界"。与"授予"相对应的是"租界"两个大字："租"意为"租借"，"界"意为"限度，领域"。"租"的左半边是"禾"，意思是"粮食"，"界"的上半部分是"田"，意思是"田地"。在这里，鲁迅先生使用了这些字的不完整形式，将"租"中的"禾"去掉，即缺"粮"，"界"中删去"田"，即缺粮。两个残缺的大字，寓意失去了田地和收成，鲁迅先生对祖国主权的丧失表示愤慨。这两个拆解了的汉字形象地讽刺了当时国民党统治下半殖民地半封建国家的黑暗现实。（altillo是指楼里的一个小房间，通常在楼上主房间的背后，很小很暗。这里指代上海的"亭子间"。）

Prefacio a *Los escritos misceláneos en el altillo de la semiconcesión*[1]

En los últimos años, los llamados "escritos misceláneos" han surgido más y también han sufrido más ataques que antes. Por ejemplo, el autoproclamado "poeta" Shao Xunmei[2], el ex "tercer tipo de gente"[3] Shi Zhecun[4] y Du Heng, o sea, Su Wen, así como Lin Xijun[5], estudiante universitario que conoce y entiende la cosa solo a medias y sus similares, todos llevan un odio contra los escritos misceláneos hasta la médula de los huesos y les han atribuido varios tipos de culpa. Pero no resulta eficaz, en cambio, están incorporándose más autores, y más lectores también.

De hecho, el "escrito misceláneo" no es un cierto producto nuevo de hoy, sino que "ha existido desde la antigüedad". Para todos los artículos, si se trata de la categorización, pueden incluirse

---

[1] *Los escritos misceláneos en el altillo de la semiconcesión* es una colección de ensayos escritos en el pequeño cuarto de un edificio en la zona extendida de la concesión ilegal imperialista en Shanghai. El libro contiene 36 ensayos misceláneos en 1934 y editados por el propio autor a fines de 1935. La primera edición fue hecha por la Casa de Libros Sanxian de Shanghai en julio de 1937.

[2] Shao Xunmei (1906–1968): Nativo de Yuyao, Zhejiang. Fundó la Librería de Jinwu y editó el *Revista Mensual de Jinwu*, abogando por la llamada literatura estética.

[3] "Tercer tipo de gente": Se refiere a Du Heng (también conocido como Su Wen). En julio de 1932, publicó un artículo en el número 3 del primer volumen de la revista mensual *Modern*, afirmando ser una persona del "tercer tipo" tanto fuera de la literatura y el arte reaccionario como fuera de la izquierda, defendiendo la "teoría de la libertad de literatura y arte" y atacando el movimiento literario de izquierda. La carta de Lu Xun fechada el 11 de abril de 1934 a Masuda Wataru señalaba que estas personas llamadas del "tercer tipo" que "profesaban sobrepasar los partidos son en realidad derechistas".

[4] Shi Zhecun: Nativo de Songjiang (ahora de Shanghai), escritor. Fue editor de la revista *Modern*, *Breves ensayos como arroz cocido*, etc.

[5] Lin Xijun: Natiro de Chao'an, Guangdong, estudiante de la Universidad de Daxia de Shanghai. Publicó artículos en la revista *Modern*, rechazando los escritos misceláneos de cualguier manera.

en respectivas categorías. Si se ordena cronológicamente, deben recopilarse de acuerdo con la fecha, el mes y el año de composición, sin cuidarse del estilo sino mezclarse todos en un conjunto, y de esta menera se convierten en "lo misceláneo". La clasificación favorece a descifrar el contenido de los artículos, y la cronología es apropiada para entender la situación al respecto; si quieres conocer a los personajes y comentar acerca de alguna época, hay que leer la antología cronológica sin alternativa. La popularidad de las nuevas crónicas de los antiguos demuestra que ahora mucha gente se ha dado cuenta de la información contenida en ellas. Además, ¿cuán urgente está la situación actual? La tarea del autor es responder o resistir inmediatamente contra los sucesos nocivos, lo que es como el nervio para la reacción y sirve de manos y pies para el ataque y la defensa. Está muy bien si uno se sumerge en su obra maestra de gran volumen con una visión cultural para el futuro, pero el que lucha por el presente también debe identificarse como autor que combate por tanto el presente como el futuro, porque si se pierde el presente, no habrá el futuro.

Siempre debe haber una tendencia en la lucha, y este es el formidable enemigo de los tipos como Shao, Shi, Du y Lin. En realidad, lo que ellos aborrecen es el contenido. Aunque se cubren de vestidura de la literatura y el arte, por dentro abrigan el "predicador de la muerte"[6], que no puede coexistir con la supervivencia.

Esta colección y la *Literatura de encaje* son el conjunto resultante en todo el año pasado bajo las plumas y cuchillos de los oficiales y civiles, quienes cercaron aniquilando los "escritos misceláneos" en forma abierta y clandestina, con tácticas duras y blandas; en fin todo

---

[6] "Predicador de la muerte": Fue originalmente el título del noveno artículo del primer volumen de *Así habló Zaratustra* de Nietzsche. Aquí solo toma por prestado su significado literal.

lo que escribí está incluido aquí. Desde luego, no me atrevo a decir que es una historia poética, porque a pesar de verse en ella las cejas de la época, de ninguna manera es como el cofre del tesoro de los héroes, que una vez abierto, brillará el esplendor. Solo tengo un puesto al suelo en la calle a altas horas de la noche y los expuestos no son nada más que unos cuantos clavos y algunos platillos cerámicos, pero también espero y creo que algunas personas pueden encontrar algo adecuado para su uso.

30 de diciembre de 1935,
escrito en el altillo de la semiconcesión.⑦

---

⑦ Durante un tiempo, el Sr. Lu Xun vivía en la zona de Zhabei de Shanghái, donde los imperialistas cruzaron la frontera y construyeron carreteras. Es una zona ilegalmente ocupada y se conoce como la "semiconcesión". En chino, correspondiendo a la "concesión" son los dos caracteres "租界": El "租" significa "renta", el "界" significa "límite, dominio". La mitad izquierda del "租" es "禾", que significa "grano", la mitad superior del "界" es "田", que significa "campo". Aquí el Sr. Lu Xun usó estos caracteres en su forma incompleta, quitando "禾" del "租", es decir, faltar el "grano", y suprimiendo el "田" del "界", es decir, quedarse sin el "campo", así los dos caracteres incompletos implicando que se perdieron el campo y la cosecha, de esta manera el Sr. Lu Xun expresó su indignación por la pérdida de la soberanía de la patria. Los dos caracteres desparejados satirizaron vívidamente la oscura realidad del estado semicolonial y semifeudal bajo la dominación del Kuomintang en ese momento. (Un altillo es una pequeña habitación en un edificio, normalmente detrás de la habitación principal del piso superior, que es pequeña y oscura. Aquí se refiere al "cuartito de pabellón" de Shanghái).

中国人失掉自信力了吗[1]

从公开的文字上看起来：两年以前，我们总自夸着"地大物博"，是事实；不久就不再自夸了，只希望着国联[2]，也是事实；现在是既不夸自己，也不信国联，改为一味求神拜佛[3]，怀古伤今了——却也是事实。

于是有人慨叹曰：中国人失掉自信力了[4]。

如果单据这一点现象而论，自信其实是早就失掉了的。先前信"地"，信"物"，后来信"国联"，都没有相信过"自己"。假使这也算一种"信"，那也只能说中国人曾经有过"他信力"，自从对国联失望之后，便把这他信力都失掉了。

失掉了他信力，就会疑，一个转身，也许能够只相信了自己，倒是一条新生路，但不幸的是逐渐玄虚起来了。信"地"和"物"，还是切实的东西，国联就渺茫，不过这还可以令人不久就省悟到依赖它的不可靠。一到求神拜佛，可就玄虚之至了，有益或是有害，一时就找不出分明的结果来，它可以令人更长久的麻醉着自己。[5]

中国人现在是在发展着"自欺力"。

"自欺"也并非现在的新东西，现在只不过日见其明显，笼罩了一切罢了。然而，在这笼罩之下，我们有并不失掉自信力的中国人在。

我们从古以来，就有埋头苦干的人，有拼命硬干的人，有为民请命的人，有舍身求法的人，……虽是等于为帝王将相作家谱的所谓"正史"[6]，也往往掩不住他们的光耀，这就是中国的脊梁。

这一类的人们，就是现在也何尝少呢？他们有确信，不自欺；他们在前仆后继的战斗，不过一面总在被摧残，被抹杀，消灭于黑暗中，不能为大家所知道罢了。说中国人失掉了自信力，用以指一部分人则可，倘若加于全体，那简直是诬蔑。

要论中国人,必须不被搽在表面的自欺欺人的脂粉所诓骗,却看看他的筋骨和脊梁。自信力的有无,状元宰相的文章是不足为据的,要自己去看地底下。

(九月二十五日。)

注 释

[1] 本篇最初发表于1934年10月20日《太白》半月刊第一卷第三期,署名公汗。作于九一八事变三周年之际,反驳了当时社会对抗日前途的悲观论调以及指责中国人失掉了自信力的言论,鼓舞了民族自信心和抗日斗志。

[2] "国联":国际联盟的简称,第一次世界大战后于1920年成立的政府间国际组织。国联采取了袒护日本的立场。在其《国联调查团报告书》中,竟认为日本对中国的侵略是"正当而合法"的。参见此译版本《中华民国的新"堂·吉诃德"们》注释[5]。

[3] "求神拜佛":当时一些国民党官僚和"社会名流",以祈祷"解救国难"为名,多次在一些大城市举办"时轮金刚法会""仁王护国法会"等宗教活动。

[4] "中国人失掉自信力了":当时舆论界曾有过这类论调,参见1934年8月20日《大公报》。

[5] 斜体字为当初发表时被国民党删掉的内容。

[6] "正史":清高宗(乾隆)诏定从《史记》到《明史》共二十四部纪传体史书为正史,即二十四史。梁启超在《中国史界革命案》中说:"二十四史非史也,二十四姓之家谱而已。"

¿Hemos perdido la autoconfianza los chinos?[1]

Según los textos publicados, parece que dos años antes siempre nos jactábamos de la "vastedad de territorio y riqueza en recursos", lo que fue verdad; pronto dejamos de jactarnos, sino solo depositamos esperanzas en la Liga de Naciones[2], lo que también fue verdad; y por ahora no nos jactamos ni confiamos en la Liga de Naciones, sino giramos a rezar al Buda ciegamente para pedir su ayuda[3], siendo nostálgicos de la antigüedad y sentimentales de la actualidad, que es una verdad también.

Entonces unas personas se lamentan con suspiros: Los chinos ya hemos perdido la autoconfianza[4].

Si hablamos solo en base de este fenómeno, en realidad, la autoconfianza se había perdido desde hace mucho tiempo. Primero

---

[1] Este artículo se publicó originalmente el 20 de octubre de 1934, en el número 3 del volumen I de la revista bimensual *Taibai*, bajo el seudónimo de Gong Han. Es un ensayo escrito en el tercer aniversario del Incidente del 18 de Septiembre que refutó las opiniones pesimistas de la sociedad en el momento contra el futuro de la lucha antijaponesa y los reproches de que los chinos habían perdido su confianza. Alentó la autoconfianza y la voluntad combativa de la nación.

[2] "Liga de Naciones": Fue una organización intergubernamental establecida en 1920 después de la Primera Guerra Mundial. La Liga de las Naciones adoptó una posición en defensa de Japón. En su "Informe de la Misión de Investigación de la Liga de Naciones", ridículamente consideró que la agresión de Japón contra China era "justificada y legal". Vea la Nota [5] de "Los nuevo 'Don Quijotes' de la República de China" de este libro de traducción.

[3] Algunos burócratas del KMT y "celebridades sociales" en ese momento celebraban en nombre de orar por "salvar el país" reuniones religiosas tales como el "Rito de Rueda del Tiempo" y "Rey de Rito del Rey Humano a proteger la nación" en algunas ciudades grandes.

[4] "Los chinos ya hemos perdido la autoconfianza": En ese momento, había tal punto de vista en los círculos de la opinión pública. Véase el *Ta Kung Pao* el 20 de agosto de 1934.

confiamos en la "tierra" y los "recursos", después en la "Liga de Naciones", pero nunca confiamos en "nosotros mismos". Si eso también puede contarse como una especie de "confianza", entonces, solo se podría decir que los chinos tuvimos alguna vez la "confianza en otros", pero después de que nos decepcionáramos con la Liga de Naciones, esta confianza en otros también la hemos perdido.

Al perder la confianza en otros, dudamos, y por un giro tal vez podamos confiar solo en nosotros mismos, lo que sería una nueva salida para la vida, pero desafortunadamente la cosa está volviéndose gradualmente misteriosa e inescrutable. La confianza en la "tierra" y los "recursos" eran en fin cosas tangibles, mientras que la Liga de Naciones ya se parecía brumosa, lo que podía hacer a la gente pronto darse cuenta de no ser confiable. *Sin embargo, al tratarse de la adoración al Buda por su ayuda podrá ser tan misteriosa e inescrutable hasta el extremo, y en cuanto a si es beneficiosa o perniciosa, por un tiempo no se puede ver resultados claros, lo cual mantendrá adormecida a la gente por más tiempo.*[5]

Los chinos ahora estamos desarrollando el "poder del autoengaño".

El "autoengaño" tampoco es algo nuevo de ahora, pero es que cada día se ve más obvio, y está envolviendo todo. Sin embargo, bajo esta cobertura, aquí estamos los chinos que no hemos perdido la autoconfianza.

Desde la antigüedad, siempre hemos contado con hombres que se sumergen en el duro trabajo, hombres que trabajan tenaz y desesperadamente, hombres que alegan por la justicia del pueblo, y hombres que buscan la verdad sacrificando su propia vida... Aunque la

---

[5] Las cursivas fueron eliminadas por el KMT en el momento de la publicación.

llamada "historia ortodoxa"⑥ sirve de genealogía de los emperadores, reyes, generales y ministros, a menudo todavía no ha podido ocultar el esplendor de ellos, quienes constituyen justamente la columna vertebral de China.

Y este tipo de hombres, ¿acaso han sido menos hasta ahora? Ellos tienen la segura autoconfianza y no se engañan a sí mismos; cuando los predecesores caen, continúan luchando los interminables sucesores, pero siempre han estado devastados, borrados y aniquilados en la oscuridad, y no llegan a ser conocidos por todo el mundo. Decir que los chinos hemos perdido la autoconfianza en sí mismos solo puede referirse a una parte de personas, pero si al conjunto, eso será simplemente una calumnia.

Al juzgar a los chinos, no hay que dejarse embaucar por el colorete y polvo pintados en la superficie con que se engañan a sí mismos y a los demás, sino fijarse en sus huesos, músculos y la columna vertebral. Tener o no la autoconfianza no se puede evidenciar suficientemente con los artículos de cierto Erudito-campeón o presidente de gobierno, sino hay que observar personalmente hacia los de abajo en el suelo.

25 de septiembre

---

⑥ "Historia ortodoxa": El emperador Qianlong de la dinastía Qing decidió que las veinticuatro historias desde los *Registros históricos* hasta la *Historia de la dinastía Ming* se calificaran de la historia ortodoxa. Sin embargo, posteriormente el erudito Liang Qichao dijo: "Las veinticuatro historias no son historias, sino solo el árbol genealógico de los veinticuatro apellidos".

说"面子"[1]

"面子",是我们在谈话里常常听到的,因为好像一听就懂,所以细想的人大约不很多。

但近来从外国人的嘴里,有时也听到这两个音,他们似乎在研究。他们以为这一件事情,很不容易懂,然而是中国精神的纲领,只要抓住这个,就像二十四年前的拔住了辫子一样,全身都跟着走动了。相传前清时候,洋人到总理衙门去要求利益,一通威吓,吓得大官们满口答应,但临走时,却被从边门送出去。不给他走正门,就是他没有面子;他既然没有了面子,自然就是中国有了面子,也就是占了上风了。这是不是事实,我断不定,但这故事,"中外人士"中是颇有些人知道的。

因此,我颇疑心他们想专将"面子"给我们。

但"面子"究竟是怎么一回事呢?不想还好,一想可就觉得胡涂。它像是很有好几种的,每一种身价,就有一种"面子",也就是所谓"脸"。这"脸"有一条界线,如果落到这线的下面去了,即失了面子,也叫作"丢脸"。不怕"丢脸",便是"不要脸"。但倘使做了超出这线以上的事,就"有面子",或曰"露脸"。而"丢脸"之道,则因人而不同,例如车夫坐在路边赤膊捉虱子,并不算什么,富家姑爷坐在路边赤膊捉虱子,才成为"丢脸"。但车夫也并非没有"脸",不过这时不算"丢",要给老婆踢了一脚,就躺倒哭起来,这才成为他的"丢脸"。这一条"丢脸"律,是也适用于上等人的。这样看来,"丢脸"的机会,似乎上等人比较的多,但也不一定,例如车夫偷一个钱袋,被人发现,是失了面子的,而上等人大捞一批金珠珍玩,却仿佛也不见得怎样"丢脸",况且还有"出洋考察"[2],是改头换面的良方。

谁都要"面子",当然也可以说是好事情,但"面子"这东西,却实在有些怪。九月三十日的《申报》就告诉我们一条新闻:沪西有业木匠大包作头之罗立鸿,为其母出殡,邀开"贳器店之王树宝夫妇帮忙,因来宾众多,所备白衣,不敷分配,其时适有名王道才,绰号三喜子,亦到来送殡,争穿白衣不遂,以为有失体面,心中怀恨,……邀集徒党数十人,各执铁棍,据说尚有持手枪者多人,将王树宝家人乱打,一时双方有剧烈之战争,头破血流,多人受有重伤。……"白衣是亲族有服者所穿的,现在必须"争穿"而又"不遂",足见并非亲族,但竟以为"有失体面",演成这样的大战了。这时候,好像只要和普通有些不同便是"有面子",而自己成了什么,却可以完全不管。这类脾气,是"绅商"也不免发露的:袁世凯[3]将要称帝的时候,有人以列名于劝进表中为"有面子";有一国从青岛撤兵[4]的时候,有人以列名于万民伞上为"有面子"。

　　所以,要"面子"也可以说并不一定是好事情——但我并非说,人应该"不要脸"。现在说话难,如果主张"非孝",就有人会说你在煽动打父母,主张男女平等,就有人会说你在提倡乱交——这声明是万不可少的。

　　况且,"要面子"和"不要脸"实在也可以有很难分辨的时候。不是有一个笑话么?一个绅士有钱有势,我假定他叫四大人罢,人们都以能够和他扳谈为荣。有一个专爱夸耀的小瘪三,一天高兴的告诉别人道:"四大人和我讲过话了!"人问他"说什么呢?"答道:"我站在他门口,四大人出来了,对我说:滚开去!"当然,这是笑话,是形容这人的"不要脸",但在他本人,是以为"有面子"的,如此的人一多,也就真成为"有面子"了。别的许多人,不是四大人连"滚开去"也不对他说么?

　　在上海,"吃外国火腿"[5]虽然还不是"有面子",却也不算怎么"丢脸"了,然而比起被一个本国的下等人所踢来,又仿佛近于"有面子"。

　　中国人要"面子",是好的,可惜的是这"面子"是"圆机活法"[6],善于变化,于是就和"不要脸"混起来了。长谷川如是闲[7]说"盗泉"[8]云:"古之君子,恶其名而不饮,今之君子,改其名而饮之。"也说穿了"今之君子"的"面子"的秘密。

(十月四日。)

注 释

[1] 本篇最初发表于1934年10月上海《漫画生活》月刊第二期。
[2] "出洋考察"：旧时的军阀、政客在失势或失意时，常以"出洋考察"作为暂时隐退、伺机再起的手段。其中也有并不真正"出洋"，只用这句话来保全面子的。
[3] 袁世凯：参见此译版本《灯下漫笔》注释[3]。
[4] "有一国从青岛撤兵"：这里指的是日本军队从青岛市撤出。当时，青岛的一些中国公民走上街头，手持名誉雨伞，向日军道别。这些雨伞仅在封建社会中用来向为当地人民造福的卸任官员们道别。
[5] "吃外国火腿"：旧时上海俗语，意指被外国人所踢。
[6] "圆机活法"：随机应变的方法。"圆机"，语见《庄子·盗跖》。
[7] 长谷川如是闲（1875—1969）：日本评论家。
[8] "盗泉"：不饮盗泉，原是中国的故事："孔子……过于盗泉，渴矣而不饮，恶其名也。"实际上，古之盗泉，在今山东省新泰市石莱乡道泉峪村。"盗泉"曾被更名为"倒泉"，原因是村南的河流向东，而泉则向西流，然后再入河东流。后又以另一个谐音字更名为"道泉"。

Sobre la "cara" [1]

La "cara" se escucha a menudo en nuestras conversaciones y parece que se entiende tan pronto como se escucha, así que no muchas personas la piensan minuciosamente.

Pero recientemente también se oyen estas dos sílabas a veces en boca de los extranjeros y parece que ellos están estudiándolas. Piensan que este no es un asunto fácil de comprender, pero es el principio guiador del espíritu chino, por eso con tal de agarrarlo, como si jalaras la coleta de un hombre veinticuatro años antes, podrás llevar todo el cuerpo a moverse. Se cuenta que en la anterior dinastía Qing, cuando los extranjeros iban al yamen, o sea, la oficina del primer ministro para demandar intereses, ante todo siempre lanzaban una ráfaga de intimidaciones y los altos funcionarios hasta que aceptaran sus exigencias en pleno, pero cuando salían, eran guiados por una puerta lateral. No dejarlos pasar por la puerta principal significaba no dejarles tener cara; dado que ellos no tenían cara, naturalmente la tendría la parte china, equivaliendo a que China hubiera obtenido la ventaja. Sí o no era verdad esto, no puedo afirmar, pero esta historia es conocida entre bastantes "personajes chinos y extranjeros".

Por lo tanto, sospecho mucho que ellos siempre quisieran dejar esa "cara" a nosotros deliberadamente.

---

[1] Este artículo fue publicado originalmente en el número 2 de la revista mensual *Vida en Caricatura* en Shanghai en octubre de 1934.

Pero al fin y al cabo, ¿qué es lo que constituye la "cara"? Uno puede estar bien sin pensarlo, pero una vez piensa en ello, se siente muy confundido. Parece haber varios tipos, y a cada valor social de una persona corresponde un cierto tipo de "cara", es decir, la llamada "honra facial". Esta "honra facial" tiene una línea divisoria. Si cae por debajo de ella, pierde la honra facial, y a esto se le llama "perder cara"; si alguien no teme "perder cara", entonces será "descarado"; mientras que si uno hace algo por arriba de esta línea, será "tener cara" o "lucir la cara". La razón de "perder cara" es diferente de persona a persona. Por ejemplo, si un cochero de rickshaw está sentado al costado de la carretera, desnudo de medio cuerpo, para atrapar piojos, eso no es nada; pero si un yerno de familia rica atrapa piojos sentado allí sin camisa vestida, eso será "perder cara". Pero no es que el cochero no tenga "cara", sino que no se cuenta como "perderla" en este momento, y solo cuando sea pateado por su mujer y se tumbe al suelo llorando, será su "pérdida de cara". Esta regla de "perder cara" también es aplicable a la gente de clase superior. A este modo de ver, parece que las ocasiones de "perder cara" son más para la gente de clase superior, pero no lo es necesariamente. Por ejemplo, si un cochero roba una bolsa de dinero y es denunciado, esto le hace perder cara, mientras que si la gente de clase superior acapara gran cantidad de oro, joyas, perlas y curiosidades, en cambio, no parecerá "perder cara" en cierta forma, y además, todavía tiene la oportunidad de "ir al extranjero para investigación"[2], que es un buen método para cambiarse de máscara.

---

[2] "Ir al extranjero para investigación": Cuando los caudillos militares y los politiqueros se encontraban en una situación de decepción o frustración, a menudo usaban "ir al extranjero para investigación" como un medio de retirarse temporalmente y esperar oportunidades para resurgir. Algunos de ellos, de hecho, no "se iban al extranjero" de verdad, pero solo usaban esta versión para mantener la honra facial.

Cualquier persona quiere "tener cara", desde luego, eso es algo bueno también, pero lo de "tener cara" es algo un poco extraño realmente. El *Shen Bao* del 30 de septiembre nos dio una noticia: Luo Lihong, el jefe contratista de la carpintería en el oeste de Shanghai, con motivo de la procesión funeraria para su madre invitó a "la pareja Wang Shubao que maneja la tienda de alquilamiento de utensilios para bodas y funerales a ofrecer su ayuda. Debido a que eran muchos los invitados, la cantidad de ropa blanca de luto no podía satisfacer la asignación. Y en ese momento, un conocido Wang Daocai, apodado Sanxizi, también vino a asistir al funeral. Compitiendo por la ropa blanca sin resultado y creyendo haber perdido cara, entonces sintió odio en su corazón... Luego convocó a docenas de sus seguidores, cada uno con una barra de hierro, y se decía que también vinieron muchos poseedores de pistolas, y así infligieron confusos golpes a la familia de Wang Shubao. Hubo una pelea feroz entre las dos partes, unos quedaron con cabezas sangrando y muchos gravemente heridos..." La ropa blanca siempre es para los parientes con relación dentro de cinco generaciones, y ahora como él quiso "competir por usarla" y "sin resultado", se comprobó suficientemente que no era pariente del clan, pero incluso creyó "haber perdido cara", y resultó evolucionarse en una pelea tan violenta. En este momento, parece que siempre distinguirse un poco de lo común es "tener cara", sin importarle absolutamente en qué cosa se convierta él mismo. Este tipo de temperamento, incluso los "funcionario-comerciantes" también lo manifiestan inevitablemente: cuando Yuan Shikai[3] iba a proclamarse emperador, algunos creían que la inclusión de su propio nombre en la lista de los persuasores para la montura al trono sería "tener

---

[3] Yuan Shikai: Vea la Nota [3] de "Apuntes bajo la lámpara" de este libro de traducción.

cara"; cuando un país estaba retirando sus tropas desde Qingdao[4], algunos pensaban que figurar el suyo entre los diez mil nombres en los paraguas de honor y gratitud era "tener cara".

Por lo tanto, también se puede decir que "tener cara" no siempre es algo necesariamente bueno —Pero, no estoy diciendo que la gente deba "ser descarada"—. Ahora es muy difícil emitir opiniones, porque si defiendes la "piedad filial no posesoria", algunos comentarán que incitas a golpear a los padres, y si abogas por la igualdad entre mujeres y hombres, algunos dirán que promueves promiscuas —Por tanto, no puede faltar esta declaración de ninguna manera—.

Además, el "tener cara" y el "ser descarado" a veces pueden ser realmente difíciles de distinguirse. ¿No es que había una broma? Un hidalgo muy rico y poderoso, supongamos que se llamaba "su Excelencia Cuarto" y toda la gente sentía una gloria de poder hablar con él. Había un miserable vagabundo que se encantaba de alardear, quien un día les dijo felizmente a los demás: "¡Su Excelencia Cuarto ha hablado conmigo!" La gente le preguntó: "¿Y qué te ha dicho?" Respondió: "Me paré en su puerta, su Excelencia Cuarto salió y me dijo: ¡Alárgate!" Desde luego, esta es una broma, que describe lo "descarado" de la persona, pero desde su propia posición, creía "tener cara". Cuando hubiera más personas como esa, esto se convertiría realmente en "tener cara". Para muchos otros, ¿no era que el señor Cuarto ni siquiera les había dicho "alárgate"?

En Shanghái, "comer el jamón extranjero"[5] no es del todo "tener cara", pero tampoco es considerado como "perder cara"; no obstante,

---

[4] Aquí se refiere al retiro de las tropas japonesas de la ciudad de Qingdao. Fue lástima que unos ciudadanos chinos de Qingdao salieran a la calle sosteniendo paraguas honorarios para darles una buena despedida. Esos paraguas solo se usaban en la antigua sociedad feudal para despedirse de los funcionarios que habían hecho beneficios para el pueblo local y dejaron el cargo.

[5] "Comer el jamón extranjero": Es un viejo dicho de Shanghai que significa ser pateado por un extranjero.

si se compara con ser pateado por un nacional de clase inferior, eso probablemente se aproxima a "tener cara".

Los chinos quieren "tener cara", lo que es algo bueno, pero es lástima que esta "honra facial" se basa en un "principio de ser flexible y adaptable al mundo tal y como es"⑥, muy fácil en cambiarse, así que se confunde con el "descaro". Cuando Hasegawa Nyozekan⑦ habló sobre la "Fuente Robo"⑧, dijo: "El caballero de la antigüedad no bebió el agua por su mal nombre, pero el caballero de hoy cambia su nombre y la bebe". Esto también expone en claro el secreto de la "cara" del "caballero de hoy".

4 de octubre

---

⑥ "Principio de ser flexible y adaptable al mundo tal y como es": Significa método astuto y cambiable según las circunstancias. Para la frase, vea *Zhuangzi – Dao Zhi* (*el pirata Zhi*).
⑦ Hasegawa Nyozekan (1875–1969): Crítico japonés.
⑧ "Fuente Robo": El cuento de "No bebas del agua de la Fuente de Robo", se origina de una historia china, que dice: "Confucio... pasó por la Fuente Robo, sediento sin beber, por su nombre malo". En realidad, la antigua Fuente Robo se encuentra en la aldea de Daoquanyu, municipio de Shilai, ciudad de Xintai, provincia de Shandong. El nombre de "Fuente Robo" fue renombrado como "Fuente Inversa" por la homofonía (el "robo" 盗 y el "inverso" 倒 comparten la misma pronunciación en chino), y más tarde como "Fuente Moral (道)" usando otra palabra homófona.

运命[1]

有一天,我坐在内山书店[2]里闲谈——我是常到内山书店去闲谈的,我的可怜的敌对的"文学家",还曾经借此竭力给我一个"汉奸"的称号[3],可惜现在他们又不坚持了——才知道日本的丙午年[4]生,今年二十九岁的女性,是一群十分不幸的人。大家相信丙午年生的女人要克夫,即使再嫁,也还要克,而且可以多至五六个,所以想结婚是很困难的。这自然是一种迷信,但日本社会上的迷信也还是真不少。

我问:可有方法解除这凤命呢?回答是:没有。

接着我就想到了中国。

许多外国的中国研究家,都说中国人是定命论者,命中注定,无可奈何;就是中国的论者,现在也有些人这样说。但据我所知道,中国女性就没有这样无法解除的命运。"命凶"或"命硬",是有的,但总有法子想,就是所谓"禳解";或者和不怕相克的命的男子结婚,制住她的"凶"或"硬"。假如有一种命,说是要连克五六个丈夫的罢,那就早有道士之类出场,自称知道妙法,用桃木刻成五六个男人,画上符咒,和这命的女人一同行"结俪之礼"后,烧掉或埋掉,于是真来订婚的丈夫,就算是第七个,毫无危险了。

中国人的确相信运命,但这运命是有方法转移的。所谓"没有法子",有时也就是一种另想道路——转移运命的方法。等到确信这是"运命",真真"没有法子"的时候,那是在事实上已经十足碰壁,或者恰要灭亡之际了。运命并不是中国人的事前的指导,乃是事后的一种不费心思的解释。

中国人自然有迷信,也有"信",但好像很少"坚信"。我们先前最尊皇帝,但一面想玩弄他,也尊后妃,但一面又有些想吊她的膀子;畏神明,而又烧纸钱作贿赂,佩服豪杰,却不肯为他作牺牲。崇孔的名儒，一面拜佛，信甲的战士，明天信丁。宗教战争是向来没有的，从北魏到唐末的佛道二教的此仆彼起，是只靠几个人在皇帝耳朵边的甘言蜜语。风水，符咒，拜祷……偌大的"运命"，只要化一批钱或磕几个头，就改换得和注定的一笔大不相同了——就是并不注定。

我们的先哲，也有知道"定命"有这么的不定，是不足以定人心的，于是他说，这用种种方法之后所得的结果，就是真的"定命"，而且连必须用种种方法，也是命中注定的。但看起一般的人们来，却似乎并不这样想。

人而没有"坚信"，狐狐疑疑，也许并不是好事情，因为这也就是所谓"无特操"。但我以为信运命的中国人而又相信运命可以转移，却是值得乐观的。不过现在为止，是在用迷信来转移别的迷信，所以归根结蒂，并无不同，以后倘能用正当的道理和实行——科学来替换了这迷信，那么，定命论的思想，也就和中国人离开了。

假如真有这一日，则和尚，道士，巫师，星相家，风水先生……的宝座，就都让给了科学家，我们也不必整年的见神见鬼了。

（十月二十三日。）

注 释

[1] 本篇最初发表于1934年11月20日《太白》半月刊第一卷第五期，署名公汗。

[2] 内山书店：日本人内山完造（1885—1959）在上海开设的书店。二战前，鲁迅、陈独秀、郭沫若、田汉等知识分子经常光顾。内山是鲁迅的密友，二人的友谊保持了10年之久，直到1936年鲁迅去世。1930年起，内山书店开始销售当时政府禁售的左翼书籍。1932年内山已经成为鲁迅作品的唯一出版商，后一直作为鲁

迅著作的代理发行店，并曾经四次掩护鲁迅避难。1950年，内山完造在东京参加筹建日中友好协会，并于1953年、1956年两度访问北京。1959年9月19日，内山完造受邀前往北京参加中华人民共和国建国10周年国庆观礼，突发脑溢血，21日在北京协和医院去世。

［3］"给我一个'汉奸'的称号"：1933年7月，曾今可主办的《文艺座谈》第一卷第一期刊登署名白羽遐的《内山书店小坐记》，影射鲁迅为日本的间谍（参看《伪自由书·后记》）。1934年5月《社会新闻》第七卷第十二期刊登署名思的《鲁迅愿作汉奸》一稿，诬蔑鲁迅"与日本书局订定密约……乐于作汉奸矣"。

［4］"丙午年"：中国天干地支纪年法一个周期中的一年，即第四十三年。天干是中国古代的一种文字计序符号，包括甲、乙、丙、丁、戊、己、庚、辛、壬、癸，共计十个。地支是地平方位被划分为十二等分后每一等分的名称，从正北向东排列下来依次是：子、丑、寅、卯、辰、巳、午、未、申、酉、戌、亥。天干地支纪年法就是把干支顺序相配，正好六十组为一周，周而复始，循环记录。

El destino[1]

Un día, estaba sentado en la Librería Uchiyama[2] charlando —solía ir a esta librería para charlar y mis pobres "literatos" hostiles trataron de recurrir a esto para imponerme un título de "traidor"[3], pero es lástima que ahora hayan dejado de insistir en eso—, solo entonces me enteré de que las mujeres que nacieron en el año japonés bing-wu[4] (1906), o sea, las que cumplen 29 el presente año son un grupo

---

[1] Este artículo se publicó por primera vez en el número 5 del volumen I de la revista bimensual *Taibai* el 20 de noviembre de 1934, bajo el seudónimo de Gong Han.

[2] Librería Uchiyama: Abierta por el japonés Kanzō Uchiyama (1885–1959) en Shanghai. Intelectuales chinos como Lu Xun, Chen Duxiu, Guo Moruo y Tian Han la frecuentaban antes de la Segunda Guerra Mundial. Uchiyama fue un amigo cercano de Lu Xun. Su amistad duró 10 años hasta la muerte de Lu Xun en 1936. En 1930, la Librería Uchiyama comenzó a vender libros de izquierda prohibidos por el gobierno chino en ese momento. En 1932, se convirtió en la única editorial de las obras de Lu Xun y continuó actuando como distribuidor de ellas. Kanzō Uchiyama le protegió a Lu Xun del arresto cuatro veces. En 1950, participó en la fundación de la Asociación de Amistad Japón-China en Tokio. Visitó a Beijing dos veces en 1953 y 1956. El 19 de septiembre de 1959 fue invitado a Beijing para asistir a la celebración del Día Nacional y el décimo aniversario de la fundación de la República Popular China. Sufrió una hemorragia cerebral repentina y murió el día 21 en el Hospital del Colegio Médico de la Unión de Pekín.

[3] "Imponerme un título de 'traidor'": En julio de 1933, Bai Yuxia publicó "Una pequeña sentada en la Librería Uchiyama" en el primer número del *Simposio sobre literatura y arte*, insinuando que Lu Xun era espía japonés. (véase el "Epílogo" del *Libro de la falsa libertad*) En mayo de 1934, el número 12, volumen VII de la revista *Noticias Sociales* publicó un artículo bajo el seudónimo de Si con el título de "La voluntad de Lu Xun de ser un traidor", calumniando a Lu Xun que "... firmó un contrato secreto con la librería japonesa... dispuesto a ser un traidor".

[4] "El año japonés bing-wu": Es un año en un ciclo de la cronología Tiangan-Dizhi de China, es decir, el cuadragésimo tercer año de un ciclo de sesenta años. Tiangan (Tallo Celestial) es una serie de diez símbolos de conteo de secuencias en la antigua China, que incluye: Jia, Yi, Bing, Ding, Wu, Ji, Geng, Xin, Ren, Gui. Dizhi (Rama Terrenal) es una serie de nombres de la posición cuadrada de la Tierra dividida en doce partes iguales. Desde el punto justo norte como grado cero hacia el este, sur y oeste, son respectivamente doce como los siguientes: Zi, Chou, Yin, Mao, Chen, Si, Wu, Wei, Shen, You, Xu, Hai. En la observación de fenómenos astronómicos, los humanos dividieron a Zhoutian (cielo redondo) en doce partes de este a oeste a lo largo del ecuador celeste. Y desde tiempos muy remotos, los chinos ya comenzaron a utilizar los nombres de las doce ramas terrenales para indicarlas. El método de cronología de Tiangan-Dizhi es hacer combinar cada uno de los Tallos Celestiales y cada una de las Ramas Terrenales para formar un orden de secuencias, que se componen exactamente en sesenta y se llama un ciclo. Este ciclo se usa repetida y circularmente hasta el infinito.

de personas muy desafortunadas. Todos creen que una mujer nacida en el año bing-wu es perniciosa para su marido, si vuelve a casarse, perjudicará al segundo también, e incluso podrá dañar a cinco o seis maridos al máximo, por lo que es muy difícil casarse. Naturalmente, esto es una superstición, pero en la sociedad japonesa sigue habiendo muchas supersticiones.

Pregunté: ¿Hay alguna manera de deshacer este destino tan antiguo? La respuesta fue: No.

Siguientemente, pensé en China.

Muchos investigadores extranjeros interesados en China dicen que todos los chinos son fatalistas, que piensan que todo está predestinado, sin poder hacer nada al respecto; incluso entre los comentaristas chinos, algunos también lo dicen así en la actualidad. Pero hasta donde yo sé, las mujeres chinas no tienen un destino que no se pueda superar. Sí que hay "hado funesto" o "suerte dura", pero siempre hay alguna manera de superarla, la que es el llamado "exorcizar por oración", o casarse con un hombre que no tema al hado nefasto para controlar lo "funesto" o "duro" de ella. Si hay un tipo de destino que, según se dice, fuera a dañar sucesivamente a cinco o seis maridos, entonces aparecería desde un tiempo temprano un sacerdote taoísta o similar, proclamándose conocedor de un método maravilloso, quien usaría la madera de durazno para tallar cinco o seis hombres dibujando un hechizo en cada uno, los haría realizar la "ceremonia nupcial" con la mujer de tal suerte, y luego los quemaría o enterraría para que el hombre que realmente viniera a comprometerse sería el séptimo esposo, quien no correría ningún peligro.

Los chinos de veras creemos en el destino, pero hay formas de transferirlo. El llamado "no tener remedio" es a veces la forma de buscar otro camino, o sea, un método para transferir el destino. Al llegar el momento en que uno está convencido de que el "destino" realmente "no tiene remedio" es cuando se ha topado contra las cuatro paredes fuertemente o está a punto de perecer. Para los chinos, el destino no es la guía previa al suceso, sino una explicación posterior que no cuesta reflexión.

Sin duda alguna, los chinos tenemos supersticiones, y también "creencias", pero parecemos rara vez "creer firmemente". En el pasado, solíamos llevar el más alto respeto al emperador, pero al mismo tiempo queríamos divertirnos a costa de él; también respetábamos a la emperatriz y las concubinas, pero a la vez teníamos alguna idea de coquetear con ellas; temíamos a las deidades, pero quemábamos moneda de papel para sobornarlas; admirábamos a los héroes, pero no estábamos dispuestos a sacrificarnos por ellos. Los famosos confucionistas que veneraban a Confucio y, al mismo tiempo, también adoraban al Buda; el guerrero que cree en A, mañana creerá en D. Nunca ha ocurrido una guerra religiosa. Los altibajos de las dos religiones, el budismo y el taoísmo, desde la dinastía Wei del Norte hasta el final de la dinastía Tang solo se dependieron de que unas pocas personas cuchicheaban con melosas palabras aduladoras al oído del emperador. Para todo tipo del severo "destino" concerniente a Fengshui, conjuro, oración, etc., siempre y cuando se gastara una suma de dinero o se hiciera kowtow varias veces, se podría cambiar por un resultado muy diferente del que estaba predestinado: esto quiere decir que el destino no está condenado.

Nuestro pensador antiguo también sabía que el "destino" era tan incierto, que era insuficiente para calmar el espíritu de la gente, y así decía que el resultado después del uso de varios tipos de métodos sería el "destino condenado", e incluso los varios métodos también estaban predestinados. Sin embargo, parecía que la gente común no pensaba lo mismo.

Siendo hombre pero sin tener "creencia firme", siempre dudando y sospechando, tal vez esto no sea algo bueno, porque es precisamente lo que se llama "sin integridad de individuo". Pero yo pienso que los chinos que creen en el destino también creen en su transferencia, en cambio, merecen ser optimistas. Sin embargo, hasta ahora, lo que está pasando es tornar unas supersticiones en otras, y por tanto, tomando todo en cuenta, no hay diferencia. Si tales supersticiones pueden ser reemplazadas por honestas doctrinas y prácticas en el futuro, o sea, por la ciencia, el pensamiento de la predestinación se desprenderá de los chinos.

Si realmente llega algún día como este, los tronos de los monjes, sacerdotes taoístas, magos, astrólogos, señores de Fengshui, etc., serán concedidos a los científicos, y así no tendremos que saludar a dioses y fantasmas durante todo el año.

23 de octubre

拿破仑与隋那[1]

我认识一个医生，忙的，但也常受病家的攻击，有一回，自解自叹道：要得称赞，最好是杀人，你把拿破仑[2]和隋那（Edward Jenner, 1749—1823）[3]去比比看……

我想，这是真的。拿破仑的战绩，和我们什么相干呢，我们却总敬服他的英雄。甚而至于自己的祖宗做了蒙古人的奴隶，我们却还恭维成吉思；从现在的卐[4]字眼睛看来，黄人已经是劣种了，我们却还夸耀希特拉。

因为他们三个，都是杀人不眨眼的大灾星。

但我们看看自己的臂膊，大抵总有几个疤，这就是种过牛痘的痕迹，是使我们脱离了天花的危症的。自从有这种牛痘法以来，在世界上真不知救活了多少孩子，——虽然有些人大起来也还是去给英雄们做炮灰，但我们有谁记得这发明者隋那的名字呢？

杀人者在毁坏世界，救人者在修补它，而炮灰资格的诸公，却总在恭维杀人者。

这看法倘不改变，我想，世界是还要毁坏，人们也还要吃苦的。

（十一月六日。）

注 释

[1] 本篇最初印入上海生活书店编辑出版的1935年《文艺日记》。

[2] 拿破仑（1769—1821）：拿破仑·波拿巴，法国资产阶级革命时期的军事家、政治家。1799年担任共和国执政。1804年建立法兰西第一帝国，自称拿破仑一世。

[3] 隋那：通译詹纳，全名爱德华·詹纳（1749—1823），英国医生，以研究及推广牛痘疫苗和防治天花而闻名，被称为疫苗之父。

[4] "卐"：德国纳粹党的党徽。卐（右旋）或卍（左旋）（梵语转写为svástika；中文读作"万"）字是一个古代宗教信仰的标志。它在印度教、佛教、耆那教等宗教中被认为是一个神圣和吉祥好运的标志，但希特勒在二十世纪初启用了卐字作为纳粹的标志，用于纳粹党的旗帜、徽章及臂章。

Napoleón y Jenner[1]

Tengo conocido a un médico, que está siempre ocupado, pero a menudo ha sido atacado por los pacientes. Una vez, suspiró en tono de autojustificación: Si quieres ser alabado, es mejor matar, puedes comparar a Napoleón[2] con Jenner (Edward Jenner, 1749-1823)[3]...

Pienso que esto es verdad. ¿Qué tienen que ver con nosotros las hazañas militares de Napoleón? Pero siempre llevamos respeto y admiración a lo heroico que fue él. E incluso aunque nuestros antepasados se convirtieron en esclavos de los mongoles, todavía adulamos a Genghis; desde los ojos del actual carácter 卍[4], la raza amarilla ya es de las especies inferiores, pero aún elogiamos a Hitler.

Porque los tres son todos astros cataclísmicos que matan a gente sin parpadear.

Pero cuando nos miramos los brazos y los hombros, probablemente siempre quedan algunas cicatrices, marcas de haberse vacunado, que nos ha liberado del peligro de la viruela. Desde que se inventó este método de la viruela, no sabemos cuántos niños se han

---

[1] Este artículo fue publicado por primera vez en 1935 en el *Diario de Literatura y Arte* editado por la Librería Vida de Shanghai.

[2] Napoleón Bonaparte (1769-1821): Militar y político durante la Revolución burguesa francesa. En 1979, asumió al poder convirtiéndose en primer cónsul de la República. Estableció el Primer Imperio Francés en 1804 y se proclamó emperador Napoleón I.

[3] Edward Jenner (1749-1823): Es llamado "el padre de la inmunología", quien fue un médico británico conocido por investigar y promover la vacuna para prevenir la viruela.

[4] "Carácter 卍": 卍 (evástica) o 卐 (sauvástica) (transcripción de sánscrito es svástika; en chino se pronuncia como "wan") es un símbolo de varias religiones antiguas. Se considera sagrado y auspicioso en el hinduismo, el budismo, el jainismo y otras religiones. Sin embargo, lo malo es que Hitler introdujera la inscripción a principios del siglo XX como un símbolo de los nazis, utilizado para las banderas, insignias y brazaletes del partido nazi.

salvado en todo el mundo —aunque algunos de ellos, cuando crecidos, sean enviados a hacerse carne de cañón para los héroes—, pero entre nosotros ¿quién todavía recuerda el nombre del inventor Jenner?

Los homicidas están destruyendo el mundo, y los rescatadores están reparándolo, pero todos los caballeros calificados como carne de cañón siempre están alabando a los homicidas.

Si no se cambia este modo de ver, creo que el mundo seguirá siendo destruido y la gente también seguirá sufriendo.

6 de noviembre

非有复译不可[1]

好像有人说过，去年是"翻译年"[2]；其实何尝有什么了不起的翻译，不过又给翻译暂时洗去了恶名却是真的。

可怜得很，还只译了几个短篇小说到中国来，创作家就出现了，说它是媒婆，而创作是处女。[3]在男女交际自由的时候，谁还喜欢和媒婆周旋呢，当然没落。后来是译了一点文学理论到中国来，但"批评家"幽默家之流又出现了，说是"硬译""死译""好像看地图"[4]，幽默家还从他自己的脑子里，造出可笑的例子来[5]，使读者们"开心"，学者和大师们的话是不会错的，"开心"也总比正经省力，于是乎翻译的脸上就被他们画上了一条粉。[6]

但怎么又来了"翻译年"呢，在并无什么了不起的翻译的时候？不是夸大和开心，它本身就太轻飘飘，禁不起风吹雨打的缘故么？

于是有些人又记起了翻译，试来译几篇。但这就又是"批评家"的材料了，其实，正名定分，他是应该叫作"唠叨家"的，是创作家和批评家以外的一种，要说得好听，也可以谓之"第三种"。他像后街的老虔婆一样，并不大声，却在那里唠叨，说是莫非世界上的名著都译完了吗，你们只在译别人已经译过的，有的还译过了七八次。

记得中国先前，有过一种风气，遇见外国——大抵是日本——有一部书出版，想来当为中国人所要看的，便往往有人在报上登出广告来，说"已在开译，请万勿重译为幸"。他看得译书好像订婚，自己首先套上约婚戒指了，别人便莫作非分之想。自然，译本是未必一定出版的，倒是暗中解约的居多；不过别人却也因此不敢译，新妇就在闺中老掉。这种广告，现在是久不看见了，但我们今年的唠叨家，却正继承着这一派的正统。他看得翻译好像结婚，有人译过了，第二个便不该再来碰一下，否则，就仿佛引诱了有夫之妇似的，他要来唠叨，当然罗，是维持风化。但在这唠叨里,他不也活活的画出了自己的猥琐的嘴脸了么?

前几年,翻译的失了一般读者的信用,学者和大师们的曲说固然是原因之一,但在翻译本身也有一个原因,就是常有胡乱动笔的译本。不过要击退这些乱译,诬赖,开心,唠叨,都没有用处,唯一的好方法是又来一回复译,还不行,就再来一回。譬如赛跑,至少总得有两个人,如果不许有第二人入场,则先在的一个永远是第一名,无论他怎样蹩脚。所以讥笑复译的,虽然表面上好像关心翻译界,其实是在毒害翻译界,比诬赖,开心的更有害,因为他更阴柔。

而且复译还不止是击退乱译而已,即使已有好译本,复译也还是必要的。曾有文言译本的,现在当改译白话,不必说了。即使先出的白话译本已很可观,但倘使后来的译者自己觉得可以译得更好,就不妨再来译一遍,无须客气,更不必管那些无聊的唠叨。取旧译的长处,再加上自己的新心得,这才会成功一种近于完全的定本。但因言语跟着时代的变化,将来还可以有新的复译本的,七八次何足为奇,何况中国其实也并没有译过七八次的作品。如果已经有,中国的新文艺倒也许不至于现在似的沉滞了。

(三月十六日。)

注 释

[1] 本篇最初发表于1935年4月上海《文学》月刊第四卷第四号"文学论坛"栏,署名庚。

[2] "翻译年":指1935年。《文学》第四卷第一号(1935年1月)"文学论坛"载文说:"今年该是……'翻译年'。"

[3] 郭沫若在1921年2月《民铎》月刊第二卷第五号发表的致该刊编者李石岑的信中说:"我觉得国内人士只注重媒婆,而不注重处

子；只注重翻译，而不注重产生。"认为"处子应当尊重，媒婆应当稍加遏抑"。

[4] 指梁实秋。他在《新月》第二卷第六、七号合刊（1929年9月）发表的《论鲁迅先生的"硬译"》一文中，指摘鲁迅的翻译是"硬译""死译"，并说："读这样的书，就如同看地图一般，要伸着手指来寻找句法的线索位置。"

[5] 指刘半农。参看《花边文学·玩笑只当它玩笑（上）》。

[6] "翻译的脸上就被他们画上了一条粉"：这里的含义是，翻译成为使读者"开心"的丑角。在中国的戏剧中，在脸上画上了一条粉的演员是丑角。这实际上是自诩为"学者和大师"的人杜撰出荒谬的译文来讥笑翻译家。

Hay que haber la retroducción[1]

Parece que alguna gente dijo que el año pasado fue el "Año de la Traducción"[2]; pero de hecho, ¿qué obras estupendas han aparecido en la traducción? Nada más que ha limpiado una vez más la mala reputación del traductor temporalmente, lo que, en su lugar, sí es cierto.

Fue muy lamentable. Solo se habían traducido unas pocas historias cortas a China, cuando aparecieron creadores diciendo que la traducción era casamentera y solo la creación era virgen.[3] Cuando los hombres y las mujeres estaban libres de intercomunicarse, ¿a quién le gustaría tratar todavía con casamenteras? Y por supuesto, estaba declinando. Más tarde, cuando se acababa de traducir un poquito de la teoría de literatura a China, volvieron a aparecer unos "críticos" y humoristas o sus similares, diciendo que era "traducción rígida", "traducción muerta", y que "es como mirar un mapa"[4]. Además, los humoristas también fabricaron ejemplos absurdos de su propia

---

[1] Este artículo fue publicado originalmente en abril de 1935 en la columna "Foro de Literatura" del volumen IV de la revista mensual *Literatura* en Shanghai, bajo el seudónimo de Geng.
[2] "Año de la Traducción": Fue 1935. En el número 1, volumen IV de la columna "Foro de Literatura" de la revista *Literatura* (enero de 1935) se publicó un artículo diciendo: "Este año debería ser... el año de la traducción".
[3] Guo Moruo publicó una carta al editor de la revista *Min Duo* en febrero de 1921, diciendo: "Creo que las personas del país solo se centran en la casamentera, y no en la virgen; solo se centran en la traducción, y no prestan atención a la creación". Además, dijo que "las vírgenes deben ser respetadas y las casamenteras deben estar ligeramente restringidas".
[4] Se refiere a Liang Shiqiu. En el artículo "Sobre 'la traducción rígida' del Sr. Lu Xun", publicado en los números 6 y 7 del volumen II de la *Luna Creciente* (septiembre de 1929), criticó la traducción de Lu Xun como "traducción rígida", "traducción muerta", y dijo: "Leer un libro de este tipo es como mirar un mapa. Es necesario buscar una pista sobre la sintaxis".

mente⑤ para "divertir" a los lectores. Las palabras de los eruditos y maestros nunca están equivocadas, que "divertir" siempre ahorra más esfuerzo que juzgar en serio, y entonces la cara del traductor fue pintada una raya de polvo blanco.⑥

Pero ¿por qué el "Año de la Traducción", y en el tiempo cuando no hubo nada estupendo? ¿No es que, como puede ser exagerada y divertida, excepto de ser exagerada y divertida, la traducción misma ya ha sido demasiado ligera y esponjosa en sí para soportar el viento y la lluvia?

Entonces, algunas personas han vuelto a recordar la traducción y han tratado de traducir algunas piezas, pero estas empiezan a convertirse nuevamente en materiales para el "crítico", quien, en realidad, por el nombre y el estatus justificados de él debe llamarse "parlanchín", perteneciendo a una clase fuera del creador y el crítico, o, por decirlo en forma agradable, también puede llamarse "un tercer tipo". Él es como la vil vieja baja en la calle de atrás, no en voz alta, pero sí siempre parlotea allí, diciendo: ¿Acaso se han traducido todas las obras maestras del mundo? Ustedes solo están traduciendo las que otros han traducido, e incluso algunas que han sido traducidas siete u ocho veces.

Recuerdo que había una práctica común antes en China. Cuando iba a publicarse un libro de un país extranjero, generalmente de Japón, imaginándose que fuera para la lectura de los chinos, entonces alguna gente ponía a menudo anuncios en el periódico diciendo:

---

⑤ Se refiere a Liu Bannong. Consulte "Broma, solo lo toma por broma (I)" de la selección *Literatura de encaje*.

⑥ "La cara del traductor fue pintada de una raya de polvo blanco": Implica que el traductor se parece a un arlequín que "divierte" a los lectores. En las óperas de China, el actor con una cara pintada de una raya de polvo blanco siempre es el típico carácter de un arlequín. En realidad los humoristas que se autodenominan "eruditos y maestros" aquí fabricaron traducciones absurdas deliberadamente, con las cuales se burlaron de los traductores.

"El libro ya está siendo traducido. Se agradece por el favor de no traducirlo en repetición". Consideraba la traducción de libro como un compromiso matrimonial, y como él mismo se había puesto primero el anillo de compromiso, los otros ya no tenían ninguna idea inapropiada. Por supuesto, una versión traducida no siempre se publica ba necesariamente, y de hecho, en mayoría de los casos se cancelaba el contrato en secreto; pero otros ya no se atrevían a traducirlo y la novia quedaría envejecida ante el tocador. Este tipo de publicidad no se ha visto desde hace mucho, pero el parlanchín en el presente año nuestro está heredando la ortodoxia de esta escuela. Él considera hacer la traducción como casarse, que si alguien ha traducido un libro, otra persona no debe tocarlo. De lo contrario, será como seducir a una mujer casada, por lo que él vendrá a picotearlo. Desde luego, eso es por mantener la moral social, pero en este parloteo, ¿no se ha pintado vividamente su vulgar y obsceno semblante también?

En años anteriores, las traducciones han perdido la credibilidad para los lectores generales, y una de las causas es, desde luego, la tergiversación de los eruditos y maestros, y la otra es debida a la traducción en sí misma también porque surgían a menudo unas versiones traducidas a troche y moche. Sin embargo, para repeler estas traducciones disparatadas e inconsideradas, imputar, burlarse y charlatanear y todo son inútiles, y la única manera buena es responderle con una retraducción. Si esta aún no sirve, simplemente la hacen otra vez. Esto es como en una carrera, en que siempre debe haber al menos dos personas. Si no se permite la entrada de una segunda persona, entonces la primera que está allí siempre ocupará el primer lugar, sin importar cuán torpe que sea. Por eso, los que se burlan de la retraducción, pese a preocuparse aparentemente por el campo de la traducción, en realidad lo están envenenando, lo que es más dañino que la imputación y la charlatanería, porque es más suave o afeminado.

  Además, la retraducción no solo funciona para repeler la traducción disparatada, sino que también sigue siendo necesaria aunque hay una buena traducción disponible. Si existe una traducción en chino clásico, ahora debe hacerse una traducción al chino vernáculo, lo que no hace falta mencionar. E incluso una versión en chino vernáculo ya es bastante apreciable, y si algún traductor posterior tiene fe en hacer una traducción mejor, no será inconveniente hacerla una vez más, sin necesidad de ser cortés, ni mucho menos hacer caso de aquellas aburridas charlatanerías. Aprovechando los puntos fuertes de la versión existente, más su propia percepción nueva, así podrá aproximarse al éxito de una versión casi definitiva. Pero debido a los cambios del lenguaje con el tiempo, podrán aparecer traducciones más nuevas en el futuro. ¿Qué de extrañar si hay siete u ocho versiones? Y con mayor razón en China prácticamente no ha habido una obra con siete u ocho traducciones. Si la hubiera habido, la nueva literatura y el arte de China probablemente no habrían estado tan estancados como lo están ahora.

16 de marzo

在现代中国的孔夫子[1]

新近的上海的报纸,报告着因为日本的汤岛,孔子的圣庙[2]落成了,湖南省主席何键[3]将军就寄赠了一幅向来珍藏的孔子的画像。老实说,中国的一般的人民,关于孔子是怎样的相貌,倒几乎是毫无所知的。自古以来,虽然每一县一定有圣庙,即文庙,但那里面大抵并没有圣像。凡是绘画,或者雕塑应该崇敬的人物时,一般是以大于常人为原则的,但一到最应崇敬的人物,例如孔夫子那样的圣人,却好像连形象也成为亵渎,反不如没有的好。这也不是没有道理的。孔夫子没有留下照相来,自然不能明白真正的相貌,文献中虽然偶有记载,但是胡说白道也说不定。若是从新雕塑的话,则除了任凭雕塑者的空想而外,毫无办法,更加放心不下。于是儒者们也终于只好采取"全部,或全无"的勃兰特[4]式的态度了。

然而倘是画像,却也会间或遇见的。我曾经见过三次:一次是《孔子家语》[5]里的插画;一次是梁启超[6]氏亡命日本时,作为横滨出版的《清议报》上的卷头画,从日本倒输入中国来的;还有一次是刻在汉朝墓石上的孔子见老子的画像。说起从这些图画上所得的孔夫子的模样的印象来,则这位先生是一位很瘦的老头子,身穿大袖口的长袍子,腰带上插着一把剑,或者腋下挟着一枝杖,然而从来不笑,非常威风凛凛的。假使在他的旁边侍坐,那就一定得把腰骨挺的笔直,经过两三点钟,就骨节酸痛,倘是平常人,大约总不免急于逃走的了。

后来我曾到山东旅行。在为道路的不平所苦的时候,忽然想到了我们的孔夫子。一想起那具有俨然道貌的圣人,先前便是坐着简陋的车子,颠颠簸簸,在这些地方奔忙的事来,颇有滑稽之感。这种感想,自然是不好的,要而言之,颇近于不敬,倘是孔子之徒,恐怕是决不应该发生的。但在那时候,怀着我似的不规矩的心情的青年,可是多得很。

我出世的时候是清朝的末年,孔夫子已经有了"大成至圣文宣王"[7]这一个阔得可怕的头衔,不消说,正是圣道支配了全国的时代。政府对于读书的人们,使读一定的书,即四书和五经[8];使遵守一定的注释;使写一定的文章,即所谓"八股文"[9];并且使发一定的议论。然而这些千篇一律的儒者们,倘是四方的大地,那是很知道的,但一到圆形的地球,却什么也不知道,于是和四书上并无记载的法兰西和英吉利打仗而失败了。不知道为了觉得与其拜着孔夫子而死,倒不如保存自己们之为得计呢,还是为了什么,总而言之,这回是拚命尊孔的政府和官僚先就动摇起来,用官帑大翻起洋鬼子的书籍来了。属于科学上的古典之作的,则有侯失勒的《谈天》,雷侠儿的《地学浅释》,代那的《金石识别》,[10]到现在也还作为那时的遗物,间或躺在旧书铺子里。

然而一定有反动。清末之所谓儒者的结晶,也是代表的大学士徐桐[11]氏出现了。他不但连算学也斥为洋鬼子的学问;他虽然承认世界上有法兰西和英吉利这些国度,但西班牙和葡萄牙的存在,是决不相信的,他主张这是法国和英国常常来讨利益,连自己也不好意思了,所以随便胡诌出来的国名。他又是一九〇〇年的有名的义和团的幕后的发动者,也是指挥者。但是义和团完全失败,徐桐氏也自杀了。政府就又以为外国的政治法律和学问技术颇有可取之处了。我的渴望到日本去留学,也就在那时候。达了目的,入学的地方,是嘉纳先生所设立的东京的弘文学院[12];在这里,三泽力太郎先生教我水是养气和轻气所合成,山内繁雄先生教我贝壳里的什么地方其名为"外套"。这是有一天的事情。学监大久保先生集合起大家来,说:因为你们都是孔子之徒,今天到御茶之水[13]的孔庙里去行礼罢!我大吃了一惊。现在还记得那时心里想,正因为绝望于孔夫子和他之徒,所以到日本来的,然而又是拜么?一时觉得很奇怪。而且发生这样感觉的,我想决不止我一个人。

但是,孔夫子在本国的不遇,也并不是始于二十世纪的。孟子批评他为"圣之时者也"[14],倘翻成现代语,除了"摩登圣人"实在也没有别的法。为他自己计,这固然是没有危险的尊号,但也不是十分值得欢迎的头衔。不过在实际上,却也许并不这样子。孔夫子的做定了"摩登圣人"是死了以后的事,活着的时候却是颇吃苦头的。跑来跑去,虽然曾经贵为鲁国的警视总监[15]，而又立刻下野，失业了；并且为权臣所轻蔑，为野人所嘲弄，甚至于为暴民所包围，饿扁了肚子。弟子虽然收了三千名，中用的却只有七十二，然而真可以相信的又只有一个人。有一天，孔夫子愤慨道："道不行，乘桴浮于海，从我者，其由与？"[16] 从这消极的打算上，就可以窥见那消息。然而连这一位由，后来也因为和敌人战斗，被击断了冠缨，但真不愧为由呀，到这时候也还不忘记从夫子听来的教训，说道"君子死，冠不免"[17]，一面系着冠缨，一面被人砍成肉酱了。连唯一可信的弟子也已经失掉，孔子自然是非常悲痛的，据说他一听到这信息，就吩咐去倒掉厨房里的肉酱云。[18]

孔夫子到死了以后，我以为可以说是运气比较的好一点。因为他不会噜苏了，种种的权势者便用种种的白粉给他来化妆，一直抬到吓人的高度。但比起后来输入的释迦牟尼[19]来，却实在可怜得很。诚然，每一县固然都有圣庙即文庙，可是一副寂寞的冷落的样子，一般的庶民，是决不去参拜的，要去，则是佛寺，或者是神庙。若向老百姓们问孔夫子是什么人，他们自然回答是圣人，然而这不过是权势者的留声机。他们也敬惜字纸，然而这是因为倘不敬惜字纸，会遭雷殛的迷信的缘故；南京的夫子庙固然是热闹的地方，然而这是因为另有各种玩耍和茶店的缘故。虽说孔子作《春秋》而乱臣贼子惧，然而现在的人们，却几乎谁也不知道一个笔伐了的乱臣贼子的名字。说到乱臣贼子，大概以为是曹操，但那并非圣人所教，却是写了小说和剧本的无名作家所教的。

总而言之，孔夫子之在中国，是权势者们捧起来的，是那些权势者或想做权势者们的圣人，和一般的民众并无什么关系。然而对于圣庙，那些权势者也不过一时的热心。因为尊孔的时候已经怀着别样的目的，所以目的一达，这器具就无用，如果不达呢，那可更加无用了。在三四十年以前，凡有企图获得权势的人，就是希望做官的人，都是读"四书"和"五经"，做"八股"，别一些人就将这些书籍和文章，统名之为"敲门砖"。这就是说，文官考试一及第，这些东西也就同时被忘却，恰如敲门时所用的砖头一样，门一开，这砖头也就被抛掉了。孔子这人，其实是自从死了以后，也总是当着"敲门砖"的差使的。

一看最近的例子，就更加明白。从二十世纪的开始以来，孔夫子的运气是很坏的,但到袁世凯时代,却又被从新记得,不但恢复了祭典,还新做了古怪的祭服,使奉祀的人们穿起来。跟着这事而出现的便是帝制。然而那一道门终于没有敲开,袁氏在门外死掉了。余剩的是北洋军阀,当觉得渐近末路时,也用它来敲过另外的幸福之门。盘据着江苏和浙江,在路上随便砍杀百姓的孙传芳[20]将军,一面复兴了投壶之礼;钻进山东,连自己也数不清金钱和兵丁和姨太太的数目了的张宗昌[21]将军,则重刻了《十三经》,而且把圣道看作可以由肉体关系来传染的花柳病一样的东西,拿一个孔子后裔的谁来做了自己的女婿。然而幸福之门,却仍然对谁也没有开。

这三个人,都把孔夫子当作砖头用,但是时代不同了,所以都明明白白的失败了。岂但自己失败而已呢,还带累孔子也更加陷入了悲境。他们都是连字也不大认识的人物,然而偏要大谈什么《十三经》之类,所以使人们觉得滑稽;言行也太不一致了,就更加令人讨厌。既已厌恶和尚,恨及袈裟,而孔夫子之被利用为或一目的的器具,也从新看得格外清楚起来,于是要打倒他的欲望,也就越加旺盛。所以把孔子装饰得十分尊严时,就一定有找他缺点的论文和作品出现。即使是孔夫子,缺点总也有的,在平时谁也不理会,因为圣人也是人,本是可以原谅的。然而如果圣人之徒出来胡说一通,以为圣人是这样,是那样,所以你也非这样不可的话,人们可就禁不住要笑起来了。五六年前,曾经因为公演了《子见南子》[22]这剧本,引起过问题,在那个剧本里,有孔夫子登场,以圣人而论,固然不免略有欠稳重和呆头呆脑的地方,然而作为一个人,倒是可爱的好人物。但是圣裔们非常愤慨,把问题一直闹到官厅里去了。因为公演的地点,恰巧是孔夫子的故乡,在那地方,圣裔们繁殖得非常多,成着使释迦牟尼和苏格拉第[23]都自愧弗如的特权阶级。然而,那也许又正是使那里的非圣裔的青年们,不禁特地要演《子见南子》的原因罢。

中国的一般的民众,尤其是所谓愚民,虽称孔子为圣人,却不觉得他是圣人;对于他,是恭谨的,却不亲密。但我想,能像中国的愚民那样,懂得孔夫子的,恐怕世界上是再也没有的了。不错,孔夫子曾经计划过出色的治国的方法,但那都是为了治民众者,即权势者设想的方法，为民众本身的，却一点也没有。这就是"礼不下庶人"[24]。成为权势者们的圣人，终于变了"敲门砖"，实在也叫不得冤枉。和民众并无关系，是不能说的，但倘说毫无亲密之处，我以为怕要算是非常客气的说法了。不去亲近那毫不亲密的圣人，正是当然的事，什么时候都可以，试去穿了破衣，赤着脚，走上大成殿[25]去看看罢，恐怕会像误进上海的上等影戏院或者头等电车一样，立刻要受斥逐的。谁都知道这是大人老爷们的物事，虽是"愚民"，却还没有愚到这步田地的。

（四月二十九日。）

注 释

[1] 二十世纪三十年代中叶，日本帝国主义为了实现侵略中国、称霸亚洲的野心，鼓吹用"孔子之教"建立"大东亚新秩序"，并在东京等地大修孔庙。与此同时，国民党当局也于1934年2月下令尊孔，定8月27日为孔诞纪念日，与日本侵略者遥相呼应。鲁迅在1935年4月28日致萧军的信里说："我正在为日本杂志做一篇文章，骂孔子的，因为他们正在尊孔……"这篇文章就是《在现代中国的孔夫子》，以日文发表在1935年6月号《改造》月刊。中译文最初发表于1935年7月的《杂文》月刊第二号。

[2] "汤岛"：东京的街名，建有日本最大的孔庙"汤岛圣堂"。该庙于1923年被烧毁，1935年4月重建落成时国民党政府曾派代表专程前往"参谒"。

[3] 何键（1887—1956）：字芸樵，湖南醴陵人，国民党军阀，当时任国民党湖南省政府主席。

[4] 勃兰特：易卜生的诗剧《勃兰特》（通译《布郎德》）中的人物。"全部，或全无"是他所信奉的一句格言。

[5]《孔子家语》：原书二十七卷，久佚，今本为三国魏王肃所辑，共十卷。内容是关于孔子言行的记载，大都辑自《论语》《左传》《国语》《礼记》等书。

[6]梁启超（1873—1929）：号任公，广东新会人，清末维新运动领导人之一，戊戌政变后逃亡日本。《清议报》是他在日本横滨发行的旬刊。

[7]"大成至圣文宣王"：唐玄宗开元二十七年（739）追谥孔子为"文宣王"，元成宗大德十一年（1307）又加谥为"大成至圣文宣王"。

[8]四书指《大学》《中庸》《论语》《孟子》。参见此译版本《祝福》注释[9]及《牺牲谟》注释[6]。五经，即《诗经》《尚书》《礼记》《周易》《春秋》的合称，汉武帝时始有此称。

[9]"八股文"：是明清科举考试制度所规定的一种公式化文体。参见此译版本《革命时代的文学》注释[4]。

[10]侯失勒（J. F. W. Herschel，1792—1871）：通译赫歇耳，英国天文学家、物理学家。《谈天》的中译本共十八卷，附表一卷，出版于1859年。

雷侠儿（C. Lyell，1797—1875）：通译莱尔，英国地质学家。《地学浅释》的中译本共三十八卷，出版于1871年。

代那（J. D. Dana，1813—1895）：通译丹纳，美国地质学家、矿物学家。《金石识别》的中译本共十二卷，附表，出版于1871年。

[11]徐桐（1819—1900）：汉军正蓝旗人，清末顽固派官僚。

[12]弘文学院：一所专门为中国留学生设立的学习日语和基础课的预备学校。

[13]御茶之水：日本东京的地名。汤岛圣堂即在御茶之水车站附近。

[14]"圣之时者也"：语见《孟子·万章》。

[15]"警视总监"：孔丘曾一度任鲁国的司寇，掌管刑狱，相当于日本的警视总监，是主管警察工作的最高长官。由于本文最初是用日文撰写和发表的，所以作者做此类比。

[16]"道不行，乘桴浮于海，从我者，其由与？"：见《论语·公冶

长》》。桴，用竹木编的筏子。由，孔子的弟子仲由，即子路。
[17] "君子死，冠不免"：语见《左传》。
[18] 关于孔丘因子路战死而倒掉肉酱的事，见《孔子家语·子贡问》。
[19] 释迦牟尼（约前565—前486）：原古印度北部迦毗罗卫国净饭王的儿子，后出家修道，成为佛教创始人，即佛陀。佛教于西汉末年开始传入我国。
[20] 孙传芳（1885—1935）：山东历城人，北洋直系军阀。当他盘踞东南五省时，为了提倡复古，于1926年8月6日在南京举行投壶古礼。投壶，参见此译版本《上海通信》注释 [6]。
[21] 张宗昌（1881—1932）：山东掖县人，北洋奉系军阀。1925年他任山东督军时提倡尊孔读经。
[22] 《子见南子》：林语堂作的独幕剧，发表于《奔流》第一卷第六期（1928年11月）。1929年山东曲阜第二师范学校学生排演此剧时，当地孔氏族人以"公然侮辱宗祖孔子"为由，联名向国民党政府教育部提出控告，结果该校校长被调职。
[23] 苏格拉第（前469—前399）：古希腊哲学家，保守的奴隶主贵族的思想代表。
[24] "礼不下庶人"：语见《礼记·曲礼》。
[25] 大成殿是孔庙的核心建筑，是祭祀孔子的中心场所。原名为文宣王殿，始建于宋天禧二年（1018）。"大成"二字出自《孟子》"孔子之谓集大成"一句。

孔庙是一座纪念孔子和祭祀孔子的庙宇式建筑。孔庙的历史可以追溯到他死后的第二年（公元前478年），当时他的弟子将他的"老屋"作为纪念庙宇进行祭祀。由于汉武帝（公元前156—87年）罢黜百家，独尊儒术，孔庙后来成为弘扬儒家思想的庙宇。随着中国文化的传播，在亚洲和世界各地建立了许多孔子庙。18世纪以后，在中国和国外陆续设立了3 000多座孔子庙（现存有1 300多座）。

Maestro Confucio en la China moderna[1]

Los recientes periódicos en Shanghai informaron de que con motivo de la finalización del Templo de Confucio en Yushima[2], Japón, el general He Jian[3], presidente de la provincia de Hunan, regaló por correo un retrato de Confucio que siempre había atesorado. Hablando honestamente, el pueblo común de China, en cambio, no sabe casi nada sobre la fisionomía de Confucio. Desde la antigüedad, aunque cada distrito debe tener un Templo del Sabio, conocido también como el Templo de las Letras, en general no tiene una efigie del Sabio establecido dentro de él. Para toda pintura, o escultura para personajes que debían ser venerados, el principio general era de una estatura mayor que la gente común, pero cuando se trataba de un personaje más respetable y tan sabio como Confucio, parecía

---

[1] A mediados de la década de 1930, para realizar su ambición de invadir a China y dominar a toda Asia, los imperialistas japoneses predicaban usar el "confucianismo" para establecer un "nuevo orden asiático oriental" y reparaban templos confucianos en Tokio y otros lugares. Al mismo tiempo, las autoridades del KMT emitieron una orden para enfatizar el respeto a Confucio en febrero de 1934 y establecieron el 27 de agosto como el aniversario conmemorativo del cumpleaños de Confucio para hacerse eco de los invasores japoneses. En una carta a Xiao Jun el 28 de abril de 1935, Lu Xun dijo: "Estoy escribiendo un artículo para una revista japonesa en regaño a Confucio, porque ellos están abogando por respetarlo..." Este artículo de "Confucio en la China moderna" fue publicado primero en el idioma japonés en el número 6 de la revista mensual *Transformación*. La versión traducida al chino se publicó en el número 2 de la revista *Ensayos* en julio de 1935.

[2] "Yushima": Es el nombre de la calle en Tokio, donde se sitúa el templo de Confucio más grande en Japón, el Santuario de Yushima. El templo fue construido en 1690 y fue arruinado en un incendio en 1923. Cuando se completó la reconstrucción en abril de 1935, el gobierno de KMT envió una delegación a "rendir homenaje".

[3] He Jian (1887–1956): Nativo de Fuling, Hunan. Fue un caudillo militar del KMT y entonces presidente del gobierno provincial de Hunan.

que incluso el establecimiento de una imagen suya también podría volverse en una profanación, y sería mejor que no la haya. Esto no es irrazonable. Confucio no dejó ninguna fotografía, así que naturalmente no se podía saber su verdadero aspecto. Aunque existen registros ocasionales en la literatura, podría haber algunas tonterías o disparates probablemente. Si se esculpiera de nuevo, no quedaría más remedio que depender de la imaginación de los escultores, lo que sería de más preocupación e inseguridad. Así que los confucianos finalmente tenían que adoptar una actitud de "todo o nada" al estilo de Brand[④].

Pero, si se trata de un retrato dibujado, sí que se podría encontrar de vez en cuando. Lo he visto tres veces: una vez fue la ilustración en *Dichos de Confucio y sus discípulos*[⑤]; una fue como frontispicio de la revista *Qing Yi Bao* publicada en Yokohama cuando Liang Qichao[⑥] estaba exiliado en Japón, que fue importada de Japón a China inversamente; la otra fue un retrato de Confucio en visita a Laozi, tallado en una lápida de la dinastía Han. Hablando de la impresión sobre la apariencia de Confucio en estas imágenes, este caballero es un anciano muy delgado, que usa una túnica con sueltas bocamangas, lleva una espada en el cinturón o un bastón soportado desde el sobaco, pero nunca sonríe, con toda soberbia e imponencia. Si uno se sienta a su lado para acompañarle, tendrá que mantener enderezadas las vértebras lumbares y, después de dos o tres horas, sentirá el dolor en las articulaciones. Y si es una persona común, probablemente no

---

④ Brand: Es un personaje del teatro *Brand* de Ibsen. "Todo o nada" es un lema en el que el personaje cree.
⑤ *Dichos de Confucio y sus discípulos*: Libro que contiene originalmente 27 volúmenes, que se han perdido durante largo tiempo. El contenido trata sobre las palabras y los hechos de Confucio. La mayoría se compilan de libros como *Analectas de Confucio*, *Zuo Zhuan*, *Discursos de los Reinos* y *Libro de Ritos*.
⑥ Liang Qichao (1873–1929): Nativo de Xinhui, provincia de Guangdong. Fue uno de los líderes del movimiento de reforma a fines de la dinastía Qing. Huyó a Japón después del golpe de 1898. El *Qing Yi Bao* fue su revista publicada en Yokohama, Japón, a cada diez días.

evitará apresurarse a escapar.

Más tarde viajé a Shandong. Estaba sufriendo por lo escabroso del camino cuando de repente me acordé de nuestro maestro Confucio. Al pensar en el señor Sabio con la solemne y digna apariencia, que en el pasado también solía ir en un carruaje tan tosco, sufriendo tumbos de arriba a abajo cuando recorría ocupado entre estos lugares, ¡lo encontré bastante cómico! Este tipo de sentimiento, por supuesto, no es bueno. Dicho en breve, es bastante cercano a la falta de respeto. Me temo que esto nunca habría sucedido si yo fuera un discípulo de Confucio. Sin embargo, en aquel tiempo los jóvenes con pensamientos irregulares como yo eran muchísimos.

Cuando nací durante los últimos años de la dinastía Qing, Confucio ya tenía el título tan grandioso hasta espantoso del "Rey de Máxima Integridad de la Santísima Cultura"⑦. Sin duda, fue la era en que la doctrina del Sabio predominaba el país. El gobierno regulaba que la gente que leía solo debiera leer ciertos libros, es decir, los Cuatro Libros y los Cinco Clásicos⑧; obedecer ciertas anotaciones; escribir cierto tipo de artículos, o sea, los llamados "artículos al estilo estereotipado"⑨; así como emitir ciertas clases de opinión. Sin embargo, estos confucianos que salían del mismo molde eran buenos conocedores cuando hablaban de que la amplia tierra es cuadrada,

---

⑦ En el vigésimo séptimo año del reinado del emperador Xuanzong de la dinastía Tang (739 d. C.), este le ofreció a Confucio el título póstumo como "Rey de la Santísima Cultura", y en el undécimo año del emperador Chengzong Dade de la dinastía Yuan (1307 d. C.) le agregó o prolongó el título como "Rey de Máxima Integridad de la Santísima Cultura".

⑧ "Los Cuatro Libros": Son los cuatro libros fundamentales de la antigua China que incluyen *Gran saber*, *Doctrina de la medianía*, *Analectas de Confucio* y *Mencio*, véase la Nota [9] de "La Bendición" y la Nota [6] de "Estratagema del sacrificio" de este libro de traducción. Los Cinco Clásicos incluyen el *Clásico de poesía*, *Clásico de historia*, *Libro de ritos*, *Libro de cambios* y *Anales de Primavera y Otoño*, que han sido llamados así desde el emperador Wu de la dinastía Han (156–87 a. C.).

⑨ "Artículos al estilo estereotipado": Es un tipo de artículo que sigue el estilo de fórmula estipulado en el Sistema de Examen Imperial de las dinastías Ming y Qing. Véase la Nota [4] del artículo de "Literatura de la era revolucionaria" en este libro de traducción.

pero al tratarse del globo de la Tierra que es redondo, ya no sabían nada. Por lo tanto, perdieron la guerra cuando lucharon contra Francia e Inglaterra que no estaban registrados en los Cuatro Libros. No se sabe si pensaban que en vez de esperar la muerte mientras adoraran a Confucio, sería mejor salvarse a sí mismos, o por qué otra cosa. En resumen, esta vez, primero el gobierno y los burócratas que reverenciaban con máximo esfuerzo a Confucio comenzaron a vacilar y gastaron el dinero del Tesoro Público para traducir en gran escala los libros de los demonios extranjeros. Entre las obras clásicas de la ciencia, se encontraron *Catálogo general* de Herschel, *Principios de geología* de Lyell y *Manual de mineralogía* de Dana,[10] que hasta ahora todavía son reliquias de esa época, a veces acostadas en las viejas librerías.

Sin embargo, seguramente habría la reacción. Apareció la llamada cristalización o el representante de confucianos a finales de la dinastía Qing, el gran secretario imperial Xu Tong[11]. Él no solo reprochó a la aritmética como aprendizaje de demonios extranjeros; e incluso pese a reconocer la existencia de Francia e Inglaterra en el mundo, nunca creyó en la existencia de España y Portugal, argumentando que Francia e Inglaterra habían venido a menudo a pedir muchos beneficios, de lo que se sentían avergonzados, y por ello inventaban nombres al azar. Este señor Xu Tong también fue el promotor detrás de la cortina de la famosa Rebelión de los Boxeadores

---

[10] John Herschel (1792–1871), astrónomo y físico británico. Su obra traducida al chino, *Catálogo general de nebulosas y cúmulos de estrellas*, con dieciocho volúmenes y un volumen de apéndices, fue publicada en 1859.
Charles Lyell (1797–1875), geólogo británico. En 1871 se publicó un total de 38 volúmenes de la traducción al chino de *Principios de geología*.
James Dwight Dana (1813–1895), geólogo y mineralogista estadounidense. La traducción al chino de *Manual de mineralogía* fue una versión de doce volúmenes con un apéndice y se publicó en 1871.

[11] Xu Tong (1819–1900): Fue de la Bandera Azul del Ejército Han de la dinastía Qing, un obstinado burócrata feudal en los últimos años de la dinastía Qing.

en 1900, y también comandante. Pero los boxeadores fracasaron por completo y él también se suicidó. Y el gobierno volvió a considerar que las leyes, políticas, estudios y técnicas del extranjero tendrían muchos méritos que absorber. Mi anhelo de ir a Japón a estudiar fue precisamente en ese tiempo. Logré mi objetivo. El lugar de inscripción fue el Instituto Kobun⑫ en Tokio, creado por el Sr. Kana, y allí el Sr. Rikitaro Mitaka me enseñó que el agua está compuesta de oxígeno e hidrógeno, el Sr. Shigeo Yamauchi me enseñó qué parte de la concha se llama "sobretodo". Esto fue lo que ocurrió un cierto día. El Sr. Okubo, superintendente de la Escuela, reunió a todos y dijo: "Como todos ustedes son discípulos de Confucio, ¡hoy vayan al Templo Confuciano cerca del Ochanomizu⑬ a hacer la reverencia!" Y esto me hizo muy sorprendido. Ahora todavía recuerdo lo que pensé en ese momento: vine a Japón precisamente porque estaba desesperado por Confucio y sus discípulos, ¿pero ahora volveremos a adorarle? Me sentí muy extraño por un tiempo y creía que yo no era el único que tenía esta sensación.

No obstante, lo poco apreciado a Confucio en su propio país no comenzó en el siglo XX. Mencio lo criticó como el "Sabio adaptado al tiempo"⑭, y si se lo traduce al lenguaje moderno, realmente no habrá otra forma que el "Sabio de la moda". Si se hablara de su propio bien, este no sería desde luego un título honorífico con peligro, pero probablemente tampoco un título que merece mucha bienvenida. Pero en realidad, tal vez no hubiera sido como así. Lo que Confucio fue calificado definitivamente como el "Sabio de la moda" solo sucedió

---

⑫ Instituto Kobun: Fue una escuela preparatoria para estudiantes chinos en Japón que estudiaban el japonés y los cursos básicos.
⑬ Ochanomizu: Nombre de un distrito de Tokio, Japón. El santuario de Yushima está cerca de la estación de Ochanomizu.
⑭ "Sabio adaptado al tiempo": Vea *Mencio – Wanzhang*.

más tarde después de su muerte, y cuando esaba en vida, en cambio, sufrió muchísimas amarguras. Corría de un lado para otro, y aunque fue alguna vez el noble superintendente de la policía[15] del reino Lu, pronto fue obligado a apartarse del poder y perdió su trabajo; además, fue despreciado por los cortesanos en poder, burlado por los hombres salvajes, e incluso rodeado de muchedumbre en motín, hasta quedarse con la panza plana de hambre. Aunque admitió a 3000 discípulos, los competentes solo fueron 72, y en quien realmente podía confiar fue solo uno. Un día, Confucio dijo indignado: "Si mi doctrina no se aplica, tomaré una pequeña balsa para flotar en el mar, y el que me acompañe, ¿tal vez solo sea You?"[16] De este intento negativo se puede vislumbrar dicho mensaje. Sin embargo, incluso este You, más tarde cuya borla del sombrero fue acuchillada por el enemigo en la lucha, pero era realmente digno de ser You, que en este momento todavía no olvidó la instrucción del maestro, gritando: "¡Un caballero no se quita la corona hasta la muerte!"[17] Continuó sosteniendo su corona atada con la borla rota hasta que fue picado como carne molida. Hasta allí incluso el único discípulo confiable se había perdido, y Confucio estuvo, por supuesto, muy triste. Se decía que tan pronto como escuchó esta noticia, ordenó echar la carne molida de la cocina, etc.[18]

Creo que, después de su muerte, Confucio tuvo una suerte un poco mejor. Debido a que ya no pudo cotorrear, todo tipo de hombres poderosos usaron toda clase de polvos blancos a maquillarlo,

---

[15] "Superintendente de la policía": Confucio fue una vez el Sikou del reino Lu, a cargo de la prisión, equivalente al superintendente de la policía en Japón, y es el oficial más alto a cargo del trabajo policial. Como este artículo fue originalmente escrito y publicado en japonés, el autor usaba el témino por analogía para que se entendiera mejor.

[16] "Si mi doctrina no se aplica, ...?": Véase *Analectas de Confucio – Gongye Chang*. Aquí, el discípulo de nombre You indica a Zhong You, o sea, el mismo llamado Zi Lu.

[17] "¡Un caballero no se quita la corona hasta la muerte!": Véase *Zuo Zhuan*.

[18] Con respecto al cuento de de la carne molida, vea *Dichos de Confucio y sus discípulos – Zi Gong pregunta*.

elevándolo hasta una altura espantosa. Pero en comparación con Sakyamuni[19], que fue importado más tarde, debería ser realmente pobre. Es cierto que cada distrito tiene un Templo del Sabio, o sea, un Templo de las Letras, pero todos parecen con un aspecto solitario y descuidado y la gente común nunca va a adorar. Si quiere visitar, suele ir a templos budistas o santuarios reales. Si se les preguntan a los plebeyos quién es Confucio, sin duda responden que es el gran Sabio, pero esto es solo un gramófono de las voces de aquellos poderosos. También respetan y atesoran los papeles y caracteres, pero esto se debe a que si no se comportan así, serán fulminados por el rayo según la superstición; claro que el Templo de Confucio en Nanjing es un lugar concurrido, pero eso se debe a los diversos juegos y casas de té en su alrededor. Aunque Confucio escribió los *Anales de primavera y otoño*, por lo que los cortesanos rebeldes y bandidos le tenían miedo, hoy en día casi nadie sabe por nombre un cortesano rebelde o bandido derrotado por la condena con su pluma. Al hablar de algún tipo como esos, tal vez creen que fuera Cao Cao, pero eso no fue enseñado por el Sabio, sino por autores sin fama que escribieron las novelas y guiones.

En resumen, Confucio en China ha sido exaltado por los poderosos. Él es el Sabio de los que han estado en el poder o los que quieren tener poder, y no tiene nada que ver con las masas del pueblo. Igualmente, respecto del Templo del Sabio, no ha sido atendido nada más que por el fervor momentáneo de los que han tenido el poder. Es que cuando depositaron el respeto a Confucio, habían llevado en

---

[19] Sakyamuni (aprox. 565–486 a. C.): Era el hijo del rey Śuddhodana (el que cultiva arroz puro) del reino Sakya Gana-rajya en la India antigua, quien más tarde se convirtió en monje y se convirtió en el fundador del budismo, o sea, el Buda. El budismo comenzó a extenderse a China a finales de la dinastía Han.

sí otro objetivo, y al alcanzarlo, este instrumento ya dejaría de ser útil, y si no lo lograra, sería más inútil. Hace treinta o cuarenta años, toda gente que trataba de obtener el poder, es decir, la que quería ser oficial, igualmente leía los Cuatro Libros y los Cinco Clásicos y hacían "artículos al estilo estereotipado". Otra gente llamaba estos libros y artículos en conjunto simplemente como el "ladrillo para tocar la puerta". Esto quiere decir, una vez aprobado en el examen para oficiales civiles, estas cosas al respecto se olvidarían al mismo tiempo, al igual que el ladrillo utilizado para tocar la puerta, que, tan pronto como se abriera la puerta, sería tirado de inmediato también. Este señor Confucio, de hecho, desde que murió siempre ha desempeñado el cargo de "ladrillo para tocar la puerta".

Si observamos los ejemplos más recientes, lo vamos a entender mejor. Desde principios del siglo XX, la suerte de Confucio fue muy mala, pero en la era de Yuan Shikai fue recordado de nuevo. No solo se restauró la ceremonia memorial, sino que también se confeccionaron trajes extraños de sacrificio para que la gente que iba a presentar ofrendas los vistiera. Y lo que le siguió a esto sería la restauración del sistema imperial. Sin embargo, aquella puerta no se abrió al final con el ladrillazo y Yuan Shikai murió fuera de la puerta. lo que quedó fue el caso de los caudillos militares del norte. Cuando se sentían aproximados al fin de su camino, también lo usaron para llamar a otras puertas de felicidad. Atrincherado en Jiangsu y Zhejiang, el general Sun Chuanfang[20] mató a los plebeyos a voluntad en el camino, pero por otro lado revivió el ritual de Pitch-pot, o sea, el Tiro en

---

[20] Sun Chuanfang (1885–1935): Nativo de Licheng, provincia de Shandong, fue un caudillo militar del norte. Había ocupado y atrincherado en las cinco provincias del sureste para promover el retro. El 6 de agosto de 1926, celebró un ritual de Pitch-pot en Nanjing. Para el juego de Pitch-pot véase la Nota [6] de "Correspondencia de Shanghai" de este libro de traducción.

la olla; el general Zhang Zongchang[21] que, una vez penetrado en Shandong, ni siquiera él mismo podía contar en número claro la cantidad de su dinero, de sus soldados y sus concubinas, pero hizo una reedición en grabado de las *Trece obras clásicas* de nuevo, además, considerando la doctrina del Sabio como una cosa que pudiera transmitirse mediante relaciones carnales como la enfermedad venérea, tomó como yerno a un cierto descendiente de Confucio, pero la puerta de felicidad aún no se abrió para ninguno de ellos.

Estos tres hombres utilizaron a Confucio como un ladrillo, pero los tiempos se habían cambiado, así que todos fallaron en términos llanos y claros. ¿Cómo podría limitarse su fracaso solo a ellos mismos? A la vez, también envolvieron a Confucio a caerse en un estado más trágico. Todos ellos fueron personajes que ni siquiera conocían los caracteres chinos, pero insistían en hablar profusamente sobre qué cosas de las *Trece obras clásicas,* lo que le resultó muy ridículo a la gente; además, sus acciones y sus palabras eran demasiado inconsistentes, y esto provocó aún más fastidio. Dado que la gente ha tenido odio a los monjes, se lo extiende a su kasaya; el hecho de que Confucio fue utilizado como un instrumento para cierto propósito ha quedado excepcionalmente claro de nuevo, así que el deseo de abajarlo se vuelve cada vez más vigoroso. Por eso, cuando Confucio se engalana con gran dignidad, habrán de surgir papeles y obras que busquen sus defectos. Pese a ser Confucio, también tiene defectos que, en tiempos ordinarios, a nadie le importan porque el Sabio también es un ser humano y los defectos podrían haber sido perdonados. Pero, si los seguidores del Sabio salen a hablar disparates, creyendo que el Sabio

---

[21] Zhang Zongchang (1881-1932): Nativo del distrito Ye, provincia de Shandong, fue un caudillo militar del norte. En 1925, abogó por leer los clásicos confucianos cuando era gobernador de Shandong.

actuaba de este y ese modo, y que por lo tanto tú también tienes que hacer las cosas de esta y esa manera, la gente ya no podrá evitar reírse. Hace cinco o seis años, se causó un problema por la representación pública de la obra de teatro *La visita de Confucio a Nanzi*[22]. En esa actuación, apareció Confucio, y en términos de un sabio, por supuesto, le faltaba inevitablemente un poco de prudencia y se mostraba un poco de cabeza boba y aspecto tonto. Sin embargo, en calidad de persona, era un buen hombre encantador. Pero los descendientes del Sabio estuvieron muy indignados y llevaron este alboroto al departamento oficial, porque el lugar de la actuación precisamente estuvo en la tierra natal de Confucio, donde los descendientes del Sabio se multiplicaron tanto que se convirtieron en una clase privilegiada, lo que hizo incluso a Shakyamuni y Sócrates[23] sentirse avergonzados de la inferioridad. No obstante, quizás eso pudiera ser justamente la razón por la cual los jóvenes no descendientes del Sabio quisieron actuar deliberadamente *La visita de Confucio a Nanzi*.

Las masas del pueblo común de China, especialmente la llamada gente ignorante, aunque llaman a Confucio el Sabio, no creen que sea sabio; para con él, son respetuosas y cautelosas pero no cercanas ni íntimas. Sin embargo, creo que probablemente no habrá otro pueblo en el mundo que pueda entender a Confucio como lo hace la gente ignorante de China. Es cierto que Confucio había planeado excelentes métodos para gobernar el país, pero todos esos eran los métodos previstos para los que dominaban a las masas del pueblo, o

---

[22] *La visita de Confucio a Nanzi*: Obra en un solo acto de Lin Yutang, publicado en el número 6, volumen I de la *Corriente Rodante* (noviembre de 1928). Cuando los estudiantes de la Escuela Normal N.º 2 de Qufu, provincia de Shandong, ensayaron el espectáculo en 1929, los descendientes del clan confuciano local presentaron una queja conjunta ante el Ministerio de Educación del gobierno de KMT con el motivo de "insultar abiertamente a su antepasado el señor Confucio", y como resultado, el director de la escuela fue traslado.

[23] Sócrates (469–399 a. C.): Antiguo filósofo griego, conservador representante ideológico del esclavismo aristocrático.

sea, aquellos poderosos, pero para las propias masas populares, no tuvo ninguno. Esto es lo que se llama "Los ritos no bajan a aplicarse entre la gente común".[24] Al ser el Sabio de los poderosos, finalmente se convirtió en un "ladrillo para tocar la puerta", de lo cual realmente no puede quejarse por injusticia. En cuanto a no tener relaciones con las masas populares, sería un tabú para mencionar, pero el no tener nada de intimidad, creo que posiblemente sería una forma muy educada de decirlo. No van a acercarse a aquel Sabio que no les es íntimo, esto es de lo supuesto. Pueden ir en cualquier momento, intentando subir al Salón de Máxima Integridad[25] vestidos de una ropa rotosa, descalzos, para ver qué pasará. Me temo que sea similar a ir por equivocación a los cines superiores o los tranvías de primera clase en Shanghai, fueran regañados y expulsados de inmediato. Todo el mundo sabe que son cosas de los señores y maestros, aunque sean "gente ignorante", todavía no han llegado a este punto de tontería.

29 de abril

---

[24] "Los ritos no bajan a aplicarse entre la gente común": Véase *Libro de ritos – Ritos de la música*.
[25] Salón de Máxima Integridad: El pabellón central del Templo de Confucio para adorar a Confucio. Se fundó en 1018 d. C. Su nombre original fue Salón del Rey de la Santísima Sabiduría. En 1104 se cambió a Salón Dacheng. La frase "Dacheng" proviene de la frase de Mencio: "Confucio ha llegado a la Máxima Integridad (Dacheng)".
El Templo de Confucio es una construcción parecida a un santuario chino, que conmemora a Confucio y ofrece sacrificios a Confucio. La historia del Templo de Confucio se remonta al segundo año de la muerte de él (478 a. C.) cuando sus discípulos adoraron su "Casa Vieja" como un templo de memoria. Desde el emperador Wu de la dinastía Han (156–87 a. C.) desestimó un centenar de escuelas y solo llevó respeto al confucianismo, así que el templo de Confucio se convirtió posteriormente en un templo para promover el confucianismo. Con la ampliación de la cultura china, ya han construido muchos templos confucianos en Asia y en todo el mundo. Después del siglo XVIII, había más de 3000 templos confucianos en China y en el extranjero (actualmente más de 1300).

论现在我们的文学运动[1]

——病中答访问者,O.V.笔录

"左翼作家联盟"五六年来领导和战斗过来的,是无产阶级革命文学的运动。这文学和运动,一直发展着;到现在更具体底地,更实际斗争底地发展到民族革命战争的大众文学。民族革命战争的大众文学,是无产阶级革命文学的一发展,是无产革命文学在现在时候的真实的更广大的内容。这种文学,现在已经存在着,并且即将在这基础之上,再受着实际战斗生活的培养,开起烂缦的花来罢。因此,新的口号的提出,不能看作革命文学运动的停止,或者说"此路不通"了。所以,决非停止了历来的反对法西主义,反对一切反动者的血的斗争,而是将这斗争更深入,更扩大,更实际,更细微曲折,将斗争具体化到抗日反汉奸的斗争,将一切斗争汇合到抗日反汉奸斗争这总流里去。决非革命文学要放弃它的阶级的领导的责任,而是将它的责任更加重,更放大,重到和大到要使全民族,不分阶级和党派,一致去对外。这个民族的立场,才真是阶级的立场。托洛斯基的中国的徒孙们,似乎胡涂到连这一点都不懂。但有些我的战友,竟也有在作相反的"美梦"者,我想,也是极胡涂的昏虫。

但民族革命战争的大众文学,正如无产革命文学的口号一样,大概是一个总的口号罢。在总口号之下,再提些随时应变的具体的口号,例如"国防文学""救亡文学""抗日文艺"……等等,我以为是无碍的。不但没有碍,并且是有益的,需要的。自然,太多了也使人头昏,浑乱。

不过,提口号,发空论,都十分容易办。但在批评上应用,在创作上实现,就有问题了。批评与创作都是实际工作。以过去的经验,我们的批评常流于标准太狭窄，看法太肤浅；我们的创作也常现出近于出题目做八股的弱点。所以我想现在应当特别注意这点：民族革命战争的大众文学决不是只局限于写义勇军打仗，学生请愿示威……等等的作品。这些当然是最好的，但不应这样狭窄。它广泛得多，广泛到包括描写现在中国各种生活和斗争的意识的一切文学。因为现在中国最大的问题，人人所共的问题，是民族生存的问题。所有一切生活（包含吃饭睡觉）都与这问题相关；例如吃饭可以和恋爱不相干，但目前中国人的吃饭和恋爱却都和日本侵略者多少有些关系，这是看一看满洲和华北的情形就可以明白的。而中国的唯一的出路，是全国一致对日的民族革命战争。懂得这一点，则作家观察生活，处理材料，就如理丝有绪；作者可以自由地去写工人，农民，学生，强盗，娼妓，穷人，阔佬，什么材料都可以，写出来都可以成为民族革命战争的大众文学。也无需在作品的后面有意地插一条民族革命战争的尾巴，翘起来当作旗子；因为我们需要的，不是作品后面添上去的口号和矫作的尾巴，而是那全部作品中的真实的生活，生龙活虎的战斗，跳动着的脉搏，思想和热情，等等。

（六月十日。）

注 释

[1] 本篇最初同时发表于1936年7月《现实文学》月刊第一期和《文学界》月刊第一卷第二号。

Sobre nuestro movimiento literario actual[1]

Respondiendo al visitante durante la enfermedad, transcripción por O. V.

Lo que la "Liga de Escritores de Izquierda" ha estado dirigiendo y luchando durante los últimos cinco o seis años es el movimiento de literatura revolucionaria proletaria. Esta literatura y el movimiento han estado desarrollándose; y ahora se ha convertido en la literatura popular de la guerra revolucionaria nacional de forma más concreta y más práctica. La literatura popular de la guerra revolucionaria nacional es el nuevo desarrollo de la literatura revolucionaria del proletariado, y es el contenido verdadero y más amplio de ella en este momento. Este tipo de literatura ya existe ahora, y sobre esta base, será cultivada por la vida real de combate, y comenzará a florecer colorida y brillantemente. Así que el planteamiento de la nueva consigna no puede considerarse como el cese del movimiento literario revolucionario, o "este camino no tiene salida". Por lo tanto, esto no significa en absoluto detener la tradicional lucha sangrienta contra el fascismo y todos los reaccionarios, sino que la llevamos a cabo de manera más profundizada, expandida, práctica, más detallada y sinuosa, y la concretamos en la lucha antijaponesa y

---

[1] Este artículo fue publicado simultáneamente en julio de 1936 en el primer número de la revista mensual *Literatura de la Realidad* y en el número 2 del primer volumen de la revista mensual *Círculo Literario*.

antitraidora, incorporando todas las luchas en esta corriente general de la lucha antijaponesa y antitraidora. No se trata de que la literatura revolucionaria renuncie a su responsabilidad de dirección de clase, sino de que asuma una responsabilidad más pesada y más ampliada, tan pesada y ampliada que toda la nación, independientemente de clase y de partido, enfrente unánimemente a la agresión exterior. Y solo esta posición de la nación constituye la posición real de la clase. Los discípulos de los discípulos chinos de Trotski parecen ser tan embrollados que ni siquiera entienden este punto. Pero inesperadamente algunos de mis compañeros de armas también están sumergidos en el "sueño dulce" inverso, quienes creo que también son bichos desmayos de cabeza muy confusa.

Pero la literatura de masas de la guerra revolucionaria nacional, como la consigna de la literatura revolucionaria del proletariado, debe ser probablemente una consigna general, bajo la cual lanzan unos cuantos lemas específicos que son adaptables a cualquier momento, tal como "Literatura de Defensa Nacional", "Literatura de Salvación", "Literatura y Arte Antijaponeses", etc. Creo que no son perjudiciales, y no solo son inocuos, sino que también beneficiosos y necesarios. Desde luego, cuando sean demasiados podrán causar mareos y confusión a la gente también.

Sin embargo, proponer consignas y emitir opiniones vacías son muy fáciles de hacer, pero cuando se apliquen en la crítica y se realicen en la creación, habrá problemas. Tanto la crítica como la creación son tareas prácticas, y según la experiencia pasada, nuestras críticas a menudo son limitadas a criterios demasiado estrechos y opiniones demasiado superficiales; nuestras creaciones también muestran con frecuencia debilidades similares al problema de hacer artículos al estilo estereotipado con un tema asignado. Por eso creo que ahora deberíamos prestar especial atención a lo siguiente: la literatura de masas de la guerra revolucionaria nacional no se limita en absoluto a escribir obras sobre los valientes soldados voluntarios en la lucha, las peticiones y manifestaciones de los estudiantes, etc. Estas obras, por supuesto, son las mejores, pero no debería ser tan estrecho su alcance. Esta literatura será mucho más extensa, tan extensa que incluya toda literatura que describa la conciencia de diversos tipos de vida y lucha en la China de hoy. Porque el mayor problema actual en China, al que todos confrontamos en común, es la cuestión de la supervivencia nacional. Toda la vida (incluso comer y dormir) está relacionada con este tema; por ejemplo, comer puede ser irrelevante con enamorarse, pero en la actualidad, la comida y el enamoramiento de los chinos están más o menos relacionados con los invasores japoneses, de lo que puede estar claro echando una mirada a la situación en Manchuria y el Norte de China. Y la única salida para China es la guerra revolucionaria nacional contra Japón. Entender esto es como si un escritor encontrara la pista de desenredar el hilo de seda en orden cuando observara la vida y procesara la materia. Él podrá escribir libremente sobre trabajadores, campesinos, estudiantes, ladrones, prostitutas, personas pobres, tipos ricachones, cualquier material que sea, y todos podrán convertirse en literatura de masas de la guerra revolucionaria nacional. Tampoco hace falta agregar deliberadamente una cola de la guerra revolucionaria nacional detrás de la obra, irguiéndola para servir de bandera; pues lo que necesitamos no son consignas ni colas artificiales en el reverso de la obra, sino la vida real en toda la obra, peleas animadas como entre vivos dragones y tigres, pulsos palpitantes, pensamientos y entusiasmo, etc.

10 de junio

致许广平书信集[1]

第一章　北京

（一九二五年三月至七月）

第一封信

（一九二五年三月十一日）

广平[2]兄：

今天收到来信，有些问题恐怕我答不出，姑且写下去看。

学风如何，我以为和政治状态及社会情形相关的，倘在山林中，该可以比城市好一点，只要办事人员好。但若政治昏暗，好的人也不能做办事人员，学生在学校中，只是少听到一些可厌的新闻，待到出校和社会接触，仍然要苦痛，仍然要堕落，无非略有迟早之分。所以我的意思，以为倒不如在都市中，要堕落的从速堕落罢，要苦痛的速速苦痛罢，否则从较为宁静的地方突到闹处，也须意外地吃惊受苦，而其苦痛之总量，与本在都市者略同。

学校的情形，也向来如此，但一二十年前，看去仿佛较好者，乃是因为足够办学资格的人们不很多，因而竞争也不猛烈的缘故。现在可多了，竞争也猛烈了，于是坏脾气也就彻底显出。教育界的称为清高，本是粉饰之谈，其实和别的什么界都一样，人的气质不大容易改变，进几年大学是无甚效力的，况且又有这样的环境，正如人身的血液一坏，体中的一部分决不能独保健康一样，教育界也不会在这样的民国里特别清高的。

所以，学校之不甚高明，其实由来已久，加以金钱的魔力，本是非常之大，而中国又是向来善于运用金钱诱惑法术的地方，于是自然就成了这现象。听说现在是中学校也有这样的了,间有例外,大约即因年龄太小,还未感到经济困难或花费的必要之故罢。至于传入女校,当是近来的事,大概其起因,当在女性已经自觉到经济独立的必要,而借以获得这独立的方法,不外两途,一是力争,一是巧取,前一法很费力,于是就堕入后一手段去,就是略一清醒,又复昏睡了。可是这情形不独女界为然,男人也多如此,所不同者巧取之外,还有豪夺而已。

我其实那里会"立地成佛"[3],许多烟卷,不过是麻醉药,烟雾中也没有见过极乐世界。假使我真有指导青年的本领——无论指导得错不错——我决不藏匿起来,但可惜我连自己也没有指南针,到现在还是乱闯,倘若闯入深渊,自己有自己负,领着别人又怎么好呢,我之怕上讲台讲空话者就为此。记得有一种小说里攻击牧师,说有一个乡下女人,向牧师沥诉困苦的半生,请他救助,牧师听毕答道,"忍着罢,上帝使你在生前受苦,死后定当赐福的。"其实古今的圣贤以及哲人学者所说,何尝能比这高明些,他们之所谓"将来",不就是牧师之所谓"死后"么?我所知道的话就全是这样,我不相信,但自己也并无更好的解释。章锡琛[4]的答话是一定要模胡的,听说他自己在书铺子里做伙计,就时常叫苦连天。

我想,苦痛是总与人生联带的,但也有离开的时候,就是当睡熟之际。醒的时候要免去若干苦痛,中国的老法子是"骄傲"与"玩世不恭",我觉得我自己就有这毛病,不大好。苦茶加"糖",其苦之量如故,只是聊胜于无"糖",但这糖就不容易找到,我不知道在那里,这一节只好交白卷了。

以上许多话,仍等于章锡琛,我再说我自己如何在世上混过去的方法,以供参考罢——

一、走"人生"的长途,最易遇到的有两大难关。其一是"歧路",倘若墨翟[5]先生,相传是恸哭而返的。但我不哭也不返,先在歧路头坐下,歇一会,或者睡一觉,于是选一条似乎可走的路再走,倘遇见老实人,也许夺他食物充饥,但是不问路,因为我料定他并不知道的。如果遇见老虎,我就爬上树去,等它饿得走去了再下来,倘它竟不走,我就自己饿死在树上,而且先用带子缚住,连死尸也决不给它吃。但倘若没有树呢？那么，没有法子，只好请它吃了，但也不妨也咬它一口。其二便是"穷途"了，听说阮籍[6]先生也大哭而回，我却也象在歧路上的办法一样，还是跨进去，在刺丛里姑且走走，但我也并未遇到全是荆棘毫无可走的地方过，不知道是否世上本无所谓穷途，还是我幸而没有遇着。

二、对于社会的战斗，我是并不挺身而出的，我不劝别人牺牲什么之类者就为此。欧战的时候，最重"壕堑战"，战士伏在壕中，有时吸烟，也唱歌，打纸牌，喝酒，也在壕内开美术展览会，但有时忽向敌人开他几枪。中国多暗箭，挺身而出的勇士容易丧命，这种战法是必要的罢。但恐怕也有时会逼到非短兵相接不可的，这时候，没有法子，就短兵相接。

总结起来，我自己对于苦闷的办法，是专与袭来的苦痛捣乱，将无赖手段当作胜利，硬唱凯歌，算是乐趣，这或者就是糖罢。但临末也还是归结到"没有法子"，这真是没有法子！

以上，我自己的办法说完了，就是不过如此，而且近于游戏，不象步步走在人生的正轨上（人生或者有正轨罢，但我不知道），我相信写了出来，未必于你有用，但我也只能写出这些罢了。

（鲁迅。三月十一日。）

注 释

[1] 鲁迅与许广平在1925年3月至1929年6月间的通信结集，共收信一百三十五封（其中鲁迅信六十七封半），全部由鲁迅编辑修改而成，书名是《两地书》，分为三集，1933年4月由上海青光书局初版。鲁迅生前共印行四版次。后来人们收入《鲁迅全集》第七卷时，仅收入了鲁迅写的信，而删去了许广平的信，于是列为《致

许广平书信集》。这篇写于1925年3月11日的文章谈论的是中国当时教育的现状以及作者面对这种状况无能为力的苦闷。

［2］许广平（1898—1968）：广州人。她是鲁迅的学生、同居人和晚年伴侣。由于鲁迅从来没有承认过母亲给他的包办婚姻，也没有和他的礼仪妻子住在一起，所以许广平通常被认为是鲁迅实际上的第二任妻子。鲁迅去世后，许广平将鲁迅遗留下来的所有作品和文物捐赠给了国家。许广平曾任政务院副秘书长、全国人大常委、全国政协常委、全国妇联副主席等。

［3］"立地成佛"：佛教语，谓停止作恶，立成正果，用于劝导作恶之人停止作恶。

［4］章锡琛（1889—1969）：资深编辑，在多家杂志和出版社任职，鲁迅和他打过交道，保持友谊。

［5］墨翟：即墨子，战国时期的大思想家，主张"兼爱"，反对战争。

［6］阮籍（210—263）：三国时期魏国诗人。

Colección de cartas a Xu Guangping[1]

Capítulo I Beijing

(marzo-julio de 1925)

Carta (1)

(11 de marzo de 1925)

Querida amiga Guangping[2]:

He recibido la carta hoy, pero sobre algunas preguntas me temo no poder responder de inmediato. Ahora primero déjame escribir como una prueba.

¿Cómo es el clima escolar? Creo que está relacionado con el estado político y la situación social. Si se encuentra en las montañas boscosas, debe ser mejor que en la ciudad, siempre y cuando el

---

[1] La colección de correspondencia entre Lu Xun y Xu Guangping entre marzo de 1925 y junio de 1929 colectó un total de 135 cartas (incluidas 67 cartas y media de Lu Xun), todas las cuales fueron editadas y revisadas por Lu Xun. Con el título de *Cartas entre dos sitios*, dividido en tres volúmenes, fue publicado por primera vez por la Librería de Qingguang de Shanghai en abril de 1933. Lu Xun publicó cuatro ediciones durante su vida. Posteriormente, cuando se sacó a luz en el séptimo volumen de *Las obras completas de Lu Xun*, solo se incluyeron las cartas escritas por Lu Xun y se eliminaron las cartas de Xu Guangping, por lo que se tituló como "Colección de cartas a Xu Guangping". Este artículo escrito el 11 de marzo de 1925 habla sobre la situación actual de la educación en China en ese momento y la angustia del autor por verse indefenso ante esta situación.

[2] Xu Guangping (1898–1968): Nativa de Guangzhou. Fue estudiante, conviviente y compañera de Lu Xun. Como Lu Xun nunca reconoció su matrimonio arreglado por su madre ni había vivido con su esposa ceremonial, normalmente se consideraba que Xu era la segunda esposa o señora real de Lu Xun. Después del fallecimiento de Lu Xun, ella donó todas las obras y reliquias dejadas por el escritor al Estado. Después del establecimiento de la República Popular China, Xu Guangping fue subsecretario general del Consejo de Estado, miembro del Comité Permanente de la Asamblea Popular Nacional de China, miembro del Comité Permanente del la Conferencia Consultiva Política del Pueblo Chino y vicepresidenta de la Federación de Mujeres de China.

personal administrativo sea bueno. Pero si la política es oscura, ni siquiera las personas buenas pueden ser designadas como empleados administrativos. Estando en la escuela, los estudiantes solo pueden escuchar menos noticias repugnantes. Cuando salgan de la escuela entrando en contacto con la sociedad, seguirán sufriendo y degenerando aún, nada más que hay una diferencia entre lo temprano y lo tardío. Por lo tanto, mi idea es que es mejor vivir en la ciudad, dejando que los encarrilados a la degeneración se apresuren a degenerarse y los encaminados a sufrir se aceleren a padecer; de lo contrario, al trasladarse súbitamente de un lugar tranquilo a un retorno bullicioso, también tendrán que sufrir asombros y penalidades inesperadamente, y el conjunto de los sufrimientos se iguala aproximadamente al de los que desde siempre residen en la ciudad.

La situación de las escuelas siempre ha sido la misma también, pero lo que parecía estar relativamente mejor hace unos diez a veinte años se debía a no haber muchas personas con calificación suficiente para dirigir escuela, así que no era aguda la competencia. No obstante, ahora son muchas y la competencia es feroz, entonces se revela el mal genio por completo. Lo llamado puro y elevado del círculo educativo es originalmente palabrería de maquillaje, cuyo estado es de hecho igual a cualesquiera otros círculos. El temperamento personal no es fácil de cambiar y el estudio en la universidad durante varios años tampoco le resulta muy útil. Además, bajo tal tipo de ambiente, igual que cuando la sangre de la persona fuera mala, una parte del cuerpo no podría permanecer sola en la salud por sí sola, la comunidad educativa no puede ser particularmente pura y noble sumergida en tal clase de república.

Por lo tanto, las escuelas no son bastante maravillosas. De hecho, esto es ya de larga procedencia, más la magia del dinero que es básicamente muy fuerte, mientras China siempre ha sido un buen lugar en usar el dinero como un hechizo de seducción, así que se ha conformado este fenómeno. Oí decir que también han sido así unas escuelas entre las secundarias, con casuales excepciones. Esto probablemente se debe a la edad demasiado corta, por la que todavía no han sentido la dificultad económica o la necesidad de gastos. En cuanto a la introducción de este clima en las escuelas de mujeres, debería ser ocurrencia reciente. La causa posiblemente reside en que las mujeres han tomado conciencia de la necesidad de la independencia económica, y los métodos a ganarla son no más de dos, ya sea con esfuerzo duro o con medios sutiles. Como el primero cuesta mucho trabajo, han caído en el uso del segundo, pese a que a veces se despiertan por un instante, conciliarán el sueño letárgicos de nuevo. Pero estas circunstancias no solo suceden en los círculos de las mujeres, sino que también ocurre lo mismo con los hombres mayoritariamente, pero lo diferente es, además de usar artimaña, también arrebatar por fuerza.

De verdad, ¿cómo podría "convertirme en un santo budista de inmediato"[3]? Estos muchos cigarrillos no son nada más de narcóticos, y nunca he visto al paraíso del Nirvana en medio del humo. Si realmente tuviera la capacidad de guiar a los jóvenes, sin importar si la orientación fuera correcta o no, nunca me escondería, pero es lástima que yo ni siquiera tenga una brújula para mí mismo y hasta ahora todavía siga vagando ciegamente. Si me caigo en el abismo, me responsabilizaré de mí mismo, pero ¿qué tal si conduzco a otros? Lo que tengo miedo a subir a la plataforma a decir palabras vacías es precisamente por esto. Recuerdo una novela que ataca al pastor, diciendo que una mujer de campo le contó la tristeza de su media

---

[3] "Convertirme en un santo budista de inmediato": Es un término budista, que significa dejar de hacer el mal y lograr llegar al estado espiritual de un inmortal del budismo, que es un dicho para aconsejar a los perpetradores dejar de hacer el mal y ser persona decente.

vida y le pidió ayuda. El pastor escuchó y dijo: "Aguántate. Dios te hace sufrir en vida y te otorgará felicidad después de tu muerte". En realidad, lo que han dicho los sabios, filósofos y eruditos antiguos y modernos, ¿cómo podría ser más juicioso que esto? ¿Y su llamado "futuro" no es exactamente lo llamado "después de la muerte" del sacerdote? Las palabras de que me he enterado son todas como así. No las creo, pero tampoco tengo una explicación mejor. La respuesta de Zhang Xichen④ siempre debe ser borrosa, y oí decir que cuando él mismo era dependiente en la librería, de vez en cuando lanzaba amargas quejas incesantemente.

Pienso que el sufrimiento siempre está asociado con la vida, pero también hay momentos de separación, que son cuando uno está durmiendo profundamente. Si quiere evitar cierta amargura cuando está despierto, los viejos métodos chinos son "ser orgulloso" y "jugarse con el mundo". Creo que yo mismo tengo este vicio, que no es bueno. Es como el té amargo con "azúcar", cuyo volumen de amargor es lo mismo que antes, y que solo está un poco mejor que sin "azúcar", pero este azúcar no es fácil de encontrar y no sé dónde está. Para esta sección solo puedo entregar en blanco la hoja de examen.

Muchas de las palabras anteriores siguen igualándose a las de Zhang Xichen. Ahora hablaré sobre cómo estoy pasando la vida confusamente en la sociedad, lo que tal vez pueda servir de referencia.

Primero, en el largo viaje de la "vida", es muy probable encontrarse con dos pasos clave que entorpecen. El primero es la "encrucijada". En el caso del Sr. Mo Di⑤, decían que él lloró a gritos y regresó. Pero yo no lloro ni regreso. Ante todo me siento a la encrucijada para tomar

---

④ Zhang Xichen (1889–1969): Editor experto, trabajó en muchas revistas y editoriales. Lu Xun se llevaba bien con él y los dos mantenían la amistad durante mucho tiempo.
⑤ Mo Di: Nombre original de Mozi, gran pensador del Período de los Estados Combatientes. Creía en el amor por toda la humanidad y estaba en contra de las guerras.

un descanso o dormir un rato. Luego elijo un camino que parezca transitable, y en caso de encontrarme con una persona honesta, probablemente voy a despojarle de su comida para matar hambre, pero no le pregunto sobre el camino porque supongo que no lo sabe. Si me encuentro con un tigre, me subiré al árbol, esperando hasta que se aleje por demasiada hambre, y luego bajaré; si inesperadamente no se va, moriré de hambre en el árbol amarrándome primero con una correa, ni siquiera le dejaré comer mi cadáver. Pero ¿en caso de no haber árbol? Bueno, no hay otra manera que dejarle comer, pero yo también le daré una mordedura por si pueda. El segundo paso clave es el "fin del camino". Decían que el Sr. Ruan Ji⑥ también lloró en voz alta y regresó, pero yo también voy a recurrir al mismo método usado cuando frente a la encrucijada. Igualmente cruzaré a zancadas adentro y caminaré entre los arbustos de espinas, pero no me he hallado en un lugar cubierto de espinas sin donde adelantarse, así que no sé si en el mundo nunca ha existido el llamado fin del camino, o afortunadamente no me he topado con uno.

En segundo lugar, en los combates de la sociedad, no me adelanto con valentía para enfrentarlos, razón por la cual no he persuadido a los demás a sacrificarse o hacer semejantes cosas. Durante la Guerra Europea, le daban más importancia a la "batalla de trincheras". Los soldados se agazapaban en las trincheras, a veces fumaban, cantaban, también jugaban a las cartas y bebían, incluso celebraban exposiciones de arte, pero a veces disparaba repentinamente varios tiros al enemigo. Como en China hay muchas flechas ocultas, un valeroso que se adelanta con el pecho es propenso a perder la vida, y esta táctica de combatir en trincheras debería ser necesaria. Sin embargo, probablemente a veces se ven obligados a pelear cuerpo a

---

⑥ Ruan Ji (210–263): Poeta del reino Wei durante el período de los Tres Reinos.

cuerpo con arma corta, y en este caso, no hay otro remedio que luchar a distancia mínima.

Para resumir, mi propia manera para lidiar con la angustia es turbar el dolor que me llega, utilizar tácticas canallescas para ganar la victoria, cantar obstinadamente el himno de triunfo, tomándolo como diversión. ¿Quizás esto sea el "azúcar"? Pero al final, todo se atribuye a "no hay otra manera", ¡y realmente no hay otra manera! Hasta aquí, mis propios métodos se han dicho todos, que no son nada más que estos y similares a juegos, lo que no se parece a caminar paso a paso por la pista correcta de la vida (tal vez haya alguna pista correcta en la vida, pero no la sé). Creo que pese a estar escritos, no serán necesariamente útiles para ti, pero los que puedo escribir son solo estos.

Lu Xun
11 de marzo

渡河与引路[1]

玄同[2]兄：

两日前看见《新青年》五卷二号通信里面，兄有唐俟也不反对Esperanto[3]，以及可以一齐讨论的话；我于Esperanto固不反对，但也不愿讨论；因为我的赞成Esperanto的理由，十分简单，还不能开口讨论。

要问赞成的理由，便只是依我看来，人类将来总当有一种共同的言语；所以赞成Esperanto。

至于将来通用的是否Esperanto，却无从断定。大约或者便从Esperanto改良，更加圆满；或者别有一种更好的出现；都未可知。但现在既是只有这Esperanto，便只能先学这Esperanto。现在不过草创时代，正如未有汽船，便只好先坐独木小舟；倘使因为豫料将来当有汽船，便不造独木小舟，或不坐独木小舟，那便连汽船也不会发明，人类也不能渡水了。

然问将来何以必有一种人类共通的言语，却不能拿出确凿证据。说将来必不能有的，也是如此。所以全无讨论的必要；只能各依自己所信的做去就是了。

但我还有一个意见，以为学Esperanto是一件事，学Esperanto的精神，又是一件事。——白话文学也是如此。——倘若思想照旧，便仍然换牌不换货；才从"四目仓圣"[4]面前爬起，又向"柴明华先师"[5]脚下跪倒；无非反对人类进步的时候，从前是说no，现在是说ne[6]；从前写作"咈哉"[7]，现在写作"不行"罢了。所以我的意见，以为灌输正当的学术文艺，改良思想，是第一事；讨论Esperanto，尚在其次，至于辩难驳诘，更可一笔勾消。

《新青年》里的通信，现在颇觉发达。读者也都喜看。但据我个人意见，以为还可酌减；只须将诚恳切实的讨论，按期登载；其他不负责任的随口批评，没有常识的问难；至多只要答他一回，此后便不必多说，省出纸墨，移作别用。例如见鬼，求仙，打脸之类[8]，明明白白全是毫无常识的事情，《新青年》却还和他们反复辩论，对他们说"二五得一十"的道理，这功夫岂不可惜，这事业岂不可怜。

我看《新青年》的内容，大略不外两类：一是觉得空气闭塞污浊，吸这空气的人，将要完结了；便不免皱一皱眉，说一声"唉"。希望同感的人，因此也都注意，开辟一条活路。假如有人说这脸色声音，没有妓女的眉眼一般好看，唱小调一般好听，那是极确的真话；我们不必和他分辩，说是皱眉叹气，更为好看。和他分辩，我们就错了。一是觉得历来所走的路，万分危险，而且将到尽头；于是凭着良心，切实寻觅，看见别一条平坦有希望的路，便大叫一声说，"这边走好。"希望同感的人，因此转身，脱了危险，容易进步。假如有人偏向别处走，再劝一番，固无不可；但若仍旧不信，便不必拚命去拉，各走自己的路。因为拉得打架，不独于他无益，连自己和同感的人，也都耽搁了工夫。

耶稣[9]说，见车要翻了，扶他一下。Nietzsche[10]说，见车要翻了，推他一下。我自然是赞成耶稣的话；但以为倘若不愿你扶，便不必硬扶，听他罢了。此后能够不翻，固然很好，倘若终于翻倒，然后再来切切实实的帮他抬。

老兄，硬扶比抬更为费力，更难见效。翻后再抬比将翻便扶，于他们更为有益。

（唐俟。十一月四日。）

注 释

[1] 本篇最初发表于1918年11月15日《新青年》第五卷第五号"通

信"栏，署名唐俟。《渡河与引路》是《新青年》发表本篇和钱玄同的复信时编者所加的标题。

［2］钱玄同（1887—1939）：文字学家，《新青年》编者之一。参见本书"译者序"的注释［7］。

［3］"Esperanto"：世界语，1887年波兰柴门霍夫所创造的一种国际辅助语。《新青年》自第二卷第三号（1916年11月1日）起，曾陆续发表讨论世界语的通信，当时孙国璋、区声白、钱玄同等主张全力提倡，陶孟和等坚决反对，胡适主张停止讨论。钱玄同根据平日了解，知道唐俟、刘半农等对于Esperanto都不反对。

［4］"四目仓圣"：指仓颉。相传为黄帝的史官，汉字的创造者。《太平御览》卷三六六引《春秋孔演图》："苍颉四目，是谓并明。"

［5］"柴明华先师"：指柴门霍夫（1859—1917），波兰眼科医生。他于1887年创立世界语，是《世界语的第一读》和《世界语基础》的作者。他还获得了14次诺贝尔和平奖提名。

［6］no，英语；ne，世界语。都是"不"的意思。

［7］"咈哉"：意思是"不"。《尚书·尧典》："帝曰：吁，咈哉！方命圮族。"

［8］"见鬼，求仙"指上海《灵学丛志》宣扬的"鬼亦有形可象，有影可照"等谬论和提倡扶乩求神等迷信活动。《新青年》曾刊载陈大齐、陈独秀等的文章，予以驳斥。"打脸"指传统戏曲演员勾画脸谱。《新青年》曾连续刊载钱玄同、刘半农等与张厚载讨论旧戏脸谱等问题的文章。

［9］耶稣（约前4—30）：基督教的创始者，犹太族人。

［10］Nietzsche：尼采（1844—1900），德国哲学家，唯意志论和超人哲学的鼓吹者。参见此译版本《随感录41——匿名信的启示》的注释［5］。

Cruzar el río y guiar el camino[1]

Querido amigo Xuantong[2]:

Hace dos días leí en la columna "Correspondencia" del número 2 del volumen V de la *Nueva Juventud* tus palabras de que Tang Si no se opone al esperanto[3] y podemos discutirlo juntos. De veras no me opongo al esperanto, pero no estoy dispuesto a discutirlo; es que mi razón a favor del esperanto es muy simple, que todavía no se puede discutirse.

Si me preguntas por la razón para el endorso, es solo que, en mi opinión, los seres humanos deberán contar con un lenguaje común al fin y al cabo en el futuro, así que estoy a favor del esperanto.

En cuanto al lenguaje común en el futuro, que sea o no el esperanto, todavía no hay forma para determinarlo. Podrá ser el esperanto o un idioma mejorado desde él, para ser más perfecto; o habrá algún otro aún mejor, de lo cual todavía no se sabe nada. Dado que por ahora solo hay este esperanto, entonces solo podemos aprenderlo primero. Actualmente se encuentra en la época de creación primordial, igual que antes de que existiera el barco de vapor, primero

---

[1] Este artículo se publicó originalmente el 15 de noviembre de 1918 en la columna "Correspondencia" del número 5 del volumen V de la *Nueva Juventud*, bajo el seudónimo de Tang Si. "Cruzar el río y guiar el camino" es el título agregado por el editor de la *Nueva Juventud* cuando se publicaron este artículo y la respuesta de Qian Xuantong.
[2] Qian Xuantong (1887–1939): Tipologista y uno de los editores de la *Nueva Juventud*. Vea la Nota [7] del "Prefacio" de este libro.
[3] Esperanto: Un idioma auxiliar internacional creado por L. L. Zamenhof en 1887. La *Nueva Juventud* desde el número 3 del volumen II (1 de noviembre de 1916) empezó a publicar correspondencias sobre el esperanto. En ese momento, Sun Guozhen, Qu Shengbai y Qian Xuantong lo defendieron con todas sus fuerzas, Tao Menghe se opusieron firmemente, y Hu Shi abogó por detener la discusión. Basado en su conocimiento habitual, Qian Xuantong se enteraba, por sus contactos personales, de que Tang Si, Liu Bannong y otros no tenían objeción al esperanto.

teníamos que montar en una canoa. Si por conjetura creyéramos deber surgir barco de vapor en el futuro, no habríamos fabricado la canoa, o no la habría tomado, entonces ni siquiera inventado el barco de vapor, y los humanos no podríamos cruzar el agua.

Pero, si se pregunta por qué debe haber un lenguaje humano común en el futuro, no podemos proporcionar una evidencia concluyente, y ocurre lo mismo si se dice que no habrá uno en el futuro. Por lo tanto, no hay ninguna necesidad de discutirlo; solo se deja a cada uno actuar según lo que cree.

Además, tengo otra opinión todavía. Pienso que aprender esperanto es una cosa y el espíritu con que se aprende el esperanto es otra cosa —lo mismo es el caso de la literatura en el vernáculo—. Si el pensamiento sigue siendo el viejo, será un cambio solo de las etiquetas pero no los bienes; acaba de levantarse del frente del "Sabio Cang de Cuatro ojos"[4], se arrodillan de inmediato al pie del "Maestro Zamenhof"[5]; siendo nada más que al oponerse al progreso humano, decían "no" en el pasado y ahora dicen "ne"[6]; antes escribían "咈哉" (fu zai, oponer)[7], y ahora usan "不行" (bu xing, no aprobar). Por lo tanto, en mi opinión, lo primero es inculcar la correcta literatura y arte profesional y reformar el pensamiento, mientras que la discusión sobre el esperanto es cosa secundaria todavía; en cuanto a la réplica de preguntas desafiantes y refutación de alegatos molestos, más aún deben cancelarse de una vez.

---

[4] "Sabio Cang de Cuatro ojos": Se refiere a Cang Jie. Según la leyenda, fue el historiador del primer emperador Huang Di y el creador de los caracteres chinos. *Taiping Yulan* (*Lecturas imperiales de la época Taiping*), Volumen 366, en su cita de *Leyes deducidas por Confucio* dice: "Cang Jie tuvo cuatro ojos, que eran igual de claros".

[5] "Maestro Zamenhof": De nombre completo Ludwik Lejzer Zamenhof (1859–1917), fue un médico oftalmólogo polaco, y creó Esperanto en 1887. Fue autor del *Primer libro* y *Fundamento de esperanto*. También fue nominado catorce veces al Premio Nobel de la Paz.

[6] La "no" es de inglés; la "ne" es de esperanto. Ambos significan "no".

[7] "咈哉": Son caracteres de uso antiguo.

Ahora veo que la "Correspondencia" en la *Nueva Juventud* está muy bien desarrollada y a los lectores también les encanta leer. Sin embargo, según mi opinión personal, podría reducirse de manera apropiada; solo se necesitan publicar las discusiones sinceras y prácticas a fecha regular; en cuanto a otras críticas casuales irresponsables y preguntas y dudas sin conocimiento básico, deberían ser contestadas una vez como mucho, sin necesidad de decir más, de modo que se ahorre papel y tinta para otros usos. Por ejemplo, ver fantasmas, pedir favores a inmortales así como el maquillaje de la cara de los actores, etc.,⑧ son cosas que carecen claramente de sentido común, pero la *Nueva Juventud* sigue llevando repetidos debates con ellos, enseñándoles el fundamento como "dos por cinco da diez". ¿No es una lástima este esfuerzo? ¿No es muy lamentable esta carrera?

Encuentro que el contenido de la *Nueva Juventud* consiste en no más de dos inclinaciones: una tiene la sensación de que el aire está sucio y bloqueado, y los hombres que lo inhalan están a punto de perecer; entonces no evita fruncir el ceño y soltar un "jadeo". Y desea que los que tienen el mismo sentido también se cuiden de esto y abran un camino de supervivencia. Si alguien dice que esta fisonomía no es tan bonita como la de las prostitutas y la voz no suena tan atractiva como la de las cantarinas de cancionetas, eso es verdad definitivamente, y no debemos discutir con él; si argüimos que fruncir ceño y dar suspiros son más bonitos, estaremos equivocados. La otra cree que el camino recorrido desde siempre ha sido extremadamente peligroso y que está llegando a su final; así, en buena conciencia, lo

---

⑧ "Ver fantasmas, pedir favores a inmortales": Se refiere a la falacia de "los fantasmas también son tangibles, y se pueden ver imágenes", como se defiende en la *Revista de la Parapsicología* de Shanghai y se alientan las actividades supersticiosas como ayudar a las deidades. La *Nueva Juventud* publicó artículos de Chen Daqi y Chen Duxiu a refutarlo. El "maquillaje de la cara" se refiere al de los actores de ópera chinos tradicionales que delinean la máscara. La *Nueva Juventud* publicó una serie de discusiones entre Qian Xuantong, Liu Bannong y Zhang Houzai, etc., sobre los viejos dramas.

busca concretamente, y al ver otro camino llano y de esperanza lanza un grito: "Es mejor caminar por este lado", deseando que los que tienen el mismo sentido den un giro de allí para desvincularse del peligro y les será fácil para progresar. Si alguien insiste en andar hacia otro lado, disuadirlo otra vez no es indebido naturalmente; pero si aún no lo cree, no tienes que jalarlo desesperadamente, dejando a cada uno seguir su propio camino. Porque si ambos insisten hasta que se peleen, no solo no beneficiará a él, sino que tú mismo y los que tienen el mismo sentido también habrán demorado el tiempo.

Jesús[9] dice que cuando veas que un carro esté a punto de volcar, dale una mano a aguantarlo. Nietzsche[10] dice que cuando un carro vaya a volcarse, dale un empujo. Por supuesto, estoy de acuerdo con las palabras de Jesús, pero si la gente no quiere que le ayudes, no debes insistir en apoyarlo empeñadamente, y déjala como quiera. Estará muy bien si puede mantenerse sin volcarse, pero si se cae eventualmente, pues podrás ayudarle a levantarlo luego en una forma concreta y práctica.

Querido amigo, insistir en apoyarlo empeñadamente cuesta más trabajo que levantarlo y menos eficaz. En cambio, levantarlo cuando esté volcado les será más beneficioso que tratar de aguantarlo al estar a punto de volcarse.

Tang Si,
4 de noviembre.

---

[9] Jesús Cristo (aprox. 4 a. C.–30 d. C.): De origen judío, es la figura central del cristianismo y una de las más influyentes de la cultura occidental.

[10] Nietzsche (1844–1900): Filósofo alemán, defensor del voluntarismo y la filosofía sobrehumana. Vea la Nota [5] de "Apuntes de sentimientos momentáneos 41: Sugerencia de una carta anónima" de este libro de traducción.

文艺与政治的歧途[1]

——十二月二十一日在上海暨南大学讲

我是不大出来讲演的；今天到此地来，不过因为说过了好几次，来讲一回也算了却一件事。我所以不出来讲演，一则没有什么意见可讲，二则刚才这位先生说过，在座的很多读过我的书，我更不能讲什么。书上的人大概比实物好一点，《红楼梦》里面的人物，像贾宝玉林黛玉这些人物，都使我有异样的同情；后来，考究一些当时的事实，到北京后，看看梅兰芳姜妙香扮的贾宝玉林黛玉，觉得并不怎样高明。

我没有整篇的鸿论，也没有高明的见解，只能讲讲我近来所想到的。我每每觉到文艺和政治时时在冲突之中，文艺和革命原不是相反的，两者之间，倒有不安于现状的同一。惟政治是要维持现状，自然和不安于现状的文艺处在不同的方向。不过不满意现状的文艺，直到十九世纪以后才兴起来，只有一段短短历史。政治家最不喜欢人家反抗他的意见，最不喜欢人家要想，要开口。而从前的社会也的确没有人想过什么，又没有人开过口。且看动物中的猴子，它们自有它们的首领；首领要它们怎样，它们就怎样。在部落里，他们有一个酋长，他们跟着酋长走，酋长的吩咐，就是他们的标准。酋长要他们死，也只好去死。那时没有什么文艺，即使有，也不过赞美上帝（还没有后人所谓God那么玄妙）罢了！那里会有自由思想？后来，一个部落一个部落你吃我吞，渐渐扩大起来，所谓大国，就是吞吃那多多少少的小部落；一到了大国，内部情形就复杂得多，夹着许多不同的思想，许多不同的问题。这时，文艺也起来了，和政治不断地冲突；政治想维系现状使它统一，文艺催促社会进化使它渐渐分离；文艺虽使社会分裂，但是社会这样才进步起来。文艺既然是政治家的眼中钉，那就不免被挤出去。外国许多文学家，在本国站不住脚，相率亡命到别个国度去；这个方法，就是"逃"。要是逃不掉，那就被杀掉，割掉他的头；割掉头那是最好的方法，既不会开口，又不会想了。俄国许多文学家，受到这个结果，还有许多充军到冰雪的西伯利亚去。

有一派讲文艺的，主张离开人生，讲些月呀花呀鸟呀的话（在中国又不同，有国粹的道德，连花呀月呀都不许讲，当作别论），或者专讲"梦"，专讲些将来的社会，不要讲得太近。这种文学家，他们都躲在象牙之塔[2]里面；但是"象牙之塔"毕竟不能住得很长久的呀！象牙之塔总是要安放在人间，就免不掉还要受政治的压迫。打起仗来，就不能不逃开去。北京有一班文人[3]，顶看不起描写社会的文学家，他们想，小说里面连车夫的生活都可以写进去，岂不把小说应该写才子佳人一首诗生爱情的定律都打破了吗？现在呢，他们也不能做高尚的文学家了，还是要逃到南边来；"象牙之塔"的窗子里，到底没有一块一块面包递进来的呀！

等到这些文学家也逃出来了，其他文学家早已死的死，逃的逃了。别的文学家，对于现状早感到不满意，又不能不反对，不能不开口，"反对""开口"就是有他们的下场。我以为文艺大概由于现在生活的感受，亲身所感到的，便影印到文艺中去。挪威有一文学家[4]，他描写肚子饿，写了一本书，这是依他所经验的写的。对于人生的经验，别的且不说，"肚子饿"这件事，要是欢喜，便可以试试看，只要两天不吃饭，饭的香味便会是一个特别的诱惑；要是走过街上饭铺子门口，更会觉得这个香味一阵阵冲到鼻子来。我们有钱的时候，用几个钱不算什么；直到没有钱，一个钱都有它的意味。那本描写肚子饿的书里，它说起那人饿得久了，看见路人个个是仇人，即是穿一件单裤子的，在他眼里也见得那是骄傲。我记起我自己曾经写过这样一个人，他身边什么都光了，时常抽开抽屉看看，看角上边上可以找到什么；路上一处一处去找，看有什么可以找得到；这个情形，我自己是体验过来的。

从生活窘迫过来的人，一到了有钱，容易变成两种情形：一种是理想世界，替处同一境遇的人着想，便成为人道主义；一种是什么都是自己挣起来，从前的遭遇，使他觉得什么都是冷酷，便流为个人主义。我们中国大概是变成个人主义者多。主张人道主义的，要想替穷人想想法子，改变改变现状，在政治家眼里，倒还不如个人主义的好；所以人道主义者和政治家就有冲突。俄国文学家托尔斯泰[5]讲人道主义，反对战争，写过三册很厚的小说——那部《战争与和平》，他自己是个贵族，却是经过战场的生活，他感到战争是怎么一个惨痛。尤其是他一临到长官的铁板前（战场上重要军官都有铁板挡住枪弹），更有刺心的痛楚。而他又眼见他的朋友们，很多在战场上牺牲掉。战争的结果，也可以变成两种态度：一种是英雄，他见别人死的死伤的伤，只有他健存，自己就觉得怎样了不得，这么那么夸耀战场上的威雄。一种是变成反对战争的，希望世界上不要再打仗了。托尔斯泰便是后一种，主张用无抵抗主义来消灭战争。他这么主张，政府自然讨厌他；反对战争，和俄皇的侵掠欲望冲突；主张无抵抗主义，叫兵士不替皇帝打仗，警察不替皇帝执法，审判官不替皇帝裁判，大家都不去捧皇帝；皇帝是全要人捧的，没有人捧，还成什么皇帝，更和政治相冲突。这种文学家出来，对于社会现状不满意，这样批评，那样批评，弄得社会上个个都自己觉到，都不安起来，自然非杀头不可。

但是，文艺家的话其实还是社会的话，他不过感觉灵敏，早感到早说出来（有时，他说得太早，连社会也反对他，也排轧他）。譬如我们学兵式体操，行举枪礼，照规矩口令是"举……枪"这般叫，一定要等"枪"字令下，才可以举起。有些人却是一听到"举"字便举起来，叫口令的要罚他，说他做错。文艺家在社会上正是这样；他说得早一点，大家都讨厌他。政治家认定文学家是社会扰乱的煽动者，心想杀掉他，社会就可平安。殊不知杀了文学家，社会还是要革命；俄国的文学家被杀掉的充军的不在少数，革命的火焰不是到处燃着吗？文学家生前大概不能得到社会的同情，潦倒地过了一生，直到死后四五十年，才为社会所认识，大家大闹起来。政治家因此更厌恶文学家，以为文学家早就种下大祸根；政治家想不准大家思想，而那野蛮时代早已过去了。在座诸位的见解，我虽然不知道；据我推测，一定和政治家是不相同；政治家既永远怪文艺家破坏他们的统一，偏见如此，所以我从来不肯和政治家去说。

到了后来，社会终于变动了；文艺家先时讲的话，渐渐大家都记起来了，大家都赞成他，恭维他是先知先觉。虽是他活的时候，怎样受过社会的奚落。刚才我来讲演，大家一阵子拍手，这拍手就见得我并不怎样伟大；那拍手是很危险的东西，拍了手或者使我自以为伟大不再向前了，所以还是不拍手的好。上面我讲过，文学家是感觉灵敏了一点，许多观念，文学家早感到了，社会还没有感到。譬如今天××先生穿了皮袍，我还只穿棉袍；××先生对于天寒的感觉比我灵。再过一月，也许我也感到非穿皮袍不可，在天气上的感觉，相差到一个月，在思想上的感觉就得相差到三四十年。这个话，我这么讲，也有许多文学家在反对。我在广东，曾经批评一个革命文学家[6]——现在的广东，是非革命文学不能算做文学的，是非"打打打，杀杀杀，革革革，命命命"，不能算做革命文学的——我以为革命并不能和文学连在一块儿，虽然文学中也有文学革命。但做文学的人总得闲定一点，正在革命中，那有功夫做文学。我们且想想：在生活困乏中，一面拉车，一面"之乎者也"，到底不大便当。古人虽有种田做诗的，那一定不是自己在种田；雇了几个人替他种田，他才能吟他的诗；真要种田，就没有功夫做诗。革命时候也是一样；正在革命，那有功夫做诗？我有几个学生，在打陈炯明[7]时候，他们都在战场；我读了他们的来信，只见他们的字与词一封一封生疏下去。俄国革命以后，拿了面包票排了队一排一排去领面包；这时，国家既不管你什么文学家艺术家雕刻家；大家连想面包都来不及，那有功夫去想文学？等到有了文学，革命早成功了。革命成功以后，闲空了一点；有人恭维革命，有人颂扬革命，这已不是革命文学。他们恭维革命颂扬革命，就是颂扬有权力者，和革命有什么关系？

这时，也许有感觉灵敏的文学家，又感到现状的不满意，又要出来开口。从前文艺家的话，政治革命家原是赞同过；直到革命成功，政治家把从前所反对那些人用过的老法子重新采用起来，在文艺家仍不免于不满意，又非被排轧出去不可，或是割掉他的头。割掉他的头，前面我讲过，那是顶好的法子咾，——从十九世纪到现在，世界文艺的趋势，大都如此。

十九世纪以后的文艺，和十八世纪以前的文艺大不相同。十八世纪的英国小说，它的目的就在供给太太小姐们的消遣，所讲的都是愉快风趣的话。十九世纪的后半世纪，完全变成和人生问题发生密切关系。我们看了，总觉得十二分的不舒服，可是我们还得气也不透地看下去。这因为以前的文艺，好像写别一个社会，我们只要鉴赏；现在的文艺，就在写我们自己的社会，连我们自己也写进去；在小说里可以发见社会，也可以发见我们自己；以前的文艺，如隔岸观火，没有什么切身关系；现在的文艺，连自己也烧在这里面，自己一定深深感觉到；一到自己感觉到，一定要参加到社会去！

十九世纪，可以说是一个革命的时代；所谓革命，那不安于现在，不满意于现状的都是。文艺催促旧的渐渐消灭的也是革命（旧的消灭，新的才能产生），而文学家的命运并不因自己参加过革命而有一样改变，还是处处碰钉子。现在革命的势力已经到了徐州[8]，在徐州以北文学家原站不住脚；在徐州以南，文学家还是站不住脚，即共了产，文学家还是站不住脚。革命文学家和革命家竟可说完全两件事。诋斥军阀怎样怎样不合理，是革命文学家；打倒军阀是革命家；孙传芳所以赶走，是革命家用炮轰掉的，决不是革命文艺家做了几句"孙传芳呀，我们要赶掉你呀"的文章赶掉的。在革命的时候，文学家都在做一个梦，以为革命成功将有怎样怎样一个世界；革命以后，他看看现实全不是那么一回事，于是他又要吃苦了。照他们这样叫、啼，哭都不成功；向前不成功，向后也不成功，理想和现实不一致，这是注定的运命；正如你们从《呐喊》上看出的鲁迅和讲坛上的鲁迅并不一致；或许大家以为我穿洋服头发分开，我却没有穿洋服，头发也这样短短的。所以以革命文学自命的，一定不是革命文学，世间那有满意现状的革命文学？除了吃麻醉药！苏俄革命以前，有两个文学家，叶遂宁[9]和梭波里[10]，他们都讴歌过革命，直到后来，他们还是碰死在自己所讴歌希望的现实碑上，那时，苏维埃是成立了！

不过，社会太寂寞了，有这样的人，才觉得有趣些。人类是欢喜看看戏的，文学家自己来做戏给人家看，或是绑出去砍头，或是在最近墙脚下枪毙，都可以热闹一下子。且如上海巡捕用棒打人，大家围着去看，他们自己虽然不愿意挨打，但看见人家挨打，倒觉得颇有趣的。文学家便是用自己的皮肉在挨打的啦！

今天所讲的，就是这么一点点，给它一个题目，叫做……《文艺与政治的歧途》。

（一九二七，十二，廿六。）

注 释

[1] 本篇记录稿最初发表于1928年1月29日、30日上海《新闻报·学海》第一八二、一八三期，署周鲁迅讲，刘率真记。

[2] "象牙之塔"：原是法国十九世纪文艺评论家圣伯夫（1804—1869）批评同时代消极浪漫主义诗人维尼的用语，后来用以比喻脱离现实生活的文艺家的小天地。

[3] 指新月社的一些人。梁实秋在1926年3月27日《晨报副刊》发表的《现代中国文学之浪漫的趋势》中说："近年来新诗中产出了一个'人力车夫派'。这一派是专门为人力车夫抱不平，以为神圣的人力车夫被经济制度压迫过甚，……其实人力车夫……既没有什么可怜恤的，更没有什么可赞美。"

[4] 指挪威作家克努特·汉姆生（1859—1952）。他曾当过水手、木工，创作长篇小说《饥饿》，于1920年获得诺贝尔文学奖。《饥饿》被认为是二十世纪小说中最具影响力的作品之一。

[5] 托尔斯泰：即列夫·托尔斯泰（1828—1910），俄国作家。参见此译版本中《未有天才之前》的注释〔5〕和《"醉眼"中的朦胧》的注释〔3〕。

[6] 指吴稚晖（1865—1953），江苏省常州武进县人。他是近现代著名的无政府主义者，政治家、教育家、篆书名家。1903年他在伦敦结识了孙中山后，一直是孙中山的信徒。他曾是蒋介石的

挚友。

[7] 陈炯明（1875—1933）：字竞存，广东海丰人，广东军阀。1925年所部被广东革命军消灭。鲁迅的学生李秉中等曾参加讨伐陈炯明的战争。

[8] "革命的势力已经到了徐州"：指的是蒋介石背叛革命后，他继续打着"北伐革命"的旗帜征服北方，并于1927年12月16日占领徐州。

[9] 叶遂宁（1895—1925）：俄国著名诗人。参见此译版本中《对于左翼作家联盟的意见》的注释[5]。

[10] 梭波里（Андрей Соболь，1888—1926）：苏联作家。十月革命时曾向往革命，但终因不满于现实生活而自杀。著有长篇小说《尘土》，短篇小说集《樱桃开花的时候》。

Vía bifurcada de la literatura y la política[1]

Discurso en la Universidad Jinan de Shanghái el 21 de diciembre

Por lo general no suelo salir para hacer discursos; he venido aquí hoy no más porque lo he prometido varias veces y dar una conferencia puede tomarse como un alivio del asunto. La razón por la que no quería salir a dar discursos reside en que, primero, no tengo muchas opiniones para exponer, y segundo, este caballero acaba de decir que muchos de los presentes han leído mis libros, entonces aún menos cosas puedo decir. Tal vez los personajes en el libro sean un poco mejores que las personas reales. Las figuras del *Sueño en el Pabellón Rojo*, como Jia Baoyu y Lin Daiyu me habían hecho sentir una simpatía extraordinaria, pero más tarde, cuando estudié algunos hechos en esa época, y cuando llegué a Beijing, al ver a Jia Baoyu y Lin Daiyu desempeñados por Mei Lanfang y Jiang Miaoxiang, no creía que fueran tan perfectos.

Como no tengo sabias teorías al completo, ni ilustres opiniones, solo puedo hablar sobre lo que he pensado últimamente. Siempre estoy consciente de que la literatura, el arte y la política a menudo se encuentran en conflicto, la literatura y el arte no son contrarios a la revolución originalmente, y en cambio, existe entre sí una

---

[1] Esta transcripción se publicó originalmente los días 29 y 30 de enero de 1928 en los números 182 y 183 de *Noticiero: Xuehai* (*Mar de Aprendizaje*), que fue el discurso pronunciado por Zhou Luxun, y transcrito por Liu Shuaizhen.

identidad de sentirse insatisfecho con el statu quo. Y la política trata de mantener el statu quo, así que naturalmente se halla en diferente dirección de la literatura y el arte que piensan inaceptable la situación actual. Sin embargo, la literatura y el arte insatisfechos con el statu quo lograron el ascenso solo después de entrar en el siglo XIX, cuya historia es bastante breve. Lo que les disgusta más a los políticos es que la gente se rebele contra sus opiniones, y que quiera pensar y abrir la boca. Y es cierto que en la sociedad del pasado nadie pensaba en nada ni comentaba sobre nada. Miren los monos entre los animales, ellos tienen su propio jefe y siempre hacen lo que su jefe quiera que hagan. En una tribu, los miembros tenían un cacique y lo seguían, y lo que el cacique mandaba era su norma. Si el cacique quería que murieran, tendrían que morir. En aquel tiempo no había la literatura ni el arte, a pesar de haberlos, sería nada más que una cierta alabanza a la deidad celestial (todavía no era tan misteriosa y abstrusa como el Dios descrito por las generaciones posteriores). ¿Cómo podría haber libre pensamiento? Más tarde, las tribus se tragaban unas a otras y se expandían gradualmente. Un llamado país grande era el resultado de haber tragado muchísimas tribus pequeñas. Al llegar a ser un país grande, la situación interna se volvía mucho más complicada, porque abarcaba muchas ideas diferentes y problemas distintos. En ese mismo tiempo, surgieron la literatura y el arte también, que iban a chocar constantemente con la política; la política quería mantener el estado actual en su unificación, mientras que la literatura y el arte instaban a la evolución social a disgregarse gradualmente; pese a que la literatura y el arte hacían dividida la sociedad, fue de esta forma como progresó. Dado que la literatura y el arte son la espina en los ojos de los políticos, inevitablemente serán exprimidos para fuera. Muchos escritores extranjeros, incapaces de mantenerse en pie en sus propios países, se han exiliado sucesivamente a otros países, y este método es "escaparse". Si no logran escaparse, serán asesinados y decapitados; cortarles la cabeza es la manera mejor, porque ya no podrá ni hablar ni pensar. Muchos escritores rusos han caído en tal condición, y además, otros muchos han sido desterrados a la nevada y helada Siberia.

Hay una escuela de escritores literarios que abogan por apartarse de la vida humana, y solo hablar de la luna, las flores y los pájaros (es diferente el caso de China, que tiene una quintaesencia moral nacional, ni siquiera las flores y la luna pueden ser discutidas), o hablar especialmente de los "sueños", centrándose en cosas de la sociedad futura, pero no muy cercana. Esta clase de escritores se esconden todos en la torre de marfil[2], pero después de todo, ¡en la "torre de marfil" no pueden vivir por mucho tiempo! La torre de marfil de todas maneras se colocará en la sociedad humana, y entonces ellos no podrán eludir la opresión política. Y cuando haya guerra, tendrán que huirse. Hay un grupo de literatos[3] en Beijing que desprecian sumamente a los escritores que escriben sobre la sociedad. Piensan que si incluso la vida de un conductor de rickshaw también puede ser escrita en una novela, ¿no están violando la ley de que la novela debería escribir sobre el amor originado de un poema entre un joven talento y una bella chica? Pero ahora, hasta ellos mismos tampoco pueden hacerse escritores nobles, sino que finalmente tuvieron que huir hacia el sur. ¡A fin de cuentas, no hay trozos de pan entregados

---

[2] "Torre de marfil": Fue un término utilizado por el crítico literario francés del siglo XIX Sainte-Beuve (1804–1869) para criticar al poeta romántico pesimista contemporáneo Vigny, que más tarde se utiliza como una metáfora para escritores y artistas que se separan de la vida real, viviendo en círculos pequeños de sus similares.

[3] Se refiere a algunas personas en la Sociedad de Luna Creciente. Liang Shiqiu dijo en "La tendencia romántica de la literatura y arte de la China moderna", publicado en el *Suplemento de Noticias Matutinas* el 27 de marzo de 1926: "En los últimos años, han surgido 'escritores de rickshaw' en nuevos poemas. Afligidos por el conductor del rickshaw, piensan que los sagrados conductores de rickshaw están abrumados por el sistema económico... De hecho, los conductores de rickshaw... no tienen nada lamentable ni nada que alabar".

uno tras otro a la "torre de marfil" por la ventana!

Cuando estos escritores también han logrado escaparse, otros escritores habían muerto o huido desde hacía mucho tiempo, porque los otros se habían puesto insatisfechos con el statu quo desde tiempos muy tempranos, y no pudieron evitar oponerse, ni tampoco rehuir abrir la boca; pero para "oponerse" y "abrir la boca", siempre les espera la desgracia. Creo que probablemente debido a los sentimientos percibidos personalmente de la vida actual, todo esto ha sido reflejado e imprimido en la literatura y el arte. Hay un escritor noruego[④], quien describió el hambre y lo compuso en un libro, basado en su propia experiencia. Con respecto a las experiencias de la vida, dejando de lado mencionar las otras, solo la de "tener hambre", si tuvieras curiosidad, podrías ponerte en una prueba, con tal de no comer durante dos días, el aroma de la comida te sería una tentación especial; si pasaras por el frente de un restaurante, sentirías el olor irrumpir en tu nariz de momento a momento. Cuando tenemos dinero, usar unas cuantas monedas no cuenta para nada, y cuando no lo tenemos, cada moneda tiene su significado. El libro describiendo el hambre dice que, cuando el hombre había llevado tanto tiempo con hambre, veía como enemigo a cada uno de los transeúntes, incluido el que vestía una sola camisa también evidenciaría cierto orgullo en los ojos de él. Recuerdo que yo había descrito una persona como la siguiente: toda cosa a su alrededor se había ido, pero a menudo abría el cajón para ver qué podía encontrar en los rincones; y también buscaba en el camino parte por parte para ver qué podría hallar; el caso como este lo he experimentado yo mismo.

Las personas que han experimentado apuros económicos, una

[④] Se refiere al escritor noruego Knut Hamsun (1859–1952). Había sido marinero y carpintero, y fue autor de la novela *Hambre*. Ganó el Premio Nobel de Literatura en 1920 y su obra *Hambre* se considera una de las más influyentes del siglo XX.

vez tengan dinero, pueden convertirse fácilmente en dos índoles: de la una la gente siente haber entrado en un mundo idealista donde piensa por aquellos que están en la misma situación y se vuelve humanitario; la de la otra cree haber ganado todo por sí mismo, y los encuentros anteriores le hacen sentir frialdad cruel de cualquier cosa y se degrada en individualista. En nuestra China probablemente son más los que se degradan en individualistas. Los que abogan por el humanitarismo, piensan en métodos para los pobres a fin de hacer unos cambios del statu quo, y no son tan buenos como los individualistas a los ojos de los políticos; por lo tanto, los humanitarios y los políticos entran en conflicto. El escritor ruso Tolstói[5], que abogaba por el humanitarismo y se oponía a la guerra, escribió tres novelas muy gruesas, incluida aquella *Guerra y paz*. Él mismo era un noble, pero como había experimentado la vida en el campo de batalla, sintió qué trágica y dolorosa era la guerra. En especial, en cuanto llegó ante la placa de hierro del comandante (los oficiales importantes en el campo de batalla tenían placas de hierro para bloquear las balas), sintió un dolor aún más punzante, mientras tanto, él veía a muchos de sus amigos, que se sacrificaron la vida en el campo de batalla. El resultado de la guerra también puede convertir a la gente en dos tipos de actitud: un tipo es de héroe, con que cuando ve a otras personas, ya sean muertas o heridas, y solo él mismo sobrevive sano, se siente muy extraordinario en sí, jactándose de una y otra manera de lo marcial y poderoso que fue él en el campo de batalla. El otro se vuelve oponente a la guerra y espera que el mundo deje de luchar. Tolstói perteneció al caso posterior, abogaba por el uso de la no resistencia para extinguir la guerra. Adherido a esto, el gobierno por supuesto lo odió; se opuso

---

[5] Tolstói: León Tolstói (Лев Николаевич Толстой, 1828–1910), escritor ruso. Véase la Nota [5] de "Antes de aparecer genios" y la Nota [3] de "Lo nebuloso en 'los ojos borrachos'" en este libro de traducción.

a la guerra y entró en conflicto con el deseo de agresión del emperador ruso; la opinión de no resistencia haría que los soldados no lucharan por el emperador, la policía no ejecutara la ley por el emperador, y los jueces no juzgaran pleitos por el emperador, de modo que nadie apoyara al emperador; pero ser emperador necesitaba el apoyo de toda la gente, y sin nadie que lo sostuviera, ¿cómo podría ser? Y esto era más conflictivo con la política. Cuando surgen este tipo de escritores, quienes, insatisfechos con el estado social, critican esto y critican aquello, todos los miembros de la sociedad lo perciben y se vuelven incómodos. En consecuencia, por supuesto, serán decapitados sin duda alguna.

Sin embargo, las palabras de los literatos y artistas son en realidad las de la sociedad, nada más que ellos son sensibles y sienten el asunto más temprano y lo dicen primero (a veces, lo dicen demasiado temprano, incluso la sociedad se opone a él y lo excluye). Por ejemplo, en el caso de aprender la gimnasia de estilo militar, cuando realizamos el saludo con el rifle levantado, según la regla, la contraseña es el grito como "Levanta… el rifle", y solo debemos esperar a que se escuche la palabra "rifle" para levantarlo. Pero algunas personas lo levantan en cuanto escuchan la primera palabra "Levanta", entonces, el jefe que da la orden quiere castigarlas, diciendo que lo han realizado mal. Los literatos y artistas actúan justamente lo mismo como esto en la sociedad; ellos hablan un poco más temprano y todos los repugnan. Los políticos identifican a los literatos como instigadores del disturbio social, y creen que, de matarlos, la sociedad se pondrá en paz y tranquilidad. Pero apenas saben que, al asesinar los literatos, la sociedad todavía tiene que revolucionarse. Los escritores que fueron asesinados y desterrados en Rusia no han sido una minoría, pero ¿no están ardiendo las llamas de la revolución en todas partes? Los escritores probablemente no pudieron ganar la simpatía de la sociedad durante su vida, así que vivieron una vida abatida y frustrada, y no fueron reconocidos por la sociedad hasta cuarenta o cincuenta años después de su muerte cuando todos se levantaron a alborotar. Por lo tanto, los políticos odian aún más a los literatos, pensando que los literatos han plantado la raíz de calamidad desde hace mucho tiempo; los políticos no quieren permitir a la gente pensar, pero ese período bárbaro se ha ido desde hace mucho. Aunque no conozco las opiniones de todos ustedes presentes aquí, según mi especulación, deben ser diferentes de las de los políticos. Como los políticos siempre culpan a los literatos y artistas por deshacer su unificación, llevando un prejuicio tal, nunca estoy dispuesto a hablar con los políticos.

Más tarde, la sociedad finalmente cambió, y las palabras que los escritores y artistas habían dicho antes, poco a poco se evocaron por todos, que los reconocieron y elogiaron por ser profetas, a pesar de cómo sufrían las burlas de la sociedad cuando estuvieron en vida. Hace un momento cuando llegué a dar este discurso, todos ustedes aplaudieron por un momento. Este aplauso muestra que no soy muy grandioso; el aplauso es algo muy peligroso porque tal vez las palmaditas puedan hacerme creer tan grandioso que no avance más adelante, así que es mejor no aplaudir. Como mencioné anteriormente, los literatos son un poco más sensibles: muchas concepciones las han sentido los literatos hace tiempo, pero la sociedad todavía no las ha percibido. Por ejemplo, hoy el Sr. XX usa una bata de piel, pero yo sigo llevando una bata de algodón; el Sr. XX es más sensible que yo a la frialdad del tiempo. En otro mes, tal vez yo también sienta la necesidad de usar una bata de piel. Si la diferencia de la percepción en el clima es de un mes, la de la percepción en el pensamiento será de treinta a cuarenta años. Estas palabras, las digo de esta manera, a las que muchos escritores también se oponen. Cuando estaba en

Guangdong, una vez critiqué a un escritor revolucionario[6]: "Ahora en Guangdong, si no es la literatura revolucionaria no puede contarse como literatura, si no escribe 'pelear-pelear-pelear, matar-matar-matar, revolución-revolución-revolución', no puede contarse como la literatura revolucionaria". Yo creo que la revolución no puede asociarse a la literatura, aunque también hay revolución literaria en la literatura. No obstante, las personas que trabajan en la literatura deben tener cierto ocio y tranquilidad, porque si se encuentran en el curso de la revolución, ¿cómo tendrán tiempo para hacer la literatura? Pensemos en esto: en medio de los apuros de la vida, mientras tira del carro, recita tales palabras arcaicas como "zhi, hu, zhe, ye", no será conveniente al fin y al cabo. Aunque en la antigüedad había personas que sí escribían poemas al mismo tiempo que cultivaban la tierra, seguramente no eran ellas mismas las que trabajaran el terreno, sino contrataban a varios hombres para que la cultivaran por ellos, de modo que ellas pudieran componer sus versos; si realmente querían cultivar la tierra, no tendrían tiempo para escribir poesía. Ocurre lo mismo en tiempos de la revolución; si están haciendo la revolución, ¿cómo puedes tener tiempo para hacer poesía? Tengo algunos alumnos que estuvieron en el campo de batalla durante la lucha contra Chen Jiongming[7]; leí sus cartas y encontré que su uso de los caracteres y vocablos se volvía cada vez más inexperto. Después de la Revolución rusa, la gente, al conseguir los boletos de pan, hacía la cola para recoger el pan por filas en orden. En ese momento, el estado no se cuidaba de qué escritor, artista o escultor que fueras; cuando

---

[6] Se refiere a Wu Zhihui (1865–1953), nativo del distrito de Wujin, Changzhou, provincia de Jiangsu. Fue un famoso anarquista moderno, político, educador y calígrafo. Después de conocer a Sun Yat-sen en Londres en 1903, fue seguidor de él durante toda la vida. Fue un amigo cercano de Chiang Kai-shek.

[7] Chen Jiongming (1875–1933): Nativo de Haifeng, provincia de Guangdong. Fue un caudillo militar en Guangdong. Sus fuerzas fueron destruidas por el Ejército Revolucionario de Guangdong en 1925. El estudiante de Lu Xun, Li Bingzhong, participó en la guerra contra Chen Jiongming.

todos ni siquiera tenían suficiente tiempo para atender el pan, ¿cómo podrían tener tiempo para pensar en la literatura? Para cuando la literatura apareció, la revolución había triunfado mucho tiempo antes. Después del éxito de la revolución, hubo un poco de tiempo libre; algunas personas halagaron la revolución y otras la ensalzaron, lo que ya no era literatura revolucionaria. Halagar y ensalzar a la revolución equivalían a alabar y elogiar a los que habían poseído el poder. ¿Qué relación tendría con la revolución?

En este momento, probablemente unos literatos sensibles volvieron a sentirse insatisfechos con el statu quo y quisieron hablar nuevamente. Las palabras de los escritores y artistas del pasado habían sido aprobados por los revolucionarios políticos, pero al triunfar la revolución, los políticos volvieron a adoptar los viejos métodos utilizados previamente contra aquellos: si los literatos y artistas todavía no estaban satisfechos, serían expulsados sin duda alguna, o serían decapitados. Cortarle la cabeza, como lo dije antes, les sería la mejor manera. Desde el siglo XIX hasta el presente, la tendencia de la literatura y el arte del mundo ha sido mayoritariamente como así.

La literatura desde el siglo XIX era muy diferente de la del siglo XVIII y antes. Las novelas británicas del siglo XVIII tenían el objetivo de proporcionar entretenimiento para damas y señoritas, así que todo lo que contaban era de cosas agradables y divertidas. En la segunda mitad del siglo XIX, se cambió por completo a cosas relacionadas estrechamente con problemas de la vida humana. Las leímos y nos sentimos incómodos más allá de lo aceptado, pero aún tenemos que seguir leyéndolas con respiración reprimida, casi sin aliento. Esto se debe a que la literatura y el arte del pasado parecían describir sobre otra sociedad, que solo necesitamos apreciar; mientras que la literatura y el arte actuales están escribiendo nuestra propia sociedad, incluso a nosotros mismos. En las novelas de hoy podemos encontrar la sociedad y también a nosotros mismos; la literatura y el arte del pasado no tenían una relación inmediata con nosotros, como si se observara el fuego desde la orilla opuesta del agua. La literatura y el arte actuales nos queman a nosotros mismos, de modo que debemos haberlo sentido profundamente; y una vez lo hemos sentido, ¡participaremos seguramente en la sociedad!

El siglo XIX, por así decirlo, una época de revoluciones; las llamadas revoluciones fueron todas aquellas que estaban inquietas en la época e insatisfechas con el statu quo. El suceso en que la literatura y el arte instaron a la destrucción gradual de lo viejo (lo viejo fue destruido para que lo nuevo pudiera nacer) también fue revolución; pero el destino de los literatos no tuvo ni un solo cambio por haber participado en la revolución, sino continúan chocándose con clavos en todas partes. Como ahora las fuerzas revolucionarias han llegado a Xuzhou⑧, los literatos ya no tuvieron donde pararse en pie al norte de Xuzhou, pero al sur de ella ellos tampoco tienen donde ponerse sus pies, es decir, en el lugar donde se ha tornado comunista los literatos aún no pueden establecerse en pie. Los literatos revolucionarios y los revolucionarios, como sorpresa, se clasifican en dos cosas completamente separadas. Los que reprendieron a los caudillos militares de cómo eran irracionales fueron los literatos revolucionarios; mientras los que derrocaron a los caudillos militares fueron los revolucionarios. La expulsión de Sun Chuanfang se debió a los cañonazos de los revolucionarios, y de ninguna manera fue por los artículos en que los escritores y artistas revolucionarios escribieron varias frases como "ah, Sun Chuanfang,

---

⑧ "Las fuerzas revolucionarias han llegado a Xuzhou": Se refiere al hecho de que después de que Chiang Kai-shek traicionó la revolución, él siguió llevando a cabo la conquista del norte bajo la misma pancarta de la Revolución de la Expedición al Norte y ocupó Xuzhou el 16 de diciembre de 1927.

te vamos a expulsar". Durante el curso de la revolución, todos los literatos estaban haciendo un sueño, imaginando qué tipo de mundo sería al triunfar la revolución; y después de la revolución, vieron que la realidad no era lo mismo como ideado en ningún sentido, entonces, tendrían que sufrir de nuevo. De tal manera gritando, clamando y llorando, ellos no salieron exitosos; moviendo tanto hacia delante como hacia atrás, tampoco tuvieron éxito, los ideales y la realidad no son consistentes, lo que es el destino condenado. Igual a que el Lu Xun que ustedes imaginaban en la *Gritos a la batalla* y el Lu Xun en la cátedra no son consistentes, tal vez ustedes crean que yo suelo llevar un traje de la moda occidental y mi cabello al estilo separado, pero no me visto del traje extranjero, y mi cabello está tan cortito como así. Por lo tanto, la literatura revolucionaria autoproclamada no será definitivamente la literatura revolucionaria. ¿Cómo podría existir en el mundo una literatura revolucionaria que esté satisfecha con el statu quo? ¡A menos que haya tomado un anestésico! Antes de la Revolución ruso-soviética, los dos escritores, Yesenin[9] y Sobol[10], habían cantado las alabanzas de la revolución; pero más tarde, murieron chocando con el monumento de la realidad al que habían cantado su esperanza, y en ese momento, la Unión Soviética se había fundado.

Sin embargo, la sociedad es tan solitaria y la existencia de este tipo de personas resultaría más interesante. Los humanos están felices de ver dramas y los literatos mismos están dando espectáculos para los demás, tal como cayendo arrestados y decapitados, o

---

[9] Serguéi Yesenin (1895–1925): Poeta ruso. Véase la Nota [5] de "Opiniones sobre la Liga de Escritores de Izquierda" en este libro de traducción.

[10] Andrew Sobol (1888–1926): Escritor soviético. Después de la Revolución de Octubre, estaba dispuesto a participar en la revolución, pero finalmente se suicidó debido a la insatisfacción con la vida real. Fue autor de la novela *Polvo*, y la colección de cuentos titulada *Cuando florece el cerezo*.

matados a disparos al pie del muro más cercano, casos que pueden servir de animación por un tiempo. Además, cuando la patrulla de Shanghai golpea a alguien con un palo, todos acuden a su alrededor a observarlo. Aunque no quieren ser golpeados ellos mismos, les es divertido ver cómo los otros sufren palizas. ¡Los literatos están recibiendo los golpes justamente en su propia carne!

De lo que estamos hablando hoy es solo tan poco de eso, y le doy un título llamado: "Vía bifurcada de la literatura y la política".

26 de diciembre de 1927

自嘲[1]

运交华盖[2]欲何求,未敢翻身已碰头。
破帽遮颜过闹市,漏船载酒泛中流。
横眉冷对千夫指,俯首甘为孺子牛[3]。
躲进小楼[4]成一统,管它冬夏与春秋。

注 释

［1］这首诗最早是写给柳亚子的。《鲁迅日记》1932年10月12日记有"午后为柳亚子书一条幅",并录下本诗和跋语。
［2］"华盖":今属仙后座。华盖是一颗孤独内向之星,命带华盖者,整体上是孤僻和独行的,一生多忧少乐。鲁迅曾说:"听老年人说,人是有时要交'华盖运'的……这运,在和尚是好运:顶有华盖,自然是成佛作祖之兆。但俗人可不行,华盖在上,就要给罩住了,只好碰钉子。"
［3］"孺子牛":春秋时齐景公跟儿子嬉戏,装牛趴在地上,让儿子骑在背上。这里比喻自己愿做人民之牛,为大众服务。
［4］"小楼":指作者居住的地方。

Autoburla[1]

¿Qué más puedo si mi suerte se aparea con la estrella aislada[2]?
Ya me choqué la cabeza antes de osar liberarme de la desdicha.
Atravesando las calles con la cara cubierta bajo la gorra rota,
Navegando por el río cargada de vino en una barca agujereada.

Con ceño fruncido, señalando fríamente a mil hombres indignos,
De cabeza baja, sirviendo al pueblo suave como un buey sumiso[3].
Metido en el edificio[4] insistiendo en mi posición sin cambio,
¿Quién se cuida de qué invierno, verano, primavera y otoño?

---

① Este poema fue escrito para Liu Yazi. El *Diario de Lu Xun* del 12 de octubre de 1932 incluyó este poema con una nota de que "escribí en la tarde un rollo vertical dotado de pareados para Liu Yazi", y una posdata adjunta.
② "Estrella aislada": Se refiere la estrella de nombre Huagai (toldo dorado de uso imperial en chino), que es Cassiopeia en la astronomía. Es una estrella solitaria e introvertida, y se cree que la persona que lleva la suerte de ella tiende a ser solitaria y andar sola, y suele estar más preocupada y menos alegre en toda la vida. Lu Xun dijo una vez: "Escuché a los ancianos decir que las personas a veces se aparea con la suerte 'Huagai'... que es buena suerte para los monjes: con un toldo dorado, es naturalmente una señal de convertirse en un buda; pero no buena para la gente común, una vez tapada con el toldo arriba, se encuentra aislada, dando la cabeza siempre golpeada contra un clavo".
③ "Buey sumiso": En el antiguo Período de Primavera y Otoño, el rey Jing Gong del reino Qi jugaba con su hijo, fingiendo un buey sumiso en el suelo y dejando a su hijo cabalgar sobre su espalda. Aquí el autor hace una analogía de que está dispuesto a ser un buey del pueblo para servir a las masas.
④ "Edificio": Se refiere al lugar donde vivía el autor.

中山先生逝世后一周年[1]

中山先生逝世后无论几周年，本用不着什么纪念的文章。只要这先前未曾有的中华民国存在，就是他的丰碑，就是他的纪念。

凡是自承为民国的国民，谁有不记得创造民国的战士，而且是第一人的？但我们大多数的国民实在特别沉静，真是喜怒哀乐不形于色，而况吐露他们的热力和热情。因此就更应该纪念了；因此也更可见那时革命有怎样的艰难，更足以加增这纪念的意义。

记得去年逝世后不很久，甚至于就有几个论客说些风凉话[2]。是憎恶中华民国呢，是所谓"责备贤者"[3]呢，是卖弄自己的聪明呢，我不得而知。但无论如何，中山先生的一生历史具在，站出世间来就是革命，失败了还是革命；中华民国成立之后，也没有满足过，没有安逸过，仍然继续着进向近于完全的革命的工作。直到临终之际，他说道：革命尚未成功，同志仍须努力！[4]

那时新闻上有一条琐载，不下于他一生革命事业地感动过我，据说当西医已经束手的时候，有人主张服中国药了；但中山先生不赞成，以为中国的药品固然也有有效的，诊断的知识却缺如。不能诊断，如何用药？毋须服。人当濒危之际，大抵是什么也肯尝试的，而他对于自己的生命，也仍有这样分明的理智和坚定的意志。

他是一个全体，永远的革命者。无论所做的那一件，全都是革命。无论后人如何吹求他，冷落他，他终于全都是革命。

为什么呢？托洛斯基[5]曾经说明过什么是革命艺术。是：即使主题不谈革命，而有从革命所发生的新事物藏在里面的意识一贯着者是；否则，即使以革命为主题，也不是革命艺术。中山先生逝世已经一年了，"革命尚未成功"，仅在这样的环境中作一个纪念。然而这纪念所显示，也还是他终于永远带领着新的革命者前行，一同努力于进向近于完全的革命的工作。

（三月十日晨。）

注 释

[1] 本篇最初发表于1926年3月12日北京《国民新报》的"孙中山先生逝世周年纪念特刊"。孙中山（1866—1925），名文，字逸仙，广东香山（今中山县）人。中国近代伟大的民主革命家，中华民国与中国国民党的创始人和缔造者，亦是三民主义的提出者和倡导者。孙中山是中国近代民主主义革命的先行者与开拓者，是辛亥革命的发起者与领导者。他对中国历史的发展进程产生了极其重要的影响，在大中华地区及华人地区被普遍尊称为"国父"。

[2] "几个论客说些风凉话"：指的是1925年4月2日《晨报》所载署名"赤心"的《中山……》一文和1925年3月13日《晨报》所载梁启超答记者问《孙文之价值》一文。他们对孙中山先生进行了讽刺和诬蔑。

[3] "责备贤者"：孔子修订的《春秋》对贤者常常责备，严格要求。

[4] "革命尚未成功，同志仍须努力！"：见孙中山《遗嘱》。

[5] 托洛斯基：通译托洛茨基，即列夫·托洛茨基（1879—1940），他是著名的俄罗斯政治家和犹太血统的革命者。鲁迅所说的这段话，见托洛茨基的《文学与革命》。

Primer aniversario del fallecimiento del Sr. Sun Yat-sen[1][2]

Independiente de cuál sea el aniversario del fallecimiento del Sr. Sun Yat-sen, no hay necesidad de ningún artículo conmemorativo, porque mientras exista esta República de China que no haya existido antes, esta será su monumento meritorio y su memoria.

Entre toda la gente que admite ser nacional de la República, ¿quién no se acuerda de los luchadores que la crearon, y especialmente el que fue el primero en hacerlo? Pero la mayoría de nuestros ciudadanos son extremadamente callados que no exteriorizan en su semblante la alegría, la cólera, la tristeza y la diversión, ni mucho menos revelan su pasión y entusiasmo, así que este día debe ser más conmemorado; de aquí se ve más obvio cuán difícil fue la revolución en aquel tiempo, lo que es aún más suficiente para aumentar el significado de esta conmemoración.

Recuerdo que no mucho después de su muerte el año pasado, incluso algunos comentaristas soplaron unas frías palabrerías

---

[1] Este artículo fue publicado originalmente en el *Número especial del aniversario del fallecimiento del Sr. Sun Yat-sen* en las *Noticias Nacionales* de Beijing el 12 de marzo de 1926.
[2] Sun Yat-sen (1866–1925), cuyo nombre original es Wen, apodo es Yixian, nació en Xiangshan (ahora distrito de Zhongshan), Guangdong. Fue un gran revolucionario democrático en la China moderna, fundador y creador de la República de China y del KMT. Fue también el presentador y defensor de los Tres Principios del Pueblo (nacionalismo, democracia, y bienestar social). Siendo el precursor y pionero de la revolución democrática moderna en China, y el iniciador y líder de la Revolución de 1911, ha tenido un impacto extremadamente importante en el desarrollo de la historia china, y es ampliamente considerado como el "Padre de la Patria" en la Sinoesfera.

sarcásticas③. ¿Fue que odiaban la República de China, o hacían la llamada "reproche al sabio"④, u ostentaban su propia inteligencia? No tengo medio de saberlo. Sin embargo, de todo modo, la historia de toda la vida del Sr. Yat-sen ha sido una clara existencia objetiva. Cuando se presentó a este mundo, fue para hacer la revolución, y después de los fracasos, siempre volvía a seguir haciendo la revolución, e incluso tras la fundación de la República, tampoco estuvo satisfecho ni disfrutó de la comodidad, sino continuó marchando hacia una revolución casi completa. Hasta el final de su vida, dijo: ¡La revolución aún no se ha cumplido, los camaradas todavía tienen que hacer esfuerzo!⑤

En ese momento, había una noticia trivial en la publicación que me conmovió no menos que su carrera revolucionaria de toda la vida. Se decía que cuando la medicina occidental, frente a su enfermedad, se encontró con las manos atadas, algunas personas propusieron tomar la medicina china; pero el Sr. Yat-sen no estuvo de acuerdo, pensando que existían medicinas chinas eficaces, pero faltaba el conocimiento diagnóstico. Sin poder diagnosticar, ¿cómo usar medicamento? No quiso tomarlo. Cuando una persona estaba al borde de la muerte, tal vez estuviera dispuesto a intentar cualquier medida, pero él todavía siguió manteniendo un sentido tan claro y una voluntad tan firme respecto a su propia vida.

Él es un revolucionario integral y permanente. No importaba cualquier cosa que él hiciera, toda era revolucionaria. No importaba

---

③ "Algunos comentaristas soplaron unas frías palabrerías sarcásticas": Se refiere al artículo "Zhongshan..." bajo el seudónimo de Chi Xin publicado en el periódico *Noticias Matutinas* el 2 de abril de 1925 y al artículo de "El valor de Sun Wen" de Liang Qichao incluido en *Noticias Matutinas* el 13 de marzo de 1925.
④ "Reproche al sabio": En el libro *Anales de primavera y otoño* revisado y modificado por Confucio, a menudo hay frases en reproche a los sabios, siendo muy estricto con ellos.
⑤ "¡La revolución aún no se ha cumplido, los camaradas todavía tienen que hacer esfuerzo!": Véase el *Testamento* de Sun Yat-sen.

cómo los hombres posteriores buscaban fallos deliberadamente y lo traten con frialdad, él es, al fin y al cabo, todo un revolucionario.

¿Por qué? Trotski[6] explicó una vez qué es el arte revolucionario: el arte es el que, a pesar de no hablar de la revolución como tema, tiene una conciencia coherente de llevar ocultas las nuevas cosas que se produzcan en la revolución. Ha pasado un año desde que falleció el Sr. Yat-sen, "la revolución aún no se ha cumplido", y solo presentamos una conmemoración en tal entorno. Pero esta conmemoración muestra que él todavía sigue dirigiendo a los nuevos revolucionarios para avanzar y esforzarse conjuntamente por marchar hacia una revolución casi completa.

10 de marzo, por la mañana

---

[6] Trotski: León Trotski (1879–1940), famoso político y revolucionario ruso de origen judío. Para el pasaje citado por Lu Xun, vea *Literatura y revolución* de Trotsky.

老调子已经唱完[1]

——二月十九日在香港青年会讲演

今天我所讲的题目是"老调子已经唱完"：初看似乎有些离奇，其实是并不奇怪的。

凡老的，旧的，都已经完了！这也应该如此。虽然这一句话实在对不起一般老前辈，可是我也没有别的法子。

中国人有一种矛盾思想，即是：要子孙生存，而自己也想活得很长久，永远不死；及至知道没法可想，非死不可了，却希望自己的尸身永远不腐烂。但是，想一想罢，如果从有人类以来的人们都不死，地面上早已挤得密密的，现在的我们早已无地可容了；如果从有人类以来的人们的尸身都不烂，岂不是地面上的死尸早已堆得比鱼店里的鱼还要多，连掘井，造房子的空地都没有了么？所以，我想，凡是老的，旧的，实在倒不如高高兴兴的死去的好。

在文学上，也一样，凡是老的和旧的，都已经唱完，或将要唱完。举一个最近的例来说，就是俄国。他们当俄皇专制的时代，有许多作家很同情于民众，叫出许多惨痛的声音，后来他们又看见民众有缺点，便失望起来，不很能怎样歌唱，待到革命以后，文学上便没有什么大作品了。只有几个旧文学家跑到外国去，作了几篇作品，但也不见得出色，因为他们已经失掉了先前的环境了，不再能照先前似的开口。

在这时候，他们的本国是应该有新的声音出现的，但是我们还没有很听到。我想，他们将来是一定要有声音的。因为俄国是活的，虽然暂时没有什么声音，但他究竟有改造环境的能力，所以将来一定也会有新的声音出现。

再说欧美的几个国度罢。他们的文艺是早有些老旧了，待到世界大战时候，才发生了一种战争文学。战争一完结，环境也改变了，老调子无从再唱，所以现在文学上也有些寂寞。将来的情形如何，我们实在不能豫测。但我相信，他们是一定也会有新的声音的。

现在来想一想我们中国是怎样。中国的文章是最没有变化的，调子是最老的，里面的思想是最旧的。但是，很奇怪，却和别国不一样。那些老调子，还是没有唱完。

这是什么缘故呢？有人说，我们中国是有一种"特别国情"[2]。——中国人是否真是这样"特别"，我是不知道，不过我听得有人说，中国人是这样。——倘使这话是真的，那么，据我看来，这所以特别的原因，大概有两样。

第一，是因为中国人没记性，因为没记性，所以昨天听过的话，今天忘记了，明天再听到，还是觉得很新鲜。做事也是如此，昨天做坏了的事，今天忘记了，明天做起来，也还是"仍旧贯"[3]的老调子。

第二，是个人的老调子还未唱完，国家却已经灭亡了好几次了。何以呢？我想，凡有老旧的调子，一到有一个时候，是都应该唱完的，凡是有良心，有觉悟的人，到一个时候，自然知道老调子不该再唱，将它抛弃。但是，一般以自己为中心的人们，却决不肯以民众为主体，而专图自己的便利，总是三翻四复的唱不完。于是，自己的老调子固然唱不完，而国家却已被唱完了。

宋朝的读书人讲道学，讲理学[4]，尊孔子，千篇一律。虽然有几个革新的人们，如王安石[5]等等，行过新法，但不得大家的赞同，失败了。从此大家又唱老调子，和社会没有关系的老调子，一直到宋朝的灭亡。

宋朝唱完了，进来做皇帝的是蒙古人——元朝。那么，宋朝的老调子也该随着宋朝完结了罢，不，元朝人起初虽然看不起中国人[6]，后来却觉得我们的老调子，倒也新奇，渐渐生了羡慕，因此元人也跟着唱起我们的调子来了，一直到灭亡。

这个时候，起来的是明太祖。元朝的老调子，到此应该唱完了罢，可是也还没有唱完。明太祖又觉得还有些意趣，就又教大家接着唱下去。什么八股呵，道学呵，和社会，百姓都不相干，就只向着那条过去的旧路走，一直到明亡。

清朝又是外国人。中国的老调子，在新来的外国主人的眼里又见得新鲜了，于是又唱下去。还是八股，考试，做古文，看古书。但是清朝完结，已经有十六年了，这是大家都知道的。他们到后来，倒也略略有些觉悟，曾经想从外国学一点新法来补救，然而已经太迟，来不及了。

老调子将中国唱完，完了好几次，而它却仍然可以唱下去。因此就发生一点小议论。有人说："可见中国的老调子实在好，正不妨唱下去。试看元朝的蒙古人，清朝的满洲人，不是都被我们同化了么？照此看来，则将来无论何国，中国都会这样地将他们同化的。"原来我们中国就如生着传染病的病人一般，自己生了病，还会将病传到别人身上去，这倒是一种特别的本领。

殊不知这种意见，在现在是非常错误的。我们为甚么能够同化蒙古人和满洲人呢？是因为他们的文化比我们的低得多。倘使别人的文化和我们的相敌或更进步，那结果便要大不相同了。他们倘比我们更聪明，这时候，我们不但不能同化他们，反要被他们利用了我们的腐败文化，来治理我们这腐败民族。他们对于中国人，是毫不爱惜的，当然任凭你腐败下去。现在听说又很有别国人在尊重中国的旧文化了，那里是真在尊重呢，不过是利用！

从前西洋有一个国度，国名忘记了，要在非洲造一条铁路。顽固的非洲土人很反对，他们便利用了他们的神话来哄骗他们道："你们古代有一个神仙，曾从地面造一道桥到天上。现在我们所造的铁路，简直就和你们的古圣人的用意一样。"非洲人不胜佩服，高兴，铁路就造起来。[7]——中国人是向来排斥外人的，然而现在却渐渐有人跑到他那里去唱老调子了，还说道："孔夫子也说过，'道不行，乘桴浮于海。'[8]所以外人倒是好的。"外国人也说道："你家圣人的话实在不错。"

倘照这样下去，中国的前途怎样呢？别的地方我不知道，只好用上海来类推。上海是：最有权势的是一群外国人，接近他们的是一圈中国的商人和所谓读书的人，圈子外面是许多中国的苦人，就是下等奴才。将来呢，倘使还要唱着老调子，那么，上海的情状会扩大到全国，苦人会多起来。因为现在是不像元朝清朝时候，我们可以靠着老调子将他们唱完，只好反而唱完自己了。这就因为，现在的外国人，不比蒙古人和满洲人一样，他们的文化并不在我们之下。

那么，怎么好呢？我想，唯一的方法，首先是抛弃了老调子。旧文章，旧思想，都已经和现社会毫无关系了，从前孔子周游列国的时代，所坐的是牛车。现在我们还坐牛车么？从前尧舜的时候，吃东西用泥碗。现在我们所用的是甚么？所以，生在现今的时代，捧着古书是完全没有用处的了。

但是，有些读书人说，我们看这些古东西，倒并不觉得于中国怎样有害，又何必这样决绝地抛弃呢？是的。然而古老东西的可怕就正在这里。倘使我们觉得有害，我们便能警戒了，正因为并不觉得怎样有害，我们这才总是觉不出这致死的毛病来。因为这是"软刀子"。这"软刀子"的名目，也不是我发明的，明朝有一个读书人，叫做贾凫西[9]的，鼓词里曾经说起纣王，道："几年家软刀子割头不觉死，只等得太白旗[10]悬才知道命有差。"我们的老调子，也就是一把软刀子。

中国人倘被别人用钢刀来割，是觉得痛的，还有法子想；倘是软刀子，那可真是"割头不觉死"，一定要完的。

我们中国被别人用兵器来打，早有过好多次了。例如，蒙古人满洲人用弓箭，还有别国人用枪炮。用枪炮来打的后几次，我已经出了世了，但是年纪青。我仿佛记得那时大家倒还觉得一点苦痛的，也曾经想有些抵抗，有些改革。用枪炮来打我们的时候，听说是因为我们野蛮；现在，倒不大遇见有枪炮来打我们了，大约因为我们文明了罢。现在也的确常常有人说，中国的文化好得很，应该保存。那证据，是外国人也常在赞美。这就是软刀子。用钢刀，我们也许还会觉得的，于是就改用软刀子。我想：叫我们用自己的老调子唱完我们自己的时候，是已经要到了。

中国的文化，我可是实在不知道在那里。所谓文化之类，和现在的民众有甚么关系，甚么益处呢？近来外国人也时常说，中国人礼仪好，中国人肴馔好。中国人也附和着。但这些事和民众有甚么关系？车夫先就没有钱来做礼服，南北的大多数的农民最好的食物是杂粮。有什么关系？

中国的文化，都是侍奉主子的文化，是用很多的人的痛苦换来的。无论中国人，外国人，凡是称赞中国文化的，都只是以主子自居的一部份。

以前，外国人所作的书籍，多是嘲骂中国的腐败；到了现在，不大嘲骂了，或者反而称赞中国的文化了。常听到他们说："我在中国住得很舒服呵！"这就是中国人已经渐渐把自己的幸福送给外国人享受的证据。所以他们愈赞美，我们中国将来的苦痛要愈深的！

这就是说：保存旧文化，是要中国人永远做侍奉主子的材料，苦下去，苦下去。虽是现在的阔人富翁，他们的子孙也不能逃。我曾经做过一篇杂感，大意是说："凡称赞中国旧文化的，多是住在租界或安稳地方的富人，因为他们有钱，没有受到国内战争的痛苦，所以发出这样的赞赏来。殊不知将来他们的子孙，营业要比现在的苦人更其贱，去开的矿洞，也要比现在的苦人更其深。"[11]这就是说，将来还是要穷的，不过迟一点。但是先穷的苦人，开了较浅的矿，他们的后人，却须开更深的矿了。我的话并没有人注意。他们还是唱着老调子，唱到租界去，唱到外国去。但从此以后，不能像元朝清朝一样，唱完别人了，他们是要唱完了自己。

这怎么办呢？我想，第一，是先请他们从洋楼，卧室，书房里踱出来，看一看身边怎么样，再看一看社会怎么样，世界怎么样。然后自己想一想，想得了方法，就做一点。"跨出房门，是危险的。"自然，唱老调子的先生们又要说。然而，做人是总有些危险的，如果躲在房里，就一定长寿，白胡子的老先生应该非常多；但是我们所见的有多少呢？他们也还是常常早死，虽然不危险，他们也胡涂死了。

要不危险，我倒曾经发见了一个很合式的地方。这地方，就是：牢狱。人坐在监牢里，便不至于再捣乱，犯罪了；救火机关也完全，不怕失火；也不怕盗劫，到牢狱里去抢东西的强盗是从来没有的。坐监是实在最安稳。

但是，坐监却独独缺少一件事，这就是：自由。所以，贪安稳就没有自由，要自由就总要历些危险。只有这两条路。那一条好，是明明白白的，不必待我来说了。

现在我还要谢诸位今天到来的盛意。

注　释

[1] 本篇最初发表于1927年3月（？）广州《国民新闻》副刊《新时代》，同年5月11日汉口《中央日报》副刊第四十八号曾予转载。

[2] "特别国情"：1915年袁世凯阴谋复辟帝制时，他的宪法顾问美国人古德诺，曾于8月10日北京《亚细亚日报》发表《共和与君主论》一文，说中国自有"特别国情"，不适宜实行民主政治，应当恢复君主政体。这种谬论曾经成为反动派阻挠民主改革和反对进步学说的借口。

[3] "仍旧贯"：语见《论语·先进》："鲁人为长府，闵子骞曰：'仍旧贯，如之何？何必改作！'"其他大夫认为他墨守成规。

[4] "理学"：又称道学，是宋代周敦颐、程颢、程颐、朱熹等人阐释儒家学说而形成的唯心主义思想体系。它认为"理"是宇宙的本体，把封建道德和规则解释为"天理"的一部分。参见此译本《随感录38——谈自大》注释［12］。

[5] 王安石（1021—1086）：江西抚州临川人。北宋政治家和作家，中国历史上著名的改革家。他在宋朝皇帝第二年（1069年）出任宰相，推行改革并制定了新法律，但后来遭到大官僚和地主的拒绝，以失败告终。

[6] 元朝将全国人分为四等：蒙古人最贵，色目人次之，汉人又次之。参见本书《北人与南人》注释［4］。

[7] 关于西洋人用神话哄骗非洲土人的事，参看《热风·随感录42》。

[8] "道不行，乘桴浮于海"：语见《论语·公冶长》。桴，用竹木编的筏子。

[9] 贾凫西（约1592—1674）：山东曲阜人，明代遗民，鼓词作家。

这里所引的话他作的《木皮散人鼓词》中关于周武王灭商纣王的一段:"……几年家软刀子割头不觉死,只等得太白旗悬才知道命有差。"

[10] "太白旗":最早是周武王伐纣时(约公元前1046年)所执的白旗,曾用于指挥各路诸侯。在纣王死后,武王对殷纣的死尸连射三箭,亲自斩纣之头颅,悬挂在太白旗上。此后泛用于胜利之师的指挥令旗。

[11] 参看《华盖集续编·无花的蔷薇之二》。

Las melodías viejas se han terminado de cantar[1]

Conferencia en la Federación de
Jóvenes de Hong Kong, 19 de febrero

El tema del que hablo hoy es "las melodías viejas se han terminado de cantar"; a primera vista parece algo extravagante, pero en realidad no es de extrañar.

¡Todo lo viejo, lo antiguo, se ha acabado! Y también debería ser así. Aunque por esta frase lo siento realmente mucho por los predecesores generales, ya no tengo otra manera.

Los chinos tenemos un pensamiento contradictorio, que es: deseamos que los hijos y nietos sobrevivan, y nosotros mismos también queremos vivir muy largo tiempo y no morir nunca; hasta cuando creemos no tener más remedio que morir, abrigamos la esperanza de que el cuerpo nunca se descomponga. Pero, piénsenlo, si las personas nunca hubieran muerto desde la existencia de los seres humanos, el suelo habría estado densamente abarrotado y ahora no tendríamos donde caber; si los cuerpos nunca se hubieran descompuesto desde el principio de la humanidad, ¿no sería que los cadáveres en el suelo se hubieran apilado más que los pescados en la pescadería, e incluso ni

---

[1] Este artículo se publicó originalmente en marzo de 1927(?) en el suplemento *Era Nueva* de *Noticias Nacionales* de Guangzhou y fue reimpreso el 11 de mayo del mismo año en el suplemento No. 48 del *Diario Central* de Hankou.

se hubiera quedado terreno para excavar pozos y construir casas? Por lo tanto, creo que, para todo lo viejo y lo antiguo, de veras no les sería mejor que morir felizmente al llegar el momento.

Lo mismo pasa con la literatura. Todo lo viejo y lo antiguo, se han acabado de cantar o se terminarán de cantar. Tomemos un ejemplo reciente, que es la Rusia. En la era de la autocracia del emperador ruso, muchos escritores simpatizaron con las masas del pueblo y lanzaron muchas voces amargas y dolorosas. Más tarde, cuando vieron que las masas también tenían defectos, se decepcionaron y no pudieron cantar tanto, así que después de la revolución ya no tuvieron grandes obras más. Solo unos pocos escritores de la vieja literatura que se fueron al extranjero compusieron algunas obras, pero tampoco eran necesariamente sobresalientes, porque ellos habían perdido su entorno anterior y ya no podían hablar en la forma de antes.

En este momento, se supone que emergerían voces nuevas en su propio país, pero todavía no las hemos escuchado marcadamente. Creo que sí habrá voces en el futuro, porque Rusia está viva. Aunque no hay voces por el momento, tiene, a pesar de todo, la capacidad de transformar su entorno, así que seguramente habrá nuevas voces en el futuro.

Ahora hablemos de los varios países de Europa y América. La literatura suya había sido un poco antigua desde hace mucho, y solo durante la Guerra Mundial surgió una especie de literatura de guerra. Pero tan pronto como terminó la guerra, seguida de cambios del entorno, las viejas melodías ya no tuvieron por qué cantarse, por lo tanto, la literatura de ahora también siente algo de soledad. En cuanto a lo que pase en el futuro, realmente no somos capaces de especular. Pero creo que también tendrán nuevas voces seguramente.

Ahora pensemos en cómo está la situación en China. Los artículos chinos son los menos alterados, las melodías son las más antiguas y los pensamientos que llevan consigo son los más rancios. Pero, extrañamente, es diferente de otros países. Esas viejas melodías aún no están terminadas de cantar.

¿Cuál es la razón de esto? Algunas personas dicen que nuestra China tiene unas "circunstancias nacionales especiales"②. Sí o no los chinos somos realmente tan "especiales", no lo sé, pero he oído a la gente decir que así lo somos. Si estas palabras son ciertas, hasta donde puedo ver, habrá probablemente dos razones por las que esto es tan especial.

Primero, es que los chinos no tenemos buena memoria. Debido a la poca memoria, lo que escuchamos ayer, hoy lo olvidamos, y al escucharlo mañana, todavía nos parecerá fresco. Ocurre lo mismo con hacer las cosas, lo que hicimos mal ayer, hoy lo olvidamos, y al hacerlo mañana, seguiremos cantando la melodía "de la misma rutina" todavía.③

En segundo lugar, es que la melodía personal vieja aún no se ha terminado, cuando la nación ya ha perecido varias veces. ¿Por qué? Creo que cualquier melodía vieja debe terminarse de cantar al llegar a un cierto tiempo, y toda la gente que tiene consciencia grata y comprensión sabrá que, al llegar a un momento dado, no deben seguir cantando las viejas melodías y las descartará. Sin embargo, las personas generalmente egocéntricas nunca están dispuestas a tomar a las masas del pueblo como el cuerpo principal, sino perseguir

---

② "Circunstancias nacionales especiales": Cuando Yuan Shikai conspiró para restaurar el sistema imperial en 1915, su consultor constitucional norteamericano Goodwin publicó un artículo titulado "República y Monarquía" en el *Diario de Asia* de Beijing el 10 de agosto, diciendo que como China tenía sus "circunstancias nacionales especiales", no era adecuada la implementación de políticas democráticas, y debería ser restaurada la monarquía. Esta falacia constituyó una excusa para que los reaccionarios obstruyeran la reforma democrática y se opusieran al progreso.
③ Durante el Período de Primavera y Otoño, el reino Lu quería construir un gran granero para prepararse a la guerra. Cuando se consultó a los ministros, Min Zixun dijo: "¿Qué tal la misma rutina de siempre? ¿Qué les parece? ¿Por qué a remodelar?" Otros ministros pensaron que él estaba aferrado a las viejas fórmulas.

especialmente sus conveniencias individuales y siempre las cantan en repetidas y tornadizas veces sin cesar. Entonces, nunca terminan de cantar sus viejas melodías por cierto, mientras la nación se ha acabado por ese canto.

Los eruditos de la dinastía Song predicaban el daoísmo[④], o sea, la filosofía idealista como una escuela nueva del confucianismo, y todos seguían respetando a Confucio, actuando uniformes como si fueran miles artículos escritos de una misma fórmula. Aunque hubiera varias personas innovadoras, tales como Wang Anshi[⑤], quienes habían implementado unas leyes nuevas, no obtuvieron el endorso de todos y así fracasaron. De allí, todos volvieron a cantar las melodías viejas, las que no tenían nada que ver con la sociedad, y así hasta la extinción de la dinastía Song.

La dinastía Song terminó de cantar, y los que penetraron en China para hacerse emperadores fueron los mongoles, es decir, la dinastía Yuan. Entonces, las viejas melodías de la dinastía Song deberían acabarse junto con la dinastía Song. Pero no, aunque los hombres de la dinastía Yuan al principio despreciaron a los chinos[⑥], más tarde les parecieron novedosas nuestras viejas melodías y gradualmente sintieron admiración por ellas, así que los hombres de

---

④ "Daoísmo": También conocido como el neoconfucianismo, es un sistema idealista de pensamiento formado por Shao Yong, Zhou Dunyi, Zhang Zai, Cheng Hao, Cheng Yi, Zhu Xi y otros en la dinastía Song (960 d. C.–1127 d. C.) que expusieron la doctrina confuciana con las características de su época. Cree que la "razón" es el noúmeno del universo e interpreta la moral y las reglas feudales como parte de la "razón". De hecho, Zhou Dunyi fue el fundador de estos estudios, quien combinó el pensamiento de la inacción del taoísmo y la doctrina de la media del confucianismo exponiendo los conceptos básicos y el sistema ideológico del neoconfucianismo. Véase la Nota [12] de "Apuntes de sentimientos momentáneos 38: Sobre la arrogancia" en este libro de traducción.

⑤ Wang Anshi (1021–1086): Nativo de Linchuan en Fuzhou, provincia de Jiangxi. Estadista y literato, y famoso reformista en la historia de China. Se desempeñó como primer ministro en el segundo año del emperador Shenzong de la dinastía Song (1069 d. C.). Promovió reformas e introdujo nuevas leyes, pero luego fueron rechazado por grandes burócratas y terratenientes, y falló al final.

⑥ Los gobernantes de la dinastía Yuan dividieron a los habitantes en cuatro categorías: los mongoles eran los más nobles, seguidos por los semu y los han. Vea la Nota [4] de "Norteños y sureños" en este libro de traducción.

Yuan también siguieron cantando nuestras melodías viejas, hasta la extinción de la dinastía.

En este momento, el que se alzó fue el primer emperador de la dinastía Ming, Taizu (Gran Ancestro). Entonces, ¿hasta ahora las viejas melodías de la dinastía Yuan deberían cesar ya? Pero aún no. El Gran Ancestro de Ming también lo encontró interesante de nuevo, y ordenó a todos continuar cantándolas, tales cosas como el llamado artículo al estilo estereotipado y el taoísmo, que no tenían nada que ver con la sociedad y los plebeyos, pero todos insistían en dirigirse hacia ese viejo camino, hasta la aniquilación de la dinastía Ming.

Los dominantes de la dinastía Qing fueron otra vez extranjeros. Las viejas melodías chinas les parecieron frescas otra vez a los ojos de los nuevos amos extranjeros, por eso volvieron a cantarse. Continuaron todavía con escribir artículos al estilo estereotipado de ocho partes, con los exámenes, la redacción al estilo antiguo, así como la lectura de libros clásicos. Pero ahora, la dinastía Qing se acabó hace dieciséis años, cosa que todo el mundo sabe. En el tiempo más tardío, se dieron cuenta ligeramente del asunto, y trataron de remediar la situación aprendiendo algunas nuevas leyes del extranjero, pero fue demasiado tarde y el tiempo no alcanzó para hacerlo.

El canto de las viejas melodías acabó con China, y la ha rematado varias veces, pero ellas mismas todavía pueden ser cantadas continuamente. Por lo tanto, se originó una pequeña discusión. Algunas personas dicen: "Esto muestra que las viejas melodías de China son realmente buenas, y no es inconveniente seguir cantándose sin parar. Miren a los mongoles de la dinastía Yuan y a los manchúes de la dinastía Qing, ¿no han sido asimilados por nosotros? A la luz de esto, en el futuro, cualquier país que sea, China podrá asimilarlo de esta manera". Resulta que China es como un paciente con una enfermedad infecciosa, que, habiendo contraído ella misma esta enfermedad, puede transmitirla a otros, lo que es una habilidad especial.

Pero apenas saben que ahora esta opinión es muy equivocada. ¿Por qué hemos sido capaces de asimilar a los mongoles y manchúes? Es porque su cultura es mucho más inferior que la nuestra. Si la cultura de los demás hubiera sido rival con la nuestra o más avanzada, el resultado habría ido muy diferente. Si hubieran sido más inteligentes que nosotros, en ese caso, no solo no podríamos asimilar a ellos, sino que ellos se aprovecharán de nuestra cultura corrupta para gobernar esta corrupta nación nuestra. A los chinos, ellos no tienen ni el menor afecto y piedad, así que desde luego nos dejan seguir corrompiéndonos a discreción. Ahora se escucha que bastantes personas de otros países empiezan a respetar la cultura antigua de China. ¿Cómo pueden respetarla realmente? ¡Nada más que quieren aprovecharla!

Una vez había un país en el Occidente, cuyo nombre se me ha olvidado, que quería construir un ferrocarril en África. Los obstinados nativos africanos estaban muy en contra. Por eso la gente de ese país occidental utilizó un mito de los africanos para engatusarlos a engaño: "En vuestros tiempos antiguos había un dios que solía construir un puente desde la tierra hasta el cielo. Ahora el ferrocarril que vamos a construir tiene exactamente el mismo propósito que su antiguo santo". Los africanos lo admiraron mucho y se quedaron felices, así que se construyó el ferrocarril.⑦ Los chinos siempre somos repulsivos de los forasteros, pero ahora algunos gradualmente han ido a cantar las viejas melodías ante ellos, y además dicen: "Confucio también había dicho: 'Si mi predicación no se aplica, tomaré una pequeña balsa para

---

⑦ Con respecto al uso de mitos por los occidentales para convencer a los nativos africanos, consulte la versión en chino de "Apuntes de sentimientos momentáneos 42" de *Viento caliente* de Lu Xun.

flotar en el mar'.⁸ Por eso, los foráneos en cambio son buenos". Y los extranjeros también dicen: "Las palabras de su sabio son realmente correctas".

¿Cuál será el futuro de China si continúa siendo así? Como no sé de otros lugares, solo puedo usar el caso de Shanghai para deducir por analogía. En Shanghai, los más potentados son un grupo de extranjeros, y cerca de ellos hay un círculo de hombres de negocios y supuestos eruditos. Fuera del círculo son los muchos chinos miserables, o sea, los siervos de clase baja. ¿Y qué será en el futuro? Si continúan cantando las viejas melodías, la situación de Shanghai se extenderá a todo el país, y las personas que sufren van a aumentarse en número. Porque ahora ya no es como las dinastías Yuan y Qing, en las que pudimos acabarlas apoyándonos en las viejas melodías, sino inversamente solo podríamos acabarnos a nosotros mismos. Y esto se debe a que los extranjeros de hoy no son iguales como los mongoles y manchúes y la cultura suya de veras no está por debajo de la de nosotros.

Entonces, ¿qué deberá hacerse? Creo que el único método es abandonar primero las viejas melodías, porque los artículos viejos y las ideas anticuadas han dejado de tener ninguna relación con la sociedad actual. En la época cuando Confucio recorría los varios reinos, tomaba un carro de bueyes, ¿y ahora todavía viajamos en carro de bueyes? En los remotos días de Yao y Shun, los antiguos solían comer en cuencos de barro, ¿y qué usamos ahora? Por lo tanto, vivir en la era actual pero sostener solo los libros antiguos es completamente inútil.

Sin embargo, algunos eruditos dicen que cuando leemos estas cosas antiguas, no sentimos lo perjudiciales que son para China, ¿por

---

⑧ Véase *Analectas de Confucio – Gongye Chang*.

qué deberíamos descartarlas tan resueltamente? Eso sí, pero, esto es precisamente lo terrible de las cosas antiguas. Si las sintiéramos dañinas, podríamos estar alertas, y justamente debido a que no sentimos lo dañino que sean, no nos hemos dado cuenta de este problema fatal desde siempre. Porque esto es un "cuchillo blando". El nombre de este "cuchillo blando" no fue inventado por mí. En la dinastía Ming había un erudito llamado Jia Fuxi[9], quien habló en las *Letras del canto de tambor* una vez del rey Zhou, diciendo: "... No sentía que fuese muriendo cuando le cortaba con un cuchillo blando durante varios años, y solo cuando vio colgada la bandera Taibai[10] se dio cuenta del riesgo de su vida". Nuestra vieja melodía también es un cuchillo blando.

Si a los chinos nos corta otra gente con un cuchillo de acero, seguramente sentiremos el dolor, y aún podremos pensar en algún remedio; pero si con un cuchillo blando, realmente resultará "sin sentir que fuésemos muriendo", y definitivamente nos arruinaremos.

En cuanto a lo que nuestra China fue atacada con armas por otros, ha ocurrido varias veces, por ejemplo, los mongoles y los manchúes usaron arcos y flechas, y otros extranjeros usaron fusiles y cañones. En las últimas ocasiones con armas de fuego, yo había nacido, pero todavía era joven. Me parece recordar que en esos momentos todavía sentimos un cierto dolor, y también pensamos en cierta resistencia y alguna reforma. Cuando ellos usaron armas de

---

[9] Jia Fuxi (aprox. 1592–1674): Nació en Qufu, provincia de Shandong, sobreviviente de la dinastía Ming y escritor de letras para el canto con tambores. Las palabras citadas aquí vienen de *Letras del tambor de hombre libre* sobre la extinción del rey Zhou de la dinastía Shang por el rey Zhou Wu de la dinastía Zhou.

[10] "Bandera Taibai": En un principio de la historia (sobre 1046 a. C.), el rey Wu usaba una bandera de color blanco comandando las tropas de los diferentes señores feudales para atacar al rey Zhou, de la dinastía Shang. Despúes de la muerte del rey Zhou, el rey Wu lanzó tres flechas al cadáver, le cortó la cabeza en persona y la colgó en la bandera blanca, o sea, la bandera Taibai. Desde entonces, se ha utilizado ampliamente como la bandera de mando de la división de la victoria.

fuego para atacarnos, dijeron que nos hallábamos todavía en barbarie; ahora no sufrimos tantos ataques por fusiles y cañones, posiblemente porque ya hemos sido civilizados. De veras, ahora se suele decir que la cultura china es muy buena y debe preservarse, cuya evidencia es que los extranjeros también la elogian con frecuencia. Esto es precisamente un cuchillo blando. Con un cuchillo de acero, tal vez aún podamos sentir algo, entonces ellos cambian por usar el cuchillo blando. Así, pienso: ya llega el momento cuando ellos nos dicen acabarnos con nosotros mismos en nuestra propia melodía antigua.

Respecto de la cultura china, de veras no sé en qué están encarnada. Y tal cosa llamada como cultura, ¿qué relación tiene que ver con las masas del pueblo de hoy en día, y qué beneficios ha traído? Recientemente, unos extranjeros también dicen a menudo que los chinos practican buenos modales y tienen deliciosos platos. Entonces, unos chinos se hacen eco de ello. Pero ¿qué tienen que ver estas cosas con las masas? Primero, el conductor de rickshaw no tiene dinero para confeccionar un traje de etiqueta, a la vez, la mejor comida para la mayoría de los granjeros del norte y del sur sigue siendo los granos misceláneos. ¿Qué relación con ellos?

Toda la cultura china es una cultura de servicio al amo, y es el resultado a expensas del dolor de mucha gente. Tanto los chinos como los extranjeros, todos los que elogian la cultura china ahora, son parte de esos que se consideran a sí mismos como amos.

En el pasado, los libros escritos por extranjeros en su mayoría ridiculizaban y regañaban la corrupción de China; hoy en día, ya no se burlan y reprenden tanto, o alaban la cultura china en su lugar. A menudo les oímos decir: "¡Vivo muy cómodamente en China!" Esto es una evidencia de que los chinos han venido regalando gradualmente su felicidad a los extranjeros para que la disfruten. ¡Así que cuanto más la alaben ellos, más profundo será el sufrimiento de nuestra

China en el futuro!

Esto quiere decir que, la preservación de la cultura vieja es mantener al pueblo chino siempre como material para servir a los amos, y que siga sufriendo, y sufriendo. A pesar de que ahora son hombres ricos y adinerados, sus hijos y nietos no pueden escapar. Una vez escribí un ensayo misceláneo, el sentido general era: "Los que alaban la antigua cultura china son en su mayoría las personas ricas que viven en las concesiones o lugares seguros. Como son ricos, no han sufrido en la guerra civil, por eso emiten tales elogios. Apenas saben que sus hijos y nietos tendrán negocios más miserables en el futuro que los de la gente amargada de hoy, y las cuevas mineras que deban excavar serán más profundas que las de la gente amargada de hoy".[①] Es decir, se tornarán pobres en el futuro también, nada más que ser un poco más tarde. Pero los que se empobrecieron temprano excavaron las minas de poca profundidad, pero los descendientes suyos tendrán que excavar minas más profundas. Mis palabras no han provocado atención de otros. Ellos siguen cantando las viejas melodías, y las llevan cantando a la concesión y al extranjero. Sin embargo, de hoy en adelante, no pueden acabar a otra gente cantando como con la dinastía Yuan y la dinastía Qing, sino que se acabarán a sí mismos con el canto.

¿Y qué hay que hacer al respecto? Creo que, primero, se debe invitarles a salir caminando del edificio de estilo occidental, del dormitorio y del estudio, para ver cómo van las cosas a su alrededor, cómo está la sociedad y cómo es el mundo. Luego ellos mismos deben pensar, y si pueden conseguir algún método, deben realizar algo con ello. "Es peligroso salir de la habitación". Naturalmente, los caballeros que cantan las viejas melodías volverán a decirlo. Sin

---

① Véase la versión en chino de "La rosa sin flores II" de *Colección continua de Hua Gai* de Lu Xun.

embargo, siempre hay algún peligro en ser un hombre. Si escondido en su habitación uno puede tener una larga vida, debería haber muy numerosos ancianos con barba blanca, pero ¿cuántos podemos ver en realidad? Ellos a menudo mueren antes de tiempo, y aunque no de forma peligrosa, también pueden por chochez.

Para evitar peligro, he descubierto un lugar muy apropiado, que es: la prisión. Cuando uno está en la cárcel, no volverá a causar problemas ni cometerá delitos; en tanto, el mecanismo de extinción de fuegos también está completo y no se tiene miedo al incendio; tampoco se teme al robo porque no hay ningún ladrón que venga a la cárcel a robar. Estar en la cárcel es realmente lo más seguro.

Sin embargo, en la prisión falta una única cosa: la libertad. Por lo tanto, si prefieren la seguridad y estabilidad, no tendrán libertad; y si quieren la libertad, siempre pasarán por algún peligro. Solo son los dos caminos: cuál es mejor, ya está muy claro, sin esperarme a decírselo.

Ahora me gustaría agradecer a ustedes por su entusiasta presencia de hoy.

今春的两种感想[1]

——十一月二十二日在北平辅仁大学演讲

我是上星期到北平的，论理应当带点礼物送给青年诸位，不过因为奔忙匆匆未顾得及，同时也没有什么可带的。

我近来是在上海，上海与北平不同，在上海所感到的，在北平未必感到。今天又没豫备什么，就随便谈谈吧。

昨年东北事变详情我一点不知道，想来上海事变[2]诸位一定也不甚了然。就是同在上海也是彼此不知，这里死命的逃死，那里则打牌的仍旧打牌，跳舞的仍旧跳舞。

打起来的时候，我是正在所谓火线里面[3]，亲遇见捉去许多中国青年。捉去了就不见回来，是生是死也没人知道，也没人打听，这种情形是由来已久了，在中国被捉去的青年素来是不知下落的。东北事起，上海有许多抗日团体，有一种团体就有一种徽章。这种徽章，如被日军发现死是很难免的。然而中国青年的记性确是不好，如抗日十人团[4]，一团十人，每人有一个徽章，可是并不一定抗日，不过把它放在袋里。但被捉去后这就是死的证据。还有学生军[5]们，以前是天天练操，不久就无形中不练了，只有军装的照片存在，并且把操衣放在家中，自己也忘却了。然而一被日军查出时是又必定要送命的。像这一般青年被杀，大家大为不平，以为日人太残酷。其实这完全是因为脾气不同的缘故，日人太认真，而中国人却太不认真。中国的事情往往是招牌一挂就算成功了。日本则不然。他们不像中国这样只是作戏似的。日本人一看见有徽章，有操衣的，便以为他们一定是真在抗日的人，当然要认为是劲敌。这样不认真的同认真的碰在一起，倒霉是必然的。

中国实在是太不认真，什么全是一样。文学上所见的常有新主义，以前有所谓民族主义的文学[6]也者，闹得很热闹，可是自从日本兵一来，马上就不见了。我想大概是变成为艺术而艺术了吧。中国的政客，也是今天谈财政，明日谈照像，后天又谈交通，最后又忽然念起佛来了。外国不然。以前欧洲有所谓未来派[7]艺术。未来派的艺术是看不懂的东西。但看不懂也并非一定是看者知识太浅，实在是它根本上就看不懂。文章本来有两种：一种是看得懂的，一种是看不懂的。假若你看不懂就自恨浅薄，那就是上当了。不过人家是不管看懂与不懂的——看不懂如未来派的文学，虽然看不懂，作者却是拚命的，很认真的在那里讲。但是中国就找不出这样例子。

还有感到的一点是我们的眼光不可不放大，但不可放的太大。

我那时看见日本兵不打了，就搬了回去，但忽然又紧张起来了。后来打听才知道是因为中国放鞭炮引起的。那天因为是月蚀，故大家放鞭炮来救她。在日本人意中以为在这样的时光，中国人一定全忙于救中国抑救上海，万想不到中国人却救的那样远，去救月亮去了。

我们常将眼光收得极近，只在自身，或者放得极远，到北极，或到天外，而这两者之间的一圈可是绝不注意的，譬如食物吧，近来馆子里是比较干净了，这是受了外国影响之故，以前不是这样。例如某家烧卖[8]好，包子好，好的确是好，非常好吃，但盘子是极污秽的，去吃的人看不得盘子，只要专注在吃的包子烧卖就是，倘使你要注意到食物之外的一圈，那就非常为难了。

在中国做人，真非这样不成，不然就活不下去。例如倘使你讲个人主义，或者远而至于宇宙哲学，灵魂灭否，那是不要紧的。但一讲社会问题，可就要出毛病了。北平或者还好，如在上海则一讲社会问题，那就非出毛病不可，这是有验的灵药，常常有无数青年被捉去而无下落了。

在文学上也是如此。倘写所谓身边小说，说苦痛呵，穷呵，我爱女人而女人不爱我呵，那是很妥当的，不会出什么乱子。如要一谈及中国社会，谈及压迫与被压迫，那就不成。不过你如果再远一点，说什么巴黎伦敦，再远些，月界，天边，可又没有危险了。但有一层要注意，俄国谈不得。

上海的事又要一年了，大家好似早已忘掉了，打牌的仍旧打牌，跳舞的仍旧跳舞。不过忘只好忘，全记起来恐怕脑中也放不下。倘使只记着这些，其他事也没工夫记起了。不过也可以记一个总纲。如"认真点""眼光不可不放大但不可放的太大"，就是。这本是两句平常话，但我的确知道了这两句话，是在死了许多性命之后。许多历史的教训，都是用极大的牺牲换来的。譬如吃东西罢，某种是毒物不能吃，我们好像全惯了，很平常了。不过，这一定是以前有多少人吃死了，才知道的。所以我想，第一次吃螃蟹的人是很可佩服的，不是勇士谁敢去吃它呢？螃蟹有人吃，蜘蛛一定也有人吃过，不过不好吃，所以后人不吃了。像这种人我们当极端感谢的。

我希望一般人不要只注意在近身的问题，或地球以外的问题，社会上实际问题是也要注意些才好。

注 释

[1] 本篇记录稿最初发表于1932年11月30日北京《世界日报》"教育"栏。发表前曾由鲁迅修订。

[2] 东北事变，指1931年九一八事变。上海事变，指1932年"一·二八"事变。

[3] "一·二八"事变时，鲁迅寓所在上海北四川路，临近战区。

[4] "抗日十人团"：九一八事变后上海各界自发成立的一种爱国群众组织。

[5] "学生军"：又称学生义勇军。九一八事变后各地大中学校成立的学生组织。

[6] "民族主义文学"：1930年6月由国民党当局策划的文学运动。参见本书《"民族主义文学"的任务和运命》注释[2]。

[7] "未来派"：未来主义是艺术前卫潮流的运动，由马里内蒂在意大

利创立，他撰写的《未来主义宣言》于1909年在《费加罗报》上发表。其基本原则是否定过去的一切。

[8]"烧卖"：一种类似饺子或包子但露着馅儿的蒸制食品。

Dos reflexiones en esta primavera[1]

Conferencia en la Universidad de Furen de
Beiping el 22 de noviembre

Fue la semana pasada cuando llegué a Beiping. Según la rutina, yo debía traer algunos regalos para ustedes, jóvenes amigos, pero como venía corriendo ocupado de prisa no pude cuidarme de esto, y por lo tanto no encontré nada que traer a mano.

Recientemente he estado viviendo en Shanghai. Shanghai es diferente de Beiping. Lo que uno siente en Shanghai no necesariamente lo siente en Beiping. Como no tenía tópico planeado para hoy, así que vamos a hablar a la voluntad.

De los detalles del Incidente del Noreste del año pasado no estoy enterado en lo mínimo, y supongo que ustedes tampoco están muy claros acerca del Incidente de Shanghai.[2] Ni siquiera los que se hallan en Shanghai en el mismo tiempo se comunican entre sí, por aquí unos están huyendo desesperadamente, por allá los que juegan continúan concentrándose en sus cartas, aquellos que bailan siguen bailando a lo suyo.

Cuando estalló el combate, yo estaba en el lado interior de la

---

[1] Esta transcripción se publicó originalmente en la columna "Educación" del periódico *Diario Mundial* en Beijing el 30 de noviembre de 1932. Fue revisado por Lu Xun antes de publicarse.
[2] El Incidente del Noreste se refiere al Incidente del 18 de Septiembre de 1931. El Incidente de Shanghai se refiere al Incidente del 28 de Enero de 1932.

llamada línea de fuego③, y en persona encontré que detuvieron a muchos jóvenes chinos, quienes, una vez atrapados, no se han visto regresar. ¿Están en vida o muertos? Nadie lo sabe, ni nadie inquiere al respecto. Esta situación ha existido desde hace mucho. De los jóvenes que han sido arrestados en China nunca se saben sus paraderos. Desde el Incidente del Noreste, ha habido muchos grupos antijaponeses en Shanghai, y cada uno tiene un tipo de insignia propia. Si es encontrada por los japoneses, la muerte será inevitable para el que la lleve. Sin embargo, la memoria de los jóvenes chinos es efectivamente malo, por ejemplo, en el llamado Grupo Antijaponés en Decena④, cada grupo se compone de diez personas, y cada miembro tiene una insignia, pero no participa necesariamente en la lucha antijaponesa, sino que solo la mete en su bolsillo. Pero cuando esté arrestado, esta será la evidencia para su muerte. También es lgual el caso del Ejército Estudiantil⑤, que solía practicar gimnasias al estilo militar todos los días, pero antes de pasar mucho tiempo dejó de hacerlo imperceptiblemente, y solo guardaron las fotos en sus uniformes militares y los dejaron en casa, incluso más tarde ellos mismos se los olvidaron. Sin embargo, una vez descubiertas por el militar japonés, también perderían su vida. Cuando estos jóvenes fueron asesinados, todos sintieron extrema injusticia por ellos, pensando que los japoneses son demasiado crueles. De hecho, esto se debe completamente a lo diferente de sus temperamentos: los japoneses son demasiado serios, mientras que los chinos demasiado poco serios. En China, las cosas suelen tomarse

---

③ En el Incidente del 28 de Enero, la residencia de Lu Xun se encontraba en calle Sichuan Norte de Shanghai, cerca de la zona de batalla.
④ "Grupo Antijaponés en Decena": Una especie de grupo de masas patrióticas establecidas espontáneamente por todos los ámbitos de la sociedad en Shanghai después del Incidente del 18 de Septiembre.
⑤ "Ejército Estudiantil": También conocido como Ejército de Estudiantes Voluntarios. Después del Incidente del 18 de Septiembre, se establecieron organizaciones estudiantiles en universidades y escuelas secundarias en varios lugares.

como terminadas con éxito una vez colgado el letrero. Pero en Japón no es así, no parece montar un simple acto teatral como en China. Los japoneses, tan pronto como ven insignias o uniformes, creen que deberán ser realmente resistentes antijaponeses y de inmediato los juzgan como enemigos potentes. De este modo, cuando los poco serios se encuentran con los serios, seguramente sucederá una desgracia.

Los chinos de veras somos demasiado poco serios. Pasa lo mismo con todas las cosas. En la literatura se suele ver nuevos "ismos", y en el pasado hubo la llamada literatura nacionalista[6], que hizo mucho ruido y animación, pero desapareció tan pronto como llegaron las tropas japonesas. Creo que se había vuelto facción de hacer arte por el arte. En cuanto a los politicastros chinos, también son como así. Hoy se dedican a hablar de finanzas, mañana de fotografía, pasado mañana del tráfico y por último, repentinamente a rezar a Buda. No es así en los países extranjeros. Antes había en Europa el llamado arte futurista[7], que es algo incomprensible, pero lo incomprensible no se debe necesariamente a lo somero del conocimiento del espectador, sino que de verdad no se puede entender en absoluto. Hay desde siempre dos tipos de artículos: uno es comprensible y el otro incomprensible. Si no entiendes alguna cosa y te odias a ti mismo de ser superficial, te habrás caído en la trampa, porque ellos no se cuidan de si lo entiendes o no. Por ejemplo, siendo incomprensible la literatura futurista, a pesar de no ser entendida, el autor siempre estaba allí explicando desesperadamente, mientras que en China no se puede encontrar un caso como tal.

---

⑥ "Literatura nacionalista": Movimiento literario planeado por las autoridades del KMT en junio de 1930. Vea la Nota [2] del artículo "Tarea y destino de la 'literatura nacionalista'" en este libro de traducción.

⑦ "Arte futurista": El futurismo es un movimiento de la corriente de vanguardia artística, fundado en Italia por Filippo Tommaso Marinetti, quien redactó el "Manifiesto futurista", publicado en 1909 en el periódico *Le Figaro*. Su principio básico es negar toda literatura, arte y política en el pasado.

Hay otro punto que se me ocurre. Creo que nuestro campo de visión no debe evitar ampliarse, pero tampoco debe ser ampliado demasiado.

En aquel entonces, cuando vi que la tropa japonesa había dejado de luchar, me mudé de vuelta a casa, pero de repente la atmósfera se volvió intensa nuevamente. Más tarde por averiguación me enteré de que se había causado por los petardos disparados por los chinos. Es que ese día fue un eclipse lunar, y todos encendieron petardos para rescatar la luna. Según la intuición de los japoneses, creyeron que en un momento como tal, los chinos deberían estar ocupados salvando a China o Shanghai, pero no se imaginaron en absoluto que los chinos, en cambio, pudieran alcanzar tan lejos para rescatar la luna.

A menudo reducimos la vista hasta muy cerca, enfocándonos en nosotros mismos, o la extiende hacia muy lejos, al Polo Norte o hasta el cielo, pero a la faja circular entre los dos nunca le prestamos atención, como por ejemplo, la comida. Últimamente, los restaurantes se han puesto más limpios, lo que se debe a las influencias extranjeras, y antes no era así. Otro ejemplo, los shaomai[8] de cierto restaurante son buenos, y también buenas las empanadas, lo de buenos sabores es de verdad, e incluso muy deliciosos, pero los platos estaban extremadamente sucios. La gente que iban a comer eludía mirar el plato y solo se centraban en los shaomai y empanadas que se comían, porque si prestaras atención al círculo más allá de la comida, te sentirías muy incómodo.

Para comportarte como un ser humano en China, tienes que actuar de esta manera, o no podrás vivir. Por ejemplo, si hablas del individualismo, o de las cosas tan lejanas como la filosofía del universo, o de la extinción o no del alma, eso no importa. Pero tan

---

[8] "Shaomai": Una especie de comida como ravioles con relleno cocido al vapor, pero con una abertura.

pronto como hablas de los temas sociales, algo va a salir mal. Beiping puede ser un poco mejor, pero si te encuentras en Shanghai, cuando trates de un tema social, habrá líos sin excepción. Esto es un reactivo aprobado. A menudo, un sinnúmero de jóvenes suelen ser arrestados y no se saben sus paraderos nunca.

Lo mismo ocurre con la literatura. Si escribes una supuesta novela sobre las cosas del alrededor, hablando de los dolores, de la pobreza, así como de que yo amo a la mujer y ella no me ama, eso es muy apropiado y no traerá ningún enredo. Si hablas de la sociedad china, de la opresión y de ser oprimidos, eso no será aprobado. Pero si vas más allá, hablas de París o Londres, o aún más lejos, de la luna, del cielo, ya no habrá peligro tampoco. Sin embargo, hay un punto de advertencia, no puedes hablar de la Rusia.

Va a haber cumplido otro año el Incidente de Shanghai. Parece que todo el mundo lo ha olvidado. Los que juegan a las cartas continúan jugando, y los que bailan siguen bailando. Pero al olvidarlo, solo se puede dejarlo olvidado; si todo es evocado, se teme que no pueda caber en el cerebro. Y si solo se acuerdan de estas cosas, no quedará tiempo para recordar otras. No obstante, también se puede recordar un esquema general, tal como "ser serios" y que el "campo de visión no debe evitar ampliarse, pero tampoco debe ser ampliado demasiado". Estas son dos frases ordinarias, pero llegué a entenderlas solo en tiempo después de haberse perdido muchas vidas. Muchas lecciones en la historia son conseguidas a expensas de grandes sacrificios. Tal como comer las cosas, cierta especie de cosa es venenosa y no se puede comer, a lo que probablemente estamos acostumbrados, y que nos parece muy ordinario. Pero no se supo hasta que un gran número de personas hubieran muerto por comerla. Por eso, pienso que el hombre que comió el cangrejo por primera vez es digno de admiración, porque ¿quién se atrevería a comerlo si no fuera un guerrero valeroso? Los cangrejos han sido probados, las arañas también deben haber sido catadas, pero estas no sabían bien, así que las generaciones posteriores no las comerían. A este tipo de gente debemos agradecerle extremadamente.

 Deseo que la gente común no preste atención solo a los asuntos en sus proximidades, o temas fuera de la tierra, sino que es mejor también prestar alguna atención a los problemas prácticos de la sociedad.